主　编　张宝秀
副主编　张勃　陈喜波

北京学研究

2023

中国社会科学出版社

图书在版编目（CIP）数据

北京学研究.2023／张宝秀主编.—北京：中国社会科学出版社，2024.6

ISBN 978-7-5227-3686-0

Ⅰ.①北… Ⅱ.①张… Ⅲ.①城市学—研究报告—北京—2023 Ⅳ.①C912.81

中国国家版本馆 CIP 数据核字（2024）第 110746 号

出 版 人	赵剑英
责任编辑	吴丽平
责任校对	赵雪姣
责任印制	李寡寡

出　　版	中国社会科学出版社
社　　址	北京鼓楼西大街甲 158 号
邮　　编	100720
网　　址	http://www.csspw.cn
发 行 部	010-84083685
门 市 部	010-84029450
经　　销	新华书店及其他书店

印　　刷	北京明恒达印务有限公司
装　　订	廊坊市广阳区广增装订厂
版　　次	2024 年 6 月第 1 版
印　　次	2024 年 6 月第 1 次印刷

开　　本	710×1000　1/16
印　　张	22.25
字　　数	375 千字
定　　价	118.00 元

凡购买中国社会科学出版社图书，如有质量问题请与本社营销中心联系调换
电话：010-84083683
版权所有　侵权必究

编 委 会

主　　编　张宝秀
副 主 编　张　勃　陈喜波
编　　委　(按姓氏拼音排序)
　　　　　　陈喜波　成志芬　龚　卉　李建平
　　　　　　刘少华　张宝秀　张　勃　张妙弟
　　　　　　张　艳　周小华　朱永杰

目　录

北京历史文化研究

北京史料中的"微言大义"举隅 …………………… 孙冬虎（3）
金中都考古与金中都皇城研究 ……………………… 岳升阳（13）
北京建都序曲之北方文化中心的形成
　　——浅谈金中都文化及其影响 ………………… 吴文涛（30）
刘伯温修下北京哪吒城
　　——物质基础与精神追求共同作用下的民间传说 … 张宇轩（48）
18世纪万里茶道视野下的京北商贸
　　——以记事碑为中心 ……………………………… 左志辉（59）
三山五园英译名称的历史考察和规范化探讨 …… 张佳宁　尹　凌（74）
北京元宵节节日公共空间民俗事象及属性
　　——来自明清笔记的观察 ………………………… 李建英（91）
北京餐饮老字号创新文化挖掘
　　………………… 周爱华　逯燕玲　朱海勇　张　鎏（106）

历史文化名城保护研究

保护性更新促进北京历史文化名城保护 …………… 郭娅丽（119）
金中都文化遗产整体保护与活化利用 ……… 张宝秀　张　雯（129）
北京历史文化名城整体性保护的策略研究
　　——以鲜鱼口地区为例 ……… 姬茹霞　孟韩宇　杨一帆（143）
民国"北平游览区建设计划"的推行及启示 …… 汤利华　郭　鹏（162）
《乾隆京城全图》中崇文地区宗教设施的
　　空间分布规律研究 ………………………………… 张　旭（174）

北京文化遗产研究

北京中轴线是中华文明五大特性的典型例证 ………… 张　勃（195）
卢沟桥的历史意义、文化精神与时代价值阐释
　　——一座最具中华民族历史深意和复杂情感的桥梁 …… 王锐英（207）
明暗之变：大运河玉河故道之玉河庵的活化利用
　　研究 ………………………………………………… 王子尧（220）
颐和园与静宜园建筑彩画纹饰特征及文创设计
　　探究 ……………………………………… 裴朝军　李　睿（230）
国际法视角下"文化遗产"到"奥运遗产"的
　　术语嬗变：从 UNESCO 到 IOC ………………… 张万春（247）

全国文化中心建设研究

基于问卷数据的北京全国文化中心建设公众
　　评价文本分析 ……………………… 张　晨　张景秋　张　艳（261）
不同年龄北京市民对北京全国文化中心建设
　　成效的满意度评价研究 ………………… 刘伟中　张　艳（275）
基于大数据的京郊乡村活力空间特征
　　分析 ……………………… 陈旭颖　杜姗姗　陈京雷（292）
基于 POI 和点评数据的北京实体书店空间
　　分布格局研究 ……………… 崔若辰　王泽卉　周爱华　逯燕玲（308）

研究综述

从英文博士论文看 21 世纪海外北京学研究 ……… 潘怡帆　尹　凌（327）

北京学人

探索北京学理论　服务北京城市发展
　　——访谈北京学研究所原副所长马万昌 …… 王金萍　虞思旦（347）

北京历史文化研究

北京史料中的"微言大义"举隅

孙冬虎[*]

摘要：由于对《韩非子·有度》《明实录》《京师五城坊巷衚衕集》等文献的细微之处普遍失察，对《析津志》的自身疏漏浑然不觉，北京史与历史地理研究领域在燕国迁都蓟城的年代、元大都所设城坊的数量、明嘉靖年间计划修筑外城的形状、昭回靖恭坊的表述和区分等问题上，长期存在似是而非的认识。匡正上述谬误的过程表明，体察北京史料的"微言大义"既是学术研究的基本前提，也是保障结论可靠的根本所在。

关键词：北京；史料解读；微言大义

无论以传统方法从事研究还是利用当代技术探索新手段，目标都在于解决本学科领域内的理论和实践问题。对于历史地理或区域史研究而言，广泛阅读并正确理解相关文献历来是最基础的工作，也是进行一切推理、判断或理论阐发的前提。但是，恰恰就是这些看起来理当如此的常识往往被忽略，最初的史料征引者疏于考察而造成误读，嗣后的转引者大致基于从众心理抄录成文。这样一来，不仅无从体察历史文献隐含的微言大义，文史爱好者与专业工作者甚至长期传播着某些想当然的似是而非之论。"微言大义"本来是指经书里的精微语言与深刻道理，这里借指历史文献的细微之处及其确切含义，二者未必完全契合却也庶几近之。囿于自身工作的局限，仅举北京史料解读中的几个问题略加说明。其中难免涉及若干当代论著，但也只是为了"以此为例"而已。

---

[*] 孙冬虎，北京社会科学院历史研究所研究员，研究方向为历史地理、地名学、区域史。

一 《韩非子·有度》与燕国迁都蓟城

北京城起源于古代蓟国之都蓟城，其地在今北京广安门一带。结合《史记》《礼记》等文献以及考古发掘成果进行的已有研究显示，西周初年周武王伐纣取胜后，立即"褒封"黄帝或尧帝的后裔于蓟。此后过了八九年时间，成王"分封"召公奭于燕。燕国之都在今房山区琉璃河镇董家林燕都遗址，第一位就封的燕君不是召公奭，而是他的长子克。按照东汉何休的解释："有土嘉之曰褒，无土建国曰封。"① 所谓"褒封"，是对已经存在但尚未控制的区域予以政治上的承认；"分封"则是以某个地域范围创建新国。由此可见，蓟国至少是商代的百十个方国之一，武王伐纣之前早已存在，否则就不会有克殷之后"未及下车"即以此"褒封"黄帝或尧帝后裔之事。弱小的蓟国后来被燕国吞并，或称灭于北方的部族山戎，燕国于是离开琉璃河旧都（或辗转数地之后）迁到蓟城。这座城邑连同它的时代与功能一起，由此被后世称作"燕都蓟城"。迄今所知北京城的早期历史，基本脉络大略如是。

考古学者根据董家林燕都遗址在西周中期已经废弃的史实，推断燕国迁都蓟城大约在西周中晚期之际。② 由于燕国何时迁都蓟城缺乏明确记载，当代论著提到此事不免言人人殊。例如，1985年初版、1999年增订版《北京史》说：

> 史载春秋中期的燕襄公时期，燕已经以蓟作为都城了。蓟也是一个历史悠久的古国，在武王灭商以后，把帝尧（或黄帝）的后裔分封到这里，后来蓟归于燕的统辖之下，从春秋中期开始，蓟成为燕国的都城。③

这里未提"褒封"与"分封"之别，认定"从春秋中期开始，蓟成为燕国的都城"，而且是"燕襄公时期"。作者对"史载"究竟出自何典未作

---

① 何休：《春秋公羊传注疏》卷1《隐公元年》，上海古籍出版社2019年影印《十三经注疏》本，第2197页。
② 陈平：《燕亳与蓟城的再探讨》，《北京文博》1997年第2期。
③ 北京大学历史系《北京史》编写组：《北京史》（增订版），北京出版社1999年版，第28页。

注解，似乎无从直接回溯与质证，但其做出推测的依据却也有迹可循。这是因为，无论把燕国灭蓟或迁都蓟城的时间定在"西周末、东周初或春秋早期"，早有研究者将此事与《韩非子·有度》联系在一起了。兹仅举三例：

（1）文献记载为证据之二。《韩非子·有度》曾记载："燕襄公以河为界，以蓟为国。"这就是说，燕国在燕襄公时期（公元前657—618年），其国都在蓟城。①

（2）《韩非子·有度》载："燕襄王以河为界，蓟为国。"据《韩非子·有度》所载，起码在燕襄王（《史记·燕召公世家》做"襄公"）时，蓟已经成为燕国的都城。襄王（公元前657—617年）在位时，当春秋中叶。②

（3）《韩非子》载："燕襄王以河为境，以蓟为国。"燕无襄王，当为襄公之误。燕襄公时，燕国在齐国的帮助下复国，又迁都于蓟。③

上述三者征引《韩非子》都未注明版本，考诸中华书局1954年影印《诸子集成》之《韩非子集解》，引文以例（3）为是。④ 例（1）、例（2）之"以河为界"虽与"以河为境"语义相通，但毕竟有欠斟酌。问题的关键在于：例（1）径改《韩非子》之"燕襄王"为"燕襄公"，直接犯了改字读经的训诂学大忌，殊不可取。例（2）把《史记·燕召公世家》之"襄公"等同于"襄王"，例（3）称"燕无襄王，当为襄公之误"，三者都属于懵懂中的假想。据此再把燕国以蓟为都之始系于春秋中期的燕襄公名下，不仅有违史实，也是对《韩非子》本义的误读。理由如下：

其一，燕国之君在"春秋中叶"只能称"公"，直至燕文公之子即位十年时才称"王"，此即见于《史记》的易王"十年，燕君为王"。⑤ 此时已是公元前323年，属于战国中期。于此足见例（2）把"王"与"公"混用、把司马迁所载两个人误作一人之谬。

其二，燕襄王确有其人，且与燕襄公无涉，他就是战国中后期的燕昭王（前311—前279年在位）。《汉书·武五子传》述及燕国世系，称

---

① 徐自强：《关于北京先秦史的几个问题》（续），《北京史论文集》1982年第2辑，第74页。
② 葛英会：《燕国的部族及部族联合》，《北京文物与考古》第一辑，北京燕山出版社1983年版，第10页。
③ 韩嘉谷：《燕史源流的考古学考察》，《北京文物与考古》第二辑，北京燕山出版社1991年版，第7页。
④ 王先慎：《韩非子集解》卷2《有度》，中华书局1954年重印《诸子集成》本，第111页。
⑤ 司马迁：《史记》卷34《燕召公世家》，中华书局1997年版，第1554—1555页。

其"上自召公，下及昭襄"；① 1973年长沙马王堆汉墓出土的帛书《战国纵横家书》，则有"因天下之力，伐雠国之齐，报惠王之耻，成昭襄王之功，除万世之害，此燕之利也，而君之大名也"。注释者指出："昭襄王，即燕昭王。战国时，国君谥法常用两个字，而后来记载往往略去一字。《秦策》只作昭王。"② 由此可见，世人熟知的燕昭王原本被谥为"昭襄王"，《战国策·秦策》省称为"昭王"与《韩非子·有度》省称为"襄王"，都符合后世惯例而无不妥，当然也绝非古人对"燕襄公"的误书。

其三，《韩非子·有度》绝无燕国在襄王时才"开始"以蓟为国之意，该篇开头即称：

> 国无常强，无常弱。奉法者强则国强，奉法者弱则国弱。荆庄王并国二十六，开地三千里。庄王之氓社稷也，而荆以亡。齐桓公并国三十，启地三千里。桓公之氓社稷也，而齐以亡。燕襄王以河为境，以蓟为国。袭涿、方城，残齐，平中山。有燕者重，无燕者轻。襄王之氓社稷也，而燕以亡。……③

《韩非子》以荆（即楚）庄王、齐桓公、燕襄王等为例，阐述执掌法度者的强弱决定国家盛衰的道理。这些国君生前建立了巨大功业，国家也在他们死后迅速衰亡。依托黄河、蓟城的地理优势，燕襄王进攻涿、方城，打败齐国，平定中山国，邻国纷纷与燕结好以提升自己的地位。但随着襄王撒手社稷而去，燕国不久也就灭亡了。不少论者把燕襄王"以蓟为国"习惯性地误解为"始以蓟为国"，但在常用的《中国历史纪年表》上又找不到可以省称为"燕襄王"的"燕昭襄王"，也就是史上以招贤纳士、振兴燕国而广为人知的"燕昭王"，因此就在错误理解《韩非子》本义的前提下，"努力"将其等同于此前三百多年、属于春秋中期的"燕襄公"，全然不顾《韩非子》提及的"残齐，平中山"等功业只能是战国中晚期燕昭王所建的史实，这样也就削弱了论证燕国何时迁都蓟城的文献基

---

① 班固：《汉书》卷63《武五子传》，中华书局1997年版，第2752页。
② 马王堆汉墓帛书整理小组编：《战国纵横家书》，文物出版社1976年版，第81、83页。
③ 王先慎：《韩非子集解》卷2《有度》，中华书局1954年重印《诸子集成》本，第111页。

础和逻辑力量。

由此可见，前面提到的1999年版《北京史》之"春秋中期的燕襄公时期，燕已经以蓟作为都城"，其论据同样源于对《韩非子·有度》的误解。这就表明，古代文献断然不可擅改或以己意度之，需根据原作的语境与相关史实做出符合逻辑的释读。

二 《析津志》与元大都设坊之数

元末之人熊梦祥所撰《析津志》已经亡佚，依靠《永乐大典》《日下旧闻考》等文献的征引以及少量辑本或抄本，今人得以窥见其一鳞半爪。元大都延续了传统的坊巷制度，由若干条街巷组成一个"坊"作为城市管理单元。对于至元年间大都究竟设置了多少"坊"的问题，传统的看法是五十个，最常用的文献依据就是《日下旧闻考》对《析津志》的征引：

> 坊名：元五十，以大衍之数成之。名皆切近，乃翰林院侍书学士虞集伯生所立。外有数坊，为大都路教授时所立。①

这段文字多处于理不合。首先，至元二十五年（1288）大都"分定街道坊门，翰林院拟定名号"时，②虞集（字伯生，1272—1348）还是十几岁的少年，显然无从参与其事。至于此后新增或更改的那些坊名，倒有可能出自虞集之手。更为关键的问题是，《析津志》称元大都有五十个"坊名"，也就意味着设置了同等数量的"坊"，但《日下旧闻考》征引亡佚的《元一统志》对各坊命名之源的解释，从福田坊开始，到澄清坊结束，却一共只有四十九坊。③对此，今人或毫无依据地猜测是元代编纂者或清代征引者遗漏了其中一坊，或另觅他途以补足五十之数，却因

---

① 于敏中等：《日下旧闻考》卷38《京城总纪》引《析津志》，北京古籍出版社1985年版，第600页。

② 于敏中等：《日下旧闻考》卷38《京城总纪》引《元一统志》，北京古籍出版社1985年版，第600页。

③ 于敏中等：《日下旧闻考》卷38《京城总纪》引《元一统志》，北京古籍出版社1985年版，第600—602页。

为训诂的失误而不能成立。《元一统志》解释由义坊、居仁坊命名之源时称：

>　　由义坊，西方属义故；居仁坊，地在东市，东属仁。取《孟子》"居仁由义"之言，分为东西坊名。①

此语出自《孟子·尽心上》："居仁由义，大人之事备矣。"② 五方（东西南北中）与五德（仁义礼智信）相配，同一句话中的"居仁"和"由义"，成为大都东侧靠近崇仁门（今东直门）的"居仁坊"与西侧靠近和义门（今西直门）的"由义坊"的命名之源。"分为东西坊名"，即指分别充当了大都东西两端的两个坊名。如果把句读标作"由义坊，西方属义故。居仁坊，地在东市，东属仁，取《孟子》居仁由义之言，分为东西坊名"，不仅前面"由义坊"的语源没有着落，而且与最基本的训诂学常识不符。晚近学者对《元一统志》做过如下的发挥："（39）由义坊，西方属义，故名。（40）东居仁坊，地在东市，东属仁，取《孟子》居仁由义之言，分为东西坊名。（41）西居仁坊，同上。"③ 此说之误一目了然，至今却仍有沿袭者。

《析津志》称元大都坊数"以大衍之数成之"，原本并无错误，唯其抄录古书时存在明显的遗漏。《周易·系辞上》曰："大衍之数五十，其用四十有九。"④ 元朝的翰林们正是基于对《周易》的完整理解，按照"大衍之数五十，其用四十有九"的精神，为大都城设置了四十九坊，而不是与"大衍之数"相等的五十坊。这就证明，《元一统志》与《日下旧闻考》的纂辑者都不曾遗漏其中一坊，恰恰是熊梦祥抄书时只顾截取前半段的"大衍之数五十"却忽略了还有后半句"其用四十有九"，从而误导了此后六百多年来的读者。

关于这个问题，2010 年 11 月在中国地理学会历史地理年会上，笔者宣

---

①　于敏中等：《日下旧闻考》卷 38《京城总纪》引《元一统志》，北京古籍出版社 1985 年版，第 601 页。
②　《孟子·尽心上》，《黄侃手批白文十三经》，上海古籍出版社 1983 年版，第 80 页。
③　朱偰：《元大都宫殿图考》，商务印书馆 1936 年版，第 13 页。
④　《周易·系辞上》，《黄侃手批白文十三经》，上海古籍出版社 1983 年版，第 41 页。

读了论文《元大都"五十坊"问题考释》，对此进行了说明。① 2013年出版的《北京历史地图集》（政区城市卷），据此把1988年版中的元大都"全城划分五十坊"调整为"全城划分四十九坊"。② 鉴于元大都"五十坊"之说迄今在学术和普及读物中仍未绝迹，这里在新的基础上"旧事重提"也并非全无意义。

三 《明实录》与北京外城的最初规划形状

明成化十二年（1476）八月之前，叶培建议北京修建外城，稍后蒋琬又就此事上奏。③ 嘉靖二十一年（1542）七月，毛伯温再次提出仿效南京修筑北京外城。④ 三十二年（1553）三月，在朱伯辰提议与严嵩支持下，嘉靖帝决定修筑外城，并且提出："今须四面兴之，乃为全算。不四面，未为王制也。"⑤ 兵部尚书聂豹等实地踏勘后制订了施工计划，但闰三月动工不久就深感财力不济，只得改为仅包内城南墙一面而且缩减了外城南墙的长度，至十月宣告"新筑京师外城成"，⑥ 古代北京的城市轮廓就此定型。

《明实录》记载，修筑外城前朱伯辰到四郊查看，"咸有土城故址，环绕如规，可百二十余里"，建议尽量利用以求事半功倍。今人或有将其误作"原计划外城要包围内城四周，周长一百二十多里"者。⑦ 关于外城的形状，常见"原计划环套内城"等笼统描述，⑧ 给人以力求符合"四周之制"的两重城垣将形成"回"字结构的错觉。不过，仔细审视《明实录》原文就可知道，最初规划的外城形状并非规则的长方形，而是南北两端的方形与中间偏北的梯形的组合。

嘉靖三十二年闰三月初十（1553年4月22日），聂豹等呈报了一个完

---

① 孙冬虎：《元大都"五十坊"问题考释》，《历史·环境与边疆——2010年中国历史地理国际学术研讨会论文集》，广西师范大学出版社2012年版，第348—354页。
② 侯仁之主编：《北京历史地图集》（政区城市卷），北京出版集团公司、文津出版社2013年版，第53页。
③ 《明宪宗实录》卷156，成化十二年八月庚辰。
④ 《明世宗实录》卷264，嘉靖二十一年七月戊午。
⑤ 《明世宗实录》卷395，嘉靖三十二年三月丙午。
⑥ 《明世宗实录》卷403，嘉靖三十二年十月辛丑。
⑦ 曹子西主编：《北京历史纲要》（下册），北京燕山出版社1990年版，第116—117页。
⑧ 孟凡人：《明朝都城》，南京出版社2013年版，第187页。

整的修筑外城计划，其中包括如下设计：

> 外城基址，臣等踏勘得：自正阳门外东道口起，经天坛南墙外及李兴、王金箔等园地，至荫水庵墙东止，约计九里。转北，经神木厂、獐鹿房、小窑口等处，斜接土城旧广禧门基址，约计一十八里。自广禧门起，转北而西，至土城小西门旧基，约计一十九里。自小西门起，经三虎桥村东、马家庙等处，接土城旧基，包过彰义门，至西南，直对新堡北墙止，约计一十五里。自西南旧土城转东，由新堡及黑窑厂，经神祇坛南墙外，至正阳门外西马道口止，约计九里。大约南一面计一十八里；东一面计一十七里；北一面势如椅屏，计一十八里；西一面计一十七里。周围共计七十余里。内有旧址堪因者，约二十二里。无旧址应新筑者，约四十八里。①

聂豹的计划显示，原计划修筑的外城周长"共计七十余里"，南起新修的外城南墙（永定门），北至元大都遗留的"土城"，以纵贯南北的城市布局中轴线为基准，左右两侧城墙的分布形态大致对称。这样，东线的外城南段"经神木厂（今黄木厂）、獐鹿房（今郎家园）、小窑口（约在今农展馆北路西口长城饭店以东）等处，斜接土城旧广禧门（即元大都光熙门，今和平里北街东口）基址"，其中的"斜接"二字最为关键。这就意味着，计划中的外城东墙，至小窑口后不再继续向北，而是转为西北方向内缩，"斜向连接"明初废弃但仍有存留的元大都光熙门土城。由光熙门旧址向北，沿着元大都遗留的土城基址西折之后再南下，经过元代安贞门—健德门—肃清门（即土城小西门）故址一线，再斜向西南至三虎桥（今三虎桥）东，与外城的西线相连，由此构成"北一面势如椅屏"的城墙格局。这样看来，明代北京外城原来的计划是南北两端的"口"字形与中间的梯形（即"斜接"元大都旧城的部分）的组合（图1，最外圈的轮廓线就是最初设计的外城走向），而不是内外城垣套合为"回"字形。之所以刻意分析《明实录》中的"斜接"二字，其意义正在于此。

---

① 《明世宗实录》卷396，嘉靖三十二年闰三月丙辰。

北京史料中的"微言大义"举隅　　11

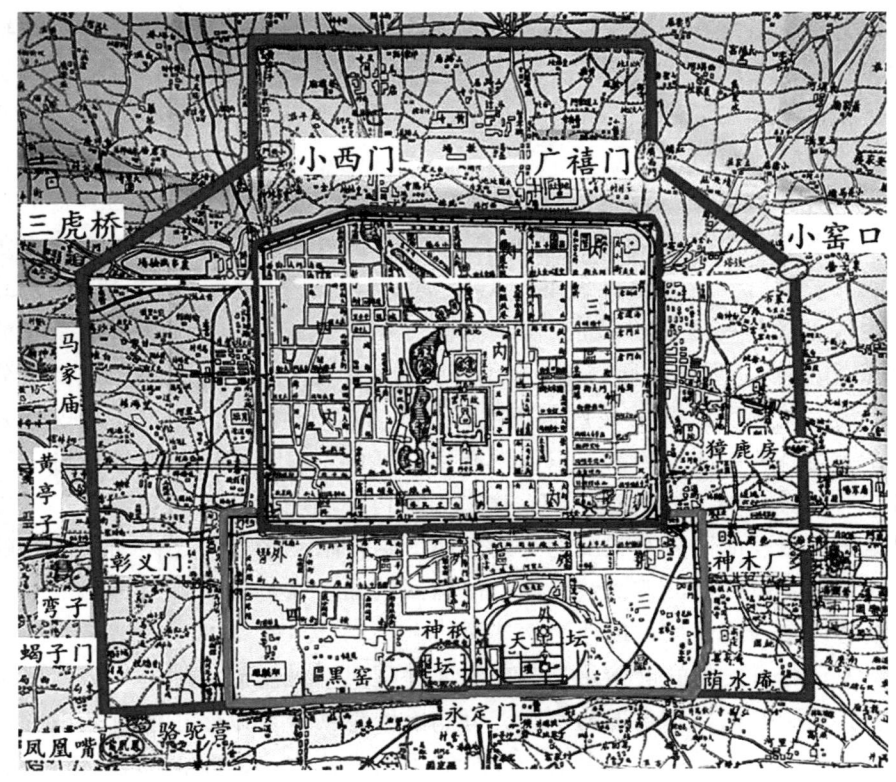

图 1　北京外城最初设计示意图

四　《衚衚集》与"昭回靖恭坊"

《衚衚集》即明嘉靖三十九年（1560）张爵《京师五城坊巷衚衚集》，其中的"昭回靖恭坊"隶属于北京内城的北城。与教忠坊、保大坊等绝大多数以两个字为专名的坊相比，专名长达四字的"昭回靖恭坊"显得非常独特。《北京历史地图集》的明代北京城图，即据此绘出了"昭回靖恭坊"。

但在《衚衚集》附图中，安定门与钟楼之间的区域，从东向西依次标注了"崇教坊、昭回坊、靖功坊、灵春坊、金台坊"。[①]"靖功坊"是"靖

[①]　张爵：《京师五城坊巷衚衚集》，北京古籍出版社 1982 年版，卷首。本文衚衚不简写，特此说明。

恭坊"的同音异写。由此证明，因为张爵把彼此相邻但面积较小、街巷较少的"昭回坊"与"靖恭坊"合并在一起记述，这才出现了"合二而一"的"昭回靖恭坊"，但在画图时仍然维持了"昭回坊"在东、"靖恭坊"在西的实际分布格局。

"昭回靖恭坊"被纵贯南北的锣锅巷（今锣鼓巷）一分为二，张爵对该坊之下各街巷胡同的叙述顺序依次为（括号内为今名）：皇墙东北角（地安门东大街）、炒豆儿衚衕（炒豆胡同）、秦家衚衕（秦老胡同）、北城兵马司（北兵马司胡同）、棉花衚衕（东棉花胡同）、圆恩寺衚衕（前圆恩寺胡同）、局儿衚衕（菊儿胡同），这些都位于锣锅巷以东。从街巷分布格局以及各坊边界的轮廓通常力求方正而不是零碎曲折的基本规律来看，上述街巷胡同应当就是东边"昭回坊"的辖境，锣锅巷就是它与"靖恭坊"的分界线。这就意味着，将来如果再绘制明代北京历史地图，可以根据张爵叙述胡同分布状况的一般规律，结合昭回靖恭坊之内胡同分布的具体情形，以纵向的锣锅巷为界，使昭回靖恭坊恢复其"本来面目"——锣锅巷以东为昭回坊，以西为靖恭坊。

关于北京史料的上述几个典型例证提醒我们，阅读文献资料需要仔细斟酌。其中看似微不足道的字眼，可能恰恰隐藏着足以修正已有认识的证据，理当留心审视、详加考辨。涉及的问题无论大小，多少都有值得探索的必要，对于历史文献蕴含的"微言大义"不可不察。

金中都考古与金中都皇城研究

岳升阳[*]

摘要： 在金中都宫城图和皇城图的绘制上目前中存在一些问题，如千步廊的空间过小不符合文献记载，为此作者建议，可以缩小宫殿区空间，以符合文献记载，相应地在大安殿位置、太庙位置、苑囿区范围等方面都需调整。另外根据考古发现，可以推测皇城墙位置，据此绘制出新的宫城图和皇城复原图。

关键词： 金中都；考古；皇城；大安殿；千步廊

在绘制金中都复原图时，会遇到一个问题，按照现在的考古成果和地形地貌绘制时，千步廊的空间过短，容纳不下文献记载的千步廊，大安殿的位置似乎靠南了一些，鱼藻池也难以和同乐园其他景观放在一起。于是研究者提出不同设想，试图解决这些问题，如将千步廊的空间向南扩展数百米，可又缺少考古成果的支持，难以得到他人认同。我们可否做些相反的设想，向宫城寻找空间呢？在此结合考古、野外调查和文献做些推测，以推动相关探索。

一 应天门位置与皇城规模

在 1990 年的西厢工程考古中，发现了金中都宫殿区中轴线上的主要大殿夯土遗址，参照阎文儒先生的推测和出土遗址，考古工作者确定了应

---

[*] 岳升阳，北京大学城市与环境学院副教授，研究方向为历史地理。

天门、大安门和大安殿的位置。① 这一结论与1965年的调查结果相仿，因此也与此前出版的《北京历史地图集》和《金中都》一书的金中都图相似。但这一推测也有不足之处，它导致千步廊的空间过小，难以同文献记载相符。

2002年，在鸭子桥北里北侧，出土大面积金代夯土遗迹。遗迹位于鸭子桥北街南侧，鸭子桥北里6号楼西侧，源屋曲南区楼房工地内（图1）。工地范围东西约100米，南北约30米，包括楼房基础和旁边的辅助工程。在楼房基坑的东部，邻近1990年出土的大安殿遗址处，可以看到与遗址相似的夯土。夯土由碎砖层和土层的互层构成，夯层上部被现代建筑打破，顶部碎砖层距地表约2.3米，可分辨出10层碎砖层，间距约15厘米，总厚度约1.6米，其下为黄褐色亚黏土地层（图3），夯土的埋深和厚度与1990年发掘的大安殿夯土相仿。夯土的东西出露宽度近20米。在此楼房基坑南面的附属工程基坑中，也出土有砖与夯土互层的建筑基础，推测夯土南北分布在30米左右。在此夯土层西面，基坑南壁上可以看到较薄的夯土层，向西延伸数十米。夯土层下部有两至三层碎砖层，上部为素夯土，可见夯窝，夯土埋深约与东部夯土层顶部相近，有可能是墙基或廊房

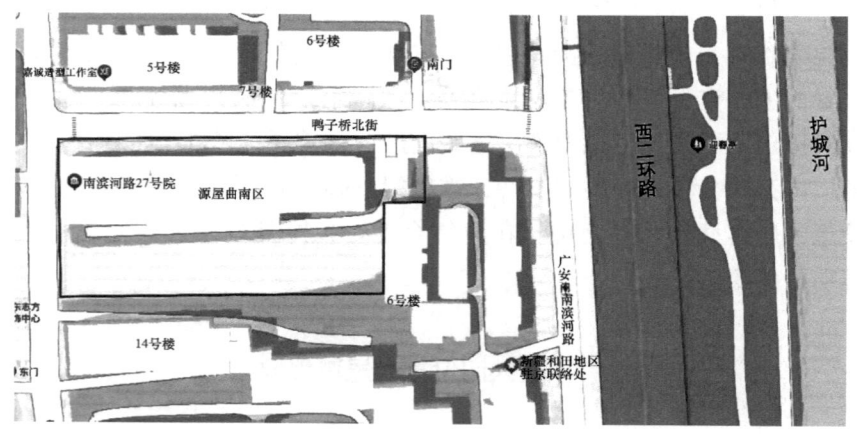

图1　鸭子桥北街工地位置（百度地图为底图）

---

① 北京市文物研究所：《北京西厢道路工程考古发掘简报》，《北京文物与考古》第四辑，1994年，第46—51页。

的基础（图2）。在基坑西部，夯层被后代土坑遗迹打破。基坑北壁未见此夯层，西壁邻近广安门外南街，出土有一小堆黑色煤粉，没有大型夯土遗迹。

基坑东部夯层与其东面早先发现的大安殿夯土相邻且相似，之间只隔着一座楼房，如果它们为一体，则其夯土东西宽度可达110米，与明清紫禁城的太和殿台基和午门基础相当。而从出土情况看，夯土向南延伸较多，从建筑对称的角度看，遗址似呈"凹"字形，即有可能两端向南突出，这在1965年的考古调查图上也有体现。它使我们想到另一种可能，即这处遗址不是大安殿，而是宫城大门应天门。因为只有应天门才可以有这样大的规模，而且是"凹"字形的。

如果这里真是应天门，宫城的南北长度就会比原来设想的缩短约300米，而宫城的北界不能超过今广安门外大街，此时应天门以北的区域还能装下一座宫城吗？这需要依据历史文献做些推测，估计一下可能性。

图2　鸭子桥北街南侧工地东部出土的金中都宫城夯土遗迹

图 3　鸭子桥北街南侧的金中都宫城夯土遗迹

关于金中都宫城，金代也称之为内城、皇城，《金虏图经》称："城之四围，九里有三十步。"①《大金国志》："炀王弑熙宗，筑宫室于燕，逮三年而有成。城之四周，凡九里三十步。"② 此城指宫城。参照金中都宫城建设的元大都宫城，其规模也是九里三十步。明初《辍耕录》记：元大都"宫城周回九里三十步"。③ 有的研究者依此记载，认为二者规模相同。④ 而一般的研究者并不同意二者相同，因为通常认为金代一里是360步⑤，元代一里是240步，相差很大。可是有一点是相同的，它们都号称是九里三十步，这又会使人联想到唐洛阳宫城，唐洛阳宫城号称九里三百步，北宋东京宫城模仿唐洛阳宫城，只是受条件所限，达不到这个规模。⑥ 金中都宫室"制度如汴"，仿自北宋宫城，它延续了宫城规模的说法，为九里

---

① （宋）宇文懋昭撰，崔文印校证：《大金国志校证》，中华书局1986年版，第594页。
② （宋）宇文懋昭撰，崔文印校证：《大金国志校证》，中华书局1986年版，第470页。
③ （元）陶宗仪：《南村辍耕录》卷二十一。
④ 刘庆柱主编：《中国古代都城考古发现与依据》，社会科学文献出版社2016年版，第916页。
⑤ 金里长度没有明确记载，此为今人推测。
⑥ 刘迎春：《北宋东京城研究》，科学出版社2004年版，第178页。

三十步，虽与三百步有差，却都反映出对九、三数字的重视，或隐含了宫城设计的理念。

明代北京宫城虽没有九里三十步的说法，却在实际规模上与元大都宫城相似，那么，金、元宫城的实际规模是否也相似呢？当我们把明清紫禁城的规模移到金中都宫城所在地时，发现在新推测的应天门位置北面，恰好能放下一座明清紫禁城（图4），也就是说，能放下一座元大都宫城。金元明三代宫城在规模上或许一脉相承，没有大的变化。

图4　应天门北移后其空间正好能放明清紫禁城

对于金、元、明宫城上的相似度，《金中都》一书早有论述，认为"金、元、明、清宫城之间继承、沿袭之处甚多……这些继承、沿袭关系可以说明金建中都宫城时，将北宋汴京宫城形制、布局汲取到北方来，即为其后建都于北京地区的封建王朝所沿用，五百余年之间无大变动"①。今天我们看到，其相似程度不仅体现在形制、布局上，也体现在规模上，金代以来宫城规模或许也没有大的变化，我们甚至可以用明清紫禁城去推想金中都的宫城。

二　大安殿位置

当应天门位置北移后，大安殿位置也随之北移，从而更接近东华门内道路。《金中都》一书注意到东华门与大安殿的位置关系，认为："大安殿正对东华门。"② 东华门为宫城东门，正对着今天的枣林前街和南横街一线。《金中都》出版于西厢工程考古之前，作者没有受到1990年考古的影响。为了与上述记载相符，在《金中都皇城宫城复原示意图》中，将大安殿绘在距东华门内东西道路较近的地方，比考古认为的大安殿遗址更加靠北。③《图说北京史》④ 编写于西厢工程考古之后，它似乎也意识到大安殿与东华门的位置关系问题，但因考古遗址已经定位，不能改变，于是将枣林前街南移，以符合文献记载。当我们将大安殿位置北移后，上述问题也就易于解决了。

三　千步廊位置

当应天门位置北移后，在宣阳门位置不变的情况下，千步廊的空间大大增加了。过去，不论是《北京历史地图集》的金中都图、《金中都》一书的金中都图，还是《图说北京史》的金中都图，都有一个问题，即千步廊的空间过短，放不下文献记载的千步廊。楼钥《北行日录》描述千步廊："长廊东西曲尺，各二百五十间，廊头各有三层楼宇"，⑤ 范成大《揽辔录》："至东御廊首，转北循檐行，几二百间……将至宫城，廊即东转，

---

① 于杰、于光度：《金中都》，北京出版社1986年版，第99页。
② 于杰、于光度：《金中都》，北京出版社1986年版，第97页。
③ 《金中都皇城宫城复原示意图》，于杰、于光度：《金中都》，北京出版社1986年版。
④ 齐心主编：《图说北京史》，北京燕山出版社1999年版。
⑤ 赵永春辑注：《奉使辽金行程录》，商务印书馆2017年版，第378页。

又百许间。"① 千步廊呈曲尺状，南北向有近 200 间，廊头有楼，中间有穿堂过道。有研究者估计，需 600 多米的空间才能容下千步廊，而上述地图给出的南北长度空间只有 380 多米，千步廊能用的空间不超过 300 米，对于近 200 间房屋来说是不够用的。当应天门移至原大安殿位置时，就有了约 700 米的空间，可以放下千步廊（图 5）。

图 5　千步廊空间扩展示意图

四　鱼藻池位置

鱼藻池是同乐园中的重要景观，《金史·地理志》："鱼藻池瑶池殿位，贞元元年建。"贞元元年（1153）是金正式迁都之年，鱼藻池和池上宫殿

---

① 赵永春辑注：《奉使辽金行程录》，商务印书馆 2017 年版，第 395 页。

建于这一年。以往的金中都复原图都将其画在宫城之内,而应天门位置的改变,却使其位于宫城之外,它还符合历史记载吗?《金虏图经》载:"西出玉华门,同乐园、瑶池、蓬瀛庄、杏村,尽在于是。"① 《大金国志》的表述似来自《金虏图经》又稍有差异:"西出玉华门,曰同乐园,若瑶池、蓬瀛、柳庄、杏村,尽在于是。"这是说玉华门外有同乐园,园中有瑶池、蓬瀛庄、柳庄、杏村。这里的玉华门是指宫城西门,而不是皇城西门。今天的研究者认为,瑶池即是鱼藻池。鱼藻池是同乐园的一部分,自然不会在宫城之内,这样的变动似乎更符合文献记载。

瑶池之名源于辽南京,位于辽南京南城垣外,当为金中都鱼藻池的南部水域。辽南京南城垣护城河约位于今白纸坊西街北面,南城垣或穿过金鱼藻池中的小岛。1994年考古调查时,小岛北面的鱼藻池湖底曾出土辽代砖井(图6),调查者认为,金代鱼藻池北部水域在辽代为陆地,至金代才扩展为鱼藻池的一部分。

图 6　鱼藻池遗址北部水域出土的辽代砖井

---

① (宋)宇文懋昭撰,崔文印校证:《大金国志校证》,中华书局 1986 年版,第 594 页。

这又涉及一个问题，辽南京瑶池的位置是在南京城内还是城外，研究者的认识并不一致，有的认为在城内，有的认为在城外，这涉及对文献记载的解读。辽保大二年（1122），天祚帝弃南京出逃，南京官员拥立燕京留守耶律淳为帝。不久，"燕王卧病城南瑶池殿。李奭父子与陈泌等阴使奚契丹诸贵人出宿侍疾，燕王危笃，处温托故归私第，欲闭契丹于门外，然后乞王师为声援。契丹知之，遂不来"。[①] 燕王即耶律淳，其养病的瑶池殿在城南，即南城外，所以诸贵人是"出宿侍疾"，而"欲闭契丹于门外"，是指城门外，说明瑶池殿在南京城外，瑶池当然也在城外，应位于辽南京城南护城河的南面。

多年前，对鸭子桥路的下穿铁路涵道工程进行调查时，发现湖的南部延伸到今鸭子桥路以南的区域，湖泊沉积层下面为汉唐时期的河流沉积层（图7、图8），辽代瑶池应是由汉唐时期的古河道演变而来的。

图7　鱼藻池遗址南面鱼藻池路剖面

---

① 《三朝北盟会编》卷九，北京市文物研究所、于杰编撰：《北京史资料长编（辽金部分）》，北京燕山出版社1986年版，第37页。

22　北京历史文化研究

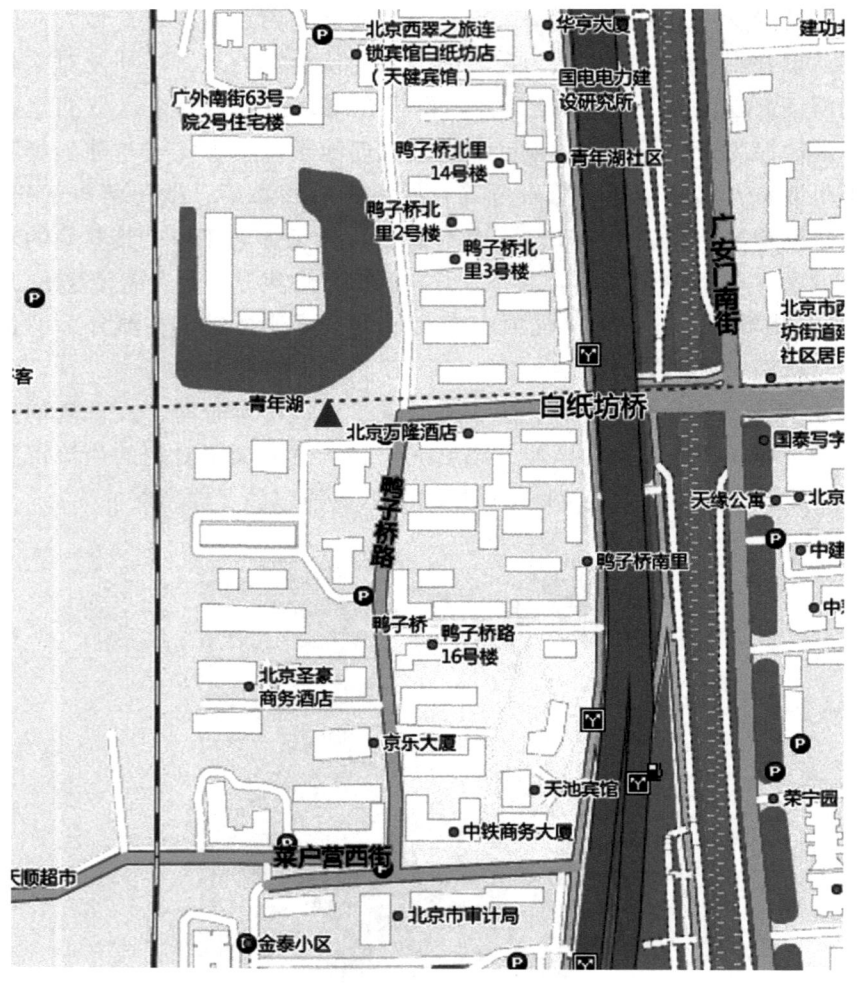

图8　鱼藻池路剖面位置（百度地图为底图）

由于瑶池和后来的鱼藻池位于金代宫城之外，所以古人将其与西面的宫苑区看作一体，是同乐园的一部分，将其与同乐园的其他景观一起说。如果它在宫墙之内，人们是不会将其放在一起说的。此外，《事林广记》中的燕京图所绘宫城西面的水面位于蓬莱阁前，应代表西苑水域，并不是单指鱼藻池，若把该水域当作鱼藻池是不合适的。

五　太庙位置

应天门位置北移可谓牵一发而动全身，相关宫殿、衙署等的位置都随之变动，千步廊东面太庙的位置也需要北移，由位于鱼藻池东南方，变为鱼藻池正东，即由今天白纸坊西街南面的建功南里一带，北移至白纸坊西街路北的建功北里一带。由此看来，白纸坊西街有可能是对金代太庙前面道路的继承。金中都设太庙，学自中原王朝，始于完颜亮迁都燕京之后。《金虏图经》："金虏本无宗庙，祭祀亦不修。……迨亮徙燕，遂建巨阙于内城之南，千步廊之东，曰太庙，标名曰衍庆之宫……又其东曰原庙……其昭穆各有序。"[1]

金代并非所有皇帝都能进入太庙，有的只能进"别庙"。《金史·礼志》："大定二年，有司拟奏：闵宗无嗣，合立别庙"，"又奏：……其庙拟于太庙东墉外隙地建立。从之。"闵宗即熙宗，因无后，只能进别庙，庙设在太庙东墙外。由此可知，太庙区域是有大墙的，别庙建于东墙外。熙宗的别庙或在今菜园街东、白纸坊西街路北的白纸坊中里一带。

除了熙宗外，金世宗的昭德皇后之庙或许也在这里。《金史·礼志》："大定二年，有司援唐典，昭德皇后合立别庙，拟于太庙内垣东北起建，从之。……后以殿制小，又于太庙之东别建一位。十一年八月，庙成……庙置一便门，与太庙相通。"昭德皇后的别庙，最初打算建在太庙东墙内，后因地方狭小，改在东墙外，为此在东墙上开了个便门，与太庙相通。或可推测，太庙区域最初的东墙是宫城东墙的南延，今菜园街是其东墙外道路，扩建别庙后，其东界可能达到皇城东墙。它至少要装下两座别庙，一座是熙宗的，另一座是昭德皇后的（图9）。

太庙南面为球场，《金中都》一书推测其为辽代南京城丹凤门外的球场，是有道理的，这里正好在辽南京城的南门外，位置相仿，金修建皇城时，将其继承下来，位置或许在今天白纸坊桥以南的区域。

---

[1]　（宋）宇文懋昭撰，崔文印校证：《大金国志校证》，中华书局1986年版，第595页。

24　北京历史文化研究

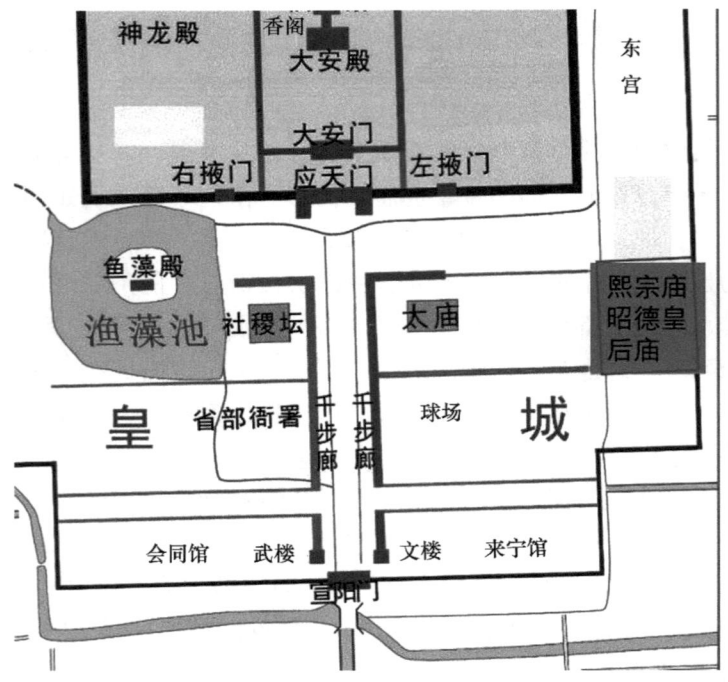

图 9　金中都太庙位置示意图

六　金中都皇城北墙

1965 年的考古勘探没有在宫城东、西、北三面找到皇城，徐苹芳先生在绘制《北京历史地图集》《金中都》两书的各种图时，出于学术上的严谨态度，根据文献记载，只在宫城南面画了皇城，没有在宫城其余三面画出皇城墙。① 而《金中都》一书和《图说北京史》都在宫城四周画了皇城墙，但画法不同。《金中都》中的《金中都城图》皇城画得较大，西墙画到今莲花河西，因为作者认为莲花河西还有宫苑建筑。《图说北京史》的《金中都城复原示意图》则在宫城外围很近的地方画了一圈皇城，因为作者认为玉华门是皇城西门，门外是宫苑。

金中都宫城四周是都有皇城墙呢，还是只在南面有皇城？要回答这个问题，在没有新史料证明的情况下，只有采取其他办法，一是借鉴北宋东京皇

---

①　侯仁之主编：《北京历史地图集》，北京出版社 1985 年版，第 24 页。

城形制，因为金中都的宫城、皇城形制是学习北宋东京的，二是依靠考古，找到皇城遗迹。可是，北宋东京城遗址考古比金中都遗址考古还难，受到黄河泛滥影响，遗址埋得深，地下水位高，上面还有现代城市，至今没有发现皇城墙，只能推测，结果提出至少四种皇城分布形式（图10），无法为金中都研究提供借鉴。

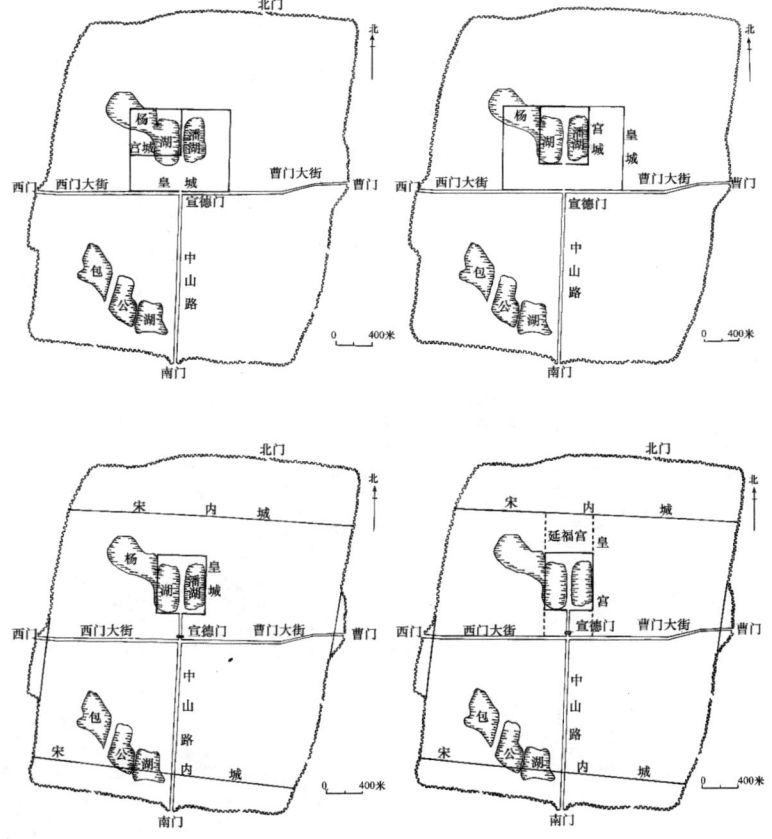

图10　北宋东京皇城位置的四种推测①

借鉴解决不了问题，就剩下考古一条路。1998年，在南线阁北口管道工地发现金代下水道遗迹。工地很小，呈曲尺形，一段沿着广安门内大街

---

① 刘迎春：《北宋东京城研究》，科学出版社2004年版，第202—219页。

呈东西向分布，一段沿着南线阁路呈南北向分布，汇合点在南线阁北口红绿灯西北侧。在两沟汇合处，出土金代下水道遗迹，文物部门做了考古。下水道遗迹为砖砌，拱券顶，由条纹砖砌筑而成，顶部被后代所毁，沟身保存较好（图11）。这段下水道出露只有数米长，往南为土沟，不再用砖，说明此段用砖砌筑，必有原因。在东西向沟中，距砖券下水道东边数米处，出土了金代夯土。夯土由碎砖层和素土夯层的互层构成，应是大墙遗迹（图12）。其埋深位置与下水道券顶的埋深相似，说明砖券是下水道在穿过大墙时的砖砌水关，而能够这样做的，当然是皇城，它很可能是穿过皇城大墙的下水道遗迹。由此可以推测，宫城北面有皇城大墙，又可以进一步推测，东面和西面也应有大墙。

无独有偶，1998年在西城区闹市口南延路也出土了金代砖券下水道遗迹，遗迹残长约8米，用金代条纹大砖砌筑，那里正是金中都崇智门所在地，下水道穿过城墙时，也使用了砖券形式。它说明南线阁北口的砖券下水道不是孤例，而是金代使用的一种穿越大墙的下水道形式。

图11　南线阁北口出土的金代砖券下水道遗址

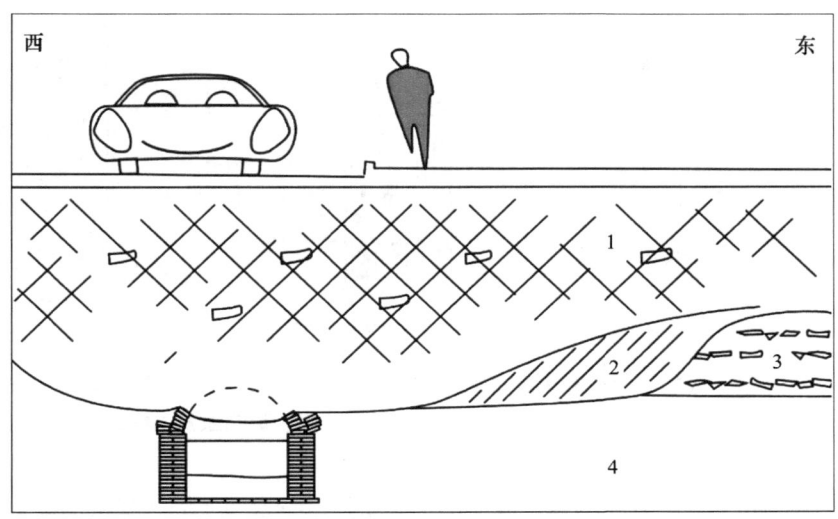

图 12 南线阁北口金代下水道与大墙遗迹示意图

七 皇城西墙位置

金中都皇城西墙主要有三种画法，其一是《北京历史地图集》的《金中都图》，该图实际只在宫城南面画了皇城，这在该图早期初稿中表现得最为明显。但这样画的结果，使宫城西面的宫苑区没有了着落，所以在后来正式出版的图中，采取了变通做法，将辽南京城西城墙遗址画在莲花河东岸，以此代表宫苑区西界，再由宫城南墙和北墙向西画出西延的平行线，与辽南京西城墙遗址相接，于是在宫城西面形成环绕宫苑区的围合空间，以此作为宫苑区的围墙。但它只是宫苑区的围墙，不属于皇城，是一种变通画法。其二是《金中都》一书的《金中都城图》，该图中皇城西墙画在了莲花河西面，认为莲花河西仍分布有宫苑建筑。其三是《图说北京史》的《金中都城复原示意图》，在邻近宫城西墙处画出皇城西墙，宫苑湖泊画在皇城之外，这种画法是基于皇城西门为玉华门，宫苑湖泊在玉华门外的推测而确定的，宫苑湖泊放到了皇城之外（图13）。

我们应该如何看待这一问题呢？首先，辽南京城是唐幽州城的延续，其西城墙不在莲花河畔，而应在今广安门火车站南北铁路西侧。从金宫城西边苑囿区域出土的灰黑色沉积层中包含有大量汉唐遗物看，金代苑囿区在汉唐时期可能已开发利用，成为园林。但它未圈入大城，它有如汉长安

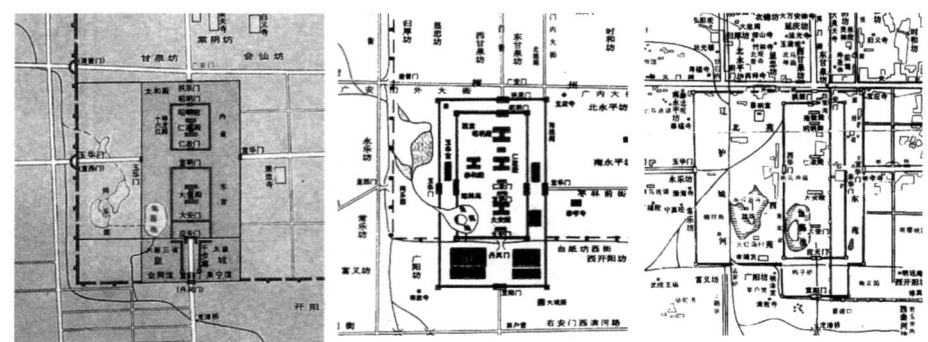

图13 《北京历史地图集》金中都皇城画法（左）、《图说北京史》
金中都皇城画法（中）、《金中都》金中都皇城画法（右）

城西的园林区，并不在城内，故不宜将辽南京西城垣画在莲花河边。其次，从宫城北面有皇城墙推测，西面也应有皇城墙，此皇城墙应在莲花河边，将西部宫苑保护起来。这也可以从元大都左宫右苑的布局来解释，因为元大都继承了金中都的宫城形式。最后，宫苑湖泊在皇城之外，还是在皇城之内，取决于对文献记载的认识，即玉华门是宫城西门还是皇城西门。《北京历史地图集》把它看作是宫城西门，而《金中都》和《图说北京史》则将其看作是皇城西门。从文献看，它应是宫城西门，而不是皇城西门。《金房图经》在描述完应天门后说："内城之正东曰宣华、正西曰玉华，北曰拱辰门。"[①]西华门是与应天门、拱辰门一起述说的城门，应是宫城城门，不应理解为皇城城门。"西出玉华门，曰同乐园"，同乐园在宫城外，而不是在皇城外。正是对于玉华门认识上的差异，才有了上述皇城西墙位置的不同画法。

八 与考古成果的矛盾

上述推测与考古成果还有矛盾，1990年的考古确定了3处建筑，即应天门、大安门和大安殿。其中应天门在白纸坊桥西道路以南70米处，大安门在白纸坊桥西面道路与滨河路交会处。如果应天门北移，这两处遗址又该如何解释？尤其是应天门遗址，在1965年的考古调查中，也于此探出城门遗址。这或许可以从元初复建燕京城宫室寻找答案，《析津志》中

---

① （宋）宇文懋昭撰，崔文印校证：《大金国志校证》，中华书局1986年版，第594—595页。

书省条："中统五年……始于燕京修营宫室，分立省部。"① 中统五年也是至元元年（1264），三年后，开始建大都城。在建大都之前，有可能在原皇城区域修建设施。或者是中都皇城的其他设施，也有可能是辽代遗物，需有进一步的考古成果来证明。

九　复原图

在此借助《金中都》和《图说北京史》对金中都宫殿分布的研究，结合地形地貌，试画《金中都皇城复原示意图》（图14），以说明上述推测。推测是否可行，还有待于考古的验证，但希望它能为解决研究中的困境，提供一点新的思路。

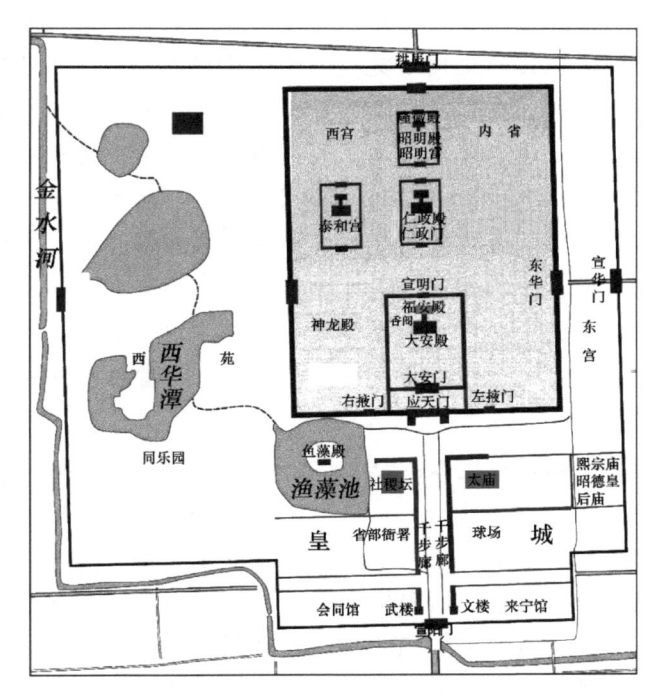

图14　金中都皇城复原示意图

---

① （元）熊梦祥著，北京图书馆善本组辑：《析津志辑佚》，北京古籍出版社1983年版，第8页。

北京建都序曲之北方文化中心的形成

——浅谈金中都文化及其影响[*]

吴文涛[**]

摘要：金中都是北京历史发展过程中的一个重要转折阶段。金中都城内居住着汉族、契丹、女真等，汇聚了多民族的文化要素和整个北方地区的文化精英。金朝仿汉制在中都设国子监、翰林院等文化机构，在都城建设中引入皇家园林文化、皇家陵寝文化等元素，通过漕运带动物流，这些都标志着金中都作为中国北方政治文化中心地位的确立。其文化特征是南北杂处、彼此包容，兼容性和影响力辐射到金朝境内的各族人等。以往南北文化的冲突、交流，由此进入了一个相对均衡、融合发展的阶段。作为一个政治文化中心之必不可少的软条件，这为后来进一步形成南北统一、多元一体的中华文化中心城市——首都北京奠定了坚实基础。

关键词：北京；建都；金中都；文化中心；民族融合

金中都文化在北京文化发展史上占有十分独特的地位。在民族争战、政权拉锯的背景下，这里的居民构成发生了很大变化，北方民族居民的数量增加，中都（也称燕京）与其他地区的联系也大大加强。一方面，它与长城以北大草原的联系更加密切；另一方面，这里又成为北方游牧民族与汉王朝交往的最重要场所。纳入北方民族政权管辖下的燕京城，不仅为北

---

[*] 本文是中共北京市丰台区委宣传部课题"金中都历史文化内涵挖掘"的研究成果之一。
[**] 吴文涛，北京市社会科学院历史研究所原副所长、副研究员，北京古都学会副会长，北京史研究会副会长，主要研究方向为北京史。

方民族获得中原传统文化提供了便利，同时也大量吸收了各民族的文化精华，多种民族文化因素在此积累、沉淀、融合，深刻浸透到其地域文化的基因中，使其具有包容大气、融会贯通的风格；无论是城市格局、宫廷文化、宗教传播、民俗风尚等都呈现出多元化、兼容性的特征，具备了北方政治文化中心的宏伟气象。

一　民族融合与文化融合的趋势

在各族人民最终融入中华民族这个大家庭的历史进程中，民族冲突与民族融合是客观存在的事实，犹如一个硬币的两方面。融合的形式既表现为被征服者对征服者的屈服与顺从，也包括和平环境下不同民族或政权之间主动吸收外来文化的积极行动。

燕云十六州归入契丹之后，以汉族为主的农耕文化与契丹为主的游牧文化，就在相互吸收与借鉴中得到了较高程度的融合，尤其是辽南京的建立，更使它成为民族与文化相互融合的中心。"因俗而治"的地方管理模式，承认不同地域之间在政治、经济、文化、社会等方面的差异，按照区别对待的原则实行不同的管理方式，这是辽代统治者顺应时势做出的制度创新。"燕云十六州"以农耕为主的生产方式以及此前实行的各类制度，汉族民众的生活习俗及其对民族归属的心理认同，都与契丹原有统治区域迥然不同。针对这种情况，辽太宗占领燕云地区之后确立了两套政治制度。《辽史·百官志》称："以国制治契丹，以汉制待汉人"，分称"北面官"与"南面官"，"北面治宫帐、部族、属国之政，南面治汉人州县、租赋、军马之事。因俗而治，得其宜矣"。契丹官制受唐朝制度的影响，北面官杂用汉官职名但含义并不相同。南面官大抵沿袭唐代与后晋旧制，往往因事或因人设官并时有增损。契丹官制与汉人官制并行，彼此之间不免相互影响与相互矛盾，因而在契丹贵族内部形成两种相互斗争的倾向和势力。辽圣宗与承天后时代，在韩德让等汉官的辅佐下，契丹的政治制度越来越具有汉制特点，南京地区对此发挥了显著的示范作用。

相比于后来的金朝，辽朝时文化融合的程度还是比较有限的。首先是在意识上，契丹人侵扰中原的想法和目标仅限于攻城略地、获得财物和人口，并不想一统天下做中国的皇帝。辽太宗与其母述律太后曾有一段对话。述律太后说："使汉人为胡主，可乎？"太宗曰："不可。"太后说：

"然则汝何故欲为汉主？"又说："汝今虽得汉地，不能居也。"① 述律太后又对臣僚们说："自古及今，惟闻汉来和蕃，不闻蕃去和汉。"② 由此可见，契丹统治者仅限于"汉人治汉，契丹人治契丹"的政权格局，将汉地作为契丹本土的有利补充。

辽以幽州为南京，是作为皇都上京的一个陪都来看待的。当时的辽南京地区也并没有大规模的契丹移民，城里和四郊主要还是汉族居民。据北宋使者路振出使辽朝的笔记《乘轺录》记载：幽州城内"凡二十六坊，坊有门楼，大署其额……并唐时旧坊名也……居民棋布，巷端直，列肆百市，俗皆汉服，中有胡服者，盖杂契丹、渤海妇女耳"。城中的驻军也是汉军八营，"皆黥面给粮，如汉制"③。虽然自唐中期以后，由于商业经济的发展，幽州城的封闭格局已有所改变，个别商铺已越出市门，甚至深入坊里，但"在辽朝统治的180余年间，这座城市仍基本保持着坊里旧制形式"④。也就是唐幽州城的风貌，连风俗习惯也和过去没有太大变化，仍以汉习为主。而在上京临潢府，"绫锦诸工作、宦者、翰林、伎术、教坊、角抵、秀才、僧尼、道士等皆中国人（指汉族人），而并、汾、幽、蓟之人尤多"⑤。这说明，契丹与汉文化之间，还是汉文化向北输送得多一些，契丹人是固守自己的地盘有限地接纳汉族文化。直到辽兴宗时，取进士，诵史书，制礼仪，吟诗作赋，以法治国，南北文化始有交融之势，"华夷同风"渐成文化时尚。

到了金朝，民族融合与文化包容性得到了明显的提升。首先，金统治者对于"天下"的认识不同，他们有着强烈的"居天子之正""合天下于一"的意识。尤其在金海陵王时，他的目标就是要统一南北、入主中原。他曾评点《论语·八佾》的一段话："朕每读鲁论，至于'夷狄虽有君，不如诸夏之亡也'，朕窃恶之。岂非渠以南北之区分，同类之比周，而贵彼贱我也。"⑥ 认为华夏与夷狄不应有贵贱之分、内外之别，应同样看待。他还曾与臣下讨论《汉书》，臣子说："本朝疆土虽大，而天下有四王，南

---

① 《资治通鉴》卷二〇四，开运二年条。下述文献来源：《中国基本古籍库》。
② 《旧五代史》卷一三七《外国列传》。
③ 江少虞：《宋朝事实类苑》卷七十七《安边御寇·契丹》引路振《乘轺录》，上海古籍出版社1981年版。
④ 于德源：《辽南京（燕京）城坊、宫殿、苑囿考》，《中国历史地理论丛》1990年第4期。
⑤ 欧阳修：《新五代史》卷七十三《四夷附录二》，中华书局1979年版。
⑥ 张棣：《正隆事迹记》，《四库全书存目丛书》史部45册，齐鲁书社1996年版。

有宋，东有高丽，西有夏，若能一之，乃为大耳。"海陵王说："朕举兵灭宋，远不过二三年，然后讨平高丽、夏国。一统之后，论功迁秩，分赏将士。"①海陵王还多次提道："自古帝王混一天下，然后可以为正统"②；"天下一家，然后可以为正统。"③可见他的雄心就是要华夷一家，归于正统。正是在这样一种思想的主导下，金朝人迁都燕京之举，远非契丹人建辽南京可比。他们认为"燕京乃天地之中"，因此把金中都营建得"有宫阙井邑之繁丽，仓府武库之充实，百官家属皆处其内，非同昔日之陪京也"④。早在金熙宗时，金朝就把大批女真军人迁至燕京地区乃至今河北、山东一带。中都建成后，更是将大批女真宗室贵族及其附属人口甚至皇族陵地迁移到中都或其四围州县，又派人将金上京的宫殿、宗庙、王府等建筑全部平毁，表明要彻底斩断回归发祥故土之念，坚决以中都城作为首都。海陵王"命左右丞相张浩、张通古，左丞蔡松年，调诸路民夫筑燕京，制度如汴"⑤，也就是效仿北宋东京城的规制来建。辽南京延续的是汉唐时期幽州城的旧格局，宫殿苑囿位于整个城市的西南部。扩建金中都城时，则通过东、南、西三面的向外扩展，巧妙地把包括宫殿苑囿在内的皇城摆到了全城的中心位置。同时，还完善了中都城的各种"标准配备"，如与宫殿配套的皇家园林，举行各种重要礼仪活动的宗祖坛庙，从中央到地方的各级官僚衙署，国子监、翰林院等文化机构，在西郊安排皇家陵寝，通过漕运带动物流，等等。这些都表明它在努力追求汉王朝都城所具有的正统地位和皇家气派，标志着金中都作为中国北方政治文化中心地位的确立。这些随着金朝权贵势力和政治中心的大举南移，文化交流与融合的平台也集中统一到金中都及其周边区域，而不再像辽时那样边界分明。金中都城内，有汉族、契丹、女真等各族居民，汇聚了多民族的文化要素和整个北方地区的文化精英，这在北京文化发展的历程中前所未有。其文化的包容性和影响力同时辐射到金朝境内的女真、契丹、汉族及其他人等，以往南北文化的冲突、交流，由此进入了一个相对均衡、融合发展的阶段。

---

① 《金史》卷一二九《张仲轲传》。
② 《金史》卷八四《诸延温敦思忠传》。
③ 《金史》卷一二九《李通传》。
④ 《金史》卷九十六《梁襄传》。
⑤ 于敏中等：《日下旧闻考》卷三七《京城总纪》，北京古籍出版社1985年版。

明末清初的历史地理学家顾祖禹，在《读史方舆纪要》中说："辽起于临潢，南有燕云，常虑中原之复取之也，故举国以争之，置南京于燕、西京于大同，以为久假不归之计。女真自会宁而西，擅有中原，仍辽之旧，建为都邑，内顾根本，外临河济，亦其所也。蒙古自和林而南，混一区宇，其创起之地，僻在西北，而仍都燕京者，盖以开平近在漠南，而幽燕与开平形援相属，居表里之间，为维系之势，由西北而临东南，燕京其都会矣。"① 这段话把辽金元时期燕京从陪都到中都、再到大都的民族进退之势做了一个相当精到的分析：辽南京是契丹人担心被中原政权再次收复而设，它显示的是辽对其南界的固守；金中都则是女真人出于既顾及北方根本，又要面向中原地区的战略而立，它表明了金朝将政治文化中心的主动南移；元大都的崛起，则是蒙古人进而将其作为从西北到东南控制全国的政治枢纽的产物。上述渐进式的变化，正体现了在汉文化向北推进渗透的同时，北方民族也在步步深入中原这样一个彼此交互、双向融入的过程。在辽代及其以前，北方民族的文化与中原汉族文化的差距较大、泾渭分明，大体以汉文化向北流动为主；金代以后，差距依然存在但已明显缩小，而且表现为南北杂处、彼此包容，这就为后来元朝的统一奠定了基础。

二 都城建设与礼制文化的南北兼容

金中都的建设，是仿照北宋都城汴京（今河南开封）的建筑格局和宫室制度，在辽南京城的基础上进行的大规模扩建。海陵王在营建中都城之前曾"先遣画工写京师（汴京）宫室制度，至于阔狭、短曲画其数，授之左相张浩辈，按图以修之"②；"命左右丞相张浩、张通，左丞蔡松年，调诸路民夫筑燕京，制度如汴"③。营建过程中，甚至金中都的部分建筑材料也直接来源于开封。他效仿北宋东京的一个核心，就是利用整个城市的扩建，巧妙地把皇城摆到了全城的中心位置。在辽南京，宫殿苑囿位于整个城市的西南部，是延续了汉唐时期幽州城的旧格局。完颜亮在扩建金中都

---

① 顾祖禹：《读史方舆纪要》"直隶方舆纪要序"，中华书局1955年版。
② 《三朝北盟会编》卷二四四，引张棣《金虏图经》。
③ 《日下旧闻考》卷三七《京城总纪》。

城时，不是将整个城市的四面均等向外扩展，而是将其东、南、西三面向外扩展，使得原来偏于城市西南部的宫殿苑囿变成了整个城市的中心。同时，作为中原都城应该有的各种设施，如与宫殿配套的皇家园林，安葬帝王的皇家陵寝，举行各种重要礼仪活动的坛庙场所，以及从中央到地方的各级官僚衙署，等等，都是参照了北宋汴京的皇城格局，从而使中都城符合了中原王朝国都的规范化标准。而后依次排开官署、内省、宗庙、学府、寺院、苑囿等，使金中都具备了布局方正、中轴对称、面朝后市、坊巷分割、状如棋盘的规划特点。

金中都皇城设置四门。正南门也就是皇城的正门称为宣阳门，地点在今菜户营以北的鸭子桥之南。宣阳门与中都正南门丰宜门之间，有一座汉白玉的龙津桥，南宋范成大《揽辔录》等文献曾多次提到它。宣阳门上重楼壮丽，绘有龙形图案的中门专供皇帝出入，绘有凤凰图案的左右旁门供其他人进出。门内正北中间是御道，两侧是东西相对的千步廊，东侧有文楼、太庙和来宁馆，西侧是武楼、三省六部和会同馆。御道北端连接端门，端门之北就是宫门应天门（或称应天楼、承天门），由此进入皇宫。皇城东门称宣华门，又称东华门，其地相当于辽南京的东门宣和门；西门称为玉华门，其西南就是金代著名的皇家园林同乐园，又称西苑；北门叫作拱辰门，取拱卫北辰之意为名，其地相当于辽南京的子北门。

金中都的皇家宫殿规模远远超过了辽南京，南宋宇文懋昭《大金国志·燕京制度》称，皇宫"内殿凡九重，殿凡三十有六，楼阁倍之。正中位曰皇帝正位，后曰皇后正位。位之东曰内省，西曰十六位，乃妃嫔居之"。周煇《北辕录》说皇宫"瓦悉覆以琉璃，日色辉映，楼观翚飞，图画莫克摹写"。其辉煌壮丽的程度，用笔墨已经不能描摹。大安殿是皇宫正殿，皇帝派遣大臣执行要务、郊祀前的斋戒、接受尊号或百官及外国使臣的朝贺、追封追谥父母尊号、册封皇太子等重大活动，都在大安殿举行。大安殿以北的仁政殿，是平日皇帝上朝、召见群臣和外国使臣之处，范成大出使时就在这里谒见了金世宗。女真与契丹一样崇拜太阳，仁政殿前的露台就是皇帝行拜日之礼的地方。大安殿东北的东宫，是皇太子的居所。此外，皇城内还有神龙殿、集贤殿、太和殿等多处宫殿。如此的宫殿排列，已经有了突出南北中轴线的意味。

辽南京只是契丹的陪都而不是最重要的政治中心，因此不曾修建帝王用以祭祀祖先或神明的坛庙。到金代海陵王迁都燕京并改名中都之后，开始出现代表皇家礼制的宗庙与郊坛。

金中都的皇室宗庙，主要是位于皇城南部东侧的太庙和衍庆宫。《金史·礼志》记载：天德四年（1152）有司言："燕京兴建太庙，复立原庙。……今两都告享，宜止于燕京所建原庙行事"。随之为原庙定名"衍庆宫"，殿名"圣武殿"，门称"崇圣门"。太庙有两重围垣，里面有朝南的一排长殿，供奉金朝先帝神位。每逢祭祀，还要将配享太庙的功臣神位，分别安放在他们生前所事皇帝的神位旁。在太庙举行的活动除了隆重的大祭之外，还有皇帝即位后的奏告仪、接受尊号后的奏告仪和恭谢仪，皇后、皇太子被册封的恭谢仪，国家行重大事务前的祷告仪等。金代原庙（后改衍庆宫）主要珍藏和供奉金朝各位帝王的画像。大定十四年（1174），又仿照东汉云台二十八将图、唐代凌烟阁功臣图，把二十八位功臣的形象画在衍庆宫圣武殿的左右庑殿，此后又续补了太祖以前的功臣二十二名以及世宗、章宗时期的多位功臣的画像。这些都是其政治中心的一种体现。

金中都城内建有供奉孔子的宣圣庙，并制定了隆重的祭祀礼仪制度。在丽泽门内的皇城西部，还修建了祭祀姜子牙的武成王庙，配以管仲、张良、韩信等历代名将谋臣，金代的武将则有宗翰、宗雄、宗望、宗弼等配祀。这些都是金朝统治者尊崇中原文化的象征。

都城之外的郊坛，表现了帝王对自然力的敬畏以及古人对天体运行规律的认识。按照古代天圆地方的观念，祭天的南郊坛，位于中都南门丰宜门外，三重围垣，中有圆坛，皇帝每年冬至日来此祭祀；祭地的北郊方丘，在中都北门通玄门外，祭祀时间为夏至日。由于太阳运行的规律是东升西落，祭祀太阳的朝日坛又称大明，位于中都东北门施仁门的东南，皇帝春分日前来致祭；祭祀月亮的夕月坛又称夜明，在中都西北门彰义门的西南，祭祀日期为秋分日。除天地日月之外还有社稷坛，除了春、秋两季的第二个月（即农历二月和八月）第一个"戊日"的例行祭祀外，遇到大旱不雨或其他国家大事，都会到社稷坛来祭祀。此外，掌管风雨等天气变化的神明也属于设坛祭祀之列。在金中都景风门（南侧东门）外东南，立春后的"丑日"设坛祭祀风师。祭祀雨师雷师，则在端礼门（南侧西门）外西南设坛，时间在立夏之后的"申日"。这些祭祀都属于国家大典，一般场面都极为隆重。

三 融入民族特色的园林建设和游猎行宫制度

草原民族逐水草而居,擅长骑马射猎,崇尚自然,进入都城定居后也不会轻易改变原有的生活习惯。辽朝帝王的"四时捺钵"和金朝人的"春水""秋狩"传统,在燕京地区也都有体现。到处修建苑囿和离宫,定期出游和狩猎,成为辽金帝王处理政务和休闲生活的一种方式。这种方式影响到了后来北京城宫殿与苑囿的分布。也可以说,北京历史上皇家园林的兴起,是从辽金时期开始的。

辽南京周围最著名的苑囿,是位于今通州漷县镇一带的延芳淀。辽圣宗时期,延芳淀的狩猎活动最为兴盛。为便于帝王射猎而修筑的神潜宫,在今神仙村附近。此外,辽景宗、圣宗"春赏花,夏纳凉"的华林庄、天柱庄,在今顺义区花梨坎村与天竺镇。辽兴宗泛舟前往的临水殿,大约在今广安门外青年湖西岸。

金代拓展中都城之后,建设的著名皇家园林有同乐园、广乐园、进春宫、太宁宫等。同乐园位于中都宫城西边的玉华门外,又有"琼林苑""西苑"等称谓。《金史·章宗纪》称,明昌元年(1190)三月己巳,"击毬于西苑,百僚会观"。五月戊午,"拜天于西苑。射柳,击毬,纵百姓观"。在同乐园举行的射柳与打马毬,是此前流行多年的活动,既有游戏娱乐的一面,也是保持尚武精神的一种方式。从唐代以来就颇为盛行的马毬,在辽金时期得到延续,这是中国古代体育史上的重要内容之一。

金代帝王和百官举行马毬和射柳比赛最多的地方是位于中都城南的广乐园,又称"熙春园""南园"。《金史·地理志》记载,园内的常武殿、广武殿,"为击毬、习射之所",打马毬、射箭是这里最引人注目的活动。《金史·海陵王纪》称,贞元二年(1154)九月己未,"常武殿击鞠,令百姓纵观"。金世宗时期,广乐园的这两类活动更加频繁。《金史·世宗纪》记载:大定三年(1163)五月乙未,"以重五,幸广乐园射柳,命皇太子、亲王、百官皆射,胜者赐物有差。上复御常武殿,赐宴击毬"。大定八年(1168)曾有官员上疏劝谏金世宗:"陛下为天下主,守宗庙社稷之重,围猎、击毬皆危事也。前日皇太子坠马,可以为戒。臣愿一切罢之。"金世宗回答说:"祖宗以武定天下,岂以承平遽忘之邪。……故示天下以习武耳。"① 这从一个侧面反映了金代皇家打马球的盛行。

由于西山一带山清水秀，风景极佳，距城又不远，辽金时期的帝王便开始在此构建别墅行宫。辽代在玉泉山建起了北京西北郊最早的皇家园林——玉泉行宫。金代又建芙蓉殿，金章宗完颜璟先后多次行乐于玉泉山泉水院，其华美绮丽直到明清时仍为人所津津乐道。所谓"玉泉垂虹"被纳入燕京八景之一，也正是自金章宗始。在香山，金世宗时修建了香山行宫。章宗曾频繁游幸玉泉山、香山，仅《金史·章宗本纪》中记载的就各有7次。后人所称道的京西名胜"八大水院"——清水院、香水院、金水院、泉水院、圣水院、灵水院、潭水院、双水院也是被各种文献溯源至金章宗时期。

顺着西山水系往下，在高梁河上的白莲潭（今什刹海、北海一带）水域，辽代建有瑶屿行宫，金朝则在此基础上改造成著名的园林群落——太宁宫（又称大宁宫、寿宁宫、寿安宫、万宁宫，简称北宫、北苑）。这片行宫，宫殿壮丽，碧波浩淼。时人赵摅《早赴北宫》诗云："苍龙双阙郁层云，湖水鳞鳞柳色新。绝似江行看清晓，不知身是趁朝人。"② 因其风光绝佳，金世宗、章宗曾长期在此驻跸，处理国政。太宁宫以西的西园，有瑶光台（今北海公园团城）、琼华岛（今北海公园琼华岛）。瑶光台上的瑶光楼金碧辉煌，飞檐重叠、斗拱交错，面对着古高梁河河道汇聚的大片水域，是金朝皇帝纳凉赏月之所。元代郝经《琼华岛赋》，有"瑶光楼起，金碧钩连，断霓饮海，頫地颔天"之句。琼华岛在金代又称寿乐山，堆砌着玲珑剔透、千姿百态的艮岳（太湖石），相传是海陵王营建中都时取自北宋东京汴梁。琼华岛山顶的广寒殿，与正南的瑶光楼相对。金末蒙古军队占领中都，太宁宫遭到破坏。《长春真人西游记》载，成吉思汗二十年（1225）五月，丘处机登上琼华岛赋诗云："地土临边塞，城池压古今。虽多坏宫阙，尚有好园林。绿树攒攒密，清风阵阵深。日游仙岛上，高视八纮吟。"③ 历经战火之后，其园林之胜依然可观。所以后来的元朝新建大都时，果断地以太宁宫为中心谋篇布局。可以说，这片园林对北京的城市发展产生了深远的影响。

---

① 《金史》卷一百三十一《方伎传》。
② （金）元好问：《中州集》卷九，商务印书馆《四部丛刊》本。
③ （元）李志常：《长春真人西游记》第七章，王国维校注，1926年，丛书集成初编本。

在中都城南郊，大约在今南苑附近还修建有建春宫。明昌五年（1194）正月，章宗到城南别宫一带打猎。承安三年（1198）正月再次行猎时，将这座别宫命名为建春宫。仅据《金史·章宗本纪》记载，皇帝到建春宫行猎的次数达十多次，可见其地位和规格不低。

总之，金代的帝王不仅把园林纳入皇城，在皇城内实现宫苑相连、与水相亲，而且在城外凡水面开阔、风景优美的地方都兴建离宫别苑，举行骑射、渔猎等传统活动。这种草原民族逐水草而居的理念，被融入都城规划及建设中，在中国城市建造史上具有承上启下的作用，为后来元大都的规划提供了直接的蓝本和架构基础。所以说，金中都是一座既采纳了中原王朝城市建设的精华，体现了中国传统的国都建造理念，又展现了北方民族的生活追求和地域特点的城市，具有很高的文化包容性和融合度。

四　多元化的宗教文化

佛教在辽南京时就比较兴盛，燕京城里有着众多的佛寺，所谓"僧居佛寺冠于北方"[①]，著名的如大昊天寺（今北京天宁寺）、大竹林寺、大觉寺等。

金代，北京地区的佛教得到继续发展，特别是海陵王迁都后，寺庙有增无减，僧侣越来越多。当时在山西刊刻的《大藏经》（又被称为《赵城金藏》）也被进献到金中都来，表明金中都已确立为北方的佛教中心。城里城外增加了更多的寺庙，有的香火文脉赓续至今。

金元明三朝盛极一时的庆寿寺，即是其中的代表。庆寿寺创建于金章宗大定年间，元代又建海云、可庵二塔，故俗称双塔寺。从金代开始，该寺即很受重视，元至元间重修后，"完整雄壮，为京师之冠"，曾赐给皇太子作功德院。在北京历史上有着重要影响的两位僧人——刘秉忠、姚广孝，都与庆寿寺有着非常密切的关系。

另一个代表是潭柘寺。辽代太宗会同年间，有曹洞宗传人从实禅师来到潭柘寺讲法，信徒上千人，影响很大。金天会年间，北宋著名禅僧希辨被掳至燕，住于潭柘寺，以"戒行高古"为大众钦服，被誉为"潭柘再来"。希辨大阐宗风，足迹遍及北方各地，"禅侣云集，若百川朝于巨海"，

[①] 许亢宗：《宣和乙巳奉使行程录》，载赵永春编《奉使辽金行程录》，商务印书馆2017年版。

堪称燕京乃至整个北方曹洞宗的鼻祖。

此外，还有今门头沟境内的仰山栖隐寺，金代末年曹洞名僧万松行秀曾住持于此，元初名相耶律楚材在这里学习佛法，对其后资政助益颇大。又如辽代始修、金代扩建的香山寺。大定二十六年（1186）建好后，金世宗亲至寺内瞻礼，赐名为大永安寺，赐给庄田二千亩，栗树七千株，拨钱二万贯[①]，遂发展为著名的皇家园林——香山行宫。还有今密云的红螺寺，自金代佛觉、元末云山禅师住持兴盛之后，沿至明清，一直为京北名刹，高僧频出。

金朝曾在燕京的寺庙中举办过科举考试，选拔士人。这种佛教寺院与士人紧密相连的现象，成为近代以来北京"寺产兴学"运动的历史与文化渊源。

道教是土生土长的中国传统宗教，对中国的社会文化等各方面都产生了深远影响。自东汉末年正式形成后，道教逐步传播到北方地区。但北京道教发展的关键时期，则是立为首都的金元以后，其代表见证就是白云观。白云观是北京现存最早的道观，其前身为唐玄宗开元二十九年（741）修建的天长观。金大定年间重建，改称"十方大天长观"。泰和年间再建，称为太极宫。元太祖二十二年（1227），命改名为长春宫。

金代，河北地区出现的三个"新道教"——太一教、真大道教、全真教先后传入燕京地区。金世宗时将太一教二祖萧道熙、真大道教教主刘德仁征召至京，都被安置在天长观内。金大定年间，全真教王玉阳、丘处机等高道也受金世宗征召，先后来到中都天长观。元初，丘处机率领十八弟子远赴雪山，得到元太祖宠信，为全真教后来在北京地区的迅速发展奠定了基础，逐渐成为北方道教第一大教派。

道教传入北京以后，在社会各方面都产生了广泛影响。上及帝王内廷，下至普通百姓，都受到道教文化的深刻熏陶。高大巍峨、肃穆庄严的道观庙宇，成为人们祈福祛灾、寄托精神的去处。具有浓厚道教氛围的节日民俗，更与广大民众的日常生活息息相关。

五 学习中原传统的教育与科技

不同民族的相互交流与逐步融合，是燕京地区文化发展的推进剂。与

[①] 《金史》卷六《世宗纪上》，中华书局标点本。

政治上的"因俗而治"相适应，燕京成为辽金时期汉人地区的儒学中心，其主要文化仍然是农耕文化。儒家学说作为农耕文化的核心理念，故而对本地区儒学的传承是十分重要的。首先表现在教育体制方面，是以传统儒家学说为主要内容的。燕京的汉族世家大族在培养家风方面多以儒家伦理为规范，"以孝敬奉乎宗祀，以慈惠睦于闺门"[1]。而新迁入燕京的契丹和后来的女真贵族，因游牧生活的影响，他们有着浓厚的尚武家风。但随着与汉族世家的交往加深，他们也努力以儒学来修身齐家，多聘请汉人儒者为师教导其子弟。

早在辽南京时，辽朝统治者对儒学的教育和传承就比较重视了，在此设置了最高的官学机构——太学。辽代的科举制度也是从燕京开始的，"辽起于唐季，颇用唐进士法取人"[2]。参照唐朝的科举制度，分为词赋与经义两科。尤其到辽圣宗时生员数量大增，很多士人由此进入仕途。圣宗时进士科几乎每年举行一次，有时两年举行一次，后来定制为每三年举行一次。科举制度的实行，对于传播儒家学说，扩大其在社会上的影响，具有十分重要的意义。

金代的中央官学较之辽代又有进一步发展，金海陵王迁都后，金中都中央官学逐步建立起来，它包括国子学、太学、女直国子学和女直太学。国子学设置于天德三年（1151），招收学生200人，为宗室、外戚及三品以上官僚子弟。教授《九经》《十七史》及百家之言。太学设置于大定六年（1166），太学设博士四人、助教四人，管理教学工作。太学最初招收学生160人，后来再加上五品以上官员子弟及各地推荐考试合格者，生员多达400人[3]。

除国子学、太学外，为了培养本民族人才，金朝还专门为女真子弟设置了女直国子学及太学，这是金中都中央官学的一个重要特点。大定四年（1164），将儒家经书翻译成女真文，颁行全国。在各地猛安谋克中选出优秀子弟三千人进行专门培训。大定九年（1169），取其中优秀者百人赴中都学习。大定十三年（1173），以策、诗取士，设置女直国子学，以新进士为教授。大定二十八年（1188）增设女直太学，同置于太学之内。

---

[1] 《董庠妻张氏墓志》，《辽代石刻文编》，河北教育出版社1995年版，第410页。
[2] 《金史》卷五十一《选举志》。
[3] 《金史》卷五十一《选举志》。

金中都地区地方学校的发展也比辽代有很大进步。金大定、明昌之间，金朝在各地全面推广地方教育，普遍设置教育机构，任命教官，招收学生。大定十六年（1176），金世宗设置地方府学共17处，设定学生额数为1000人。其中，以大兴府学即中都路府学为首。大定二十九年（1189），金章宗增设60处府、州学校。学生额数较前再增1800人。金朝政府在逐步完善府、州学校的同时，为培养本民族人才，还专设地方女直府学共22处，以新进士为教授。各地女直府学招收学生多达3000人①，中都路女直府学为诸多府学之冠。可以说，在某种程度上，金代中都地区地方教育得到普遍推广。

辽代统治者受中原文化的影响，于天显十一年（936）在燕京设立随皇帝出行的临时天文机构"行在钦天监"。金朝统治者则更加重视天文学，在中都建立了专门的天文机构——司天台，隶属于尚书省的秘书监。司天台的职责是掌天文历数，风云气色，并将所获信息密报皇帝。司天台主官为提点，正五品。提点之下设司天台监、少监、判官、教授、司天管勾等官员。司天台分天文科、算历科、三式科、测验科和漏刻科等五科。其中，天文科12人，算历科8人，三式科4人，测验科8人，漏刻科25人，各科承担不同的工作任务。司天台还负责培养天文学方面的人才。司天台招收学生，其中，女真26人，汉人50人。学生入学年龄限制在15岁以上，30岁以下。学生通过考试入学，"其试之制，以宣明历试推步，及婚书、地理新书，试合婚、安葬，并易筮法、六壬课、三命五星之术"②。

金中都还出现了很多著名的天文学家。如移剌履，他自幼喜欢观测天象，5岁时，晚上站在房檐底下，观察天空星云变幻。长大后，博学多艺，尤其擅长历算书法绘画。他还在金代另一位天文学家杨级修订的《大明历》的基础上完成乙未历，"世服其善"③。他的后人耶律楚材也是一位精通天文历法的奇才。

金代天会四年（1126），仿中原王朝也在中都开设了太医院。直属于宣徽院，设有提点、提点使、副使、判官等行政官员及正奉太医、副奉太医、长行太医若干医师。金代还在大兴府设立府医院，有医正一人，医工

---

① 《金史》卷五十一《选举志》。
② 《金史》卷五十一《选举志》。
③ 《金史》卷九十五《移剌履传》。

8人。还特设立惠民司，为给贫苦城市居民提供诊疗机会。这些客观上都推动了医学的发展，因而涌现出一批名医，如"以医名燕赵间"的张元素。张元素治病不拘泥古方，他认为，"运气不齐，古今异轨，古方新病不相能也"，在药物学理论和临床治疗方面提出了许多真知灼见。① 又如原来是北宋医官的祁宰，被掳到燕京后任金朝的太医使。

六　多姿多彩的文学艺术

辽金帝王大多懂得精神统治对巩固自身地位的重要作用，同时他们也将文化享受作为满足其生活需要的一种方式。因此，他们多有自己的文化爱好，并且礼遇文士及宗教人士。

辽金时期的燕京文学，既有对中原文学传统的继承，也有对少数民族文化元素的吸收。唐宋文学大家及其作品在燕京地区影响广泛，金朝的很多官员从小受到的就是汉文化的教育和熏陶。如金朝初年的文士宇文虚中、吴激、蔡松年等，皆是从宋朝入仕金朝的，他们的作品在金代文坛上的影响很大，今日得见的有宇文虚中的《过居庸关》诗、吴激的《述怀》诗、蔡松年的《和子文晚望》诗等。宇文虚中的诗曰："奔峭从天拆，悬流赴壑清。路回穿石细，崖裂与藤争。花已从南发，人今又北行。节旄都落尽，奔走愧平生。"其把路途的坎坷与人生的蹉跎都融合在一起，堪称金代诗歌中的上乘之作。到了金朝中期，则有李晏、党怀英、赵沨、王庭筠等人在中都文坛影响较大。他们的诗歌作品当时也被辑为专集，如党怀英的《竹溪集》、赵沨的《黄山集》、王庭筠的《王翰林集》等，今亦亡佚。他们的诗歌作品，有些被金末元好问收录在《中州集》一书中，使我们今日得见一斑。如与党怀英齐名的赵沨，曾作有《晚宿山寺》一诗曰："松门明月佛前灯，庵在孤云最上层。犬吠一山秋意静，敲门时有夜归僧"，颇有唐人贾岛诗歌的意境。

民族间的文化融合还表现在艺术方面。如金代继承了宋代的传统绘画风格，以墨竹、山水、文人题咏为主题的绘画作品蔚成风气，其中，墨竹题材相对流行，在女真帝王及贵族中，完颜亮、完颜允恭和完颜璹、完颜璛等人多擅长绘画，而本地画家则有金代前期的任询、金代中后期的王庭

---

①　《金史》卷一三一《方伎·张元素传》。

筠，以及陈道辅和庞铸等。任询是中都易州（今河北易县）人，史称他的书法当世第一，而画作亦入妙品。王庭筠则以擅长画山水、竹石而享誉中都画坛。辽金时期尤其是金中都时，已经出现了以书法艺术著称的名士，如吴激、党怀英、王庭筠和赵秉文等，他们的书法创作在中都地区产生了较大影响。

燕京地区在舞蹈艺术的发展进程中，也突出体现了文化融合的特色，反映了各个不同民族、各种舞蹈艺术流派并立、异彩纷呈的繁荣发展局面。辽朝的宫廷乐舞承袭了唐宋王朝的乐舞体系，但兼采契丹、女真等少数民族风格。雅乐、大乐、散乐、佛教音乐以及乐器和教坊机构等多从中原传入，而流行于燕京。金朝宫廷乐舞则直接来自宋朝，在大宴朝会及祭祀天地、宗庙、鬼神时，均有专门乐舞礼仪。天子用"宫悬"，并备"文舞""武舞"。女真民族喜爱歌舞，婚嫁、宴会、宗教仪式中都有歌舞活动。《鹧鸪曲》为当时盛传的女真民歌，其他尚有"散乐""渤海乐""本国旧音"等。金世宗为了教育女真贵族子弟不要遗忘本民族的文化，还专门创作了用女真语演唱的歌曲。另外，诸宫调、杂剧、院本等说唱戏曲也已在中都流行，如《西厢记》诸宫调在当时就很有名。在金中都城里，不仅有女真及契丹等文化与汉人文化共同存在，而且还有渤海、西夏、高丽等文化的体现。如金朝统治者在日常生活娱乐时，将渤海歌舞艺人组成渤海教坊，用于节令庆典的宴会活动；当有宋朝、西夏等使臣前来京城时，也会命渤海艺人们在宫廷宴饮时演奏歌舞。到金章宗泰和年间，政府中演奏雅乐的乐工人数缺少时，把渤海教坊和汉人教坊中的乐工调用。总之，各种民族文化的影响在金中都都是占有一席之地的。

七　南北交融的社会风尚及生活习俗

辽金时期，大批契丹人、女真人等北方游牧民族跨越长城南下，落足燕京。再加上西域及周边其他民族的文化熏陶，在近200年漫长的融合过程中，燕京地区渐渐形成了融合农耕及游牧文化、独具时代特色的新型地域文化，这种文化烙在社会风尚和生活习俗上的印记更为深刻。

首先在观念上，北方游牧民族接受了农耕文化中的"孝道"这一伦理观念，使敬祖、尊老成为社会上的普遍共识。"金虏本无宗庙，祭祀亦不修。自平辽之后，所用执政大臣多汉人，往往说以天子之孝在乎尊祖，尊祖之事在乎建宗庙，若七世之庙未修，四时之祭未举，有天下者不可不念。房方开悟，遂筑室于内之东南隅。"① 及海陵王迁都之后，女真统治者也开始尊崇"孝道"，其标志之一，就是在都城设置有祭祀祖先的太庙。金世宗还把提倡"孝道"作为巩固其统治的一个重要手段。如在大定二十三年（1183）八月，他下令："以女直字《孝经》千部付点检司，分赐护卫亲军。"② 护卫亲军是金世宗身边最重要的人，金世宗把汉文的儒家典籍《孝经》翻译成女真字让他们学习，是为了保证他们对自己的忠诚。此后即位的金章宗也加以效仿，"诏亲军三十五以下令习《孝经》、《论语》"。③ 由此可见，宣扬孝道对于巩固统治的作用得到了契丹统治者的认可，孝道文化也因此在北方得以更广泛地传播。

其次在习俗上，虽然农耕文化占据了主导地位，但是，女真、契丹等文化仍然或多或少地保留其特色。例如，契丹人非常重视一项风俗活动——"射柳"，在举行射柳活动之前，契丹统治者会命巫筮占卜吉日，还要专门为参加射柳活动的朝廷官员制作射柳服。射柳活动不仅是其尚武传统的表现形式，也是带有浓厚典礼色彩的一项活动。到了金代，这一习俗不仅被延续，还有所发展。一是举行射柳活动的时间被固定，每年举行三次，即端午节、中元节和重阳节。二是射柳活动的目的更突出习武演练，是一场规模、场面宏大的集体演习。

再比如"烧饭"习俗。在辽代，帝王及契丹贵族死后，铸金为像，朔望、节辰、忌日举行祭祀活动，筑有高台，以盆焚食，称之为"烧饭"，主要是用于祭奠辽朝帝王及有权势的契丹贵族。到了金代，这种习俗也被延续下来。时人称"尝见女真贵人初亡之时，其亲戚、部曲、奴婢设牲牢、酒馔以为祭奠，名曰'烧饭'。乃跪膝而哭。又以小刀轻厉额上，血泪淋漓不止，更相拜慰。须臾，则男女杂坐，饮酒舞弄，极其欢笑"④。金代的"烧饭"习俗比辽代更为复杂，也更加普遍，民间也可见到。这种独特的祭奠仪式一直沿用到元代。

此外，在生活习惯上，多种民族的风俗也交融到饮食、服饰、语言、交往方式等各个方面。

---

① （宋）张棣：《金房图经·宗庙》。
② 《金史》卷八《世宗纪》。
③ 《金史》卷十二《章宗纪》。
④ （宋）文惟简：《虏庭事实·血泣》。

游牧民族的饮食主要是牛肉、羊肉、奶酪、奶茶等，兼食飞禽走兽如天鹅、鹿脯等野味，主食则用馒头（类似今天的包子）、饼饵等。他们进入燕京地区以后，饮食中很快吸收了中原的内容。譬如，立春吃春盘（即春饼）；端午节吃艾糕；重阳节饮茱萸酒、菊花酒等。但又保留了其本民族以牛羊肉和奶制品为主、用刀叉吃饭等传统，并影响到燕京地区一般民众的饮食习惯，有关牛羊肉的烹制和食用方式开始流传开来。女真人的传统饮食原本比较粗糙，定都北京以后，仿效宋朝，饮食上开始变得精致。宫廷食谱中记载的名菜有：肉油菜糜、血脏羹、软脂、茶食、肉盘子、潜羊等，都是些制作比较复杂的菜肴。御宴常常是以木碟盛猪、羊、鸡、鹿、兔、狼、獐、狐狸、牛、驴、犬、马、鹅、雁、鱼、鸭、虾蟆等肉，或烧或煮或生脔，以腌制芥蒜等为作料。参与者佩刀自割食之。吃饭以后才传杯饮酒。这种大口吃肉、大杯喝酒的豪放风气，在包括燕京在内的北方地区广为流传，并影响至今。

在长期的民族杂处中，无论是北方民族的饮食习惯、衣服样式、语言习惯，还是他们的尚武精神，都被燕地汉人逐渐接受和采用，使得这一地区的社会风貌与宋朝所辖中原其他地区出现较大差异。南宋乾道五年（1169）随从宋使前往金朝的楼钥在日记中写道：经过中原故地时"此间只是旧时风范，但改变衣装耳"，而一过白沟，情形就为之一变："人物衣装，又非河北，男子多露头，妇人多首婆。把车人云：'只过白沟，都是北人，人便别也。'"① 白沟即拒马河，曾是宋辽两国的界河，一过白沟就意味着进入了辽朝旧境，所以赶车人说"只过白沟，都是北人"。淳熙三年（1176），随宋使到过金中都的周辉在其著《北辕录》中也写下了同样的感受，说明北方民族进入燕京地区之后，对这里文化发展所产生的影响是很明显的。

八 结论

综上所述，金代以后，金中都城内居住着汉族、契丹、女真等各族人民，汇聚了多民族的文化要素和整个北方地区的文化精英，这带来了前所未有的多民族和平共处的景象。金朝仿汉制在中都设国子监、翰林院等文

---

① （宋）楼钥：《攻愧集》卷一一一《北行日录》（上），四库全书影印本。

化机构，在都城建设中引入皇家园林文化、皇家陵寝文化等元素，通过漕运带动物流，这些都标志着金中都作为中国北方政治文化中心地位的确立。其文化特征是南北杂处、彼此包容，兼容性和影响力辐射到金朝境内的各族人等。以往南北文化的冲突、交流，由此进入了一个相对均衡、融合发展的阶段。作为一个政治文化中心之必不可少的软条件，这为后来进一步形成南北统一、多元一体的中华文化中心城市——首都北京奠定了坚实基础。

刘伯温修下北京哪吒城

——物质基础与精神追求共同作用下的民间传说[*]

张宇轩[**]

摘要：北京建城历史悠久，人类活动频繁，文化交流昌盛，具有丰富的民俗文化。民间传说故事是民俗文化中的一个重要组成部分，传说故事具有揭开历史的帷幕，使人看到北京城的庄严和伟大的功能。北京建城传说是北京民间传说中体例多样、涉及人物广泛的一个门类，这里的建城指的是北京作为都城的营建，最为人津津乐道的便是明朝北京城的修建。刘伯温修下八臂哪吒城是这一系列中流传较广的一个故事范本，刘伯温与八臂哪吒作为创作素材，在物质层面紧扣北京城池变迁，在精神层面符合人民群众美好追求，被创作者选用、被大众接受是有其必然性的，这种必然性有其历史内涵和文化意义，在群众中起着维护传统民俗文化、加强民俗文化约束力量、守护社会公序良俗的作用。

关键词：民间传说；刘伯温；哪吒城

北京建城传说是北京民间传说的一个重要分支，其中以刘伯温修下北京城的传说流传最广。这类传说可概括为两个走向，其一为刘姚斗法"八臂哪吒城"说；其二为徐达射箭定城址，刘伯温率众修京城说。本文以刘姚斗法"八臂哪吒城"说为研究对象，探究北京城址变化对哪吒城想象的影响；明成祖修建北京城时早已死去的刘伯温为何会被重新提起，民间又

---

[*] 本文为北京联合大学科研项目"北京城建传说与历史文化名城保护"（项目编号：XP202001）的阶段性研究成果。

[**] 张宇轩，北京联合大学在读研究生，研究方向为中国史、文化遗产。

为何钟爱刘伯温。

学界目前对刘伯温修下北京哪吒城传说的研究已取得一定成果，主要集中在传说溯源及演进方面，其中以陈学霖的《刘伯温与哪吒城——北京建城的传说》①一书最为重要，此书搜集资料广博，包罗内容丰富，融汇民俗学与历史学知识，从史实角度对传说进行探源，对北京建制沿革与刘伯温形象演化作了全面论述，又从民俗学角度得出刘伯温与刘秉忠形象融合的结论，深刻影响了后来的研究，同时为后人研究提供了翔实史料；学术论文方面，王文宝《从民间传说探寻北京城的建制——读陈学霖〈刘伯温与哪吒城——北京建城的传说〉》②是较早依托陈学霖著作进行的研究，主要是对陈书的梳理与解读；施爱东《北京"八臂哪吒城"传说演进考》③一文同样深受陈文影响，但重在研究传说的演进，厘清了不同时期传说的状况，并且引入瑞典学者奥斯伍尔德·喜仁龙、日本学者仁井田陞的研究成果与现存于日本早稻田大学的鼓词唱本资料，丰富了研究史料。

对这一传说的溯源与演进研究已较为完善，本文在依托前人成果的基础上，从民俗学视角出发，以人民生活物质基础与精神追求为线索，着重研究该传说得以在民间流传并受到广泛认可的原因，探究传说选择哪吒与刘伯温两个形象进行箭垛式发展的原因，同时引入新的有关哪吒城与八臂哪吒的文字记载，从史料中对比刘伯温与其他明初重臣的不同。

一　传说概况

故事相传靖难之役后明成祖朱棣即位，因统治需要决定迁都北京，并在北京修建新都，时人认为北京苦海幽州有孽龙作祟，并非建都之地，工部大臣不敢领旨。此时有"降龙伏虎"本领的刘伯温和姚广孝毛遂自荐。二人来到北京游览各地查勘地形水文，想着如何布局才能镇压孽龙。二人约定：姚广孝在西，刘伯温在东，十天后再坐在一起，背对背地画出自己心里的都城图。两个人的耳朵里时常听见同一句话："照着我画，不就成了吗？"走到哪里都能看见一个身穿红袄短裤子的小孩在他们前面走。十

---

① 陈学霖：《刘伯温与哪吒城——北京建城的传说》，生活·读书·新知三联书店2008年版。
② 王文宝：《从民间传说探寻北京城的建置——读陈学霖〈刘伯温与哪吒城——北京建城的传说〉》，《民间文学论坛》1998年第1期。
③ 施爱东：《北京"八臂哪吒城"传说演进考》，《民族艺术》2020年第3期。

天之后的正午刘姚两人碰面，背对背地画起都城图。画成之后两人互相查看，所画图纸一模一样，都是"八臂哪吒城"。正南中间正阳门为哪吒的脑袋；东西瓮城为耳；正阳门中两井为眼；正阳门两边的崇文门、宣武门、东便门、西便门、朝阳门、阜成门、东直门、西直门作哪吒的八条手臂；北面安定门、德胜门为两脚；城中四方形皇城为五脏六腑；皇城的正门天安门是五脏的口，从天安门到正阳门是哪吒的食道；而大街、胡同就是哪吒的肋骨，以此为基础开始营建北京城，果然进程顺利。[1]

由这类刘伯温修下北京城的传说可以看出，营建北京城的历史背景是在明成祖登基之后，在时间上符合史实，但是故事中的人物却极为杂糅，有明初时的重臣刘伯温与徐达等，附有艺术加工的人物沈万三、神话形象哪吒等，以及符合当时史实的明成祖与姚广孝。传说选取哪吒与刘伯温两个形象有其必然性，北京城从元朝至近代的城址变迁贴合哪吒形象，这是传说的物质基础；刘伯温则是神机妙算与为政清廉的代表人物形象，符合人民大众对偶像崇拜的共识，以此作为传说的价值导向，物质与精神两方协作使得"刘伯温修下哪吒城"的传说深入人心。

二　物质基础勾画出的"哪吒城"

在哪吒城传说中，北京城与哪吒肢体的对应大同小异，都是以城门依次对应哪吒的头、手臂、脚，城内皇室建筑街道等对应五官和内脏。由此可见，八臂哪吒的形象是严格按照北京城布局附会而来的，是在北京城建筑基础上进行的艺术想象，同时随着元朝到近代北京城址变迁，哪吒城传说也随之改变，经历了萌芽、式微、变化与复兴三个阶段。

（一）元朝哪吒城的萌芽

元末已有诗词称北京城为哪吒城，元末明初杨维桢《大明铙歌鼓吹曲十三篇》载："嗟政不纲可奈何？自底灭亡可奈何？国运倾，六师驻，哪吒城。"[2] 元末诗人张昱《辇下曲》载："大都周遭十一门，草苫土筑哪吒

---

[1]　金受申：《北京的传说》，通俗文艺出版社1957年版。
[2]　（元）杨维桢：《杨维桢诗集》，邹志方点校，浙江古籍出版社1994年版，第454页。

城。讖言若以砖石裹，长似天王衣甲兵。"① 这几处提到的哪吒城，实指的是作为元大都由刘秉忠修建的北京城。元大都始建于1267年（元至元四年），刘秉忠负责重要的城址勘定、宫城规划等工作，《元史》记载他"于书无所不读，尤邃于易及邵氏经世书，至于天文、地理、律历、三式六壬遁甲之属，无不精通，论天下事如指诸掌"，又载"［至元］四年，又命秉忠筑中都城，始建宗庙宫室。八年，［秉忠］奏建国号曰大元，而以中都为大都。他如颁章服、举朝仪、给俸禄、定官制，皆自秉忠发之，为一代成宪"②，在元大都的修建中，刘秉忠起着规划设计的重要作用，甚至元朝开国的一些典章制度也由他制定。

　　刘秉忠规划北京城大体遵照《周礼·考工记》"匠人营国，方九里，旁三门。国中九经九纬，经涂九轨，左祖右社，面朝后市，市朝一夫"，侯仁之考证"大都城内正中前方为宫城，其后为市场，宫城之左（东）为太庙（元太庙约在今朝阳门内附近），右为社稷坛（元社稷坛约在今阜成门内附近），这正是《考工记》上所谓面朝、后市、左祖、右社的布置原则"。与《考工记》不同的是，刘秉忠依据现实中北京地形对城池规划进行修改，都城由正方形变为长方形，北面城墙只开两门而非三门，这也使得大都只有十一门，恰好对应哪吒三头六臂二足。元代黄文仲《大都赋》称："辟门十一，四达憧憧。盖体元而立象，允合乎五六天地之中。"③ 十一是天五地六相合之意，出自《易传》按照阳倡阴随天施地受来划分，南五门取象阳数，北六门取象阴数，为象天法地之数。《易传》、阴阳是精英文化的观念，民间很难参透其中深意，便对十一之数做出附会玄想，将十一门的形态附会在三头六臂的哪吒身上。④

　　刘秉忠的学识背景丰富杂糅，既有全真道的道教思想，也入过佛门，精通天文、地理、易经、律历和三式、六壬、奇门遁甲等卜算之术。很有可能在城建规划上掺入故弄玄虚的奇谈怪论，有意利用释道两家的神学舆论，将北京城墙神秘化，以此增加群众的敬畏之心。

---

① （元）柯九思等：《辽金元宫词》，北京古籍出版社1988年版，第14页。
② （明）宋濂：《元史》卷一百五十七　列传第四十四，中华书局1976年版，第3687页。
③ （元）黄文仲撰：《大都赋》，张宁标点，北京市社会科学研究所《史苑》编辑部编《史苑》第2辑，文化艺术出版社1983年版，第239页。
④ 施爱东：《北京"八臂哪吒城"传说演进考》，《民族艺术》2020年第3期。

（二）哪吒城说法的式微

明初之后哪吒城传说急剧式微，明朝改建北京城，东西各减去一门，形成南三门，东西各两门，北两门的九门格局，直至东西便门的开通。九座城门无法满足三头六臂二足形象的幻想，现实与传说所需数量冲突，哪吒城的最直接想象受到冲击，传说也失去有力载体，物质的改变导致传说的变化。

明清所留诗词中提到哪吒的仅有明杨子器《元宫词》"哪吒城内起楼台，万朵宫花次第开"，明代笔记《农田余话》："燕城，系刘太保定制，凡十一门，作哪吒神三头六臂两足。世祖庚申即位，到国亡于戊申己酉之间，经一百一十年也。"① 明陶安《哪吒石》"何处飞来臂有翰，峰头毛发照波寒。不知元是哪吒石，误作巫山十二看"，清成鹫《赠周贡新茂才》"要识哪吒骨肉无，问取金刚周大士"，除杨子器和《农田余话》中明确将北京城称为哪吒城外，其他诗词中哪吒都是作为人物或者曲牌名出现。且杨子器是明成化年间进士，作《世祖》咏怀元世祖，此处与《农田余话》中所说哪吒城均是指元朝北京城，明朝改建北京城减去两门后，哪吒城说法就再难寻觅，这一传说开始式微。

（三）传说的变化与复兴

及至清末民初，城墙的毁弃反而又唤醒了哪吒城传说，北京城墙在这一时期遭到损毁，庚子事变中城楼焚毁，北洋军阀修筑铁路又拆掉部分瓮城和箭楼，1952年开始，北京城墙被陆续拆除。从某种意义上说，城墙的拆除，削弱了现实与传说的冲突，有利于民众观念中城墙的唤醒与建立。② 当城门逐渐失去作用，淡出人们日常生活，十一门与九门概念逐渐混淆的时候，对于哪吒城的想象才会重新回归民众的口头传统，对于北京城命运的担忧，重新唤醒了哪吒城的旧概念。

经由曲艺史家、民间文艺家、民俗学家金受申的整理，东便门、西便门代替了明初被拆的两门，重新组成十一门，哪吒城也由三头六臂二足演

---

① （明）长谷真逸：《农田余话》卷上，《山房随笔（及其他八种）》，中华书局1991年版，第6页。

② 施爱东：《北京"八臂哪吒城"传说演进考》，《民族艺术》2020年第3期。

化为了一头八臂二足。① 其中或许是因为东便门和西便门仅是外城东西两端的小偏门，建筑时间比内城九门晚了一百多年，规模也很小，无论从修筑时间，还是作用、规模、建制各方面来说，无一可与都城九门相提并论，此时如果仍将宣武门、崇文门看作哪吒的头，那么就会变成三头四臂二足的哪吒，与哪吒的传说大有出入。反之如果看作是八条胳膊的话，城门规模不同可看作哪吒法术变化，符合以一独对八方之敌的传说。另外，在明清小说中八臂哪吒的记载也多有出现，如《水浒传》中有八臂哪吒项充这一角色，明初罗贯中《残唐五代史演义》载："真如八臂哪咤离天阙，开山小鬼下坡来"，清雍正乾隆年间《说唐全传》载："今日巡天都太保、八臂膊哪叱临凡，第三条好汉杀来了，瓦岗城内这些大小将官不经打起。"与之前不同，明清时期小说中哪吒多以八臂示人，这类神话小说又在民间流传甚广，八臂哪吒形象在群众中接受度逐渐提高。

综上，哪吒城的说法从出现、式微到再现，从六臂到八臂的转化，都是随着其物质基础——北京城墙的变化而发展的。元大都东南西三门、北二门的格局最先勾画出哪吒三头六臂的形象；明初改建变为九门造成哪吒形象的式微；清末现实城墙的拆毁引起民众思想上的重视，此时便将规模较小的东西便门也纳入哪吒形象中，配合明清小说中八臂哪吒形象的传播，北京城演变成了八臂哪吒城。

三　民间传颂中理想的建城者——刘伯温

传统民间故事传说对听众起着教育与思想导向的作用，包括追求美好生活的理想、鼓励被压迫者同敌人斗争、惩恶扬善、崇尚勤劳智慧、尊老爱幼、敬重忠臣义士、知恩必报、爱情忠贞、疾恶如仇等观念②，北京城作为中国古代城建的瑰宝与最高建筑艺术的体现，民间当然希望其建造者具备多种优良品格，而在明初大臣中具备这样条件的人非刘伯温莫属。

（一）刘伯温与北京城改建的渊源

刘伯温是元至顺间进士，也曾写下过与大都城有关的诗篇，还在《堪

---

① 金受申：《北京的传说》第 1 集，通俗文艺出版社 1957 年版，第 7 页。
② 钟敬文主编：《民俗学概论》，高等教育出版社 2010 年版，第 207 页。

舆漫兴·北龙》中讲"北龙结地最为佳，万顷山峰人望赊，鸭绿黄河前后抱，金台千古帝王家"①，此处的北龙便是从昆仑山到秦岭，经中条山、太行山，然后直达北京城北部的燕山山脉，即北京的龙脉。另外，明成祖时北京改建多依照南京，《明史纪事本末》卷二，元至正二十六年（1366）载："八月庚申，拓建康城（即南京）。初建康城西北控大江，东尽白下门，外距钟山既阔远，而旧内在城，因元南台为宫，稍隘。太祖乃命刘基卜地，定作新宫于钟山之阳，在旧城东白下门之外二里，增筑新城，东北尽钟山之趾，延亘周围凡五十余里，尽据山川之胜焉"②，由此可知朱元璋即皇帝之位的前两年，所建新宫正是由刘伯温经营卜建的，这不但为南京宫城建筑奠定了基础，实际上也是永乐时兴建北京宫城的蓝本。

以上便是刘伯温与北京的渊源，可见他认可北京存在龙脉，是建都的好地方，且北京城又是依据他所卜建的南京宫城改建，他与北京的渊源不可谓不深。

（二）层累的刘伯温

刘基，字伯温，《明史·刘基传》载："基虬髯，貌修伟，慷慨有大节……帝每召基，辄屏人密语移时。基亦自谓不世遇，知无不言，遇急难，勇气奋发，计画立定，人莫能测。暇则敷陈王道，帝每恭己以听，常呼为老先生而不名，曰：吾子房也。……顾帷幄语秘莫能详，而世所传为神奇，多阴阳风角之说，非其至也"③，在刘伯温生前就已经流传着许多关于他的神奇莫测的传说，在广大人民的心目中，他是一个值得敬佩的人物，秉性刚直，为政爱民，不畏豪强，晚年又遭奸党暗害，为此老百姓在敬佩他之外，又寄予无限同情，渲染以更多的神话和传说，也都是情理中的事。

在此与明初其他能臣李善长、胡惟庸做对比，《明史》载："善长外宽和，内多忮刻……贵富极，意稍骄，帝始微厌之，四年，以疾致仕。后坐惟庸党死。"④《明史》载："胡惟庸凶狡自肆，竟坐叛逆诛死……久之基病，帝遣惟庸挟医视，遂以毒中之……惟庸惧，乃与御史大夫徐宁、中丞

---

① （明）刘伯温：《堪舆漫兴》，内蒙古人民出版社2010年版，第3页。
② （清）谷应泰：《明史纪事本末》卷二，中华书局2015年版。
③ 《明史》列传卷128《刘基传》，中华书局1974年版。
④ 《明史》列传卷15《李善长传》，中华书局1974年版。

涂节等谋起事，阴告四方及武臣从己者……乃诛惟庸、宁并及节。"① 李善长与胡惟庸虽都为能臣，但胡惟庸谋反作乱，毒杀刘伯温，李善长则包庇隐瞒，为人苛刻，都不符合民间敬仰的标准，故刘伯温得以在民众熟知的明初能臣中脱颖而出，受到后世尊重与传唱。

陈学霖指出，明代中叶从弘治正德年间开始，野史、杂著等开始兴盛，到嘉靖万历年间为最。这一时段对明初史事人物的创作广为流传，多有神化或者依附，其中以刘伯温为箭垛对象的创作最为流行，传说中他受仙人传道，精通天文术数，故事内容也逐渐偏向神奇志异。例如陆粲《庚巳编》、杨仪《高坡异纂》都记他于青田山中求学，从石壁中得到天书，又受异人指导传授，由此精通占卜之术。王文禄《龙兴慈记》说他年轻时旅行求学，神秘僧人附身于他，自此聪明过人。在明中叶后野史杂著的渲染与民间的流传下，以刘伯温为主人公的传说逐渐志异怪诞，并且传播甚广。② 刘伯温生前便已具备神秘色彩，这种色彩在明中叶以后又随着民间会社、文学创作逐渐累积，最终使刘伯温在民间传说中更加神化，神秘色彩更加深入人心。同时，在口耳相传的民间传说故事中，刘伯温发展为箭垛式的人物，他的传说群不断扩充、发展，甚至杂糅进了本不属于他的事迹，即刘秉忠营建元大都的部分。明清以后，元大都的设计者刘秉忠已经慢慢淡出普通老百姓的记忆，此消彼长，刘伯温却在民间日渐神化，受到民间的推崇与敬仰。恰恰二人的知识背景与人生轨迹颇为相似，都是神机妙算的开国功臣，还都姓刘，明《英烈传》甚至直接说刘伯温就是刘秉忠的孙子，由此，作为箭垛式人物的刘伯温吸收了刘秉忠的事迹，完善了由刘伯温修下北京哪吒城的传说。

明成祖迁都之后，大量移民，北京作为首都人口流动频繁，文化交流昌盛，江浙来人也将刘伯温的传说带到北京，与北京原有传说（如蒙古相传关于都城的起源）、其他历史人物（姚广孝、沈万三）的逸闻相混合，而产生了新的传说，"乃系历史环境使然，并不是偶然的结合"。③ 刘伯温的形象经过重重层累，以他为核心的传说不断涌现，他的个人能力也不断

---

① 《明史》列传卷196《胡惟庸传》，中华书局1974年版。
② 陈学霖：《刘伯温与哪吒城——北京建城的传说》，生活·读书·新知三联书店2008年版，第103—104页。
③ 王文宝：《从民间传说探寻北京城的建置——读陈学霖〈刘伯温与哪吒城——北京建城的传说〉》，《民间文学论坛》1998年第1期。

神化，民间崇拜日盛，成为传说中主持北京建城的首选人物。

（三）传说的层累

民国初年西方人沃纳（Werner）较早对刘伯温建造北京哪吒城这一传说进行文字记录，在他所著的《中国的神话和传说》（*Myths and Legends of China*）一书中的《北京城建造的传说》记载：

> 道士刘伯温对燕王朱棣平素颇有好感，在燕王辞别皇帝北上就藩北平时，递给他一个锦囊，告诫他遭难时打开并照做即可逢凶化吉，但不可窥探剩余内容，事后要把锦囊密封，直到再遇困境才可启封。燕王到北平后发现这里一片旷野，居民稀疏，没有防卫盗贼的城郭和其余城市基建，不禁烦恼怆然。于是便找出刘伯温所赠锦囊，内有字条："当抵达北平府后，依照页背蓝图兴建城郭，称'哪吒城'。工程耗费巨大，你应通传召令各处富户捐输筑造。"①

关于"刘伯温修下北京城"的说法，广泛地流传于以北京为中心辐射北方的地区，以及刘伯温籍贯浙江青田为中心的东部地区，1957年沈阳市文学艺术工作者联合会编印的《鼓词汇集》就有《十三道大辙》："正月里来正月正，刘伯温修下北京城。能掐会算苗光义，未卜先知李淳风。诸葛亮草船去借箭，斩将封神姜太公。"② 在这一鼓词中，将刘伯温、苗光义、李淳风、诸葛亮、姜太公几人并列，这几人都是民间传说中神机妙算的代言人，也是极易被箭垛的对象，可见刘伯温在民间共识中是能掐会算的神秘人物。

这些唱词的流行年代至少可以追溯到清末民初。日本学者泽田瑞穗20世纪三四十年代常住北京，收集了海量的俗曲唱本，现藏早稻田大学的"风陵文库"。文库中涉及"刘伯温制造北京城"的唱本非常多［宝文堂的大鼓书新词《十三月古人名》、清末剧作家成兆才（1874—1929）的

---

① 转引自陈学霖《刘伯温与哪吒城——北京建城的传说》，生活·读书·新知三联书店2008年版，第83—84页。

② 沈阳市文学艺术工作者联合会编：《鼓词汇集（第6辑）》，沈阳市文学艺术工作者联合会1957年版，第273页。

《花为媒》]。①

北京学古堂的《绣花灯》中也有相似唱词："正月里来正月正，柏二姐房中叫声春……先绣前朝众先生，刘伯温制造修下北京城。"《绣花灯》在"风陵文库"存有4种，木刻版书和铅印本各二，唱词基本相同。清末民初，北京打磨厂街有宝文堂、学古堂、文成堂、泰山堂等7家专门出版俗曲唱本的书坊，全都有这类刻本。②

"刘伯温修下北京城"在劳动号子中也有体现，如山东运河号子、天津打夯号子等。

刘伯温修下北京城的唱词，形成了一种固定格调，在多个类型的词曲中出现，但是展现形式基本保持不变，固定的形式在传唱中又不断增加"刘伯温修下北京城"这一认知的稳定性。

陈学霖《刘伯温与哪吒城——北京建城的传说》"附录：资料篇"收有完整的关于刘伯温建造北京城的传说4篇，其中以1961年4月（农历三月初三）张伯利记录整理蟠桃宫庙会老艺人讲述的《刘伯温建北京城》内容最丰富，包括有徐达射箭定城址、沈万三跺脚出银子、刘伯温治龙、高亮赶水等众多情节，涉及刘伯温、徐达、沈万三、高亮等人物，以及什刹海、北海、中南海、高粱桥、北新桥等北京地方风物。③

传说来自现实，当其在民间形成共识时，又一定程度上反作用于现实，神机妙算的刘伯温修下北京城，就使得北京城内建筑依附在刘伯温建城时的考虑与算计之上，当建筑面临拆毁时，传说的力量便会发生作用。1935年曾计划拆除西直门箭楼，刘伯温传说就暂时逆转了箭楼被拆的命运："本市某当局，鉴于平西为北平名胜集中地带，每日前往游览中外人士，不绝于途，故交通极为重要，因之有拆除西直门箭楼之议。连日工务局派工前往测量，但西直门外路南有楼房七所，系刘伯温完成北京城后按照天文形象所兴建者，名曰七星楼，其部位一为北斗。经工务局呈府请示，是否一并拆除，市府为保留古物起见，已决定不动。"④ 传说对现实的影响更加剧了其在民间的可信度与传唱度，刘伯温传说被源源不断地运用

---

① 参见施爱东《北京"八臂哪吒城"传说演进考》，《民族艺术》2020年第3期。
② 参见施爱东《北京"八臂哪吒城"传说演进考》，《民族艺术》2020年第3期。
③ 陈学霖：《刘伯温与哪吒城——北京建城的传说》，生活·读书·新知三联书店2008年版，第92—93页。
④ 佚名：《保存七星楼——因系明代刘伯温所建》，《京报》1935年3月8日第7版。

到与人民生活息息相关的领域，巩固了传说的稳定性，提升了传说地位，扩大了传说影响力。

综上所述，北京建城传说之所以会安排在刘伯温身上，其一是因为刘伯温与北京城颇有渊源，具有一定的历史事实支撑；其二是因为刘伯温忠果正直，神机妙算，受到民间敬仰与崇拜，以他为故事主角符合人民群众的价值观追求；其三是在种种民间故事、传说、歌谣、号子中传唱甚广，深入人心，成为箭垛式的人物，他人的事迹也渐渐被刘伯温传说吸收，不断巩固甚至对现实决策产生影响，对现实的影响又进一步扩大了传说的信服力，逐渐在民间形成共识。

四　结语

刘伯温修下北京哪吒城的传说，是物质与精神相结合的产物，北京城作为物质基础，构成哪吒城的样貌，北京城址的变迁也影响着哪吒城传说的变化；刘伯温则作为人民群众精神追求的贤者，在其现实事迹与箭垛式人物发展的相互作用下，成为民间认可的修下北京城这一瑰宝的主导者。民间传说的生命力取决于其在民间的传唱度，人民大众根据自己生活的现实情况与价值取向，选择了哪吒与刘伯温两个形象加以塑造，这符合人民生活的物质基础与精神追求，也就赋予了传说顽强的生命力。

民间传说形成的年代是广大民众缺乏文字书写的年代，历史传说是他们认识历史人物，感知周遭变迁，回忆自己从哪里来，寻找归属感的一种重要方式和手段。民众有记忆过去和讲述历史的权利，传说讲述什么很大程度上在于民众选择记住什么，民众愿意去记忆与传唱的是符合他们眼中所见物质现实的（如北京的城门与哪吒的手臂），是符合社会公序良俗与仁爱追求的（在一众能臣中选刘伯温来层累），历史研究不能忽视作为"民众历史记忆"的传说在研究历史、阐释历史中的地位和作用。

18世纪万里茶道视野下的京北商贸
——以记事碑为中心

左志辉*

摘要：通过对京北地区昌平城、南口城两地碑刻研究发现，1727年《恰克图条约》签订以后，晋翼布商捐修庙宇比此前前清83年间更加活跃，捐修间隔时间更短，捐修频率更高，这与俄国专家特鲁谢维奇所述1727年棉布进口量超过了丝绸，其价值占总进口额的39%，"从18世纪40年代起棉布成为从中国进口的主要商品"，存在契合度。这也从一个侧面说明，晋翼布商生意越来越好，其越来越有经济实力参与公益事业。同时，经实地碑刻考证证实和商业逻辑推论分析，18世纪万里茶道北京段真实存在，18世纪万里茶道京恰商路可以完整还原。

关键词：万里茶道；北京段；晋翼布商；南京布；恰克图互市；京恰商路

对于昌平城、南口城的研究，学界主要集中于地理、长城和皇陵等方面[①]，

---

* 左志辉，北京大学中华人民共和国史研究中心研究员，主要研究领域为中国经济史、历史地理、万里茶道等。

① 笔者所见相关论著和论文主要有：侯仁之：《北平历史地理》，外语教学与研究出版社2013年版；尹均科：《昌平地理概览》，北京出版集团公司北京出版社2016年版；董耀会等：《明长城考实》，江苏凤凰科学技术出版社2019年版；北京市政协教文卫体委员会等编：《长城踞北·昌平卷》，北京出版集团公司北京出版社2018年版；王雄：《明昌平寝与北边防卫》，明长陵营建600周年学术研讨会论文，北京，2009年5月，第423页；赵现海：《明后期京后防务与昌平镇、密云镇的建立》，第十七届明史国际学术研讨会暨纪念明定陵发掘六十周年国际学术研讨会论文，北京，2016年8月，第213页；程呈、王申：《明清昌平州城城池形态研究》，《中国城墙》2021年；刘珊珊、张玉坤、陈晓宇：《雄关如铁——明长城居庸关关隘防御体系探析》，《建筑学报》2010年第S2期；杨程斌：《元明时期居庸关方位考》，《北京档案》2020年第4期；等等。

尚未发现对其商贸进行研究的，笔者曾对明清时期的南口城商业作了初步考察。① 兹基于昌平城东门外关帝庙（今昌平区第一中学校内）现存9通记事碑或其拓片，南口城1通记事碑，试图对18世纪万里茶道与京北商贸进行初步梳理和讨论。

一 昌平城、南口城之于京北地理与商道

所谓京北地区，这里指北京市昌平区，包括昌平城和南口城，其中南口城明清时长期属于延庆，今归昌平。二者均位于北京湾平原西北部，历史上因其特殊重要性而被赋予"同一称谓"，清乾隆年间直隶总督孙嘉淦向乾隆皇帝奏称："张家口、独石口尤为极冲之所，二口之路皆归并于居庸，故居庸一关乃中外之咽喉，岔道城当居庸之北口，昌平城当居庸之南口。"②

昌平位于太行山余脉之西山以东，京师以北，居庸关以南，为京畿重地。明正统十四年（1449）"土木之变"后，为方便护卫和管理皇陵，于皇陵之南新建永安城，并移昌平县治于内。③ 明正德元年（1506），昌平县被升为昌平州，辖怀柔、密云、顺义三县。明嘉靖二十九年（1550）"庚戌之变"后，为确保北护皇陵南卫京师，由蓟镇析出昌平镇。明初洪武年间在西路北平至开平一线设置了榆河驿、居庸驿等十三驿。④ 前者原本在州城西南"三十五里"的榆河店，后"因道路水冲崎岖，行者以昌平道坦（因皇陵而修道桥）为便，本州百姓罢于供应"，⑤ 于是"明嘉靖三十六年移置于州署东……本朝顺治十六年裁驿丞，驿务悉归知州"⑥。由此，往来京师与蒙古高原的古驿路和古商道，改经昌平城而行，明清晋商也因此而

---

① 左志辉：《明清时期的居庸关南口城商业——以庙宇记事碑为中心》，《长城学研究》第一辑，2022年。
② 《大清高宗纯皇帝实录》卷145，乾隆六年六月下，中国第一历史档案馆（https://www.fhac.com.cn/fulltext_detail/2/367597.html?kw=%E6%98%8C%E5%B9%B3%E5%9F%8E）。
③ （明）孙继宗、（清）陈文等纂修：《大明英宗睿皇帝实录》卷187《废帝郕戾王附录第五》，《原国立北平图书馆甲库善本丛书》第163册，国家图书馆出版社2013年版，第994页。
④ 王灿炽：《北京地区现存最大的古驿站遗址——榆林驿初探》，《北京社会科学》1998年第1期。
⑤ （明）崔学履：隆庆《昌平州志》卷3《建置志》，国家图书馆·国家数字图书馆（http://read.nlc.cn/OutOpenBook/OpenObjectBook?aid=892&bid=115865.0）。
⑥ （清）缪荃孙、刘万源等：《光绪昌平州志》，北京古籍出版社1989年版，第381页。

聚集于此。

早在晚明隆庆五年（1571）议和之前，晋商即活跃于昌平城，之后积极且深度参与了张家口等地的明蒙互市贸易，依据有二：第一，清朝东门外关帝庙的多次建修碑均记载，该庙建于隆庆议和之前的明正德八年（1513），且所有历年岁修以及寻常口祭，悉归三晋铺商经理。① 第二，从两段史料看，东门外关帝庙见证了"庚戌之变"，也应当见证了晋商积极且深度参与了明蒙互市。明隆庆《昌平州志》载："驻守昌平都御史、少华许公宗鲁，因嘉靖二十九年（1550）虏贼攻犯东门，王乃显灵护卫，贼惧而退，厥功甚大，次年乃在桥东立庙祀之。"② 清初《昌平山水记》载：昌平州城东门外八里"有松园，方广数里，皆松桧，无一杂木。嘉靖中，俺达之犯，我兵伏林中，竟不得逞而去，今尽矣"。③ 两段文字说明：第一，关帝庙见证了明嘉靖二十九年的"庚戌之变"。作者崔学履是昌平本地人，该州志成书于隆庆元年（1567），距1550年只有17年，其所写基本反映了事件背景和社会传闻。第二，反证关帝庙在"庚戌之变"前即存在。如果明嘉靖二十九年东门外没有关帝庙且香火旺盛，何来之"王乃显灵护卫"？隆庆《昌平州志》记载，州城"关王庙二，一在州治西南，旧建；一在州城东门外"。④ 说明东门外只有一座关帝庙。而关帝庙诸碑文证实，晋商早在明正德八年始建关帝庙，也就是说，"显灵"的，正是晋商所建东门外关帝庙，即驻守昌平许宗鲁所谓在"州城东门外……桥东立"的同一座关帝庙之"王"。第三，既然东门外关帝庙在1550年"庚戌之变"中，"王乃显灵护卫，贼惧而退，厥功甚大"，其主要建修者晋商自然会得到军地官方的大力扶持，尤其在隆庆议和后的明蒙互市中。万历十九年（1591）"昌镇总兵麻承恩又修理之"⑤，应算一例；在1571年开启的明蒙互市中，晋商自然会抓住新的商机，积极深度参与其中，而官方给予大力支持，既是当时政治正确的必然安排，也是古人

---

① 邢军：《石语昌平——北京昌平石刻辑录》，中国出版集团研究出版社2020年版，第198、203、207、209—210页；国家图书馆善本室拓片京8727。

② （明）崔学履：隆庆《昌平州志》卷8《杂志》，国家图书馆·国家数字图书馆（http://read.nlc.cn/OutOpenBook/OpenObjectBook? aid=892&bid=116663.0）。

③ （清）顾炎武：《昌平山水记》卷上，北京古籍出版社1982年版，第12页。

④ （明）崔学履：隆庆《昌平州志》卷8《杂志》，国家图书馆·国家数字图书馆（http://read.nlc.cn/OutOpenBook/OpenObjectBook? aid=892&bid=116663.0）。

⑤ 邢军：《石语昌平——北京昌平石刻辑录》，中国出版集团研究出版社2020年版，第198页；国家图书馆善本室拓片京8727。

敬畏神灵、感恩神灵进而赞赏庙宇建修者的一种自然选择。更何况，晋商早已云集于此，应与军地官方有着良好的业务和人情基础。晋商于晚明在昌平城开展或参与上述修庙、商贸尤其是明蒙互市等活动，为其前清参与中俄贸易（万里茶道）打下了良好的基础。

南口位于华北平原与西山、军都山和"天然孔道"①居庸关沟的"交汇处"，从南口可以通往蒙古高原和晋陕北部。侯仁之先生于20世纪40年代研究发现，在今天南口和张家口之间谷地中的上谷郡，建有汉朝官员监管的（面向蒙古高原游牧民族的）官方贸易市场，蓟城控制着（经由南口）通往这个市场的唯一道路（居庸关大道）②。南口建有长城的最早记录是，北齐天保六年（555）修长城，"自幽州北夏口（即南口）至恒州（今山西大同）九百余里"。③在元大都与上都之间的往来道路主要有4条，即御路、驿路、辇路和古北口路，前三条都要通过南口和居庸关，"可以称得上是元代的御路"。④南口城作为明朝居庸关长城的一部分，始建于明永乐二年（1404），距延庆卫城即居庸关城"十五里"，距洪武年间在关南门外五里设立的居庸驿⑤"十里"，明崇祯十二年（1639）重修，东西城环跨两山，开设南北城门。⑥清乾隆十年（1745），周硕勋于潞河务关官署，在其所著《延庆卫志略》中写道，南口城为"关南锁钥，民庐市廛，颇为稠密"。⑦历史地理文献资料中有关古驿路、古商道的记载为我们从事碑刻研究提供了重要的线索和启发。

二 18世纪早期的京北商贸（1727年以前）

所谓万里茶道，是发生于17世纪中叶至20世纪初的中俄贸易。从中

---

① 侯仁之：《北平历史地理》，外语教学与研究出版社2013年版，第9页。
② 侯仁之：《北平历史地理》，外语教学与研究出版社2013年版，第43页。尹均科先生说：居庸关通道"是北京地区乃至中原通往蒙古高原最重要的通道"。参见尹均科《昌平地理概览》，北京出版集团公司北京出版社2016年版，第93页；出使金国的宋使许亢宗说："居庸可以行大车，通转粮饷；松亭、金坡、古北口止通人马，不可行车。"参见（宋）许亢宗《宣和乙巳奉使金国行程录》，（宋）徐梦莘《三朝北盟会编》（全二册）卷20，上海古籍出版社2008年版。
③ 董耀会等：《明长城考实》，江苏凤凰科学技术出版社2019年版，第21页。
④ 尹均科：《昌平地理概览》，北京出版集团公司北京出版社2016年版，第94页。
⑤ （明）王士翘：《西关志》，北京古籍出版社1990年版，第86页。
⑥ （清）周硕勋：《延庆卫志略》，成文出版社1970年版，第22页。
⑦ （清）周硕勋：《延庆卫志略》，成文出版社1970年版，第22页。

国向俄国出口的产品结构看，大体上，1800年以前以丝绸、棉布贸易为主①，1800年以后以茶叶贸易为主；从国际关系角度看，1860年以前中俄双方基本上处于平等互利状态，1860年第二次鸦片战争以后，因一系列不平等条约的影响，俄商同时主导中国境内和俄国境内的茶叶业务，华商被边缘化了。②

自17世纪中叶开始，既有俄国使团最早从西路、后来从中路，经张家口、宣化、鸡鸣驿、土木堡、怀来、岔道口、南口、昌平③来北京互市贸易，也有俄国私商在库伦（今蒙古国乌兰巴托）与中国私商主要是晋商开展互市。在京库大道重要节点昌平城的东门外关帝庙，康熙年间与雍正早期立有4通碑，碑文显示，这里活跃着一支近300人、主要由盐商和布商构成的晋商队伍。

（一）中俄京师互市与库伦互市

早在1689年《尼布楚条约》签订以前，来北京贸易的俄国人主要有三类：一是正式的外交使团。据统计，1689年前俄国派往北京的外交使团有3支，即1656年费·巴伊科夫使团、1670年伊·米洛瓦诺夫使团、1676年尼果赖（斯帕法里）使团。二是俄国官方商队，他们是与俄国使团同时在北京开展活动的。三是私人商队。私人商队参与京师互市的次数更多，获利也更大，其中较为著名的是1674年的加·罗·尼基京商队。这支43人的私人商队开辟了一条由色楞格斯克经外蒙库伦和张家口直达北京的新商路，即中部路线。④ 1675年，尼果赖（斯帕法里）使团在来京

---

① 1727年棉布出口量超过了丝绸，其价值占总出口额的39%。18世纪下半叶，棉布几乎占总贸易额的三分之二。与此同时，茶叶出口量也在逐年增长，从1759—1761年仅占出口总额的3.4%，提升到1792年的22.4%，而进入19世纪后呈飞跃式发展，1802—1804年占比达到44%，到19世纪中叶更是高达90%以上。参见本文表2。

② 中俄贸易研究资深专家米镇波先生认为，同治元年（1862）签订的《中俄陆路通商章程》使传统的恰克图边境贸易发生了重要变化。原来俄商只能在边境贸易口岸和华商交易，同治元年以后，俄商自己可以深入中国内地采办中国土货了。这一变化对中国的创痛至深至巨。而发生变化的根源，是第二次鸦片战争后《中俄天津条约》，尤其是《中俄北京条约》（1860）的签订。在签约之时中俄两国议定，日后再议陆路通商章程。参见米镇波《清代中俄恰克图边境贸易》，南开大学出版社2003年版，第57页。

③ ［苏］苏联科学院远东研究所等编：《十七世纪俄中关系》第1卷第3册，厦门大学外文系译，商务印书馆1978年版，第829、834页。转引自叶柏川《早期俄国来华商路考察》，《社会科学战线》2009年第6期。

④ 郭蕴深：《中俄茶叶贸易史》，黑龙江教育出版社1995年版，第9—12页。

路上，遇见几位由中路返回俄国的商人。这些商人说："在中国做买卖对于他们不是什么新鲜事。"① 由此可见，相比西路和由尼布楚经齐齐哈尔—喜峰口—通州进京的东路，这条中部路线，应该早已成为那些名不见经传的俄国私商们进京贸易的捷径。

1689 年中俄《尼布楚条约》一经签订，俄国商人和政府纷纷组织私、官商队来京贸易，中国史籍称之为"京师互市"。② 俄国来京商队途经库伦时，常常留下一部分人员调养牲畜并就地贸易，待俄国商队由京返回时再跟随一同离境。中国政府虽未正式批准库伦贸易，但亦不加禁止。久而久之，这里就逐渐形成了中俄间的另一个互市场所，即库伦互市。③

俄国"派往北京的官方商队实际上已无利可图，其中最主要的原因就是来自前往库伦贸易的私商的竞争"。④ 所谓私商的竞争性体现在，两国私商面对库伦相向而行，通过贴近市场（中方以棉布、丝绸、茶叶等交换俄方低价走私的毛皮）、缩短路程、加快周转等方式，碾压定位高端、一心暴利的俄国官方商队所试图垄断高价毛皮的京师互市。⑤

18 世纪初，毛皮仍然是俄国的主要出口商品，约占其出口总量的80% 以上。进口的中国货有"中国土布、花缎、黄金、白银、丝绸、茶叶、八角茴香、壁毯、幔帐及各种器皿"。⑥ 这样的局面，一直维持到1722 年清政府取消库伦互市和京师互市为止。次年雍正继位，1727 年签订了《恰克图条约》，彻底恢复了互市贸易。这期间，两国在库伦的私商互市应该不受影响，因为乾隆年间的停市并未影响私商恰克图互市贸易。⑦

---

① ［苏］亚历山德罗夫：《1689 年涅尔琴斯克和约签订前俄中经济关系之一页》，《苏联历史》1957 年第 2 期。转引自郭蕴深《中俄茶叶贸易史》，黑龙江教育出版社 1995 年版，第 12 页。
② 郭蕴深：《中俄茶叶贸易史》，黑龙江教育出版社 1995 年版，第 18 页。
③ 郭蕴深：《中俄茶叶贸易史》，黑龙江教育出版社 1995 年版，第 22 页。
④ ［俄］阿·科尔萨克：《俄中商贸关系史述》，米镇波译，社会科学文献出版社 2010 年版，第 19 页。
⑤ 郭蕴深：《中俄茶叶贸易史》，黑龙江教育出版社 1995 年版，第 22—23 页；［俄］阿·科尔萨克：《俄中商贸关系史述》，米镇波译，社会科学文献出版社 2010 年版，第 19—20 页。
⑥ ［俄］尼古拉班蒂什－卡缅斯基：《俄中两国外交文献汇编（1619—1792）》，中国人民大学译，商务印书馆 1982 年版，第 505 页。转引自郭蕴深《中俄茶叶贸易史》，黑龙江教育出版社 1995 年版，第 21 页。
⑦ ［苏］米·约·斯拉德科夫斯基：《俄国各民族与中国贸易经济关系史》（1917 年以前），宿丰林译，社会科学文献出版社 2008 年版，第 192 页。

（二）1727 年以前碑文所见有关商贸活动

1. 昌平城东门外关帝庙康熙四十三年（1704，碑1）"关帝庙四次建修记"① 碑文分析

（1）本次捐资者布商更多，布商是主体。从"时有古晋商人赵讳生喜、王讳嘉升者，遂发善念，<u>同省善信盐商布商，凡在州经营者</u>，请僧海珍住持，洒扫焚修"看，首先，捐资者基本上是盐商和布商；其次，捐者以布商为主体，因为盐商利大本大，具有垄断性，非普通百姓可以为之，因而群体不大，而布商相对门槛低，可大可小，或铺商或行商，故从业者众。

（2）组织完善而强大，晋商掌控。会首达 55 位之多。会馆的核心人物当是："山西盐商淮恒成、卫铨"（并列于大小官员之间）；"山西商人胡朝隆、乔桧"（前者会首居中，二者名留于正殿脊檩至今）；"古晋商人赵讳生喜、王讳嘉升"（二者为发起人，与乔桧同为"谨书"者）。

（3）本次"复修"规模宏大，说明整体经济实力不错。金妆圣像，大小殿堂 18 间，外加 2 门和围墙，历时 4 年多，精雕细作，美轮美奂。

2. 昌平城东门外关帝庙康熙四十三年（1704，碑1）碑阴统计分析

从表 1 看：

（1）303 人捐 222 两，其中本州（昌平）28 人，占总捐款人数的 9.2%，捐 46 两，占总捐款额的 20.7%；山西施财 275 人（店），占 90.8%，捐 176 两，占 79.3%。说明：

山西商人占绝大多数，捐款额也占绝大比例，仅从出资性质看，该庙基本上属于晋商所有。

（2）275 位山西捐款者中，除少数盐商，多数应为布商（包括铺商和行商），因为仅有的 3 家铺店（永丰店、乔布店、邵布店）就有两家布店，加之前述对碑文的分析。

（3）人均捐款额仅为 0.7 两，与 80 年后乾隆四十八年（1783）南口关帝庙戏楼捐款平均数 1.5 两相比②，不及一半。说明此时尚处于中俄贸易的"初级阶段"，距 1727 年《恰克图条约》签订尚有 24 年之久。

---

① 邢军：《石语昌平——北京昌平石刻辑录》，中国出版集团研究出版社 2020 年版，第 198 页；国家图书馆善本室拓片京 8727。

② 左志辉：《明清时期的居庸关南口城商业——以庙宇记事碑为中心》，《长城学研究》第一辑（2022）。

表1　昌平城东门外关帝庙康熙四十三年（1704）碑阴捐款统计

地域	捐款者（人）		其中				捐款额（两）			有名无捐者（人）
	人/号	占比（%）	商号	监生生员	候选州同知县守备	督工人	金额	人/号均	占比（%）	
昌平	28	9.2	0	0	0	2	46	1.6	20.7	11
山西	275	90.8	3	4	3	1	176	0.6	79.3	4
总计	303	100	3	4	3	3	222	0.7	100	15

资料来源：康熙四十三年碑阴照片（2022年7月5日左志辉拍于昌平一中关帝庙）；国家图书馆善本室拓片京8727（碑1，碑阳+碑阴）。

3. 康熙晚期雍正早期3通碑刻[①]的分析

从碑2康熙四十六年（1707）"庙后掘井碑记"、碑3康熙五十二年（1713）"关圣帝君庙置香火田记"和碑4雍正三年（1725）"叙二次掘井启缘"等3碑看：

（1）虽然修缮项目较小，但3次捐款均有70人以上积极响应，达到碑1捐款者人数的1/4左右；人均捐款一次比一次高（碑1为0.39两、碑2为0.47两、碑3为0.66两），或许意味着，越接近1727年《恰克图条约》的签订，生意越好。

（2）少数中坚热心人士出力又出钱，长期活跃于公益事业之中。

三　18世纪中后期的京北商贸（1727年以后）

从1727年签订《恰克图条约》[②] 到1799年，这一阶段恰克图互市有两个特点：一是1727—1763年36年间同时存在两个"商圈"：俄国官商

---

① 邢军《石语昌平——北京昌平石刻辑录》，第200、202—203页；康熙四十六年和雍正三年碑文照片（2022年7月5日左志辉摄于昌平一中关帝庙）；国家图书馆善本室拓片京8635（碑3）。

② 中俄《恰克图条约》的谈判始于1726年11月，谈判地点在北京。1727年4月1日双方达成10条协议。其中规定，允许俄国商人每间隔3年进京一次，人数不得超过200人；同意在靠近边境的地方开辟两处贸易点，以替代库伦和齐齐哈尔。7月3日，谈判地点移至边境布尔河畔。8月31日签署了《布连斯奇界约》。双方根据原来议定办法，将《布连斯奇界约》与在北京议结的10条协约合并形成一个总条约，即《恰克图条约》。1728年6月25日双方代表正式在恰克图签字换文。参见郭蕴深《中俄茶叶贸易史》，黑龙江教育出版社1995年版，第27页。签约时间或写1727年或写1728年，均散见于报刊、论著或网络。

面向两国的高端消费群，俄国私商与中国晋商主要面向两国互补型民生市场；二是恰克图互市中，中国棉布越来越受欢迎。

（一）中俄互市的两个"商圈"与南京布时代

第一个是"官商圈"，是俄国官方商队的京师互市，为获取高额利润，每支商队都尽量携带高档商品，如名贵毛皮等，但因价格过高，一般人消费不起，而从恰克图边境走私进京的同类毛皮价格较低，对其销路形成很大的冲击。同样为了获得更高利润，官方商队所采购的中方商品也大都是丝绸、珠宝、大黄等高端产品，多为俄国宫廷和上层阶级所用。1763 年，由俄国单方面惨淡经营了 70 余年的赴北京商队互市贸易，被迫完全停止①。第二个是"私商圈"，两国的私商通过恰克图互市向西伯利亚和俄国其他地区普通居民大量销售利润较低的中国棉布、茶叶、烟叶等。"私商圈"之棉布进口也不受乾隆对恰克图停市的影响，"甚至在恰克图贸易正式关闭期间（1785—1792 年），俄国海关也未曾停止来自中国的颇大数量丝织品特别是棉织品的进口登记工作"。"在恰克图贸易正式关闭期间，这些中国货的进口额是处于恰克图贸易正常年份的输入水平上的。"②

"南京小土布是（俄国）进口当中量最大的那类商品，已成为易货贸易的唯一价值尺度，以根据它来评估所有其他商品的价值。"③ 到了 18 世纪下半叶，恰克图互市中，中国输出的棉布是贸易的主要商品，几乎占整体贸易额的三分之二。下面是梳理俄国专家特鲁谢维奇所列出 18 世纪从中国进口棉布和茶叶的相关数据而形成的表格（表2）：

表2　18 世纪俄国棉布、茶叶进口额分别占恰克图互市总进口额的比例

统计年限	棉布占总进口额的比重（%）	茶叶占总进口额的比重（%）
1727	39④（超过了丝绸）	（官家商队运回的茶叶价值只有11674 卢布）

---

① 郭蕴深：《中俄茶叶贸易史》，黑龙江教育出版社 1995 年版，第 34—35 页。
② ［苏］米·约·斯拉德科夫斯基：《俄国各民族与中国贸易经济关系史（1917 年以前）》，宿丰林译，社会科学文献出版社 2008 年版，第 192 页。
③ ［俄］阿·科尔萨克：《俄中商贸关系史述》，米镇波译，社会科学文献出版社 2010 年版，第 57 页。
④ 俄国专家并未注明 1727 年棉布进口是否来自恰克图，但肯定是来自中国，特此说明。参见 ［俄］特鲁谢维奇《十九世纪前的俄中外交及贸易关系》，徐东辉、谭萍译，陈开科审校，岳麓书社 2010 年版，第 152 页。

续表

统计年限	棉布占总进口额的比重（%）	茶叶占总进口额的比重（%）
1751	59.5	
1759—1761	60.4	3.4
1775—1781	62.4	15.6
1792	66.4	22.4
1802—1804	50	44

资料来源：［俄］特鲁谢维奇：《十九世纪前的俄中外交及贸易关系》，徐东辉、谭萍译，陈开科审校，岳麓书社2010年版，第152—155页。

（二）雍正后期与乾隆年间两地碑文所见商贸活动

1. 昌平城和南口城的11碑（表3）显示，"晋翼布商""晋翼布行会馆"独占鳌头

（1）康雍乾年间，两地核心善众应以"晋翼布商"为主。表3显示，两地10碑（碑1—碑10）中，除碑1为晋商所书（撰者不详），碑7由昌平人所撰书，其余8通碑之撰或书者均为"晋翼（山西翼城县）（儒/后学）弟子"，占80%。尤其是雍正后期与乾隆年间，6通碑中有5通碑之撰或书者为晋翼（儒/后学）弟子，占比高达83.3%。该现象所指当是晋翼商人。晋翼商人以布业经营为主，被称之为晋翼布商。[①]

（2）作为"晋翼会馆"或"晋翼布行会馆"，具有地域性（山西翼城县）和行业性（布商）特点，有组织（如碑1，康熙四十三年碑阳所列会首达55人之多），有共同信仰——关公。

（3）直到1800年，关帝庙日常维护尚好，"晋翼会馆"会员经营状况良好，能够正常履行公益善行之举。据嘉庆五年（1800）昌平城西关"关帝庙重建碑记"（即表3之碑11"昌西关"）载，"往者昌平春秋大祭（公关）在东关庙宇（即本关帝庙操办）"[②]。明隆庆《昌平州志》记载，州城

[①] 李华：《明清以来北京工商会馆碑刻选编》，文物出版社1980年版，第29—40页。

[②] 北京图书馆金石组编：《北京图书馆藏中国历代石刻拓本汇编》第77册，中州古籍出版社1989年版，第79页。

"关王庙二，一在州治西南，旧建；一在州城东门外"。① 说明东门外只有本文所指的关帝庙一座。

表3　　昌平城和南口城11通碑刻碑文之撰书者籍贯等一览

	碑1昌平	碑2昌平	碑3昌平	碑4昌平	碑5昌平	碑6昌平	碑7昌平	碑8昌平	碑9昌平	碑10南口	碑11昌西关
时间	康熙四十三年(1704)	康熙四十六年(1707)	康熙五十二年(1713)	雍正三年(1725)	乾隆元年(1736)	乾隆元年(1736)	乾隆十三年(1748)	乾隆三十二年(1767)	乾隆三十七年(1772)	乾隆四十八年(1783)	嘉庆五年(1800)
撰者籍贯	未知	晋翼儒弟子薛愫	晋翼儒弟子绩源	晋翼弟子刘征	晋翼后学弟子王辰姓	晋翼后学弟子董从增	郡人杨清贻	晋翼后学弟子侯效良	晋翼弟子亚魁高骧	昌平州廪生陈庭梓	
书者籍贯	晋商赵生喜、乔桧、王嘉升	晋翼儒弟子绩源	晋翼儒弟子陈廷枢	未知	晋翼后学弟子程翻昇	晋翼后学弟子闫若琦	郡人杨清贻	晋翼后学弟子侯效良	晋翼弟子文魁王庆椿	山西翼城县吕勤学	
备注											昌平春秋大祭

资料来源：邢军《石语昌平——北京昌平石刻辑录》，第198、200、202、203、205、206、207、208、212、277页；国家图书馆善本室拓片京8961（碑5）、8939（碑6）、8622（碑7）、8667（碑8）、8893（新编碑9）；碑11即嘉庆五年西关"关帝庙重建碑记"，资料来源：北京图书馆金石组编《北京图书馆藏中国历代石刻拓本汇编》，第77册，第79页。

2. 从昌平城东门外关帝庙两个时段捐修间隔时间，看晋翼布商捐修活跃度与俄国棉布进口之关联度

表4显示，1727年《恰克图条约》签订以后，晋翼布商捐修庙宇活动比此前前清83年间更加活跃，捐修间隔时间更短，捐修频率更高，这与俄国专家特鲁谢维奇所述1727年棉布进口量超过了丝绸，其价值占总进口额的39%，"从18世纪40年代起棉布成为从中国进口的主要商品"，② 存在契合度。同时，这也从一个侧面说明，晋翼布商生意越来越好，其越来越有经济实力参与公益事业。

---

① （明）崔学履：隆庆《昌平州志》卷8《杂志》，国家图书馆·国家数字图书馆（http://read.nlc.cn/OutOpenBook/OpenObjectBook？aid=892&bid=116663.0）。
② ［俄］特鲁谢维奇：《十九世纪前的俄中外交及贸易关系》，徐东辉、谭萍译，陈开科审校，岳麓书社2010年版，第152页。

表 4　　昌平城东门外关帝庙 1644—1799 年平均捐修间隔时间

捐修时期	本期捐修时间列表	平均间隔时间
1644—1727 年	1700 年、1707 年、1713 年、1725 年（83 年，碑 1—碑 4，共 4 次）	20.8 年/次
1727—1799 年	1731 年、1735 年、1747 年、1750 年、1772 年（72 年，碑 5—碑 9，共 5 次）	14.4 年/次

资料来源：邢军《石语昌平——北京昌平石刻辑录》，第 198、200、202、203、205、206、207、208、212 页；国家图书馆善本室拓片京 8727（碑 1，碑阳+碑阴）、8635（碑 3）、8961（碑 5）、8939（碑 6）、8622（碑 7）、8667（碑 8）、8893（新编碑 9）。

3. 南口乾隆四十八年（1783，碑 10）"创建关帝庙戏楼碑文"及其碑阴的分析

（1）创建关帝庙戏楼碑文[①]分析。

第一，"山右客贾请纪之石，以示于后"。山右即山西，说明本戏楼由山西商人所捐建。

第二，本碑"书丹"者为"山西翼城"人（常被简称为"晋翼"），说明晋商可能与"晋翼布商"有某种关联。

第三，横向看，同时期昌平城几乎连续出现"晋翼（儒/后学）弟子"撰或书的情形，存在某种普遍的现象，即此时南口与昌平城一样，应该以晋翼布商为主。

（2）碑阴的统计分析（表 5）。

结合碑文"山右客贾请纪之石，以示于后"和碑阴名单，均未注明是否有"本州施财姓名"（而本文碑 1 分为"本州……"和"山西……"），则可以判断，他们应该全部是山西商人。本碑晋商合计 363 位/家，其中商号 80 家，占 22%，可能主要是坐商或兼而有之；商人 283 人，占 78%，或以行商为主，以从事商品流通和运输为主尤其是长途贩运。

（3）根据（1）"第三"和（2）的分析，小结如下：

第一，南口碑（碑 10）捐者"应该全部是山西商人"；

第二，山西商人"应该以晋翼布商为主"。

---

① 邢军：《石语昌平——北京昌平石刻辑录》，中国出版集团研究出版社 2020 年版，第 277 页；昌平公园文物石刻园石碑之南口乾隆四十八年"创建关帝庙戏楼碑文"。

表 5　　　　南口城关帝庙乾隆四十八年（1783）戏楼碑阴统计①

捐者分类	捐款者（家/位）	占比（%）	捐款额（两）金额	号均/人均	占比（%）
商号	80	22.0	184.3	2.3	33.7
商人	283	78.0	362.7	1.3	66.3
总计	363	100	547	1.5	100

说明：银钱比价参照王宏斌先生研究，以 1 吊（1 两）= 1000 文折算。②

4. 横向比较：南口乾隆四十八年"创建关帝庙戏楼碑文"与通州乾隆四年"创建晋翼会馆碑序"③

（1）通州以坐商为主（捐款占 74.5%），且资本集中度较高（每家平均捐款 28.8 两，而南口是 2.3 两），南口则以行商为主（捐款占 66.3%）。说明，南口更多地扮演了物流通道的角色，而通州则更多承担了由北运河转输驮运的仓储、批发和转运功能。

（2）此时，两地行商平均捐款水平都很低且几乎持平（南口人均 1.3 两，通州人均 1.2 两），远远低于通州坐商。或可以说明，有商号的晋商尤其是大型商号，在很大程度上控制了从产品采购到水陆码头仓储批发流转、长途运输和终端批发销售等环节的商贸业务全产业链，因而拥有相对垄断的较高利润。而行商中可能更多的是，以靠卖苦力为生的普通劳动者。

5. 纵向比较：南口乾隆四十八年"创建关帝庙戏楼碑文"与昌平城康熙四十三年"关帝庙四次建修记"

表 6 显示，从经营队伍看，1700 年，昌平城东门外关帝庙有布商 279 位（家），1782 年南口关帝庙布商达到 363 位（家），82 年间增长了 30.1%，说明晋翼布商的南京小土布出口生意越来越火，人气越来越旺。

从人（号）均捐款看，1700 年昌平城东门外关帝庙为 0.7 两/人（号），1782 年南口城关帝庙达到 1.5 两/人（号），82 年间增长了 114.3%，翻了一番多，说明人（号）均收益增长幅度远远高于队伍增长幅度，布商的经营效益保持了持续较快增长的趋势。

---

① 左志辉：《明清时期的居庸关南口城商业——以庙宇记事碑为中心》，《长城学研究》第一辑（2002）。
② 王宏斌：《乾嘉时期银贵钱贱问题探源》，《中国社会经济史研究》1987 年第 2 期。
③ 许檀：《明清时期的通州商业》，《中国社会经济史研究》2021 年第 3 期。

表6　　　　82年间关庙布业信众经营队伍与人（号）均捐款变化　　　　单位：两，%

布业信众所属关庙	计算基准为起始时间（修庙起止时间）	经营队伍变化 人（号）	经营队伍变化 增长	平均捐款额变化 人（号）均	平均捐款额变化 增长
昌平城东门外关帝庙	1700—1704年	279		0.7	
南口城关帝庙	1782—1783年	363	30.1	1.5	214.3

说明：昌平城东门外关帝庙原址和南口城关帝庙原址，同在今昌平区内，前者在东，后者在西，二者相隔十余千米，两庙主要信众同为晋商并以晋翼布商为主，虽相关碑刻数据缺失和非标准化，但仍不失为具有一定的参考价值。

四　结语

1. 昌平城和南口城，既是古驿路和古商道的重要节点，更是万里茶道北京段的关键节点。

2. 晋翼布商崛起，南京布出口业绩"暴涨"。

从1700年到1782年，时隔82年，布行经营队伍增长迅速，人（号）均捐款更是翻了一番多，说明人（号）均收益增长幅度远远高于队伍增长幅度，布商的经营效益保持了持续较快增长的趋势。

3. 布商捐修庙宇的活跃状态与俄国同期棉布进口量存在契合度。

1727年《恰克图条约》签订以后，晋翼布商捐修庙宇比清前期83年间更加活跃，捐修间隔时间更短，捐修频率更高，这与俄国专家特鲁谢维奇所述1727年棉布进口量超过了丝绸，其价值占总进口额的39%，"从18世纪40年代起棉布成为从中国进口的主要商品"，存在契合度。同时，这也从一个侧面说明，晋翼布商生意越来越好，其越来越有经济实力参与公益事业。

4. 万里茶道北京段实证存在，万里茶道京恰商路可以完整还原。

首先，从实证出发，昌平城、南口城两地记事碑及其数据可以证实，18世纪万里茶道北京段真实存在。

其次，从商业逻辑看，在1763年之前，中俄两国私商"同心协力"，碾压俄国官方商队之京师互市，使之同时在中俄两头失去市场，尤其在北京毛皮市场，因晋商"接力"快速往来于京恰（北京至俄国边境城市恰克图），通过低价快销，使俄国官商"高端"毛皮滞销，直至1763年被迫退出京师。由此可见，自1689年《尼布楚条约》和1727年《恰克图条约》

签订以后至 1763 年，俄国官方商队之京师互市，以及中俄两国私商针对京师互市而形成的库伦互市和恰克图互市，是这一时期中俄贸易的重要组成部分，而 18 世纪初至 1763 年的京恰路线当是中俄贸易的重要商路。

1763 年以后直至 18 世纪末，晋商基于上述既有的市场、基础、业务、客户、人脉，尤其是国内外最成熟且最快捷的物流路线（如京杭大运河和沪津海运），等等，理应继续经由京恰路线，与俄商互市于恰克图，且各自继续独享本国"全产业链"的厚利。因此，由北京至恰克图商路当沿袭使用。综上，基于学界已有共识的万里茶道"张库大道"（张家口至库伦，并延伸至恰克图），连同本文证实的"万里茶道北京段"和"北京至恰克图商路"，可以完整还原 18 世纪的万里茶道京恰商路。

三山五园英译名称的历史
考察和规范化探讨[*]

张佳宁　尹　凌[**]

摘要：三山五园作为北京历史文化名城的有机组成部分，在国际文化交往中对北京历史文化名城形象的塑造十分重要。进行国际交流的过程中，英译名称是外国人了解三山五园的第一步，但目前国内学术界对三山五园英译名称的历史考察和规范化却关注较少。本文广泛收集1861—2018年国内外与三山五园相关的多种文献资料，考察不同时期、不同文献对三山五园名称的英文翻译方式的规律和特点，并从文化负载词的特殊性、受众者的需求和约定俗成的原则三个方面对三山五园英译名称进行规范化探讨，对当今三山五园名称的英文译法提出合理建议。

关键词：三山五园；英译名称；历史考察；规范化探讨

三山五园，是对北京西北郊以清代皇家园林为代表的历史文化遗产的统称。三山是指万寿山、香山、玉泉山，五园是指颐和园、静宜园、静明园、畅春园和圆明园。三山五园地区作为北京历史文化名城保护体系的两大重点区域之一，引起国内外众多学者的关注和研究。在对海外三山五园相关学术成果编译整理以及国内研究成果的国际推广过程中，发现三山五园的英译名称存在由于文化差异导致的误译和同一文献中的译名有多种译法的问题，这为本文的写作提供了研究的空间和可能。

---

[*] 本文为北京社会科学基金一般项目"三山五园海外文献的挖掘与历史学研究"（项目编号：18JDLSB001）。

[**] 张佳宁，北京联合大学应用文理学院文物与博物馆学硕士研究生，研究方向为文化遗产；尹凌，北京联合大学应用文理学院文物与博物馆系副教授，研究方向为文化遗产。

本文拟通过对三山五园英译名称的历史考察，梳理总结其特点，在此基础上总结出三山五园英译名称存在的问题并进行规范化探讨。一方面对当今三山五园名称的英文译法提出合理化建议，提供更加清晰的译名对照；另一方面持续推动三山五园的文化传承和北京在国际交往中的形象，达到宣传交流的目的。

一 三山五园英译名称的历史考察

"三山五园"作为重要的文化符号，不仅在国际文化交往中对北京形象的塑造十分重要，在传播中华优秀传统文化方面也具有重要功能。三山五园的相关研究成果"走出去"和引进来都涉及英译名称，为了更好地传播中国传统文化，我们决定对三山五园的英译名称进行历史考察。

首先，本文搜集了1861—2008年以来与三山五园相关的英文文献，包括旅行指南、图录、专著、论文和期刊等。通过对文献进行类型研究，将相关的英文文献大致分为三类。第一类是纪实概览类文献，比如旅行指南和图录；第二类是回忆录；第三类是与三山五园有关的学术论文、专著和期刊等。其次，从文献中筛选出与三山五园相关的英译名称，按照翻译方式对其分类，并进行频次统计，最后整理成表1以便考察。在此基础上，着重对三山五园、香山、万寿山、玉泉山、静宜园、颐和园、静明园、畅春园和圆明园这九个名称进行历史考察，不涉及比较具体的景观和建筑。

表1　　　　　　　　　　英译名称历史考察

中文名称	翻译方式	英译名称		
		19世纪	20世纪	21世纪
三山五园	直译		Three hills and five gardens (1)、Three mountains and five gardens (1)	Three hills and five gardens (6)、Three mountains and five gardens (2)
	意译			Royal Mountains and Gardens of Beijing Western Suburbs (1)
香山	直译	Fragrant Hill (2)	Perfumed Mountain (1)、Fragrant Hill (5)	Fragrant Hill (9)
	意译		Northern Hunting Park (1)	
	音译		Hisang Shan (1)、Xiangshan (2)	Xiangshan (5)

续表

中文名称	翻译方式	英译名称 19世纪	英译名称 20世纪	英译名称 21世纪
静宜园	意译			Garden of Tranquility and pleasure(1)
	音译		Jingyiyuan(1)	Jingyiyuan(4)
	全名译音+通名译意			Jingyi Palace(1)
万寿山	直译		Hills of Long Life(1)、Longevity Hill(5)	Longevity Hill(14)
	意译		Emperor's Birthday Mountain(1)、Palace of Ten Thousand Ages(1)	
	音译	Wan-Shou-Shan(1)	Wan-Shou-Shan(3)、Wan Shou Shan(9)、Wan-shou-tze(1)、Wan Shou-shan(2)、wanshoushan(4)	Wan Shou Shan(3)、wanshou-shan(3)、Wan-Shou-Shan(2)
	全名译音+通名译意			Wanshou Hill(4)
颐和园	直译		The Garden of Peace and Harmony(1)	
	意译	Summer Palace(9)	Summer Palace(45)、The New Summer Palace(12)	Summer Palace(49)、The New Summer Palace(6)
	音译		I-ho Yuan(2)、I Ho Yüan(4)、Yiheyuan(5)、Yi He Yuan(1)、I Ho Yuan(2)、Yihe Yuan(1)、I-ho Yüan(1)	Yi He Yuan(3)、Yiheyuan(8)、Yihe Yuan(11)
玉泉山	直译		Hill of the Jade Fountain(1)、Jade Fountain(9)、Jade Fountain Hill(1)、The Mountain of the Jade Fountain(1)、Jade Spring Hill(2)	Jade Spring Hill(7)、Jade Fountain(3)
	全名译音+通名译意			Yuquan Hill(3)
	音译		Yu-chuan Shan(1)、Yü-ch'uan-shan(1)、Yue-chuan-shan(1)、Yü Ch'üan Shan(1)、Yü Ch'uan Shan(1)	Yu-Ch'uan-Shan(1)

续表

中文名称	翻译方式	英译名称 19 世纪	英译名称 20 世纪	英译名称 21 世纪
静明园	直译			Garden of Tranquility and Brightness(1)
	音译			Jingmingyuan(3)
	全名译音+通名译意		Jingming Garden(2)	Jingming Garden(3)
畅春园	意译		Garden of Perpetual Spring(1)、Garden of joyful springtime(1)	Eternal Spring Garden(2)
	音译		Chang-chuen Yuen(1)、Ch'angCh'un Yuan(3)、Ch'angCh'un Yüan(1)、Changchunyuan(6)、Changchun Yuan(2)、Chang Chun Yuan(1)	Changchun Yuan(12)、Changchunyuan(8)、Chang Chun Yuan(3)
	全名译音+通名译意		Changchun Garden(1)	Changchun Garden(3)
圆明园	直译	Round and Splendid Garden(1)	Round Bright Garden(4)、Garden of perfect brightness(8)	Round Bright Garden(2)、Garden of perfect brightness(16)、Garden of Perfection and Brightness(2)、Garden of Round Brightness(2)
	意译	Old Summer Palace(1)	Old Summer Palace(14)	Old Summer Palace(18)、Garden of All Gardens(1)
	音译	Yuen-Ming-Yuen(3)、Yüan-ming-yüan(1)、Yuen Ming Yuen(2)	Yuan-Ming-Yuan(5)、Yuen-Ming-Yuan(3)、Yuanming yuan(11)、Yüan Mingyüan(2)、Yuen Ming Yuen(8)、Yüan Ming Yüan(3)、Yüan-ming-yüan(1)、Yuanming Yuan(8)	Yuen-Ming-Yuen(5)、Yuen Ming Yuen(12)、Yuanmingyuan(37)、Yuan Ming Yuan(9)、Yuanming Yuan(21)、Yüan Ming Yüan(1)

注：括弧内数字代表使用频次。

（一）三山五园

由表 1 可知"三山五园"的英译名称一共有 3 个。20 世纪出现了 2 个译名，分别是 Three hills and five gardens 和 Three mountains and five gardens，这 2 个译名都采用了直译的方式。进入 21 世纪后，又出现了采用意译的 Royal Mountains and Gardens of Beijing Western Suburbs。

总体来看，"三山五园"的英译名出现得较晚，首次出现的时间已经是1981年。进入21世纪，包含"三山五园"英译名称的文献类型开始增多，翻译方式除了直译还有意译，但是使用时间最长、使用频次最高、出现的文献类型最多的是Three hills and five gardens。

（二）香山和静宜园

1. 香山

香山历史悠久，以山顶的乳峰石上翻云吐雾类似香烟缭绕而称为香炉山，简称香山。也有人因满山杏树、十里杏香而称之为香山。①

香山的英译名称共有5个，其中最早的译名Fragrant Hill出现于19世纪晚期，译名形式比较单一，翻译方式为直译。20世纪译名的使用最为多样，包括香山英译名称的所有形式，翻译方式采用直译、意译、音译等；21世纪以来香山的译名开始趋于统一，基本固定为2种，即Fragrant Hill和Xiangshan，常出现在学术性较强的文献中。其中Fragrant Hill从19世纪至今一直被使用且使用频次最高，出现在多种文献类型中，如图录、游记，特别是专著和论文中，华人或华裔的文献作者逐渐增多。

另外，发现20世纪的译名存在同一文献中一名多译的问题，例如*Peking: A Historical and Intimate Description of Its Chief Places of Interest*一书中同时出现了Perfumed Mountain、Northern Hunting Park和Hisang Shan三个对香山的译名。②

2. 静宜园

静宜园是在香山行宫的基础上建成的。③ 静宜园的英译名称一共有3个，20世纪晚期静宜园的英译名称仅有1个，采用的是音译即Jingyiyuan。21世纪出现了新的英译名称，分别是意译的Garden of Tranquility and pleasure和全名译音+通名译意的Jingyi Palace。

总体来看，静宜园的英译名称出现较晚，首次出现已经是1998年。进入21世纪，包含"静宜园"英译名称的文献类型开始增多，翻译方式除了音译和意译还有全名译音+通名译意，但是使用时间最长、使用频次

---

① 张宝章：《三山五园新探》（上册），中国人民大学出版社2014年版，第398页。
② Juliet Bredon, *Peking: A Historical and Intimate Description of Its Chief Places of Interest*, UK: Soul Care Publishing, 2008.
③ 张宝章：《三山五园新探》（上册），中国人民大学出版社2014年版，第400页。

最高、出现的文献类型最多的是 Jingyiyuan。

（三）万寿山和颐和园

1. 万寿山

如今的万寿山，元朝时叫作瓮山，后来乾隆加号万寿。①

从表 1 中可以看出，万寿山共有 10 个英译名称。19 世纪晚期万寿山的英译名称只有一种形式，即 Wan-Shou-Shan，它是万寿山最早的英译名称，于 1876 年首次出现。20 世纪共出现 9 个英译名称，包含直译、意译和音译三种翻译方式，以音译为主；文献类型有图录、期刊、旅行指南和游记等，其中以 Wan Shou Shan 使用频次最高。此时期也存在同一本文献中存在一名多译的问题，比如 Guide to Peking and Neighbourhood 这本书中出现了万寿山的 5 个不同的英译名称。② 21 世纪出现 5 个英译名称，其中 Longevity Hill 使用频次最多；此时期文献类型以图录为主，华裔作者和中国籍作者数量有明显提升。

总体来看，Wanshoushan 使用时间最久，从 20 世纪至 21 世纪一直在使用。Longevity Hill 使用频次最多，在 21 世纪达到最高峰，高达 14 次。文献类型由纪实类向学术性较高的论文或期刊转变，翻译方式由音译占主导地位向以直译和意译为主转变，并且在 21 世纪全名译音＋通名译意开始有明显的发展趋势。

2. 颐和园

颐和园的原名清漪园，光绪年间，慈禧太后不顾国势衰弱、经费困难，执意在清漪园旧基上，修建成颐和园。重建工程开始于光绪十二年（1886），到光绪十四年（1888）已初具规模，即正式更名颐和园，全部建筑到光绪二十一年（1895）完工。③

颐和园的英译名称共有 10 个。19 世纪中晚期颐和园的英译名称仅有一种，即 Summer Palace。20 世纪在 Summer Palace 的基础上增加了 The New Summer Palace、I-ho Yuan、I Ho Yuan 和 I Ho Yüan 等英译名称，但是仍以 Summer Palace 使用频率最高，并且此时期的文献类型十分丰富，有

---

① 张宝章：《三山五园新探》（上册），中国人民大学出版社 2014 年版，第 234—235 页。
② Hans Bahlke, *Guide to Peking and Neighbourhood*, Tientsin: Tageblattfuer Nord-China, 1909.
③ 张宝章：《三山五园新探》（上册），中国人民大学出版社 2014 年版，第 270 页。

书籍、图录、旅行指南、期刊、论文等，作者以外籍居多。21世纪并未出现新的英译名称，Summer Palace 仍占据主导地位，使用频次最高。

总体来看，Summer Palace 从 19 世纪中期至 21 世纪一直被使用，并且在各个不同时期的使用频次都为最高，在 21 世纪达到最高峰，使用频次高达 49 次。The New Summer Palace 从 20 世纪至今一直被使用，使用频次在 20 世纪晚期达到最高峰。

（四）玉泉山和静明园

1. 玉泉山

玉泉山得名于其泉水，"水清而碧，澄洁似玉"，由于玉泉山依山面水，所以自辽金起，就有帝王在此修建行宫消夏避暑。[①]

从表 1 可知玉泉山共有 12 个英译名称。20 世纪玉泉山的英译名称最多，高达 9 个，其中 Yu-chuan Shan 出现时间最早，Jade Fountain 使用频次最高。但是 20 世纪晚期英译名称比较单一，仅有 Jade Spring Hill 和 Jade Fountain，此时期的文献类型含有旅游指南、期刊和游记等，文献作者以外籍居多，翻译方式以音译为主。21 世纪除了 Jade Spring Hill 和 Jade Fountain 之外增加了 Yuquan Hill 和 Yu-Ch'uan-Shan，其中 Jade Spring Hill 使用频次最高；此时期文献类型发生变化，图录开始明显减少，书籍和论文增加，作者以中国籍和华裔作者为主；出现新的翻译方式，即全名译音 + 通名译意。

总体来看，Jade Spring Hill 使用频次是所有英译名称中最高的，Jade Fountain 从 20 世纪早期至今一直被使用。学术性较高的文献类型在 21 世纪有明显的提升，翻译方式从以音译为主发展为以直译为主，全名译音 + 通名译意此种翻译方式在 21 世纪有明显的发展。

2. 静明园

清康熙十九年（1680）在玉泉山上建行宫，名澄心园。康熙三十一年（1692）改名静明园，与清漪园（颐和园前身）有御道相连[②]。

静明园共有 3 个英译名称，最早的译名出现于 20 世纪末，即 1992 年

[①] 陈红彦主编：《民国旧影 皇城景致之风景名胜》，上海远东出版社 2016 年版，第 327—339 页。

[②] 张宝章：《三山五园新探》（上册），中国人民大学出版社 2014 年版，第 21 页。

《旧京大观》中出现的 Jingming Garden。21 世纪有新的英译名称出现，分别是 Jingmingyuan 和 Garden of Tranquility and Brightness，其中 Jingmingyuan 和 Jingming Garden 的使用频率相同且最高。此时期文献类型以书籍和图录为主，作者以华裔和中国籍作者为主。翻译方式含有全名译音＋通名译意、音译和直译三种。

（五）畅春园和圆明园

1. 畅春园

畅春园是清康熙皇帝在明朝李伟的"清华园"遗址上营造而成。① 康熙皇帝非常喜欢这座园子，所以取"四时皆春、八风来朝、六气通达"的寓意，命名为"畅春"，并撰写了《御制畅春园记》一文。②

畅春园的英译名称共有 10 个，最早的英译名称是 Garden of Perpetual Spring，出现在 1904 年 Guide to Peking 这本旅行指南中。20 世纪共有 9 个译名，其中 Changchunyuan 的使用频次最高；翻译方式以音译为主，像 Changchun Garden 这种全名译音＋通名译意翻译方式开始出现；文献类型在 20 世纪前期多为旅行指南和图录，后期以书籍和期刊为主。21 世纪 Eternal Spring Garden 出现，文献类型变得更加丰富，有图录、期刊、论文等；翻译方式包括音译、意译和全名音译＋通名意译 3 种。

总体来看，Chang Chun Yuan 的使用频次最高，其次为 Ch'ang ch'un Yuan，其他译名的频次较为平均。记载译名的文献类型以学术性较高的论文、期刊或者书籍为主，翻译方式以音译为主。

2. 圆明园

雍正皇帝曾阐述"圆明"二字的含义为："圆而入神，君子之时中也；明而普照，达人之容智也。"意思是说，"圆"是指个人品德圆满无缺合乎时宜；"明"是指政治业绩明光普照，明智而有远见。可以说"圆明"是古代中国明君贤相的理想道德标准。③

圆明园的英译名称共有 16 个，19 世纪有 5 个英译名称，其中使用频率最高的是 Yuen-Ming-Yuen。此时期文献类型有报纸、回忆录、期刊和旅

---

① 张宝章：《三山五园新探》（上册），中国人民大学出版社 2014 年版，第 23 页。
② （清）玄烨：《御制畅春园记》，《钦定日下旧闻考》卷七六《国朝苑囿·畅春园》。
③ 于涌：《移天缩地到君怀　圆明园文化透视》，海天出版社 2012 年版，第 11 页。

行指南等，翻译方式以音译为主。20 世纪有 11 个译名，其中 Old Summer Palace 使用频次最高，Yuanmingyuan 其次；此时期的文献类型更加丰富，有旅行指南、期刊、回忆录和书籍等，翻译方式主要为音译。21 世纪 Yuanmingyuan 频次激增，成为使用频次最高的译名；此时期文献类型以书籍和期刊为主，翻译方式无明显变化。

总体来看，Old Summer Palace、Yuen-Ming-Yuen、Yuen Ming Yuen、Yuanmingyuan、Yuan Ming Yuan、Garden of Perfection and Brightness 和 Yuanming Yuan 这 7 个英译名称的使用频次在 21 世纪有大幅度增长，其原因除了圆明园本身影响力较大之外，也与社会稳定以及文化空前繁荣有很大的关系。2001 年 7 月申奥成功，同年 12 月加入世界贸易组织，使世界人民再一次认识中国。北京作为中国首都，具有丰富的文化资源和深厚的历史价值，三山五园又是北京著名的文化名片之一，对此进行广泛的研究不无道理。

二 三山五园英译名称的特点和问题

（一）三山五园英译名称的特点

1. 翻译方式多样且不同时期译名的主要翻译方式不同

按照翻译方式划分，三山五园的英译名称大体分为四类：直译、意译、全名译音＋通名译意和音译。通过历史考察发现，不同的历史阶段对英译名称的翻译方式有不同的偏好。19 世纪"三山五园"的译名较少，无明显的主要翻译方式，并且译名出现的时间集中在 19 世纪晚期，另外译名出处多为常居住在中国的外国人所著的回忆录或旅行指南中。20 世纪以音译翻译方式为主，并且开始出现全名译音＋通名译意这种翻译方式。21 世纪以来四种翻译方式使用比较平均，但是圆明园和颐和园在 21 世纪受到前一历史阶段的影响也有很多音译的使用。

造成以上时代特点的主要原因首先是不同作者群体的使用偏好不同，以香山为例，中国作者使用直译或意译居多，外籍作者使用音译居多，比较特殊的是常年居住于中国的外籍作者也会使用意译。其次文献类型的不同也会导致英译名称的多样性，比如学术性的文章使用直译较多，图录或旅行指南则是使用音译居多。最后是三山五园相关的词语和概念在中国文化中具有特殊的意义和重要性，但是在其他文化里没有对应的词汇，这使翻译者需要在保持原意和文化内涵的同时，寻找适当的翻译方式更具有难度。

2. 不同的时期译名使用的音译方式不同

音译英译名有威妥玛式拼音、邮政式拼音和汉语拼音三种音译方式。

威妥玛式拼音的使用主要集中在 19 世纪中期至 20 世纪中期，因为威妥玛式《语言自迩集》于 1867 年出现，在中国清末至 1958 年汉语拼音方案公布前，威妥玛式拼音是中国和国际上流行的中文拼音方案。①

邮政式拼音始于晚清，1906 年春季于上海举行的帝国邮电联席会议通过了这个方案并将其作为拼写中国地名的标准正式推行，1912 年中华民国成立之后继续使用邮政式拼音，因此它是 20 世纪上半叶西方国家拼写中国地名时最常用的拼写方案，直到中华人民共和国成立之后，在大陆地区邮政式拼音逐渐被汉语拼音取代。在三山五园英译名称中使用较少，仅有 1909 年 Guide to Peking and Neighbourhood 中出现的 Wan-shou-tze 和 Wan Schou-shan 两个英译名称使用此音译方法。

汉语拼音的使用主要是 1958 年威妥玛式拼音废除后，是目前我国和国际上通用的汉语拼音方案。总体来看，20 世纪晚期以前，外籍或华裔作者几乎全部使用音译，直到 20 世纪晚期直译和意译翻译方式开始增加，并且出现了全名译音 + 通名译意的新形式。

总体来说，威妥玛式拼音影响最大，但是在日常使用中常常省去送气符号，容易对发音造成混淆，比如 d 与 t、g 与 k。邮政式拼音应用范围小，主要应用于地名，但是保留了当地方言特色。② 汉语拼音是目前实用性最强的，不仅解决了发音混乱、一个字多种拼写的情况，还方便了外国人学习汉语③。

（二）三山五园英译名称存在的问题

1. 译名不统一

在"三山五园"的英译名称中译名不统一的问题尤为突出，主要体现在一个汉语名称对应十几种英译名称，比如圆明园的英译名称高达 16 种。

---

① 张德鑫：《威妥玛〈语言自迩集〉与对外汉语教学》，《中国语文》2001 年第 5 期。
② 半夏：《威妥玛式及其他》，《出版广角》2015 年第 4 期。
③ 庄德之：《必须用汉语拼音拼写中国人名与地名》，《上海科技翻译》1990 年第 3 期。

另外，有些汉语名称在同一本文献中出现多种英译名称，比如在 Juliet Bredon 出版的 *Peking*; *A Historical and Intimate Description of Its Chief Places of Interest* 这本书中出现了 Perfumed Mountain、northern Hunting Park 和 Hisang Shan 三种香山的译名。

一个汉语名称出现多种英译名称会给受众者的思维带来混乱，造成此现象的原因有很多。首先是目前为止没有形成明确的翻译传统，对于三山五园的翻译没有明确的考虑原则和因素。其次是撰写文章时句子结构和语境需求不同，所以对同一汉语名称有不同的翻译。最后是不同的翻译方式体现的内涵有所差别，作者可能会根据自身的表达目的来选择合适的翻译方式。

2. 译名文化内涵误译

将万寿山的英译名称和源语进行分析发现，有些翻译是与万寿山本身所包含的信息有出入的。比如 Emperor's Birthday Mountain 翻译成中文是皇帝的生日山，但是改名万寿山的主要意图是为祝太后"万寿无疆"，因此将万寿山意译为 Emperor's Birthday Mountain 是不准确的。

造成误译的原因主要是文化差异，文化负载词本身语言难度就高，加之翻译者对要翻译的内容和其包含的文化内涵不足够了解，所以造成误译。

三　英译名称的规范化探讨

三山五园是北京形象的名片之一，但当前的英译名称存在译名不统一和误译等问题，所以对其进行规范统一很有必要。英译名称的规范化需要考虑的因素有很多，根据"三山五园"英译名称包含的文化内涵、特点以及三山五园文化建设的现实要求，总结出以下 3 个需要考虑的因素：考虑文化负载词的特殊性、遵循约定俗成的原则和关注受众者的需求。

（一）考虑文化负载词的特殊性

三山五园作为皇家园林以其独特的设计和精美的景观而闻名，是中国古代园林艺术的杰作，其名称包含了许多我国特有的历史文化内涵，因此三山五园的相关名称都属于文化负载词的范畴。[1] 文化负载词是指在特定

---

[1] 王珺：《跨文化视域下的英汉翻译策略探究》，吉林大学出版社 2020 年版，第 73 页。

的语言或文化中具有特殊文化背景、含义或象征意义的词汇，这些词汇通常与特定的文化、传统、价值观或历史事件紧密相关[1]，因此文化负载词在跨文化交流和翻译中可能存在难以准确传达的问题。在对三山五园文化负载词翻译时，应主要考虑以下两个方面：一是保持译名的独特性和传统性。独特性是指译名所包含的特定的历史信息或文化内涵；传统性指的是遵循一定的传统或约定俗成，在译名中保持连贯性和一致性。这些原则可能是基于历史、文化、行业惯例或社会习俗等因素形成的。二是注重文化负载词所包含的历史文化价值。以静宜园、静明园、万寿山和玉泉山中的英译名称为例进行详述：

1. 静宜园—Jingyi Palace

静宜园得名由来：据乾隆十一年（1746）御制《静宜园记》所云："盖山水之乐不能忘于怀……朴俭是崇，志则先也，动静有养，体智仁也。名曰静宜。"由此可知"静"有修身养性之意，宜代表"和顺"，取名"静宜"表明乾隆对"静"的重视和追求，希望通过"静""明""通""直""公"，而达于圣人的境界。[2]

Jingyi Palace 的翻译方式是全名译音 + 通名意译。Jingyi 对应的是"静宜"，Palace 有宫殿、王室之意，Jingyi Palace 这个译名不仅保留了其汉语名称的发音，还充分体现了乾隆对"静"的追求以及静宜园为皇家服务的特殊性。

2. 静明园—Jingming Garden

静明园和静宜园的翻译方式相同，都是全名译音 + 通名意译。但是静宜园中的"园"字对应的是 Palace，指的是王宫、宫殿或与君王相关的比较宏伟的建筑物；静明园中的"园"字对应的是 Garden，一般指花园、公园，更强调景观。

二者之所以使用的词汇不同，是因为两个行宫的功能有所差异。静宜园距离稍远，一游便是三五日，不仅经常在香山寝宫学古堂留宿，还要在勤政殿和致远斋上朝视事，使用"Palace"更合适。而静明园邻近御园，主要以赏景休憩为主，并不在此长期居住办公。因此，静明园的居住建筑

---

[1] 谢建平、陈芙等编著：《笔译新视角　理论与实践》，国防工业出版社2013年版，第166页。
[2] 袁长平：《京华通览　香山静宜园》，北京出版社2018年版，第71—72页。

很少，除个别寺院外，建筑物的体量一般都不大①，所以使用"Garden"是合适的。Jingming Garden 不仅保留了静明的发音，还将静明园所包含的历史功能准确地表达出来。

3. 万寿山——Longevity Hill

乾隆十五年（1750），乾隆皇帝为庆祝"孝圣"皇太后六十寿辰在园静寺旧址建大报恩延寿寺，并传谕将瓮山改名为万寿山，寓意为祝老太后"万寿无疆"。因此，我们在翻译时应该注意万寿山本身的祝福之意。

Longevity Hill 中的"Longevity"表示长寿、长命，此译名翻译为汉语是长寿山，不但保持了原名称的独特性，表达出长寿之意，还充分强调了万寿山是一个具有祝福和吉祥意义的地方此种历史文化内涵。

4. 玉泉山——Jade Spring Hill

玉泉山因泉水而得名，享有"玉泉垂虹"之盛名。② 玄烨曾描写玉泉："俾色则素缋无痕，俪质则纤尘不属，揭味则如醴如膏，揣声则为琴为筑"。由此可见，玉泉水质地纯净透明、味道清洌甘甜，泉流发出的声响像琴奏出的乐曲。③

Jade Spring Hill 中的 Jade 对应的是"玉"字，Spring 对应的是"泉"字。玉的特点就是质地透明、细腻，和玉泉山水的特点相呼应。所以，将玉泉山英译为 Jade Spring Hill，既保留了玉泉山本身所包含的特点，又将其涵盖的历史信息准确地表达出来。

通过上述举例分析得出，不同的文化负载词包含着不同的历史文化内涵，所以对其进行翻译时要结合相关的文化解读，充分了解其历史背景，尊重其历史和文化价值，以便更好地传达其独特的意义和价值。

（二）遵循约定俗成的原则

根据对三山五园英译名称的历史考察可知，在三山五园英译名称发展的过程中存在一些约定俗成的译名。约定俗成通常在社会互动和交流中逐渐形成，是指在某个社会或群体中形成的一种共同的、被广泛接受和遵循的惯例、规则或习俗，涉及语言、行为、礼仪、价值观等各个方面，它们

---

① 刘阳、翁艺：《西洋镜下的三山五园》，中国摄影出版社 2017 年版，第 285 页。
② 张宝章：《三山五园新探》（上册），中国人民大学出版社 2014 年版，第 279 页。
③ 张宝章，《三山五园新探》（上册），中国人民大学出版社 2014 年版，第 287 页。

反映了特定社会或群体的共同认知和价值观。所以，在对三山五园中的此类译名进行规范化探讨时，要遵循约定俗成的原则，需综合考虑以下三个方面：一是历史延续时间长；二是使用频次高；三是认知度和接受度较高。

以颐和园、畅春园和圆明园为例进行详述：

1. 颐和园——Summer Palace

过去几十年中，颐和园的英译名称经历了多次变化。最早的译名是"Summer Palace"，后来出现了"The Garden of Peace and Harmony""Yiheyuan"等不同翻译方式的译名。

直译虽然在很大程度上忠实于源语，但不是所有的译名都适合用直译法翻译。比如颐和园直译为 The Garden of Peace and Harmony 就略显生硬，并不能充分地体现出颐和园所包含的文化内涵。

相反，意译的 Summer Palace 首先是方便游客理解，因为对于以英语为母语的游客来说，熟悉的"Summer Palace"更容易让他们明白所前往的地点是一个园林景区，也就是夏天的宫殿或者夏日行宫。之所以这样翻译是与颐和园的功能有关系，颐和园在清朝是非常重要的政治场所，代替了许多紫禁城的政治功能，除此之外，也是皇室成员用来避暑休闲的园林，根据这一功能将颐和园翻译为 Summer Palace 就容易理解了。其次强调文化特色，将"Summer Palace"翻译成中文，也能够强化其作为中国传统文化代表之一的地位，更好地展示中华文明的博大精深。因此，"Summer Palace"这种翻译方式在目的论的指导下可以说是合理的，既能够满足游客对景区的理解需求，也有利于颐和园的宣传推广和文化传承。

根据历史考察，"Summer Palace"从 19 世纪至今一直被使用，并且在国际上的使用频次最高。它被广泛应用于旅游指南、回忆录、论文、期刊和三山五园专著等渠道。因此，说明"Summer Palace"已经成为国际上对颐和园认知度和接受度较高的译名，即约定俗成的译名。

2. 畅春园——Changchun Yuan

根据历史考察，符合约定俗成原则的英译名称有两个，分别是 Changchunyuan 和 Changchun Yuan。二者都是从 20 世纪使用至今，且使用频次较高并相同，说明二者都被使用者所接受。但是 Changchun Yuan 在 21 世纪使用频次比 Changchunyuan 更高，且广泛应用于学术论文和期刊中，这说明国际上对 Changchun Yuan 的认可度更高。综合来看，畅春园使用 Changchun Yuan 此译名更合适。

3. 圆明园——Yuanmingyuan

从约定俗成的角度来分析，符合其原则的英译名称有三个，分别是：Old Summer Palace、Yuen Ming Yuen 和 Yuanmingyuan。其中 Old Summer Palace 和 Yuen Ming Yuen 都是从 19 世纪一直使用至今，Yuanmingyuan 是 20 世纪才开始出现，但是 21 世纪以来 Old Summer Palace 和 Yuen Ming Yuen 的使用频次却不如 Yuanmingyuan 高。由此可见，Yuanmingyuan 越发受到人们的认可，对其认知度也越来越高，所以 Yuanmingyuan 作为圆明园的英译名称更合适。

通过上述分析发现，文化负载词和约定俗成的译名之间是有联系的。文化负载词往往是由约定俗成的原则和共同认知所塑造的，这些词汇在特定文化中被广泛使用，并且具有特定的文化含义和象征意义，所以约定俗成的原则和共同认知对于理解和正确使用文化负载词也至关重要。

同时，文化负载词也可以通过约定俗成的原则和共同认知来影响和塑造社会的行为、价值观和习俗。这些词汇在社会中的广泛使用和接受可以加强特定的文化认同和价值观，进一步巩固约定俗成的原则。因此，文化负载词与约定俗成之间相互影响和相互补充，反映了特定社会或群体的共同认知和价值观。

（三）关注受众者的需求

不同的受众群体有不同的需求，所以在进行英译名称规范化探讨时应关注受众者的现实需求。弗米尔（Hans J. Vermeer）认为，"翻译意味着在特定环境里，由于特定的目的，为特定的接受者进行翻译"[1]。因此，在进行英译名称规范化探讨时应注意以下几个方面：

一是英译名称要简洁明了，以确保受众能够迅速记忆三山五园的名称。二是要注意与原名的相关性和连贯性，使受众能够更好地联想和理解。三是要考虑受众的文化背景和语言习惯，尽量选择通用的词汇和表达方式，便于更好地与国际受众进行交流和沟通。

---

[1] Christian, N. *Translation as A Purposeful Activity*, *Functionalist Approaches*, Shanghai：Shanghai Foreign Language Education Press，2001.

我们以三山五园和香山中的英译名称为例展开说明：

1. "三山五园"——Three hills and five gardens

首先，"Three hills and five gardens"属于文献型翻译中的直译，主要是以再现原文为目的，强调源语文化。这个译名能够让英语读者直接理解"三山五园"指的是三座山和五个园林的组合，避免了因翻译不准确而引起的误解。其次，"Three hills and five gardens"保留了"三山五园"的原汁原味，不仅传达了景区的名称，还体现了中国传统园林的特点。这个译名能够让英语读者感受到中国文化的独特魅力，增加了景区的文化吸引力。另外，"Three hills and five gardens"是一个简洁明了的译名，易于记忆和传播。这个译名能够在英语环境中快速传达景区的名称和特点，方便英语读者进行搜索和了解。

综上所述，"Three hills and five gardens"是"三山五园"最合适的英译名称，因为它准确传达了原词的含义，保留了原汁原味的文化特点，并且简洁易记、方便传播和理解。

2. 香山——Fragrant Hill

香山因满山杏树、十里杏香而得名。Fragrant Hill 中的"Fragrant"对应"香"字，"Hill"对应"山"字，直接体现出香山"香"的景观特点。此译名的翻译方式为直译，不仅符合英语受众者的语言习惯，使其更好地理解和感受香山的名称，还更加符合当代文化建设的需求，最大程度上满足了忠实原则。[①]

若是从功能的角度出发将香山意译为 Northern Hunting Park，清代香山的确有此功能，专门为皇室成员狩猎而用，但如今香山的功能已经发生变化，若是再使用此译名会给受众者造成误会，所以翻译时也要兼顾当下文化建设的需求。

对于三山五园和其包含的具体名称可以进行统一的翻译，以便更好地传达其含义。在翻译时不仅要考虑文化负载词的特殊性，还要考虑受众者的需求以及遵循约定俗成的原则，从而选择出最合适的英译名称。

经过对文化负载词的特殊性、受众者的需求以及约定俗成的原则三方面综合分析给出三山五园英译名称规范化结果如下：

[①] 刘秀芝、李红霞：《北京世界文化遗产人文景观介绍翻译研究》，光明日报出版社 2008 年版，第 23 页。

表 2　　　　　　　　　　　英译名称规范化结果

汉语名称	建议使用英译名称
三山五园	Three hills and five gardens
香山	Fragrant Hill
静宜园	Jingyi Palace
万寿山	Longevity Hill
颐和园	Summer Palace
玉泉山	Jade Spring Hill
静明园	Jingming Garden
畅春园	Changchun Yuan
圆明园	Yuanmingyuan

四　结语

通过对三山五园英译名称的历史考察发现，不同时期三山五园的英译名称有不同的特点，其特点的变化与时代背景以及译者的个人习惯紧密相关。三山五园英译名称主要存在两个主要问题，分别是同一文献中存在译名使用混乱和误译的问题。所以，对三山五园英译名称进行规范化探讨时要考虑文化负载词的特殊性、关注受众者的需求以及遵循约定俗成的原则，从而推进三山五园英译名称的标准化，持续推动三山五园的文化传承和北京在国际交往中的形象。

北京元宵节节日公共空间民俗事象及属性

——来自明清笔记的观察[*]

李建英[**]

摘要：对北京历史文化名城的保护应然包含对传统节日的传承。元宵节是传统节日中的灯节，意义非同寻常。明清时期北京形成了多处赏灯节日公共空间，如灯市、正阳门外、琉璃厂、东四牌楼、地安门等。元宵节节日公共空间的民俗事象包括欣赏造型、品类、材质多样的花灯，观看包含多种音乐、舞蹈、杂耍的百戏，以及燃放名目繁多的烟花等。万民会聚的元宵节节日公共空间具有多重属性，是狂欢空间、审美空间、消费空间与交流空间等多种空间的统一。元宵节节日公共空间满足了人们释放自我、宣泄情绪、欣赏艺术、节日消费、与人交流等心理和精神需求，使元宵节成为不同于日常生活时间的令人激动的时间片段，起到了调节社会生活的作用。明清笔记中对北京元宵节节日公共空间民俗事象的记载，为我们今天营造元宵节节日公共空间提供了启示。

关键词：元宵节；节日公共空间；民俗事象；空间属性

节奏在大自然和生命中是一种普遍存在的现象。春夏秋冬，四季更替；日出日落，朝朝暮暮；月缺月圆，花开花落；心跳呼吸，循环往复。

---

[*] 本文为北京市社会科学基金项目（项目编号：21GJB028）、北京市教育委员会社科计划重点项目（项目编号：SZ202211626028）"明清笔记中的北京市井　文化研究"的阶段性成果。

[**] 李建英，北京青年政治学院副教授，研究方向为中国古代文学。

理想的节奏符合我们生理、心理的需要,能给我们带来快感和美感。节日是一种社会生活的节奏,是人们生活中的神圣时间片段。人们通过主动性的活动让节日时间与日常生活时间区别开来,使节日时间具有某种庄严的、神圣的、令人激动的性质。节日公共空间是赋予节日时间不同寻常的重要场所,是满足人们心理和精神需要的重要空间。城市节日公共空间的营造,是城市文化建设的必然内容。

北京作为首善之区,全国文化中心建设与历史文化名城保护都离不开对传统节日的传承。《北京历史文化名城保护条例》提出,要"加强对传统节日、特色民俗、传统工艺、方言的研究记录工作",要"合理布局非物质文化遗产传承空间,为其提供生存、传播和发展的空间"。在传统节日中,元宵节无疑是一个非常重要的节日。明清笔记为我们留下了明清时期北京元宵节的节日文化记忆。明代沈榜的《宛署杂记》,刘侗、于奕正的《帝京景物略》;清代潘荣陛的《帝京岁时纪胜》,吴长元的《宸垣识略》,崇彝的《道咸以来朝野杂记》,富察敦崇的《燕京岁时记》,让廉的《京都风俗志》等多部笔记都记录了北京元宵节的节日盛况。这些笔记,按照刘叶秋先生的分类,都属于历史琐闻类笔记。其作者都是抱着十分严谨的态度记录当时的风土景物,因此从这些笔记的记载,我们可以较为全面地了解明清北京元宵节的真实情况。

一 明清北京元宵节节日公共空间分布

元宵节最热闹的地方是灯市,多部笔记提到灯市的位置。明代《宛署杂记》载:"每年正月初十日起至十六日止,结灯者,各持所有,货于东安门外迤北大街,名曰灯市。"① 《帝京景物略》曰:"灯市者,朝逮夕,市;而夕逮朝,灯也。市在东华门,东亘二里。"② 《燕都游览志》云:"灯市在东华门王府街东,崇文街西,亘二里许。"③ 明朝的灯市主要在今天的东城区灯市口大街一带,这里在明代是世家大族、皇亲国戚的聚居处,也是京城著名的商圈之一。

---

① (明)沈榜:《宛署杂记》,北京出版社2018年版,第190页。
② (明)刘侗、于奕正:《帝京景物略》,上海古籍出版社2001年版,第88页。
③ (清)孙国敉:《燕都游览志》,载于敏中等纂《日下旧闻考》,北京出版社2018年版,第707页。

到了清代，灯市在不同时期有所变化。清代前期，八旗住内城，汉民住外城，灯市主要在外城。《帝京岁时纪胜》曰："悬灯胜处，则正阳门之东月城下、打磨厂、西河沿、廊坊巷、大栅栏为最。"① 《宸垣识略》记载："灯市向在东安门外，今散至正阳门外及花儿市、琉璃厂、猪市、菜市诸处，而琉璃厂为尤盛。"② 这些地方也正是店铺林立之地，以上所说花儿市、琉璃厂、猪市、菜市自不必说，其余各处也是商铺集中之所。《宸垣识略》记载，正阳门之"东月墙在东洞子门外至正阳桥，形如扇面，列肆居之"。③ 猪市大街东边市房后有肉市、布市、瓜子店等，横胡同有打磨厂、东河沿、鲜鱼口等，"此皆商贾匠作货栈之地也"④。猪市大街西边市房后有珠宝市、粮食店、煤市街等，横胡同有西河沿、大栅栏，煤市桥东边有廊房头条胡同、二条胡同、三条胡同等，"此皆市廛旅店商贩优伶丛集之所，较东城则繁华矣"⑤。清后期，内外城居住的界限逐渐打破，内城居住的汉民逐渐增多，则内外城皆有灯市。《道咸以来朝野杂记》记载："十五日，上元节，市廛订灯之期，正阳门外大街各肆皆争挂新灯。内城如西单牌楼、东安门大街、东四牌楼、地安门外鼓楼之前，各铺户皆争奇悬挂全部绘图灯（如全部三国、西游记、水浒、聊斋、绿牡丹诸说部）。"⑥ 清末灯市又集中到了内城。《燕京岁时记》曰："前明灯市在东华门王府街东，崇文街西，亘二里许，南北两廛，即今之灯市口也。……至百货坌集，乃合灯与市为一处。今则灯归城内，市归琉璃厂矣。"⑦ 并记载："六街之灯以东四牌楼及地安门为最盛，工部次之，兵部又次之，他处皆不及也（兵部灯于光绪九年经阎文介禁止）。若东安门、新街口、西四牌楼亦稍有可观。"⑧ 清《天咫偶闻》记载："六部皆有灯，惟工部最盛。"⑨ 灯市空间位置的变化也记录着时代的变迁。

---

① （清）潘荣陛：《帝京岁时纪胜》，北京古籍出版社1981年版，第10页。
② （清）吴长元：《宸垣识略》，北京出版社2018年版，第186页。
③ （清）吴长元：《宸垣识略》，北京出版社2018年版，第163页。
④ （清）吴长元：《宸垣识略》，北京出版社2018年版，第164页。
⑤ （清）吴长元：《宸垣识略》，北京出版社2018年版，第182页。
⑥ （清）崇彝：《道咸以来朝野杂记》，北京古籍出版社1982年版，第88页。
⑦ （清）富察敦崇：《燕京岁时记》，北京古籍出版社1981年版，第48—49页。
⑧ （清）富察敦崇：《燕京岁时记》，北京古籍出版社1981年版，第48页。
⑨ （清）震钧：《天咫偶闻》，北京古籍出版社1982年版，第58页。

二　元宵节节日公共空间中的民俗事象

民俗事象是民俗现象和活动的总称，具体从明清时期北京的元宵节来看，赏花灯、观百戏、放烟火、走桥摸钉儿等成为元宵节节日公共空间中的主要民俗事象。

（一）赏花灯

元宵节市民的重要活动内容是张灯赏灯玩灯，欣赏各种各样的花灯成为元宵节节日公共空间的主要民俗事象。元宵张灯的历史由来已久，有人认为来源于西汉的祀太一神，有人认为来源于东汉的燃灯表佛，还有人认为来源于魏晋时期道教的祭祀天、地、水三官中的天官。不管是哪种说法，都是把代表着光明与温暖，能驱散夜晚黑暗的灯献给神或佛，同时也给人们带来希望。从唐代开始，元宵节花灯造型、品类、材质之多样，就已经令人大开眼界了。

明清时期，北京元宵节花灯之种类繁多更是令人叹为观止。明《帝京景物略》曰："灯则烧珠，料丝则夹画、堆墨等，纱则五色，明角及纸及麦秸，通草则百花、鸟兽、虫鱼及走马等。"[1] 清《京都风俗志》曰："其灯……有纱纸、琉璃、羊角、西洋之别。"[2] 仅从此处提到的材料来看，就有烧珠、料丝、纱、明角、麦秸、通草等。烧珠即琉璃珠，料丝是选用上好的玛瑙、紫英石等宝玉石，经过高温加工，熔炼成液，让其自然流下，凝结成丝，再将丝缠绕成线，最后用以编织成布。料丝透明度高，受到烛光的透射后，会比用纸、绢制作的灯更加明亮，皎洁晶莹。明角是指羊角，羊角经过加工后做成羊角灯，有很强的照明透光性，同时又密闭，防风性极佳。通草即通草纸，是一种用通脱木的茎髓切割而成的薄片。切木成纸后的通草纸，洁白玉润、质轻细腻，非常适合水彩画运色着墨的需要。

从造型看，《帝京岁时纪胜》描述各种灯，悬挂的有"走马盘香，莲花荷叶，龙凤鳌鱼，花篮盆景"，手里举着的有"伞扇旛幢，关刀月斧，

---

[1]　（明）刘侗、于奕正：《帝京景物略》，上海古籍出版社2001年版，第88页。
[2]　（清）让廉：《京都风俗志》，北京古籍出版社1981年版，第2页。

像生人物,击鼓摇铃",迎风转动的有"太极镜光,飞轮八卦",牵着行走的有"狮象羚羊,骡车轿辇",另有前推旋转的橄榄灯、就地滚动的绣球灯,等等。①《京都风俗志》云"其灯有大小、高矮、长短、方圆等式",另外还有冰灯,用冰雕刻成人物花鸟虫兽等形象,"冰以药固之,日久不消,雕刻玲珑,观者嘉赏"。②

花灯上的图案,丰富得令人眼花缭乱。有人物类的,如《列国》《三国》《西游》《封神》《水浒》等小说中的人物;有花卉类的,如兰、菊、梅、桂、萱、竹、牡丹等;禽兽类则有鸾、凤、龙、虎以及马、牛、猫、犬等,另有鱼、虾、虫、蚁等图,"无不颜色鲜美,妙态传真"。③ 如此琳琅满目的花灯,有悬挂在空中的,有在地面上的,有静态的,也有动态的,万灯汇聚,灯影上下参差,辉灿如昼,赏花灯成为元宵节节日公共空间的重头戏。

(二) 观百戏

除了赏花灯,观百戏也是元宵节的重要节日活动。《帝京景物略》曰:"乐则鼓吹、杂耍、弦索,鼓吹则橘律阳、撼东山、海青、十番,杂耍则队舞、细舞、筒子、斤斗、蹬坛、蹬梯,弦索则套数、小曲、数落、打碟子,其器则胡拨四、土儿密失、义儿机等。"④ 这里提到了在灯市上演奏的鼓吹曲名称、杂耍的类型、弦乐曲类型以及弦乐演奏乐器等,内容十分丰富。杂耍中的"筒子"类似于现在的魔术,幻术家将没有底的空套筒套来套去,就会从筒中变出诸如蔬菜、水果、杯碟等东西。因此,杂耍实际上包括了今天我们所说的舞蹈、魔术和杂技。乐器中的"胡拨四"又称"浑不似""火不思"等,是类似于三弦的一种弹拨乐器。关于"弦索""土儿密失""义儿机",我们可以通过吴钊、刘东升《中国音乐史略》(增订本)"明清音乐"部分对"弦索与《弦索十三套》"的解释来更好地理解。其中云:"弦索是对以弦乐器为主的管弦乐合奏的通称。明代北方曾流行一种'弦索',其乐器有提琴、火不思、兔儿味瑟、扠儿机等。提琴与元代的胡琴相似,有二根弦,用貛琮做的弓拉奏。火不思与三弦相近。兔儿

---

① (清) 潘荣陛:《帝京岁时纪胜》,北京古籍出版社1981年版,第11页。
② (清) 让廉:《京都风俗志》,北京古籍出版社1981年版,第2页。
③ (清) 让廉:《京都风俗志》,北京古籍出版社1981年版,第2页。
④ (明) 刘侗、于奕正:《帝京景物略》,上海古籍出版社2001年版,第88页。

味瑟是一种与筝相似的弹弦乐器。抈儿机，在元代的'达达'乐器里译为'篸'，它是一种近似于轧筝的拉弦乐器，可能即清代所谓的'萨朗济'。""弦索在明代除作乐器合奏以外，还用作北京的小曲、数落等艺术歌曲的伴奏乐队。"①"土儿密失"即此处所说的"兔儿味瑟"，"乂儿机"即"抈儿机"。

《帝京岁时纪胜》中记录的百戏之繁多精彩，同样令人目不暇接。"至百戏之雅驯者，莫如南十番。其余装演大头和尚，扮稻秧歌，九曲黄花灯，打十不闲，盘杠子，跑竹马，击太平神鼓，车中弦管，木架诙谐，细米结作鳌山，烟炮攒成殿阁，冰水浇灯，簇火烧判者，又不可胜计也。"②又曰："元宵杂戏，剪彩为灯……博戏则骑竹马，扑蝴蝶，跳白索，藏朦儿，舞龙灯，打花棍，翻筋斗，竖蜻蜓。"③ 这里提到的百戏包括了南十番、车中弦管等音乐演奏，装演大头和尚、扮稻秧歌、跑竹马、击太平神鼓、扑蝴蝶、舞龙灯等民间舞蹈，盘杠子、打花棍、翻筋斗、竖蜻蜓等杂耍以及骑竹马、跳白索、藏朦儿等儿童游戏。"九曲黄花灯"疑为"九曲黄河灯"，或称"黄河九曲灯"，《帝京景物略》曰："十一日至十六日，乡村人缚秫秸作棚，周悬杂灯，地广二亩，门径曲黠，藏三四里，入者误不得径，即久迷不出，曰黄河九曲灯也。"④ 元宵佳节，男女老少都在九曲黄河阵里赏花灯游灯阵，秧歌、高跷等各种舞队也在里面竞相狂歌纵舞。打十不闲为一种民间说唱形式，清代李振声《百戏竹枝词》曰："设一桁，若篸架然，上铙、鼓、钲、锣各一，歌毕，互击之以为节，名打'十不闲'。""木架诙谐"未知为何，疑为类似于木人摔跤类的诙谐表演。木人摔跤是将两个木人着装后固定在木架上，做成摔跤姿势，由一人背负，模仿真人的各种摔跤动作。"簇火烧判"即为"烧火判"，就是用火烧一尊判官泥像。这泥判官是空心的，眼睛、鼻子、嘴巴、肚脐眼儿和双乳都镂空。"烧火判"的时候，把煤塞进空心的判官肚中，点燃之后，火焰就从它的眼鼻口耳等地方喷出。

---

① 吴钊 、刘东升：《中国音乐史略》（增订本），人民音乐出版社1993年版，第270—271页。
② （清）潘荣陛：《帝京岁时纪胜》，北京古籍出版社1981年版，第10页。
③ （清）潘荣陛：《帝京岁时纪胜》，北京古籍出版社1981年版，第11页。
④ （明）刘侗、于奕正：《帝京景物略》，上海古籍出版社2001年版，第89页。

(三) 放烟火

放烟火也是元宵节必不可少的庆祝方式，而烟火之奇巧，令现代人也望尘莫及。《帝京景物略》曰："烟火则以架以盒，架高且丈，盒层至五，其所藏械：寿带、葡萄架、珍珠帘、长明塔等。"[1]《帝京岁时纪胜》记载，烟花有一盒内装成数出故事者，人物、翎毛、花草等，都曲尽其妙。街上推车或挑着担子卖烟花的，当面放大梨花、千丈菊等。爆竹有双响震天雷、升高三级浪、霸王鞭、竹节花、泥筒花、金盆捞月、叠落金钱等，还有盘旋地上的地老鼠、水中的水老鼠、小孩玩的小黄烟等，种类纷繁。《燕京岁时记》记载，花炮棚子制造各色烟火，有盒子、花盆、烟火杆子、线穿牡丹、水浇莲、金盘落月、葡萄架、旗火、二踢脚、飞天十响、五鬼闹判儿、八角子、炮打襄阳城、匣炮、天地灯等名目。"富室豪门，争相购买，银花火树，光彩照人。"[2]《京都风俗志》载，豪家富室演放花盒，"其盒于晚间月下火燃机发，则盒中人物、花鸟坠落如挂，历历分明，移时始没，谓之一层。大盒有至数层者，其花则万朵零落，千灯四散，新奇妙制，殊难意会"。[3]

(四) 其他民俗事象

明清时期，北京元宵节还有一些相沿成习的民俗活动。《宛署杂记》《帝京景物略》《帝京岁时纪胜》都记载有妇女走桥摸钉儿的习俗。妇女们穿着白绫衫结队宵行，以祈求消除疾病，曰"走百病"。凡有桥处，相率而过，又曰"走桥"。到各处城门，用手触钉，意味着能生儿子，曰"摸钉儿"。明张宿有《走百病》诗云："白绫衫照月光珠，走过桥来百病无。再过前门钉触手，一行值得一年娱。"[4] 小孩们则玩打鬼、摸虾儿的游戏。小孩们把绳子系在一个小孩的腰间，牵着他，离他大约寻丈远，其他的孩子出其不意地上前打他一下，然后快速离开，曰打鬼。如果打鬼的小孩被"鬼"抓住了，就由被抓住的小孩代替他，曰替鬼。摸虾儿又称"摸瞎鱼"，《宛署杂记》和《帝京景物略》所记稍有不同，不过大同小异。

---

[1] （明）刘侗、于奕正：《帝京景物略》，上海古籍出版社2001年版，第88页。
[2] （清）富察敦崇：《燕京岁时记》，北京古籍出版社1981年版，第48页。
[3] （清）让廉：《京都风俗志》，北京古籍出版社1981年版，第3页。
[4] （明）刘侗、于奕正：《帝京景物略》，上海古籍出版社2001年版，第111页。

《宛署杂记》记载，一群儿童用绳子牵成一个圆城，在城中有两个儿童，各用手帕厚厚地蒙上眼睛，一个儿童手里拿一只木鱼，敲一声便迅速换一个地方，另一小儿循着声音去摸，如碰巧摸上，就把木鱼夺下，执木鱼的人即被罚出城外。接着，由牵绳子的人中出一人作为摸者，木鱼改由原摸者敲，引其来摸，如此轮流往复。

三　元宵节节日公共空间属性

在元宵节节日公共空间中，大量民众会聚，正是其活动使公共空间具有多重属性。而反过来，具有多重属性的公共空间又给身处其中的人们带来了不同寻常的身心体验，从而感受到节日的意义。

（一）狂欢空间

狂欢性是元宵节节日公共空间的突出特性。向柏松认为，"元宵节所具有的全民狂欢性，是春节节日系列中的其他节日无法相比的，也是一年之中所有的节日无法相比的"。[1] 狂欢空间是全民参与的空间，男女老少、贫富贵贱、不同行业、不同等级的人们混杂在一起，身体与心理的距离得到消解，严格的等级制度被弱化消融，充满着自由平等的气息。从明清笔记中所记载的参与人群来看，元宵节节日公共空间正是这样一个弱化了等级观念的狂欢空间。《帝京景物略》记载百官除了内臣秉笔篆近侍、朝臣阁部正、外臣计吏之外，其他人都可到灯市上与吏士军民等同乐。《帝京景物略》所集明石昆玉《灯市》诗写道："满城恣意观，履舄时交融。侧肩趁友朋，转盼遗童仆。楼上楼下人，徙倚自相瞩。"[2] 清《天咫偶闻》曰："每上元五夕，西马市之东，东四牌楼下，有灯棚数架。……每初月乍升，街尘不起，士女云集，童稚欢呼。"[3]《帝京岁时纪胜》载："然五夜笙歌，六街骄马，香车锦辔，争看士女游春，玉珮金貂，不禁王孙换酒。"[4]《京都风俗志》

---

[1] 向柏松：《元宵灯节的起源及文化内涵新论》，《中南民族学院学报》（人文社会科学版）2000年第2期。
[2] （明）刘侗、于奕正：《帝京景物略》，上海古籍出版社2001年版，第90页。
[3] （清）震钧：《天咫偶闻》，北京古籍出版社1982年版，第57页。
[4] （清）潘荣陛：《帝京岁时纪胜》，北京古籍出版社1981年版，第10页。

云："王孙贵客，士女儿童，倾城出游，谓之'逛灯'。"[①] 可以看到，元宵节狂欢空间的参与者有官、吏、士、军、民，有王孙，也有儿童。在这个狂欢空间中，妇女是一个特殊的群体。在封建社会，对妇女的限制很多，妇女平日很少出门，夜晚更是不允许出户。但是在元宵节，这个限制被打破，妇女也可以上街观灯游玩，释放自己。前引数则笔记都提到了妇女，《宛署杂记》更是特意强调了灯市期间，观者冠盖相属，"男妇交错"，则平时男女的界限在此时的狂欢空间中已不复存在。因此，可以说，元宵节的狂欢空间对于妇女来说，是难得的自由空间。

不同阶层的人参与狂欢的细节，在诗歌当中有更具体的表现。《帝京景物略》所收明倪启祚《灯市篇》[②] 中写道："万钱一楼半日夜，戚内侯伯相邀过。""廷尉庭中豪客满，鞑官门下盗雄多。复有少年轻薄儿，秃袖窄袜随所之。""东市东曲尘络绎，妖童冶女阗街立。儿孩跃跃鼓太平，挝鼓喧阗无剩隙。""各家宅眷各家郎，互遮互看疏帘里。""队伍杂耍南北腔，东楼巧妙西无敌。檀香板、鹍筋弦，女姹儿娇小可怜。""狂客使酒呼酒频，醉奴狼藉当垆睡。"诗中写到了不同阶层的各色人等，有豪掷千金的戚内侯伯、豪客满庭的廷尉、盗雄盈门的鞑官，有轻薄少年、阗街站立的妖童冶女、挝太平鼓的小孩、躲在帘子后面的家眷、南腔北调的杂耍队伍、唱曲弹弦的小儿女、频频要酒的狂客、当垆而睡的醉奴。

元宵节全民性的狂欢是短暂地对社会固定的秩序、制度和规范的大胆冲击和反抗。在万民同乐的氛围中，暂时缓解了日常生活中阶级和阶层之间的社会对抗，取消了男女两性之间的正统防范。它使得不同群体被压抑的生命激情喷发出来，让大众能够秉性而为，达到一种情绪的宣泄和忘我的沉醉。对个体来说，狂欢也是精神释放和情绪宣泄的重要途径。社会中人的精神总是处于被压抑和争取释放的矛盾运动过程中，而狂欢则是精神释放的强烈感性化显现，是"本我"得以呈现的一种极端形式。在短暂的偏离日常生活常态的万众狂欢中，灯彩璀璨、歌舞喧哗、百戏竞集、男女同乐、肆意饮食、纵情欢乐，个体通过积极参与狂欢，体验着原始的生命激情，达到一种高峰体验，从而获得人生的幸福感。

[①] （清）让廉：《京都风俗志》，北京古籍出版社1981年版，第3页。
[②] （明）刘侗、于奕正：《帝京景物略》，上海古籍出版社2001年版，第89—90页。

（二）审美空间

元宵节节日公共空间民俗事象众多，其中的民俗物象是各种艺术的汇集，因此元宵节节日公共空间又成为欣赏多种艺术的审美空间。首先是花灯。花灯的首要属性就是观赏性，人们观赏花灯，看到造型美观、新颖、独特，图案丰富多彩，材质多样、做工精美的花灯，再加上灯光的衬托，便会获得一种极大的审美快感。花灯是多种艺术的结合，集造型、书法、绘画、装饰艺术于一体，色彩、灯光、造型相互映衬，营造出别的节日所未有的最具观赏性的艺术氛围，给人们最直接的观感上的愉悦，满足人们的视觉审美需求。

其次是百戏，前文已提到，百戏包含了音乐、舞蹈、杂耍、戏曲等内容，这些艺术是劳动人民智慧的结晶，是老百姓们喜闻乐见的艺术形式，其内容也是大众化的。对于下层百姓来说，平时没有更多的机会欣赏艺术，而在元宵节，简直是艺术的盛会，各种艺术集中展现，荟萃一堂，让普通百姓也能大饱眼福和耳福，尽情沉醉在艺术审美中。

最后是烟花。烟花的种类和图案同样是视觉艺术的精品。美轮美奂的烟花由于其美的即时性而更让人进入一种如梦如幻的审美境界。我们可以通过清代查慎行《人海记》当中的一段记载来体会一下欣赏烟花的美感："日初落，数千百灯一时先燃，其北列栅，方广约五六里，散植烟火数百架。黄昏，上御楼，向西坐。先放高架烟火，谓之合子。最奇者为千叶莲花合子。既毕，人气尤静。须臾，桥东爆竹发药线，从隔河起，飞星一道，倒曳有声，倏上倏下，列入栅中，纵横驰突。食倾，火光远近齐著，如蜇雷奋地，飞电掣空。此时月色天光，俱为烟气所蔽，观者神移目眩，震撼动摇，不能自主。移时，烟焰尽消，而九曲黄河灯犹荧荧如繁星也。"①

对于文人士大夫或者受过教育的人来说，元宵节的审美空间中还包含了古典诗词的审美空间。在现实的元宵节审美空间中欣赏花灯、烟花，自然而然会让人联想到诗词中对元宵灯火的描绘，而将诗词中的审美空间调动出来，与现实的审美空间互相映衬。唐代诗人苏味道的"火树银花合"，宋代词人辛弃疾的"东风夜放花千树，更吹落、星如雨"等，创造出文学

---

① （清）查慎行：《人海记》，北京古籍出版社1981年版，第127页。

中的审美空间。这些诗词中的元宵节审美空间与现实元宵节审美空间交相辉映，让人们的审美感受具有更多的层次、更为丰富。

（三）消费空间

元宵节的灯市除了灯，还有市。明代灯与市的空间合一，晚上为灯，白天为市。市上商品应有尽有。《宛署杂记》记灯市期间"四方商贾辐辏，技艺毕陈，珠石奇巧，罗绮毕具，一切夷夏古今异物毕至"。①《帝京景物略》记载灯市的商品，同样琳琅满目。"省直之商旅，夷蛮闽貊之珍异，三代八朝之骨董，五等四民之服用物，皆集。衢三行，市四列，所称九市开场，货随队分，人不得顾，车不能旋，阓城溢郭，旁流百廛也。"②灯市两边的楼房，元宵节期间租价甚贵，一间一晚上甚至要几百缗。人们对灯市的消费空间热情高涨，街上摩肩接踵，履舄交错。在这节日的快乐中，大家消费起来毫不吝惜，"平添什物三分价，撒尽官儿新俸钱"③"莫道米珠薪桂地，谁人肯惜买灯钱"④。

清代，琉璃厂是元宵节乃至整个春节期间重要的消费空间。《帝京岁时纪胜》记《琉璃厂店》曰："每于新正元旦至十六日，百货云集，灯屏琉璃，万盏棚悬，玉轴牙签，千门联络，图书充栋，宝玩填街。"⑤《燕京岁时记》记《厂甸儿》："厂甸在正阳门外二里许，古曰海王村，即今工部之琉璃厂也。街长二里许，廛肆林立，南北皆同。所售之物以古玩、字画、纸张、书帖为正宗，乃文人鉴赏之所也。惟至正月，自初一日起，列市半月。儿童玩好在厂甸，红货在火神庙，珠宝晶莹，鼎彝罗列，豪富之辈，日事搜求，冀得异宝。"⑥人们在元旦至元宵节期间，都习惯去琉璃厂游逛消费，名曰逛厂。除了琉璃厂，其他的市场，如正阳门外的各类市场，大街小巷的茶楼酒肆，都十分热闹。

---

① （明）沈榜：《宛署杂记》，北京出版社2018年版，第190页。
② （明）刘侗、于奕正：《帝京景物略》，上海古籍出版社2001年版，第88页。
③ （明）杨补：《灯市竹枝词》，载刘侗、于奕正《帝京景物略》，上海古籍出版社2001年版，第93页。
④ （明）王应遴：《长安灯市》，载刘侗、于奕正《帝京景物略》，上海古籍出版社2001年版，第94页。
⑤ （清）潘荣陛：《帝京岁时纪胜》，北京古籍出版社1981年版，第9页。
⑥ （清）富察敦崇：《燕京岁时记》，北京古籍出版社1981年版，第52—53页。

（四）交流空间

元宵节万众汇集，共赏花灯、百戏和烟火，这本身就构成了一个巨大的交流空间。交流不仅限于人与人之间的对话，而且是信息互换与信息共享的过程。民众在节日空间中观看别人，自己也成为被别人观看的对象，大家共同参与到节日公共空间的氛围营造中，打破了人与人之间的隔绝状态。宋吕本中《轩渠录》载："司马温公在洛阳闲居时，上元节夫人欲出看灯，公曰：'家中点灯，何必出看？'夫人曰：'兼欲看游人。'公曰：'某是鬼耶？'"[1] 这则故事虽然发生在宋朝，但实际上不管是哪个朝代，司马光夫人的心理都代表了大众的心理，亦即元宵节出游看灯不仅仅是看灯，也兼看游人。这实则是个人需要一个与陌生大众交流的空间，一个与他人共享快乐的空间。大众在公共空间中共赏灯火百戏、共同欢笑，你看我，我看你，甚至互相指指点点，与人交流的欲望因此而得以实现。

《帝京景物略》引石昆玉《灯市》道："楼上楼下人，徙倚自相瞩。"这是写楼上楼下的人互看。杨补《灯市竹枝词》"楼上眼光楼下落，下头人说上头强"，楼上楼下人不仅互看，还有评论。赵符庚《灯市词》："乡里儿女十八春，描眉画额点红唇。灯前忽遇城中女，笑指明妆不可人。"城中的女子笑乡下女儿的化妆。这是陌生人之间的交流，当然也有熟人之间的交流。袁彭年《灯市喜逢谭梁生兄弟》："良友天涯未易寻，相闻各自附知音。却因鼎沸笙歌地，忽对弦中山水心。"灯市忽然遇见朋友，惊喜万分。周用《走百病行》："都城灯市春头盛，大家小家同节令。姨姨老老领小姑，撑掇梳妆走百病。"亲人结伴出游，欢乐无限。[2]

元宵节节日公共空间集多种空间属性于一体，满足了人们多层次的心理需求。人们将自我融入大众中，在狂欢、审美、消费与交流中释放自我，体验着平常时间很难体会到的情绪高涨。因此，元宵节在传统节日中，是意义非同寻常的一个。

---

[1] （宋）吕本中：《轩渠录》，载陶宗仪《说郛》卷七，上海古籍出版社1990年影印本。
[2] 本段所引诗歌见刘侗、于奕正《帝京景物略》，上海古籍出版社2001年版，第90、93、95、111页。

四 对当今北京全国文化中心建设的启示

中华民族元宵节的节日习俗承载着上千年的历史，国都元宵节的灯火辉煌更是民族的文化记忆，唐都长安、北宋都城汴京、南宋都城临安、明清都城北京，元宵节的绚烂灯火都是人们津津乐道的内容，更是国泰民安的象征。对北京进行全国文化中心建设与历史文化名城保护，元宵节节日公共空间的营造应是不容忽视的一环，具体来说，我们可以从以下几个方面进行尝试。

（一）构建元宵赏灯空间

花灯是元宵节节日公共空间的核心民俗物象，元宵节期间，可以选择多种空间类型营造赏灯空间。比如文化街区，具有传统历史文化积淀的街区如灯市口大街、前门大街、琉璃厂、什刹海、烟袋斜街、南锣鼓巷以及后起的具有文化特色的街区如798艺术区等，这些地方有着独特的历史和文化底蕴，可以结合街区的特点设计独具特色的灯展。还可以选择一些大型的商业中心，如国贸、王府井、西单等，这些地方人流量大，交通便利，举办灯会可以吸引更多的市民前来参观，同时也可以促进商业活动的发展。另外，也可以选择一些较大的公园，如中山公园、颐和园、天坛公园、北海公园等，这些地方场地宽敞、环境优美，可以容纳较多的观众，同时具有浓厚的文化氛围。

（二）鼓励民间演出

观百戏是元宵节节日公共空间的重要民俗事象，当今虽然没有古代那么多杂戏，但民间演出及民间艺术形式仍然十分丰富，戏曲、歌舞、杂技、魔术、相声、皮影戏、木偶戏、舞龙舞狮等，仍是人们喜闻乐见的艺术形式。民间演出是狂欢空间必不可少的元素，可以采用灵活的政策鼓励民间团体及个人在赏灯空间进行表演，以增加节日热闹的气氛，增强人们的狂欢体验感。

（三）消费空间与赏灯空间合一

消费空间是元宵节节日公共空间的属性之一，上文所建议的赏灯空间的选择，除了公园之外，其他的空间本身已具有消费空间的特征。需要注意的是，消费空间的商品应是多样化的，而不是千篇一律的小吃街。花灯是元宵节的核心民俗物象，所以人们除了观赏花灯之外，购买精巧美丽的花灯也是节日购物的首选商品，因此售卖花灯应是元宵节消费空间的一项重要内容。除此之外，与传统文化相关的汉服、唐装、民族特色服装，团扇、刺绣、编织、陶艺、木工等手工艺品，书画、篆刻、剪纸等传统艺术品，以及与元宵节和传统文化相关的文创产品等，都能更好地烘托元宵节的节日气氛。

（四）组织焰火表演或者灯光秀

放烟花也是传统元宵节的重要民俗事象，但现在由于城市的发展，出于安全和环保考虑，北京禁止燃放烟花爆竹。可以考虑元宵节晚上在开阔的地方适当有组织地进行焰火表演，让人们在绽放的烟花和璀璨的焰火中感受到节日的欢乐和美好。也可以用灯光秀代替焰火表演，虽然二者并不一样，但光影变幻的空间同样能给人带来独特的视觉体验。

（五）提倡其他传统民俗

随着中国的逐渐强大和文化自信的增强，传统文化在人们心中正逐步升温，年轻人也日益热衷于传统文化，这为传统民俗的恢复提供了土壤。北京元宵节传统民俗走桥摸钉等寄寓着人们对美好生活的向往，可以发掘并宣传提倡符合今天人们生活观念和生活环境的传统民俗。如走桥，寄寓着人们消除百病、祈求身体健康的愿望。而人们相率而行，也和今天健步走的锻炼方式相一致。走桥可与北京一些著名的桥，如中轴线上的万宁桥、什刹海银锭桥、颐和园十七孔桥、永定河上的卢沟桥等相结合，这样的活动既能丰富元宵节的节日内容，又能恢复北京传统民俗，还能宣传北京的名桥，是一举多得之事。

（六）加大网络宣传

要打造出北京元宵节节日公共空间的特色，需要政府部门、专家学者、企业商家、普通市民、各行各业的人们共同努力，形成共识。对于处于信息社会的人们来说，信息的获取基本依靠网络。反之，信息传播者想要传播信息，也必然依靠网络。因此，加大网络宣传，形成全社会的共识是非常重要的一步。首先，官方媒体要整体策划，大力宣传报道元宵节传统节日文化的相关内容。其次，鼓励自媒体宣传报道元宵节传统节日文化。在自媒体发达的今天，网络热点的形成往往是自媒体广泛传播的结果，因此利用自媒体的力量宣传北京元宵节节日文化，使之成为北京全国文化中心建设的一个亮点，也是一条可以充分发挥其作用的途径。

北京餐饮老字号创新文化挖掘*

周爱华　逯燕玲　朱海勇　张　鎏**

摘要： 餐饮老字号是北京传统餐饮业的典型代表，更是北京城市的重要文化名片。餐饮老字号的发展实际上是传承与创新并行的一个过程。本文以北京的餐饮老字号为研究对象，挖掘其蕴含的创新文化元素，为丰富首都文化，推进全国文化中心建设服务。研究表明，北京餐饮老字号文化创新体现在菜品创新、环境创新与经营创新等方面，不断探索、大胆尝试、虚心向学、博采众长是北京餐饮老字号创新精神的具体体现，顺应时代、紧跟潮流、与时俱进、科技赋能、文化赋能等则是北京餐饮老字号创新文化的内核，而这些创新是行业竞争、社会发展、科技进步、消费者需求、政策支持等多种因素共同作用的结果。未来餐饮老字号仍需立足经典菜肴与传统文化，拥抱科技、抓住年轻消费者，朝着数字化、智慧化和绿色发展的方向转型，让更多的消费者感受到北京餐饮老字号的勃勃生机。

关键词： 餐饮老字号；创新文化；影响因素；北京

引　言

餐饮老字号是北京传统餐饮业的典型代表，更是北京城市的重要文化

---

* 本文为北京联合大学北京市哲学社会科学北京学研究基地2022年开放课题"基于网络口碑数据的北京餐饮老字号认知研究"（项目编号：BJXJD—KT2022—YB06）的阶段性成果。

** 周爱华，北京联合大学应用文理学院副教授，研究方向为人文地理与城市GIS；逯燕玲，北京联合大学应用文理学院教授，研究方向为地理大数据分析；朱海勇，北京联合大学应用文理学院讲师，研究方向为地理信息系统；张鎏，北京联合大学应用文理学院本科生。

名片。北京是我国餐饮老字号品牌最多的城市之一，餐饮老字号在城市的发展中也起到了积极的作用，不仅是满足民生的重要的商业服务设施，也是重要的历史文化遗产。餐饮老字号通常具有悠久的历史，能够经历几十年甚至几百年的风雨传承至今并享誉盛名，对传统的继承是一个重要因素，但是仅有继承不足以支撑它发展至今，创新则是它成就品牌的另一个重要因素。本文以北京的餐饮老字号为研究对象，挖掘其蕴含的创新文化元素，为丰富首都文化，推进全国文化中心建设服务。

"老"是餐饮老字号的重要特征，"老"不仅代表了餐饮老字号起源早，存续时间长，历史久远；而且也代表了老味道，即北京的传统味道；同时还代表了老北京文化，是京味文化、古都文化的重要载体。但是只有"老"是不够的，几十年甚至几百年的发展历史，这些餐饮品牌势必有新的东西在里面，味道要在传统的基础上迎合当前，经营也要不断吸收新的理念与模式，企业文化势必也要在不断传承中发展，这些就是餐饮老字号的创新。

餐饮老字号的创新体现在老字号发展的各个阶段，从品牌产生至字号形成、发展壮大，乃至新千年、新时代，餐饮老字号一直都在创新中发展。同时创新也不局限于菜品口味、食物功能、制作工艺、餐饮文化、经营理念等常规方面，也体现在老品牌与新科技的碰撞、老品牌对新人类的迎合以及传统文化在新时代的延展等方面。

一　菜品创新

（一）餐饮老字号品牌创建时的菜品创新

纵观北京餐饮老字号的发展历程，其实是一个不断创新发展的过程，菜品的创新尤为突出。北京是一个开放包容的城市，经历元、明、清三朝，北方的少数民族、全国各地入京的京官、秀才、举子以及河北、山东、山西等的移民涌入北京城，不同地域人口的进入，也带来了各地的饮食，经过融合、改良，从而发展成为以北方菜为基础、兼收各地风味的京菜，像全聚德、柳泉居、便宜坊、都一处、东来顺、烤肉季、又一顺等都是京菜的典型代表。全聚德初期只是售卖活禽的小摊子，后开始售卖烤鸭，避开便宜坊的焖炉烤鸭，另辟蹊径，承袭挂炉烤鸭技术，并不断探索与改良技术，从而形成今天最负盛名的北京烤鸭品牌。柳泉居，原本是山东人创办，经营鲁菜，发展中不断贴合北京人的口味特征，逐渐发展成为一家主营京菜的特色饭庄。又一顺的大厨杨永和，大胆尝试，将西餐做法引入清真菜肴，丰富了又一顺的菜品类别。不难看出，这些餐饮品牌之所以成为老字号，在创建之初与品牌形成过程中就有了不同凡响、别具一格的创新。

（二）餐饮老字号品牌发展中的菜品创新

餐饮老字号形成之后也没有墨守成规、故步自封，一直都是传承与创新并重，传承中创新，根据时代特点与消费者的口味偏好，在老技艺、老菜品的基础上，不断探索新技艺与新菜品。鸿宾楼于2000年成立全羊宴研发小组，2001年推出新版全羊宴，较之老版具有菜品丰富、口味时尚、荤素搭配、营养保健的特点。柳泉居于20世纪80年代根据市场需求改良菜式，推出三十余款新菜；2000年以后再创新版"蟹菜"，尤其受到年轻人的欢迎。[1] 峨嵋酒家的"峨嵋派川菜"自成一格，注重在继承传统的基础上改良，调整菜肴制作包括辣、中辣、微辣、不辣等多种做法，满足更多人的辣味需求。同春园于2013年推出适合现代人口味的改良版"淮安全鳝席"。延吉餐厅在2006年前后，因韩剧《大长今》的热播，适时调整经营，增添时尚、应时应季的韩式新口味菜肴及朝鲜风味小吃。21世纪以来，茶汤李也适应市场需求，研制年轻人喜爱的杏仁茶、珍珠奶茶、奶昔、圣代等新品种。便宜坊应当代人对营养、健康的需求，推出了"花香酥"和"蔬香酥"烤鸭，更多的蔬菜以消减烤鸭的油腻，同时使菜品更加美味健康。而惠丰堂等饭庄，也迎合大众的口味，在传统鲁菜、京菜的基础上又增加了大众喜爱的川菜，白广路上的晋阳饭庄重新开业后，菜品方面既保留了原有精品晋菜，又增加了西北风味菜品，让食客有了更广泛的味觉尝试，满足更多人的就餐需求。新口味的融入，新菜品的推出，为北京餐饮老字号的发展注入了新的生机与活力。

二　环境创新

就餐环境通常是指餐饮品牌所提供的用餐的物理空间，不同的菜系品牌通常会有不同特色的用餐环境，而北京餐饮老字号在就餐环境方面的特色尤

---

[1] 北京西城老字号谱系研究领导小组编：《北京西城老字号谱系丛书·餐饮小吃卷（上）》，北京联合出版公司2017年版，第9页。

为突出。北京餐饮老字号的建筑风格及就餐环境具有鲜明的中华传统文化特色，或金碧辉煌，或古色古香，或淡雅恬静的用餐环境，再加上名家字画、老照片、老物件、老技艺的展示，让用餐者如同开展了一段时光之旅。现在许多老字号都是连锁经营的，根据门店的历史、所处地理位置、名人逸事等因素，部分老字号就给不同的门店赋予了不同的环境文化主题，全聚德在此方面的一些做法值得借鉴。全聚德和平门店宴请国内外政要首脑较多，因此就餐环境就以"名人、名店"为特色，店内设有大量名人就餐照片的名人墙以及百名大使签名墙，成为该店独特的人文景观；近年来三层又推出"空中四合院"，以北京四合院聚落为灵感打造，通过各个包间展现的四合院聚落，凸显"新京式"设计，展现京味文化。前门店是全聚德的起源店，因此就以"老墙、老铺"为特色，在店内保存有一段建店初期的铺面老墙，室内装潢、桌椅摆设、跑堂服务都复原了老铺原貌，老北京传统文化风貌尽收眼底。全聚德王府井店新建的"萃锦园"则融合"王府"特色，仿清王府建筑风格，雕梁画栋，曲廊亭榭，厅堂内书画墨宝，独具一格，彰显王府华贵文雅的风采。全聚德亚运村店，则体现出"时尚品位、王者风范、人文奥运"的主题特色，是全聚德集团服务于"新北京、新奥运"而倾力打造的餐饮文化的现代经典。为满足年轻人对中华优秀传统文化和国潮风的推崇，全聚德前门店推出光影餐厅，全聚德王府井店则推出"全聚德宫囍龙凤呈祥"主题餐厅，综合利用数字多媒体技术，实现虚拟场景和菜品的虚实结合，打造沉浸式老北京历史文化、京味饮食文化、爱情文化及喜文化等用餐体验。美味斋、晋阳饭庄在用餐环境方面也有新的尝试。2017年美味斋重返菜市口，由原来奢华大气的酒楼式饭庄，调整为小巧精致的时尚餐厅，大包间与大圆桌换成了年轻人喜欢的卡座和魔方桌，餐厅风格也从奢华繁复转为简洁小资，更具艺术范儿，更受年轻消费者的青睐。2018年9月，晋阳饭庄白广路店重张开业，装修风格由原来的简单大气升级为古朴典雅，青砖灰墙、木质桌椅、竖式灯笼、窗式隔断，形成古色古香与时尚创新完美融合的新中式风格的就餐环境，给消费者带来别样的就餐体验。[①] 用餐环境不仅仅是单纯的用餐物理场所或空间，而是具备某种特定文化要素特征的空间，让用餐者可以直观地从所处环境中身临其境地沉浸式体验老字号的历史、文化与餐饮主题，让餐饮老字号在用餐场所的定位上，增加了旅游景点的新功能。

---

① 赵超越：《餐饮老字号时尚化翻新讨好年轻人》，《北京商报》2018年12月26日。

三　经营创新

（一）经营模式创新

在过去很长的一段岁月中，许多餐饮老字号都是"只此一家，别无分号"的经营模式，其中部分老字号还是家庭作坊式经营。自20世纪90年代以来，经济繁荣发展，政府也加大对于老字号的关注与扶持力度，北京的餐饮老字号获得快速发展，许多餐饮老字号品牌都采用科学经营理念与现代企业管理制度开始了连锁经营模式，餐饮老字号在北京城里遍地开花。目前这近70家老字号品牌在北京有600余家门店，其中庆丰包子铺、护国寺小吃、全聚德、便宜坊等是拥有门店数量最多的老字号，北京的庆丰包子铺有200余家。全聚德、东来顺、便宜坊、庆丰包子铺等字号在全国其他地方有分店，全聚德、仿膳等字号在国外也有分店。这些餐饮老字号成为京味文化，甚至中华文化重要的名片，成为宣传北京、宣传中国的重要媒质。餐饮老字号的网点布设，一是努力在旧址重张开业，如阔别旧址多年的全聚德、壹条龙、都一处等回归前门大街，便宜坊、锦芳小吃、天兴居等回归鲜鱼口。满满都是老情怀，这些老店旧址承载着中年人的儿时味道，承载着老年人的青春岁月，"老地方+老味道+老记忆"就是餐饮老字号的独特魅力，是其他餐饮品牌无法企及的。二是在大型商圈、社区、旅游地等人流密集的地方布点，让本地人与外来游客等都有机会品尝北京的特色美食，如王府井、西单、西四等老商圈，望京、亚运村等大型社区都是餐饮老字号比较集中的地方。三是在年轻人热衷的地方开设店铺，如全聚德、东来顺等品牌都在北京环球影城开设门店。连锁经营在现今的餐饮业中不算创新，但是在餐饮老字号的几百年的发展历程中则是一种经营模式的进步。

部分老字号还设立中高档餐厅与小吃店并存的模式，如惠丰堂与惠丰堂饺子、惠丰堂涮肉，又一顺饭庄和又一顺快餐部；也有一部分老字号餐厅设有外卖窗口，如白魁老号、烤肉宛、便宜坊、护国寺小吃等，还有一部分老字号生产袋装或散装食品在超市、车站、机场等地售卖，如全聚德、便宜坊、东来顺等，满足了不同人群的消费需求。[1] 年轻人是最具消

---

[1] 周爱华、逯燕玲、付晓、何苑宁：《北京餐饮老字号时空演变及其影响因素研究》，《北京学研究2020》，中国社会科学出版社2021年版，第232页。

费潜力的群体，许多老字号会创建更适合年轻人消费的子品牌，如东来顺创建了名为"涮局"的东来顺小火锅，装修更加简洁，口味更加多样，而价格更加亲民，更适合年轻人尝鲜。萃华楼在东城区崇文新世界百货挂牌重张，新店取名萃华楼小菜馆，作为萃华楼旗下子品牌，定位年轻消费者，餐厅的菜品也向西式、创新等方面做出转变，并主打在商超门店进行扩张。许多老字号餐饮也在探索更多触达消费者的新途径。2017年11月，全聚德和平门店与华滨国际大酒店达成了仅限于全聚德烤鸭的"单品输出"合作，此次合作使华滨国际大酒店的富临阁餐厅销量持续上升，是全聚德经营新模式的又一次成功尝试。

随着网络化、信息化的发展，数字化运营模式与线上销售渠道也逐渐成为老字号的主要经营模式之一。尤其经过新冠疫情防控的历练，许多餐饮老字号都尝试了线上外卖、无接触配送、直播带货以及小程序下单自提等售卖模式[①]，线上、线下相结合，取得了不错的成效。消费者的消费习惯向线上转移，促使企业积极进行数字化转型，调整产品结构，增加线上曝光度。如柳泉居饭庄的招牌原味豆包在美团外卖平台的月销量可超500份。马凯餐厅通过线上运营，不仅成功留住了老顾客，还带来了稳定的新客源。

（二）经营活动创新

餐饮老字号在发展过程中，根据自身的特点与定位，创新着经营活动。华天集团的老字号根据21世纪初结婚人多的特点，旗下老字号推出十余种档次的婚宴套餐，同时新辟多种免费婚礼服务，如鸿宾楼免费为婚礼提供司仪主持，烤肉季向新人赠送鲜花，砂锅居现场为新人送上歌声祝福，烤肉宛按民族习俗专门为穆斯林操办清真婚宴等。十余年来，随着人们生活水平的提高和观念的改变，越来越多的家庭选择到餐馆酒店吃年夜饭，北京的餐饮老字号也抓住这个商机，全聚德、东来顺、砂锅居、鸿宾楼、晋阳饭庄等20余家老字号都为顾客精心准备年夜饭，并且全聚德、砂锅居等被评为2022北京人喜爱的年夜饭餐厅，鸿宾楼的八大碗礼盒、柳泉居的特色豆包礼盒等获得2022北京人喜爱的年夜饭套餐。还有一些

---

① 吉蕾蕾：《餐饮老字号"触网"转型　瞄准年轻消费者群体》，《经济日报》2022年8月25日。

小吃类的老字号，如奶酪魏、都一处、天兴居、锦芳餐厅、力力小吃等，再次回归逛庙会、遛胡同等传统民间文化活动之中，2018年的龙潭庙会上，便宜坊旗下的老字号深受游客欢迎，仅三天时间就将五天的储备商品售罄。同时，针对清明、端午、中秋等传统节日或节气，许多老字号加大力度挖掘传统节气菜、研发传统时令小吃，线下门店与线上网店同步推出如青团、粽子、月饼等主题创新食品，绑定节日文化与传统美食。

除了常规的经营活动之外，餐饮老字号针对年轻人的需求推出一系列特色鲜明的主题餐饮，传统文化与现代科技碰撞出声光电一体的沉浸式用餐体验。如全聚德王府井店三层以"盛世牡丹"为主题的多功能喜文化宴会厅，配以数字多媒体显示屏和全息影像装置，为宾客提供一场品美食、享视听的盛宴，顾客可以进行换服梳妆体验，并拍照打卡与用餐。为了让品牌形象更加年轻化，全聚德2021年推出"萌宝鸭"IP形象，打造了更符合新生代年轻人审美观的品牌新符号。2022年全聚德又延伸打造品牌文化传播新项目"萌宝星厨直播间"，深度挖掘博大精深的中华饮食文化，推出"星厨探店""萌宝小星厨""星厨故事秀"等一批面向新生代的产品，通过动漫短视频的形式讲述美食文化。同时，推出萌宝鸭可爱形象的"单人份"手工片制烤鸭畅享套装，吸引年轻人购买体验。[①]

四 北京餐饮老字号创新文化影响因素分析

北京餐饮老字号发展至今，一直秉持以客为本、与时俱进的经营理念，保留传统文化底色，坚守传统文化内涵，同时顺应时代，紧跟潮流，让科学、技术、文化等赋能餐饮老字号发展，既将餐饮老字号的物质精华与文化精髓赓续传承，又为适应社会大环境而又不断改革创新。这个进程中，体现了中华民族勇于探索与敢于尝试的精神，同时也展现出北京城市的兼容并包、磅礴大气，还凸显出北京老字号餐饮业的虚心向学、博采众长。纵观北京餐饮老字号的发展历史，并与其他餐饮品牌进行横向对比，分析北京餐饮老字号创新文化的影响因素，为餐饮老字号的进一步传承发展服务。

---

① 王珂：《餐饮老字号 吃出"新味道"》，《人民日报》2022年8月10日第19版。

（一）行业内部竞争

民以食为天，在任何朝代、任何年代，餐饮业都是不可或缺的行业，入行门槛低，从业人数多，餐饮行业的内部竞争一直都非常激烈；要在激烈的竞争中崭露头角，就需要不断探索、反复钻研，形成自己的特色或绝活。餐饮老字号之所以成为声名显赫的老字号，就是因为在菜品、服务等方面有自己的显著特色，如便宜坊的焖炉烤鸭技艺、全聚德的挂炉烤鸭技艺等。因此，餐饮行业内部的激烈竞争是餐饮老字号能够不断创新的重要因素，而且在老字号品牌创建之初的影响力更为显著。

（二）适应社会发展

随着社会的不断发展，人们的生活理念与饮食习惯也都在不断变化。在经济条件匮乏的年代，人们对餐饮的需求是饱腹、解馋，需要浓油赤酱、大鱼大肉从而大快朵颐；而在现今物质生活极大丰富的年代，人们则需要绿色、健康、营养、养生的餐饮，因此，餐饮老字号就要根据人们的需求研制菜色，如便宜坊的"花香酥"和"蔬香酥"烤鸭等。社会经济发展到一定程度，喜宴、年夜饭等席面也都转向了在饭店举行，许多老字号品牌也承接此类宴席，并别出心裁提供特色文化服务，在物质与精神两个层面让消费者满意。北京作为一个兼容并蓄的城市，承载着来自世界各地、五湖四海的人，因此，对餐饮业也要求更加多样化，餐饮老字号在自己主打口味的基础上也会引入其他口味菜品，如惠丰堂等鲁菜餐馆也会经营川菜，晋阳饭庄除了主打的晋菜还经营西北菜。社会发展因素在餐饮老字号的发展进程中发挥的作用更加积极。

（三）现代科学技术的发展

餐饮老字号的创新发展同样离不开现代科学技术的支持，科学的经营理念与管理模式促成了餐饮老字号的连锁经营与现代企业管理模式，信息技术的发展则推进了餐饮老字号数字化运营模式与线上销售渠道的发展。网上订餐、线上售卖、直播带货、无接触配送等方便了消费者，深受消费者喜爱，反向促进了餐饮老字号改变经营理念、调整经营模式、更新产品结构、研发新颖菜品、改进产品包装，网络与实体、线上与线下相结合的方式成为部分餐饮老字号经营的主要模式。因此，现代科学技术的发展在新千年之后对餐饮老字号的创新发展起了颠覆性的作用。

（四）年轻消费群体的需求

年轻消费群体是社会中最活跃的消费群体，是购买力最旺盛的群体，不管是现代的还是传统的，他们勇于尝试各种新鲜事物，因此餐饮老字号要赓续发展，必须迎合这个群体的喜好，抓住这个群体。东来顺的"涮局"小火锅、萃华楼小菜馆、茶汤李的珍珠奶茶与奶昔圣代、全聚德的"萌宝鸭"、美味斋的小资情调都是基于年轻消费者的喜好开发或设计的，同样，全聚德的喜文化宴会厅提供的虚拟环境沉浸式换装、打卡、用餐体验也是主要面向年轻消费者。因此，年轻消费群体的需求也是餐饮老字号创新发展的重要动力。

（五）政策支持

对于餐饮老字号的创新发展，商务部与北京市积极作为，发布多项老字号保护与发展的政策意见，并深入落实"中华老字号保护发展工程"，围绕加大保护力度、健全传承体系、激发创新活力等提出支持举措和重点任务，着力建立健全老字号保护传承和创新发展的长效机制。同时，积极搭建推广平台，组织开展"老字号嘉年华"，建设"老字号数字博物馆"，举办"中华老字号创新发展大会"、技艺展示以及文化体验等活动，扩大老字号影响力。因此，餐饮老字号的创新发展也离不开政策支持与政府相关部门的积极作为。

五 结论

北京的餐饮老字号发展至今，已经极具地方特色，不仅是地方特色美食，更承载着首都北京的京味文化、古都文化与创新文化，既是物质遗产，又包含着丰富的非物质遗产、技艺与文化。北京餐饮老字号尽管历史悠久，技艺精湛，菜品经典，文化厚重，但一直没有停止创新，一直在发展的路上，菜品、技艺、经营、环境、服务、文化等一直都在不断发展与进步，而这些创新是行业竞争、社会发展、科技进步、消费者需求、政策支持等多种因素共同作用的结果，不断探索、大胆尝试、虚心向学、博采众长是北京餐饮老字号创新精神的具体体现，顺应时代、紧跟潮流、与时俱进、科技赋能、文化赋能等则是北京餐饮老字号创新文化的内核。

现代社会科学技术飞速发展，社会面貌日新月异，餐饮老字号仍需立足经典菜肴与传统文化，拥抱科技、抓住年轻消费者，朝着数字化、智慧化和绿色发展的方向转型，让更多的消费者特别是年轻人感受到北京餐饮老字号的勃勃生机与活力。

历史文化名城保护研究

保护性更新促进北京历史文化名城保护[*]

郭娅丽[**]

摘要：北京城市更新以北京城市规划为基本依据，大致经历了三个阶段，2000年之后逐渐取得共识，从"大拆大建"的增量建设向减量发展转变，立足老城保护推动保护性更新，先后颁布实施了《北京历史文化名城保护条例》《北京市城市更新条例》，确立了名城保护和城市更新的基本制度。实践中依然存在立法未凸显首都特质，公众参与实践效果有待提升，相关制度的协同不足等问题。建议制定《首都法》《城市更新法》等宪法性法律，明确"都"与"城"的关系；关注城市更新与名城保护的公益属性，提高公众参与的广度和深度；注重发挥名城保护与城市更新等相关制度的协同效应，强化责任同时兼顾私权保护，夯实城市更新与名城保护的法理基础。

关键词：首都；北京；城市更新；制度协同

2023年3月1日，《北京市城市更新条例》正式实施，总结了城市更新实践经验，回应了北京城市更新中民众关切的重要问题，该立法不仅注重推动城市空间结构优化和品质提升，而且在《北京历史文化名城保护条例》（以下简称《北京名城保护条例》）的基础上，重申了历史文化遗产的保护、传承和利用。北京是中华人民共和国首都，其历史遗存及文化底蕴展现了中华文明的源远流长和丰富多彩，是中华民族共同的精神财富。

---

[*] 本文为北京市教育委员会社会科学研究计划项目资助"北京农村集体土地腾退的利益冲突及其权利配置研究"（项目编号：SZ201811417029）后期成果；北京市教育委员会社会科学计划重点项目"乡村振兴战略下北京市农村宅基地有效利用法律问题研究"（项目编号：SZ202211417027）的阶段性成果。

[**] 郭娅丽，北京联合大学应用文理学院法律系教授，研究方向为民商法、经济法学。

在城市更新过程中，如何更好地促进历史文化名城保护，学界研究集中在以下几个方面：从宏观层面对国内外城市更新制度比较研究；[1] 从经济学角度研究北京城市更新的思想发展与实践特征等；[2] 从北京历史文化名城保护立法角度进行研究，[3] 从公法与私法视角对特定地区城市更新的研究等。[4] 本文立足老城的保护性更新，从法学角度探讨城市更新中如何完善和协同相关制度促进历史文化名城保护，对此提出些许建议以供参考。

一　北京城市更新中历史文化名城保护的历程

城市规划是城市更新和历史名城保护的基本依据，1949 年以来，北京共编制了七版《北京城市总体规划》，其中对城市功能的定位很大程度上决定了城市更新的模式。由此出发，梳理北京城市更新的阶段性特征（如表 1），探求在此过程中历史文化名城保护的基本理念，是面向未来促进历史文化名城保护的底层逻辑。

表 1　北京城市总体规划、城市功能定位及其城市更新特征[5]

序号	规划名称	城市功能定位	城市更新特征
1	1953 年《改建与扩建北京市规划草案》	北京是国家政治、经济、文化中心	精华保护与整体保护；保护性利用与重点地区改建
2	1957 年修编的《北京城市建设总体规划初步方案》		
3	1973 年修编的《北京城市建设总体规划方案》		"文化大革命"时期，分散性破坏
4	1983 年修编的《北京城市建设总体规划方案》		整体保护与有机更新

---

[1]　唐燕、杨东、祝贺：《城市更新制度建设：广州、深圳、上海的比较》，清华大学出版社 2019 年版；刘贵文：《我国内地与香港、台湾地区城市更新机制比较研究》，《建筑经济》2017 年第 4 期；戚冬瑾等：《公法与私法配合视角下的城市更新制度——荷兰火车站地区更新过程的启示》，《城市规划》2021 年第 5 期。

[2]　刘欣葵：《北京城市更新的思想与实践特征》，《城市发展研究》2012 年第 10 期。

[3]　秦红岭：《历史文化名城保护立法的北京实践》，《中国名城》2021 年第 9 期。

[4]　戚冬瑾等：《公法与私法配合视角下的城市更新制度——荷兰乌特勒支中央火车站地区更新过程的启示》，《城市规划》2021 年第 5 期。

[5]　根据以下资料整理：李浩：《北京规划 70 年的历史回顾——赵知敬先生访谈（上）》，《北京规划建设》2020 年第 3 期；刘欣葵：《北京城市更新的思想与实践特征》，《城市发展研究》2012 年第 10 期。

续表

序号	规划名称	城市功能定位	城市更新特征
5	1993—2010年《北京城市建设总体规划方案》	北京是全国的政治中心、文化中心、历史文化名城和现代化国际城市	危旧房改造、道路交通改造
6	《北京城市总体规划（2004年—2020年）》	北京是国家首都、世界城市、文化名城、宜居城市	小规模、渐进式改造文保区，文物资源活化融入都市生活，胡同老旧小区建立维护机制，积极保护整体创造理念
7	《北京城市总体规划（2016年—2035年）》	全国政治中心、文化中心、国际交往中心、科技创新中心	

依据表1，北京城市更新大致分为三个阶段。

（一）重点地区的保护性改造阶段（1949—1980年）

围绕首都建设总体规划的争论焦点"梁陈方案"最终未被采纳，确定了以旧城为单一中心的城市规划布局模式，主要对重点地区进行保护性改造。这个阶段涵盖"文化大革命"时期，北京市规划局被撤销，部分文物遭到破坏。1972年恢复北京市规划局，采取边规划边加强管理。限于经济发展条件，城市更新速度较慢。

（二）大拆大建的多模式旧城改造阶段（1980—2000年）

改革开放带来经济高速发展，加上知青返城等政策使得城市人口增加，迫切需要改善生存条件，政府先后推出了不同的旧城改造模式：拆除性重建，开发带危改、市政带危改等，这个阶段总体上表现为大拆大建的城市更新模式，一定程度上改善了居住条件，但是极大地破坏了旧城风貌。

（三）整体保护与有机更新阶段（2000年至今）

2000年以后，以吴良镛等为代表提出提案，呼吁停止大拆大建式旧城危改模式，确立整体保护与有机更新理念，保护古都历史性建筑风貌保护区，逐步转移旧城的部分城市功能，整体解决北京旧城保护的难题。第六版、第七版北京城市总体规划吸收了这一意见。

从这一历程可以发现，北京总体规划中对城市功能定位经历了数次变更，但始终坚持了北京作为政治中心、文化中心的功能定位，贯穿了对历史文化名城保护的内容，并且早在2005年就颁布了《北京名城保护条例》，2021年进一步完成修订。而城市更新主要依靠政策实施，直到2023年《北京市城市更新条例》将实践中行之有效的制度固化，其中确立了敬畏历史、敬畏文化、敬畏生态原则，保护性更新理念具体体现在立法目的、基本要求、实施程序等方面。①

二 保护性更新目标下首都名城保护实践存在的问题

北京"十三五""十四五"规划持续有序推进"保护性更新""功能性更新""保障性更新""社会性更新"的城市更新行动，由大规模增量建设转为存量提质改造和增量结构调整并重。其中，立足老城保护推动保护性更新，老城对应"首都功能核心区"，是国家的政治中心、文化中心、国际交往中心的集中体现。在城市更新中，如何做好名城保护，尽管北京市已先后颁布实施《北京名城保护条例》《北京市城市更新条例》，但实践中仍然存在以下问题。

（一）城市更新立法中历史文化名城保护的首都特质不够凸显

北京作为首都的特殊地位在我国宪法和中央、北京相关政策中均有规定，但是，我国缺少宪法性法律对其实践应用规则加以明确。首先，1949年以来我国历次宪法均规定："中华人民共和国首都是北京"，"北京"是唯一出现在我国宪法中的城市名字。《城乡规划法》指出，"首都的总体规划、详细规划应当统筹考虑中央国家机关用地布局和空间安排的需要"，②但缺少《城市更新法》对城市更新中的名城保护明确相应规则。其次，中央和北京相关立法、政策对"首都"与"北京"的关系有所阐释，如：一是机构设置。2000年组建北京市规划委员会，同时署名首都规划建设委员会办公室，③北京历

---

① 参见《北京市城市更新条例》第1条、第4条、第15条第1款、第30条第1款、第31条第3款。
② 参见《中华人民共和国城乡规划法》第23条。
③ 《北京市党政机构改革方案》和《北京市人民政府关于机构设置的通知》（京政发〔2000〕2号）。

史文化名城保护委员会纳入首都规划建设委员会工作体系。① 二是职责权限。立法明确首都规划属于中央事权，涉及城市总体规划的重大事项，城市总体规划实施遇有重大事项，应当依照相关规定经首都规划建设委员会审议，向党中央、国务院请示报告。② 三是"都"与"城"的关系。党的十八大以来，习近平总书记多次视察北京并发表重要讲话，作出一系列重要指示批示，深刻阐明了"建设一个什么样的首都，怎样建设首都"这个重大课题。《北京市城市更新条例》立法宗旨明确指出，推动城市更新，加强"四个中心"功能建设，提高"四个服务"水平……加强历史文化保护传承。③ 综上，首都规划、北京城市更新的老城保护属于中央事权，北京作为首都的定位正是北京城市更新与历史名城保护的首要特质，目前在法律层面尚未有明确规定，没有凸显首都特质。

（二）公众参与城市更新与名城保护的实践效果有待提升

城市更新与历史文化名城保护均具有公益属性，这是因为：首先，城市更新规划属于公共利益范畴。作为城市规划属于重大行政决策，本身均应经过广泛的意见征询等合法程序形成，在此规划之下的每个城市更新的小规划相当于个体利益叠加后的整体利益，属于社会公共意志的体现，其具有的公共利益性决定了城市更新的合法性。城市更新改造是城市规划实施的组成部分，同样具有公益性特征。其次，民族精神的凝聚与传承属于公共利益范畴。文化遗产的价值在于它体现了特定时空下国家、民族的文化精神，经济性、社会性、文化性同一的地缘社会无法复制再现，改变过去大拆大建式的城市更新，对全市域历史文化遗产进行保护是对我国历史、文化、政治传统的延续和继承，是凝聚全国各族人民的精神象征，是人民追求美好精神价值的需要，利于不断强化文化的辐射引领能力。基于城市更新和历史文化名城保护的公益属性，建立健全城市更新公众参与机制，畅通利害关系人的意见表达渠道，是城市更新的必经程序。北京市相关立法对此均有明确规定，如《北京名城保护条例》规定了公众参与历史文化名城保护工作，增强社会公众的保护意识，保护规划草案向社会公

---

① 参见《北京市历史文化名城保护条例》第6条。
② 参见《北京市城乡规划条例》（2019）第4条第2款、《北京市历史文化名城保护条例》第4条第2款。
③ 参见《北京市城市更新条例》第1条。

示，充分征求专家和公众意见。鼓励通过组织市民公开课、专题报告、专家讲座、场景体验等多种形式开展北京历史文化名城保护的宣传活动，增强社会公众的保护意识；支持学校开展与历史文化名城保护相关的实践教育活动。① 在北京城市更新实践中，推行责任规划师制度，朝阳的"葵花籽"，海淀的"小海师"，丰台的"小蜜丰"，石景山的"小石子"以专业力量开展了一系列以需求为导向、自下而上的城市更新生动实践。从老城的保护性更新实践看，公众参与的形式表现为：实施主体开展基层民意调研，探索"区、街、实施主体"三级联动机制，充分依靠和发挥属地街道和社区的作用，加强沟通，听取民意，建立居民利益协调机制等。这些形式较好地解决了属地居民的切身利益问题。但是，基于首都的特质，公众参与的形式可能涉及非组织公众，公共决策还要关注个体参与决策的广度和深度。

（三）城市更新与名城保护的私权保护制度协同不足

《北京名城保护条例》的颁布实施早于《北京市城市更新条例》，前者更侧重于责任制度的规定，确立了保护责任人制度，规定所在地的区政府是最重要的保护责任人，此外，所有权人、使用人应当对历史建筑履行保护责任。对房屋所有权人、使用人的权利保护规定较为概括，如所在地的区人民政府或者产权单位可以依法通过申请式退租、房屋置换、房屋征收等方式组织实施腾退或者改造；引导、鼓励历史文化街区、成片传统平房区和特色地区的房屋所有权人、使用人，自愿通过申请式退租、房屋置换等方式改善居住条件。② 而《北京市城市更新条例》在强调公共利益保障的同时，对于私权主体的利益保护非常关切，从不同侧面作出了规定：一是使用了"物业权利人"这一概念，在条文中出现了 27 次，明确了其外延包括三类主体：不动产所有权人、承担城市公共空间和设施建设管理责任的单位，合法建造或者依法取得不动产但尚未办理不动产登记的单位和个人，③ 其中两项权利值得关注：更新后的经营收益权；少数异议主体获得征收补偿权。④ 二是基于城市更新项目利润低、部分项目周期长的特点，

---

① 参见《北京历史文化名城保护条例》第 4、5、11、28 条。
② 参见《北京历史文化名城保护条例》第 45 条、第 61 条。
③ 参见《北京市城市更新条例》第 18 条第 3、4 款，第 18 条第 6 款，第 26 条。
④ 参见《北京市城市更新条例》第 28 条第 2 款。

立法明确吸引多元主体参与投资，建立物业权利人出资、社会筹资参与、政府支持的资金筹集模式，社会资本合理分享投资收益的权利等。① 两部立法各有侧重，但是，老城的更新改造与文化名城保护相得益彰，私权保护是实现更新目标的基础，在私权保护领域，后者提供更加完善的保护，基于名城保护的老区更新政策，要进一步发挥协同效应。

三 从保护性更新视角完善北京历史文化名城保护的建议

立足老城保护性更新，关注北京的首都特质，北京历史文化名城保护至少还应完善以下制度。

（一）宪法明确"都"与"城"的关系指导老城保护性更新实践

如前所述，"首都"和"北京"是宪法概念，首都北京入宪的法律意义，不仅表达了北京的特殊政治地位，而且蕴含着城市特有的功能定位。《北京市城市更新条例》《北京名城保护条例》两部立法的适用范围均为本市行政区域内，但后者表述更加突出了历史文化名城的重点区域，主要包括老城、三山五园地区以及大运河文化带、长城文化带、西山永定河文化带等。"首都""北京""北京市"这三个词在法律中有不同的含义，前两者是宪法概念，后者是行政区域概念；"首都""北京"对应"首都功能核心区"，即基于天安门为核心，国家中枢中南海、人民大会堂、政协礼堂等国家构筑物所在的地理空间，与老城保护范围基本吻合，"北京市"对应其管辖的范围包括"首都功能核心区"和"首都功能非核心区"；从功能定位而言，"首都功能核心区"承载着政治、文化、国际交往功能，"首都功能非核心区"承载着科技创新中心功能，由此构成了第七版《北京城市总体规划》所指称的北京城市功能定位的四个功能。② 以宪法为依据，制定《中华人民共和国首都法》，明确"首都"与"北京"的关系，为围绕实现"都"的功能来谋划"城"的发展，以"城"的更高水平发展服务保障"都"的功能，立法引导非常重要。这方面国内外均有先例借鉴，如各国政府一般制定《首都法》，将首都规划的核心内容通过立法予

---

① 参见《北京市城市更新条例》第 8 条、第 54 条。
② 杨学科：《论宪法上的首都北京》，《苏州大学学报（法学版）》2018 年第 2 期。

以明确,以保障首都发展规划的严肃性与权威性。首都是具有特殊地位、特殊功能、特殊性质的行政区,在宪法中其与国旗、国徽、国歌并列,是中华人民共和国的象征,《中华人民共和国首都法》是"建设一个什么样的首都,怎样建设首都"的纲领性、基本性法律,解决中央与地方、部门关系问题,围绕"四个中心"定位,确立首都的基本功能,将北京的首都优势、制度优势、文化优势转化为城市治理效能,同时为中国城市治理提供示范样本。① 同时,《首都法》为对应首都功能核心区的老城保护提供宪法性依据。目前,深圳、上海、广州、南京、北京等地均已颁布实施地方性城市更新条例,国家层面总结地方经验,制定《城市更新法》,明确首都在城市更新中的特殊地位,形成宪法、法律、地方性法规组成的首都名城保护法律保护体系,有利于促进首都保护性更新目标的实现。

(二) 北京老城保护性更新应进一步提升公众参与的深度和广度

公共参与被赋予促进立法和公共决策民主化、科学化的功能期待,②作为一种制度化的公众参与制度,是指公共权利在作出立法、制定公共政策、决定公共事务或进行公共治理时,由公共权利机构通过开放的途径从公众和利害相关的个人或组织获取信息,听取意见,并通过反馈互动对公共决策和治理行为产生影响的各种行为。③ 具体包含两种形式:有组织的公众参与和非组织的公众参与,前者基于其组织性往往会被赋予较为广泛的权利,如听证会、专家论证会等,后者多为无组织的公民个人,每个公众个体都有机会获取决策相关信息,听取意见与建议,并通过反馈互动对公共决策和治理行为产生影响,如向社会公示保护规划草案,充分征求专家和公众意见,通过发放宣传单、发布科普读本、专家讲座等方式。在我国公共决策实践中,既存在有组织的公众参与,也存在非组织的公众参与,二者的核心是通过每个公众个体获取决策相关信息,公众意见影响公共决策和治理行为是核心要点。国外学者提出的"阶梯理论"将公众参与的程度从弱到强划分为八个阶梯:操纵公众接受并执行决策;引导或治疗;告知或信息获取;咨询,决策管理者征询意见;劝解或安抚,行政主

---

① 程海瑞:《政协委员连玉明:应加快制定〈首都法〉》,《经济观察报》2020 年 5 月 27 日。
② 王锡锌:《公众参与:参与式民主的理论想象及制度实践》,《政治与法律》2008 年第 6 期。
③ 蔡定剑:《中国公众参与的问题与前景》,《民主与科学》2010 年第 5 期。

导参与；合作伙伴；授权；公众控制或公众权利。① 基本表达了公众参与逐级上升的深度和广度。立足老城的保护性更新实践，北京历史文化名城的保护基于首都核心功能区定位，贯穿人民城市人民建的思想，既要扩大有组织的公众参与，同时应保障非组织的公众参与，通过多种途径如公民评审团、公共调查、公共辩论等，提升公众参与的广度、深度，在公共决策中充分考虑公众意见，努力提高公共决策的质量，实现建设人民满意的首都目标。

（三）私权保护与责任强化夯实城市更新和名城保护的法理基础

基于城市更新与名城保护的公益属性，决定了政府承担较多的责任，法律保障公权的合法行使，表现在规划制定、土地产权的集中、用途的变更、容量管控、项目统筹、资金分配、信息共享等方面。另外，涉及产权保护、协商救济等的事项属于私权范畴，契约自治、协商主义是其主要特征。城市更新与名城保护的立法既要调整公法关系，同时又涉及私法关系。

老城保护区域的更新，首先是公法关系，保障私权权利的实现是推动城市更新和名城保护的基础，老城实践中有诸多值得推广的经验，如各类文物、房屋等腾退置换分类施策，平房直管公房腾退置换的主要依据是"18号文"等；② 吸引社会资本进入城市更新市场，项目实施单位采用"租赁置换"模式，既为原业主实现了职住平衡，实施方也能实现微利可持续运营；实施主体完成直管公房申请式退租和恢复性修建后，可以获得经营房屋的权利，对于直管公房经营预期收益等应收账款质押，鼓励金融机构向获得区人民政府批准授权的实施主体给予贷款支持。③ 同时，应考虑到由于北京城市更新、历史文化街区院落腾退、文化遗产保护延续时间跨度长，利益补偿注意时间上的延续与承继，避免不同时期权利人的补偿收益水平差距过大而引发激烈的社会矛盾。总之，公益属性决定了公权必要干预的可能性，两种规范在具体操作中可能出现交叉融合与动态调整，

---

① 吴梅：《全民环保之路：环境公共决策中非组织公众参与权保障机制研究》，法律出版社2019年版，第19—20页。

② 参见《关于做好核心区历史文化街区平房直管公房申请式退租、恢复性修建和经营管理有关工作的通知》（京建发〔2019〕18号），简称"18号文"。

③ 陈雪波、卢志坤：《北京城市更新走向成熟》，《中国经营报》2023年5月27日。

夯实城市更新和名城保护的法理基础,私权保护与责任强化两方面不可偏废。

综上,北京作为中华人民共和国的首都,在几千年的发展过程中积累的历史遗存及文化底蕴,是中华民族文化认同的集中体现,城市更新中统筹名城保护与首都发展,以立法明确北京的首都特性及其特殊地位,正确处理"都"与"城"的关系,充分保护利益主体公平分享收益,做到主体的责任与权利统一,贯彻保护性更新的理念,有利于更好地推动首都历史文化名城的保护工作。

金中都文化遗产整体保护与活化利用*

张宝秀　张　雯**

摘要：金中都是北京历史发展历程的一个重要转折阶段，留下了丰富的物质文化遗产和非物质文化遗产。金中都文化遗产保护传承和活化利用具有多方面的突出优势，当前遇到了前所未有的历史机遇。金中都文化遗产整体保护与活化利用的总体思路，主要是构建以金中都遗址和金陵遗址为主体、以卢沟桥为纽带、以金代历史文化遗存和文物为两翼、以"文化＋科技"为手段的全方位立体化保护传承利用体系；具体建议包括建设金代遗址公园、推动金陵开放、举办历史文化展览、提升博物馆数字化水平、复原遗产地场景和文物制作工艺、设计开发文创产品、加大文化宣传和传播力度、开展专题研学活动、举办金中都文化论坛、建立金中都文化遗产保护利用联盟等。

关键词：金中都；文化遗产；整体保护；活化利用

金国海陵王于天德三年（1151）四月颁布命令决定自上京迁都燕京，共动用约120万人，历经两年，完成都城扩建工程。于贞元元年（1153）三月二十六日正式下诏迁都燕京，改元贞元，改燕京为中都，定名为中都大兴府。从此，北京成为北方王朝的都城。

金中都是北京历史发展过程中也是中国历史上的一个重要转折阶段，

---

* 本文是中共北京市丰台区委宣传部课题"金中都历史文化内涵挖掘"的研究成果之一。
** 张宝秀，北京联合大学应用文理学院院长，北京学研究所所长，北京学研究基地主任、首席专家，研究方向为北京学、历史地理学、人文地理学；张雯，北京联合大学应用文科综合国家级实验教学示范中心、文化遗产传承应用虚拟仿真实验教学中心副主任、副教授，研究方向为石窟寺考古、汉唐考古、博物馆展陈策划。

留下了丰富的物质文化遗产和非物质文化遗产。北京的金中都历史文化资源遗存遗迹，多处已经过考古发掘，重要的遗址有近30处，包括金中都城墙遗址3段（均位于丰台区，即南城墙万泉寺段、凤凰嘴段和西城墙高楼村段）、金中都南城墙水关遗址、金陵遗址、鱼藻池宫苑遗址、金中都水源地莲花池、卢沟桥等，还有为数众多的金代墓葬等一般性遗址，主要集中分布在金中都城址周边。金代留下了莲花池、会城门、通州等沿用至今的重要地名。除了上述不可移动文化遗产以外，国家博物馆、首都博物馆、各区博物馆、各遗址博物馆、北京市考古研究院文物库房等处收藏有丰富的金代馆藏可移动文物。此外，清代《四库全书》收录的《全金诗》，是清康熙年间郭元釪在元好问《中州集》的基础上增补而成的，基本反映了现存金代诗歌全貌，其中很多作品是在金中都创作完成的。金中都文化遗存数量众多，文化内涵丰富，价值地位很高，是北京厚重历史文化的重要组成部分。

一　金中都文化遗产保护与活化利用的现状和挑战

（一）现状

多年来，北京市及西城区、丰台区等各级政府部门、有关业务单位在金中都历史文化资源的发掘、保护和合理利用方面做了大量工作，但是也面临着诸多困难和挑战。

目前，金中都历史文化资源的挖掘、保护和利用，特别是现有遗址的展示利用，基本是依靠若干经过考古发掘出来的重要遗址活化利用实现的。其活化利用方式基本为两种：一种是开辟为遗址公园，如金中都城墙遗址公园、金中都公园—滨河公园；另一种为博物馆，如辽金城垣博物馆。这两种都是传统方式，也是目前最为常见的文化遗产活化利用方式。

面积最大的金中都公园—滨河公园充分利用了明清北京城外城西护城河的滨河景观优势，将金中都最为核心的宫城部分开辟为供市民休闲娱乐的公共区域，从调查所看到的人数来说，遗址公园所具有的游憩功能得以实现，但教育功能的实现却不甚理想。如，我们在开展实地调查时，在金中都公园随机询问了几位前来游憩休闲的市民，均表示对金中都的来历、年代、结构等不甚了解。虽然金中都公园位于金中都宫城遗址，但以往发掘的应天门遗址、大安殿遗址均未进行展示，这可能与缺乏足够空间展示有关。金中都公园内，关于金中都的文化标识也存在数量不多、指向性不强、吸引力不够等问题。人们只是单纯地将金中都公园当成一个休闲游乐的公共场所，从人员流向看，并未出现向文化标识聚集的现象。

金中都水关遗址所在的辽金城垣博物馆则是另一种常见的活化利用方式，指向性很强，每位参观博物馆的观众可获得一定关于金中都的知识。但是，作为一个处在居民区的小型遗址博物馆，参观人数不多，影响了活化和传播的力度。

金中都南城垣所在的金中都城墙遗址公园位于新建的丽泽金融商务区，整体尚未建成。鱼藻池遗址所在地是一个存在多年的烂尾楼工地。

（二）挑战

金中都留下了丰富的遗址遗迹，但目前活化利用程度并不高。除了金中都城墙遗址公园未来可以对公众开放，以及鱼藻池遗址有望进行遗址保护和活化利用以外，就目前已经被开辟为博物馆和遗址公园的两处遗址来说，用传统方法拓展活化利用程度的余地并不大。辽金城垣博物馆虽然处在人口密集区，但附近人员流动并不频繁，对博物馆目前的格局也很难做出调整。金中都公园地下虽然有金中都最为重要的遗址，但已无法用遗址展示的方式向观众开放，也很难专门因为活化利用的目的而改变公园目前的格局。

金中都遗址属于古今重叠型城市遗址，其所在地区在城池废弃形成遗址后的数百年中一直是经济发达和人口稠密的地区。现实中存在一个金中都遗址，但从目前遗址保护及活化利用的操作层面来看，尚未形成一个完整的"金中都遗址"概念。目前国内比较成熟的大遗址保护和活化利用方法很难直接用于金中都这样的古今重叠型城市遗址。

金中都遗址活化利用程度不高，究其原因，既有以金中都为代表的古今重叠型城市在遗址保护和活化利用方面所面临的普遍困难，也有理念和方法的不足。尽管金中都遗址的活化利用存在诸多困难和挑战，但现代城市的发展对其所在地面文化遗产、地下考古遗址、馆藏文物等的活化利用带来更多的关注，提出更高的要求，可谓挑战与机遇并存，古今重叠型城市也具有其他遗址所不具备的机遇和优势。

二 金中都文化遗产保护与活化利用的历史机遇

（一）以习近平同志为核心的党中央高度重视文化遗产保护传承利用工作

以习近平同志为核心的党中央高度重视中华优秀传统文化的保护、传承和利用，不断加大推进文化遗产保护传承利用的力度。习近平总书记对做好新时代文物工作作出了一系列重要指示和全面部署，提出的"坚持保护第一""保护文物也是政绩""让文物活起来"等理念已深入人心，推动全党全社会逐步形成守护历史文脉、传承中华文明的强大合力。党的十八届三中全会将文物事业改革发展纳入全面深化改革战略布局。党的十九大及十九届五中、六中全会和二十大对加强文物保护利用作出整体谋划。党中央、国务院出台多份专门政策文件、专项发展规划，指导和规范文化遗产保护传承利用工作。

2020年9月28日，习近平总书记主持中央政治局第二十三次集体学习时指出："考古遗迹和历史文物是历史的见证，必须保护好、利用好。要建立健全历史文化遗产资源资产管理制度，建设国家文物资源大数据库，加强相关领域文物资源普查、名录公布的统筹指导，强化技术支撑，引导社会参与。要把历史文化遗产保护放在第一位，同时要合理利用，使其在提供公共文化服务、满足人民精神文化生活需求方面充分发挥作用。要健全不可移动文物保护机制，把文物保护管理纳入国土空间规划编制和实施。"

党的二十大报告中指出，要以社会主义核心价值观为引领，发展社会主义先进文化，弘扬革命文化，传承中华优秀传统文化，坚守中华文化立场，讲好中国故事、传播好中国声音，展现可信、可爱、可敬的中国形象，推动中华文化更好走向世界。

（二）习近平总书记对北京历史文化遗产保护传承利用工作做出重要指示批示

党的十八大以来，习近平总书记心系首都建设和发展，多次考察北京，并多次就北京历史文化遗产保护作出重要指示，成为北京历史文化遗产保护传承利用工作的根本遵循。

2014年2月，习近平总书记在北京考察工作时指出，要明确城市战略定位，坚持和强化首都全国政治中心、文化中心、国际交往中心、科技创新中心的核心功能，要求努力把北京建设成为国际一流的和谐宜居之都，并指出："历史文化是城市的灵魂，要像爱惜自己的生命一样保护好城市历史文化遗产。北京是世界著名古都，丰富的历史文化遗产是一张金名片，传承保护好这份宝贵的历史文化遗产是首都的职责，要本着对历史负责、对人民负责的精神，传承历史文脉，处理好城市改造开发和历史文化遗产保护利用的关系，切实做到在保护中发展、在发展中保护。"[1]

2017年2月，习近平总书记在北京考察工作时强调："北京历史文化是中华文明源远流长的伟大见证，要更加精心保护好，凸显北京历史文化的整体价值，强化'首都风范、古都风韵、时代风貌'的城市特色。"[2]

2023年9月14日，习近平总书记向2023北京文化论坛致贺信指出，中华民族具有悠久的优秀传统文化，自古就有开放包容、兼收并蓄的文化胸怀，中华文明历来赞赏不同文明间的相互理解和尊重。北京历史悠久，文脉绵长，是中华文明连续性、创新性、统一性、包容性、和平性的有力见证。中国将更好发挥北京作为历史古都和全国文化中心的优势，加强同全球各地的文化交流，共同推动文化繁荣发展、文化遗产保护、文明交流互鉴，践行全球文明倡议，为推动构建人类命运共同体注入深厚持久的文化力量。今天，我们聚焦"挖掘中都文化，传承城市文脉"，进行深入探讨，正是贯彻落实习近平文化思想的具体行动。

（三）北京市委、市政府以前所未有的力度推进历史文化遗产保护传承利用工作

近些年，北京市委、市政府大力推进历史文化遗产保护传承利用工作，发布多项相关规划和政策法规。经中共中央、国务院批复的《北京城市总体规划（2016年—2035年）》提出构建全覆盖、更完善的历史文化名城保护体系，以更开阔的视角不断挖掘历史文化内涵，扩大保护对象，构建老城、中心城区、市域和京津冀四个空间层次，老城和三山五园地区两

---

[1]《习近平北京考察工作：在建设首善之区上不断取得新成绩》，《人民日报》2014年2月27日第1版。

[2] 习近平：《立足提高治理能力 抓好城市规划建设 着眼精彩非凡卓越 筹办好北京冬奥会》，《人民日报》2017年2月25日第1版。

大重点区域，大运河、长城、西山永定河三条文化带，世界遗产和文物、历史建筑和工业遗产、历史文化街区和特色地区、名镇名村和传统村落、风景名胜区、历史河湖水系和水文化遗产、山水格局和城址遗存、古树名木、非物质文化遗产九个方面的历史文化名城保护体系。做到在保护中发展，在发展中保护，让历史文化名城保护成果惠及更多民众。

为了深入学习贯彻落实习近平总书记视察北京重要讲话精神和《北京城市总体规划（2016年—2035年）》，2017年北京市成立了推进全国文化中心建设领导小组，并明确了建设全国文化中心将做好"首都文化"这篇大文章和重点抓好"一核一城三带两区"。近几年，北京历史文化名城整体保护，物质文化遗产点、线、面要素保护和非物质文化遗产保护取得了丰富的成果和很好的成效。北京老城整体保护力度不断加强，老城保护范围从明清北京城延伸至金中都、元大都等历史时期的城址等文化遗产遗存遗迹。

（四）近些年开展了金中都城墙遗址等多处考古发掘

近几年，北京市考古研究院和丰台区、西城区合作开展了多项重要的金中都遗址遗迹考古发掘工作。

例如，2019—2020年，为配合金中都城墙保护和展示工作，北京市文物研究所（今北京市考古研究院）与丰台区文化和旅游局对金中都西城墙、南城墙及周边开展了为期两年的考古发掘工作，共计发掘面积2900平方米。此次考古工作是首次对金中都城墙开展考古发掘，发现城墙遗迹5处，总长约60米，最宽处24米；马面遗迹（凸出于墙体外侧的防御设施）1处，长约20米，宽约7米；护城河遗迹1处，宽约66米；城内道路2条，残长约20米和40米；出土有"官"字款砖、定窑、钧窑瓷片等遗物。此次考古发掘，基本厘清了金中都城墙的保存状况、形制结构及其与城外护城河、城内道路的关系，首次正式确认了护城河、城墙的宽度及营建方式。另外，发掘首次完整呈现了1处金中都外城墙的马面遗迹，确认其形制为圆角长方形，构建方式为在城墙外二次增筑、外围包砖。同时，叠压在南城墙下的唐代墓葬、辽代墓葬为金中都城在唐幽州、辽南京城基础上改、扩建的史实提供了直接的考古学证据。

再如，2019年以来，为配合西城区棚户区改造项目工程建设，北京市考古研究院主持对位于右安门内白纸坊东街以南的金中都光源里遗址持续开展考古工作，迄今为止发掘面积达17000平方米，揭露出河道、道路、水井、灶、灰坑和成规模的建筑基址等大量遗迹现象，其中尤以 2022 年在发掘区北部揭露出的早、晚两期建筑组群和河道遗址最为重要。发现的大型建筑基址，经历两期营建，轴线、朝向保持一致，结合文献初步推断可能为金代皇家寺院大觉寺遗址，出土玉册、官印、建筑构件等文物，是研究金中都城市规划、建筑布局与皇家礼制的重要资料。

此外，近几年还在丰台区万泉寺村、西城区牛街礼拜寺西侧等多处基建工地开展了考古发掘工作，发现了重要的道路遗迹和数量较多的金代文物遗存，为金中都历史文化资源的传承和活化利用提供了更加坚实的文物实体和实物基础。

（五）2023 年迎来金中都建都 870 年的重要历史时点

2023 年是北京建都 870 周年，金中都历史文化的宣传和历史文化资源的保护传承活化利用迎来一个重要时点和新的历史机遇。市、区两级各单位举办系列纪念和宣传活动，无疑有利于促进金中都文化遗产的保护和传承利用。

三 金中都文化遗产保护和活化利用的突出优势

金中都文化遗产保护传承和活化利用具有多方面的突出优势。

（一）极高的价值地位

金中都作为北京建都之始，其历史地位和文化价值是十分重要的。古老的北京城从金中都开始，逐步发展成为全国政治文化中心、世界历史文化名城，中国从这里开始实现了从西向东、从南到北的政治经济文化重心大转移和文化大融合，开启了以北京为首都的新的历史时期。金中都历史文化资源的有效活化利用，对于唤醒公众关于将近 870 年前金中都这段北京建都之始的历史记忆，激发公众的历史情感具有重要意义。

（二）丰富的资源遗存

金中都遗址是金代在北京地区所建的一座规模十分宏大的都城，如今地面保留有多处重要的高级别文物遗址遗迹，如位于房山区的全国重点文物保护单位金陵遗址，位于丰台区右安门外玉林小区的全国重点文物保护单位金中都水关遗址，位于丰台区的北京市文物保护单位 3 段金中都城墙遗址和金中都水源地莲花池，位于西城区的北京市文物保护单位金中都鱼藻池遗址等。此外，还有丰富的金代馆藏文物、流传至今的金代诗文和地名等历史文化资源。金中都地区的地下蕴含有极为丰富的考古遗址资源，金中都主要位于今北京西南二环和西南三环之间，近年持续有重要的基本建设，陆续发掘出多个具有重要学术价值的金中都遗址，同时也进行了一些活化利用的尝试，这为进一步思考如何对遗址所在地区规划建设和活化利用进行协调整合带来可能。

（三）优越的地理区位

金中都遗址范围地跨北京老城区和中心城区的重要区域，具有地处首都的区位优势。2021 年北京市人均 GDP 已经超过 2.8 万美元，居民文化消费能力很强。而且金中都位于北京人口最为稠密的地区，人口数量多，居民经济条件好，受教育程度高，具备较强接受历史文化滋养的主观愿望和客观能力。从人的情感来说，相较于其他遗址，自己家乡和脚下的历史更具吸引力，北京建都之始的金中都遗址首先对于北京人具有较强的吸引力，同时对于京外游客以及国外的专业人士等特定人群也会有一定的吸引力。此外，首都北京聚集着众多各方面高水平专业人才，可以期待看到高水平的金中都历史文化资源保护传承利用具体设计方案。

（四）有力的政策支持

北京市正在大力推进全国文化中心建设，以培育和弘扬社会主义核心价值观为引领，以历史文化名城保护为根基，以老城区、大运河文化带、长城文化带、西山永定河文化带为主要抓手，推动公共文化服务体系示范区和文化创意产业引领区建设。北京城市发展史尤其是建城史、建都史的脉络，是北京历史文化名城的根基，历史文化资源的保护、传承和利用是北京历史文化名城保护发展的重点任务，是全国文化中心建设的基础性工作，是推动公共文化服务体系示范区和文化创意产业引领区建设的立足点。金中都作为北京建都之始的明证，其留存至今的历史文化资源的保护和活化利用，更应得到国家、市、区各级政府部门和社会各方面的重视和政策、资金等方面的有力支持。

（五）良好的市场前景

2021年是我国全面建成小康社会之年。近年来，随着人们生活水平的不断提高，人们的精神文化需求日趋旺盛，基于历史文化资源保护传承利用的高品质公共文化产品和文化创意产品是满足人民对美好生活向往的重要方面。从现代城市的发展理念来说，体现北京城市文化特色、改善人居环境、提高生活品位的发展，对金中都历史文化资源有特色有内涵、高水平高质量的保护传承和活化利用有着旺盛的需求和良好的市场前景。

（六）扎实的工作基础

《北京市推进全国文化中心建设中长期规划（2019年—2035年）》提出要挖掘辽南京、金中都、元大都、明清北京城重要文物遗存遗迹，展现厚重历史，突出文化传承，传递古都韵味。《北京市西山永定河文化带保护发展规划（2018年—2035年）》提出，依托金中都水关、城墙遗址、莲花池公园等资源，加强对金中都历史文化研究和遗址保护展示，建设健康步道，形成以展现北京古都风貌文化为主题的"莲花池—金中都古都文化组团（丰台区）"。金中都遗址保护相关工作被纳入重大专项计划，连续三年被列入全国文化中心建设的市级重点任务。金中都的价值和重要性进一步得到彰显，其保护工作又迈上新的台阶。

近年来，北京市文物局组织编辑《北京辽金史迹图志》，拍摄纪录片《金中都》，与丰台区合作研究确定了城墙遗址勘探和本体保护工程、莲花池城市水系遗址公园改造提升、城墙遗址公园立项建设等重点工程，制定了保护利用工作计划及方案。北京考古遗址博物馆（金中都水关遗址）举办了"都城肇始——纪念北京建都870周年考古成果展"。

丰台区在金中都城遗址公园沿线道路、永定河卢沟桥、园博园等区域举办第二届丰台区"卢沟晓月"龙舟大赛等纪念"北京建都870周年"群众性体育活动，让市民体验丰台厚重历史、生态文化与现代城市的和谐共生。在莲花池公园、园博园、北宫森林公园、万芳亭公园等地举办纪念"北京建都870周年"群众性主题游园活动，传承历史习俗，重现金代民俗踏青特色活动区，形成沉浸式互动空间，增强市民游客的参与感和体验感。西城区在金中都公园举办了"城之源 都之始 河之端·2023文明西城从历史走来"暨纪念北京建都870周年主题晚会。

四 金中都文化遗产整体保护与活化利用的总体思路

今后，需要抓住历史机遇，充分利用优势，开拓思路，扩大视野，更加全面系统地思考和创新性地筹划金中都历史文化资源传承利用工作，进一步提高活化利用程度和相关文化产品丰富度，不断提升金中都文化的知名度和贡献力。

金中都历史文化资源传承利用的总体思路，是以习近平新时代中国特色社会主义思想为引领，以有关规划和政策法规为指南，以金中都时期北京地区历史文化遗存和历史文献为基础，以保护好金中都文化遗产、阐释好金中都历史文化内涵、传承利用好金中都历史文化资源为目标，构建以金中都遗址和金陵遗址为主体、以卢沟桥为纽带、以金代历史文化遗存和文物为两翼、以"文化+科技"为手段的全方位立体化保护传承利用体系，更好发挥金中都历史文化在凸显北京历史文化的整体价值、强化"首都风范、古都风韵、时代风貌"城市特色中的作用，更好服务北京历史文化名城保护和全国文化中心建设。

（一）以金中都遗址和金陵遗址为主体，加强联动和利用

金中都遗址和金陵遗址是现存的北京金代历史文化最重要的遗址遗迹，也是规格最高的金代建筑遗存，承载着金代皇家文化和都城文化，是金代历史文化在北京最直接的反映，因此这两处遗址遗迹的展示和利用应作为金中都历史文化展示的主体。历史上，城与陵之间存在紧密的联系，不可分割，是金代北京最重要的两个地方。目前，由于两者在不同的行政区域，属于不同的管理单位。

始建于金代、横跨永定河上的卢沟桥（初名广利桥），是金中都遗址和金陵遗址之间的文化纽带。建议加强金中都、金陵与卢沟桥之间在保护和活化利用方面的联系。三者管理单位之间应加强合作，在文物保护、文化内涵挖掘、文化宣传、活动策划、研学路线等方面加强合作，形成合力，共同推动金中都历史文化遗产资源的保护和活化利用。

（二）以金代历史遗存和金代文物为两翼，深入挖掘和充分展示

除了金中都遗址、金陵遗址、卢沟桥这些较大的金代文化遗址之外，

北京还保存了大量的其他金代历史遗址，主要包括两部分：一是金代历史遗存，如金代的寺庙、佛塔经幢、桥梁等建筑；二是金代可移动文物，主要指考古发掘出和流传下来的可移动文物，如墓志、瓷器、金银器、玉器、货币、服饰等。

这两部分文物数量大、种类多、门类齐全，是反映金代政治、经济、文化发展水平的重要实物见证，应作为金中都历史文化展示的两翼。可据其种类、年代等，纳入金中都历史文化展陈中，用实物直接生动地展示金中都的历史文化面貌和城市发展状况。

（三）以"文化+科技"为手段，全面呈现和增强体验

加强文物传承利用与科技手段的融合，充分利用高科技数字技术手段，虚实结合，进行金中都整体及专题的数字化复原，有助于全面呈现和充分展示，使公众更加系统、直观、深度感知金中都历史文化。

如，北京联合大学考古研究院精心打造的"八角村金代赵励墓壁画场景复原动态展示"在"2022北京公众考古季"开幕式上亮相，取得了很好的公众体验和文化传播效果。联大团队通过深入细致研究壁画内容，结合金代服装史、墓葬考古、美术考古、陶瓷考古、金银首饰、建筑家具等多个领域的考古资料和学术研究成果，将北京石景山区八角村金代赵励墓壁画内的服饰、家具、器物等进行研究和复原制作，再现金中都社会生活场景。由联大师生担任模特进行现场动态展示，同时配合AR互动的全新方式，为现场观众带来了一场视听盛宴。其中，AR互动是通过增强现实设备，观众可以进入壁画场景，与模特扮演的壁画中的人物形象进行互动，获得"穿越古今"的文化体验。

五　金中都文化遗产整体保护与活化利用的具体方式建议

（一）建设金代遗址公园

尽快完成规划实施，以金中都遗址区为依托，建设遗址公园，树立文物标识和遗址介绍等内容，加强遗址区的绿化、休闲设施建设，或增加体育健身器材，将遗址公园建设成为展示金中都历史文化的重要场所和居民、游客的休闲游览场所，让金中都的历史文化融入居民生活。同时，依托卢沟桥规划建设西山永定河文化国家文化公园。

（二）推动金陵开放

在条件成熟的前提下，加强基础设施建设，制订详细开放计划，逐步将金陵遗址向社会开放。

（三）举办历史文化展览

举办历史文化展览，是文化遗产传承利用的最基本方式，应根据需要进行具体设计，可以大中小型、长中短期、遗址文物文献相结合等方式进行展示。举办金中都历史文化展览和金陵历史文化展览，应作为重点内容，而且应加强二者之间的联系和互动。

举办金中都历史文化展览，全面梳理金中都历史和现存文物遗址遗迹，深挖金中都的历史文化内涵，以此为基础举办大型金中都历史文化展，以虚实技术手段相结合的方式，全面系统展示金中都的自然环境、城市布局、政治制度、文化艺术、民风民俗等，讲好金中都故事，使其成为公众了解金中都历史文化的最直接窗口。

举办金陵历史文化展览。以考古发掘成果和文献记载为基础，利用科技手段，复原金陵的形态和规制，通过展示金陵的沿革、规制、范围、陵寝制度、建筑艺术等，让公众对金陵有较为深入的认识，扩大金陵的影响力，提高知名度。

（四）提升博物馆数字化水平

重点提升金中都水关遗址博物馆数字化水平，提高科技含量，丰富展览内容，提高展示水平，加大云上展示力度，提升知名度和影响力。

（五）复原遗产地场景和文物制作工艺

选择复原部分现存有代表性的金代遗产地场景和典型文物的制作工艺。如，可以对龙泉务和磁家务窑址出土的金代瓷器进行工艺复原，尝试烧制相关的瓷器。又如，可对金代墓葬壁画进行场景复原，让人们了解金中都居民的日常生活。

（六）设计开发文创产品

提取文物中的文化元素，开发文创产品。金代的文物，如瓷器、金银器、玉器等，特点鲜明，纹饰丰富多样，可提取其中有特点的文化元素，进行相关文创产品的设计研发。充分利用多种渠道，以金中都文物、历史文化为创作资源，开展文化创意产品设计方案征集、比赛等活动，推动产品设计成果的转化和应用。如，北京联合大学考古研究院对金中都出土的"心"字形瓷器残片进行了文创设计，产出了一系列胸针、文具等文创产品。

（七）加大文化宣传和传播力度

在学术研究的基础上，拍摄相关金中都历史文化纪录片、宣传片、故事片等，加大宣传和传播力度。组织撰写并出版金中都系列著作、科普读物、干部读本、《金中都研究》集刊等。在市、区两级党校和中小学校开设讲座，介绍金中都历史文化及其历史地位和贡献。开发与金中都历史文化相关的网络游戏。开展有关金中都历史文化的文艺创作。加大公众参与力度，建设新型网络传播平台，推出一批金中都文化代言人。

（八）开展专题研学活动

设计金中都历史文化专题研学路线，将主要的金中都历史文化遗址遗迹和博物馆等串联起来，作为大中小学生和社会公众"走读北京"的重要线路。举办各类金中都文化研学活动，根据金中都的文化特点，设计出特点鲜明、不同专题的研学内容，编写相关研学教材，聘请专家举办讲座或指导，增强研学的专业性、学术性。同时，利用展厅、博物馆、遗址等设立专门的研学场所，形成知识讲解、现场体验、遗址参观相结合的研学体系，不断提高研学水平和效果。

（九）举办金中都文化论坛

每年举办金中都文化论坛，邀请相关领域专家学者深入交流，从金中都历史研究、遗址保护、文化挖掘、文脉传承、服务发展等方面探讨如何做好金中都遗址的保护与利用工作。组织区内外、京内外、国内外学者深入开展研究，碰撞出更多思想火花，产出更多学术成果，打造金中都文化品牌。

（十）建立金中都文化遗产保护利用联盟

把金中都遗址整体看作一个地域文化综合体，北京市文物局、市园林绿化局、丰台区和西城区等单位联动，形成整体性、系统性的金中都文化遗产保护与利用模式，成立金中都文化遗产保护利用联盟，搭建大平台，深入挖掘和传播金中都历史文化，推进金中都文化遗产整体保护和活化利用，推动文旅融合，研发文创产品，以文化赋能高质量发展。

北京历史文化名城整体性保护的策略研究

——以鲜鱼口地区为例

姬茹霞　孟韩宇　杨一帆*

摘要：北京作为具有3000多年建城史和870年建都史的历史文化名城，整体性保护理念在其保护中被越来越多地提及。北京旧城历史文化保护区鲜鱼口是具有代表性的旧城历史片区，以CiteSpace可视化分析该地区的既有研究，分析现有研究及保护中存在的问题。在研究该地区历史空间演变的基础上，以城市历史景观的整体性理论作为保护策略的切入点，希望以小见大，为北京城和其他历史文化名城保护提供参考。

关键词：北京；整体性；鲜鱼口地区；历史空间演变；城市历史景观

引言

有关北京的整体性保护理念在最近的政策法规中多次被提及，《首都功能核心区控制性详细规划（街区层面）（2018年—2035年）》中有："加强老城空间格局保护，依托城址遗存、棋盘路网、历史水系……让历史文化融入城市景观，全面强化老城空间的整体性。"[1] 在《北京历史文化

---

* 姬茹霞、孟韩宇，北京建筑大学建筑与城市规划学院2021级硕士研究生，研究方向为建筑遗产保护；杨一帆，北京建筑大学建筑与城市规划学院副教授，通讯作者，研究方向为近现代建筑遗产、建筑遗产保护。

[1] 北京市人民政府：《首都功能核心区控制性详细规划（街区层面）（2018年—2035年）》，2023年9月（https://www.beijing.gov.cn/zhengce/zhengcefagui/202008/t20200828_1992592.html）。

名城保护关键词》中针对整体保护也提出："在北京老城整体保护中,除保护文物、历史建筑、历史文化街区外,还要加强对历史格局、景观视廊、城市风貌等的保护。"[①] 在2021年1月27日北京市第十五届人民代表大会第四次会议通过的《北京历史文化名城保护条例》中明确提出历史文化街区是北京历史文化名城的一部分,[②] 鲜鱼口地区作为43片历史文化保护区之一[③],历史悠久,拥有厚重的历史文化积淀,与北京这座历史城市的空间演变与发展不可割裂。20世纪90年代开始,各方对鲜鱼口地区的改造、更新、保护做过多轮探索,对物质空间现状的分析已较为成熟,然而对于其历史文化的研究较为空泛,缺少从城市整体发展和时空演变视角的历史研究与特征归纳,很难为进一步的价值特征阐释提供依据。本文以鲜鱼口地区为对象,探索历史文化名城中历史城市片区整体保护的思路。

一 鲜鱼口地区既有研究分析

(一) 鲜鱼口地区既有研究的可视化分析

1. 发文量、发文机构和作者分析

历年发文量反映了鲜鱼口地区相关研究的有关理论和发展速度,鲜鱼口片区的研究开始于1987年,随后快速上升,在2007年达到最大值10篇,随后呈先下降再上升趋势,在2011年再次达到峰值10篇,随后又呈波动式趋势,在总的发文时间范围内呈现1—5篇的增长,并最终呈现下降的趋势(图1)。

2. 关键词共现聚类与突变分析

关键词是作者对文章内容的高度凝练和总结,能够反映文献的核心内容。本文通过选取每个时间切片(1年)中出现次数前10%的关键词绘制共现图谱,关键词节点大小表征关键词频次。其中前门、风貌保护、城市风貌,历史街区、街道尺度、肌理、开放空间、类型学、草厂片段、水景公园、东城区、三里河和鲜鱼口街,空间形态、行为路径、移动、前门地区和空间句法每组构成节点,与空间和建筑的关系密切。关键词的聚类图

[①] 光明网:《〈北京历史文化名城保护关键词〉出版》,2022年12月(https://meiwen.gmw.cn/2022-12/19/content_ 36248644. htm)。
[②] 北京市人民代表大会:《北京历史文化名城保护条例》,2021年2月(beijing. gov. cn)。
[③] 《1993—2019北京老城历史文化街区保护的规划探索》,2023年7月(baidu. com)。

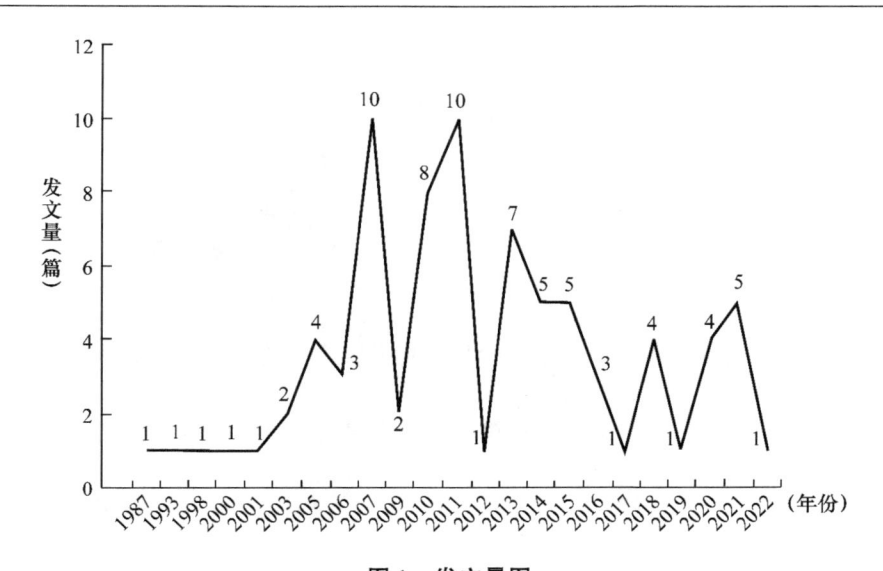

图1 发文量图

(图片来源：笔者应用 CiteSpace 和 MS Office 软件自绘)

谱可以表明该领域的不同研究关注点。图中每个聚类的标签都是共现网络中的关键词，聚类序号的数字越大，说明该聚类中包含的关键词越少；反之，数字越小，说明该聚类中包含的关键词越多。图谱内的连线大多数是在聚类内部，但仍然存在一些跨聚类的连线。其中标号为#0 风貌协调这个聚类跨聚类的连线较多，说明这类研究方向之间的共被引程度高（图2）。

由图3分析得知，图3中显示了类型学、城市肌理、万能视角建筑学、草厂片段、鲜鱼口街、城市风貌等 25 个关键词，主要分为 2016 年、2017 年和 2018—2019 年三个阶段，其中聚变最激烈的是 2016—2017 年，从比较偏向文化的研究转向偏城市的研究。

3. 时间线与时区图分析

图4中只有1个聚类，聚类的标签都是共现网络中的关键词，这些关键词按照它们在对应时间内所出现的年份，在所属的聚类中铺展开来，显示每个聚类里关键词的发展情况。从图4可以看出，2019 年出现，说明此时期的研究比较分散，没有出现规模化的研究方向或者研究文献较少的现象。在 2016—2019 年前后出现的关键词没有显示在时间聚类上，说明该研究比较分散。

从图3可知，2016 年这个阶段的研究比较偏向文化，中期 2017—2018

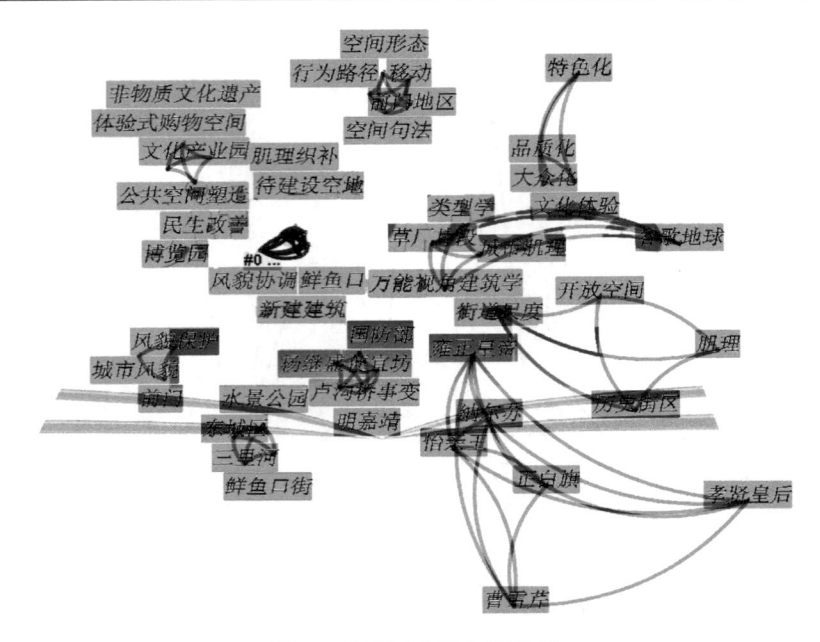

图 2　关键词共现与聚类图

（图片来源：笔者应用 CiteSpace 软件自绘）

年有研究空间和城市的方向，到 2018—2019 年间的研究比较偏向城市风貌和肌理，大致的发展趋势与关键词突变呈正相关。

（二）鲜鱼口地区已有研究的问题发现

通过上述对鲜鱼口地区研究的可视化分析，在已有的研究中，发现了本次研究需要探讨的问题。在对该地区的研究中，多以静态视角对待现有的景观风貌，相比之下层积与演变的研究较为缺乏，整体性、系统性的保护理念较淡薄。此外，在对该地区历史文化街区的研究中，在鲜鱼口片区内有关街区的研究方面，街区的历史探究较为简略。

（三）鲜鱼口地区的历史概况

本文研究的鲜鱼口地区现今隶属于北京南城，历史悠久，蕴含着丰富的古都文化和民俗文化，具有独特的发展脉络和城市历史景观特征。本次研究的空间范围西至前门大街，北至前门东大街，东至草厂十条，南至珠市口东大街（图 5）。

被引次数最多的关键词

关键词	年份	强度	开始	结束	2016—2019
类型学	2016	0.61	2017	2017	
城市肌理	2016	0.61	2017	2017	
万能视角建筑学	2016	0.61	2017	2017	
草厂片段	2016	0.61	2017	2017	
文化体验	2016	0.36	2016	2016	
前门	2016	0.36	2016	2016	
非物质文化遗产	2016	0.36	2016	2016	
明嘉靖	2016	0.36	2016	2016	
国防部	2016	0.36	2016	2016	
博览园	2016	0.36	2016	2016	
杨继盛	2016	0.36	2016	2016	
卢沟桥事变	2016	0.36	2016	2016	
品质化	2016	0.36	2016	2016	
特色化	2016	0.36	2016	2016	
城市风貌	2016	0.36	2016	2016	
大众化	2016	0.36	2016	2016	
风貌保护	2016	0.36	2016	2016	
体验式购物空间	2016	0.36	2016	2016	
便宜坊	2016	0.36	2016	2016	
文化产业园	2016	0.36	2016	2016	
怡亲王	2016	0.3	2018	2019	
纳尔苏	2016	0.3	2018	2019	
肌理	2016	0.3	2018	2019	
街道尺度	2016	0.3	2018	2019	
鲜鱼口街	2016	0.3	2018	2019	

图 3 关键词突变图

(图片来源：笔者应用 CiteSpace 软件自绘)

按时间这一纵向历史脉络对该地区的历史发展沿革情况进行概述。根据南城建立的时间节点即嘉靖三十二年（1553），鲜鱼口地区的发展呈现出以自发为主到有管理规划的过渡和转变。在南城建成之前，鲜鱼口地区基本属于郊野性质，处于一种无规划、自发形成的空间和聚集区域。在秦汉至隋唐五代甚至更早之前，鲜鱼口地区分属于不同的行政管理制度下。秦朝时期鲜鱼口属于广阳郡治所，位于北平湾内；汉朝时，该片区所属崇文区划入蓟州治所。在元代兴建大都时，地处都城外东南部，多为自然村落，并未纳入大都城的总体规划。元大都建成后，境内北部成为大都东南近郊，商业、服务业逐渐出现。明永乐年间前门外修建招商居货的廊房。嘉靖三十二年增建外城后，前门外人口增多，沿街商肆相继发展。清初，一度规定"旗、民分城居住"，大批非旗居民迁居外城，内城不设娱乐场所，前门外一带人口更加密集、商业服务业更加集中，乾隆年间已形成商贩云集的商业区。清代中晚

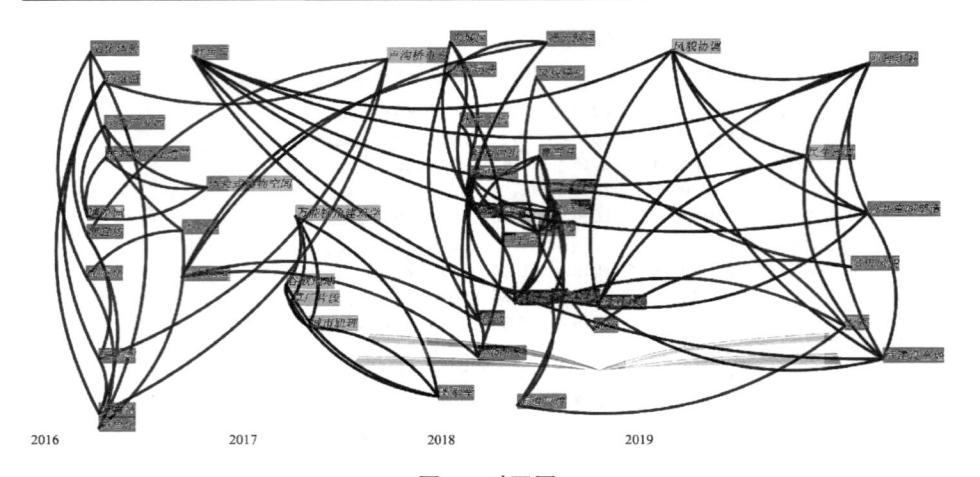

图 4 时区图

(图片来源：笔者应用 CiteSpace 软件自绘)

图 5 鲜鱼口地理范围图

(图片来源：笔者根据规划和百度地图自绘)

期，大街两侧及其里街开业的名店，均延续数代，经久不衰。同治年间，前门外肉市一带，酒楼饭馆，张灯结彩，猜拳行令，通宵达旦。①

  鲜鱼口地区的地理范围在历史层积的变化中趋于稳定，这是研究范围划定的依据之一。清末民初，北京城的建置有所改变，废除坊铺制，改区制，在外城的五区中，鲜鱼口地区属于外左一区，胡同名字和布局基本定型（侯仁之《北京历史地图集·人文社会卷》）。经过民国时期的区制发展，鲜鱼口地区在1917年属于外左一区，由1938年北京市最新详图可知属于外一区，1947年仍为外一区的一部分。新中国成立以后，我国政府把北京市内划为几大城区，鲜鱼口地区隶属于崇文区前门街道办事处。1965年，改换了一些胡同的名字，如南北孝顺胡同改为南北晓顺胡同，大、小蒋家胡同改为大、小江胡同等②（表1）。

表1   鲜鱼口地区所属区位图

年份	所属区位图	区划
明万历二十一年（1593）		正东坊

---

  ① 北京市东城区规划管理局编：《北京市东城区规划志》，北京科学技术出版社1993年版，第233—241页。
  ② 袁明子：《胡同中居民的地方感与民俗文化的地方性——以北京前门鲜鱼口地区为例》，硕士学位论文，北京建筑工程学院，2007年，第12页。

续表

年份	所属区位图	区划
清乾隆十五年（1750）		中城和南城
清光绪三十四年（1908）		外左一区

续表

年份	所属区位图	区划
1917 年		外左一区
1947 年		外一区

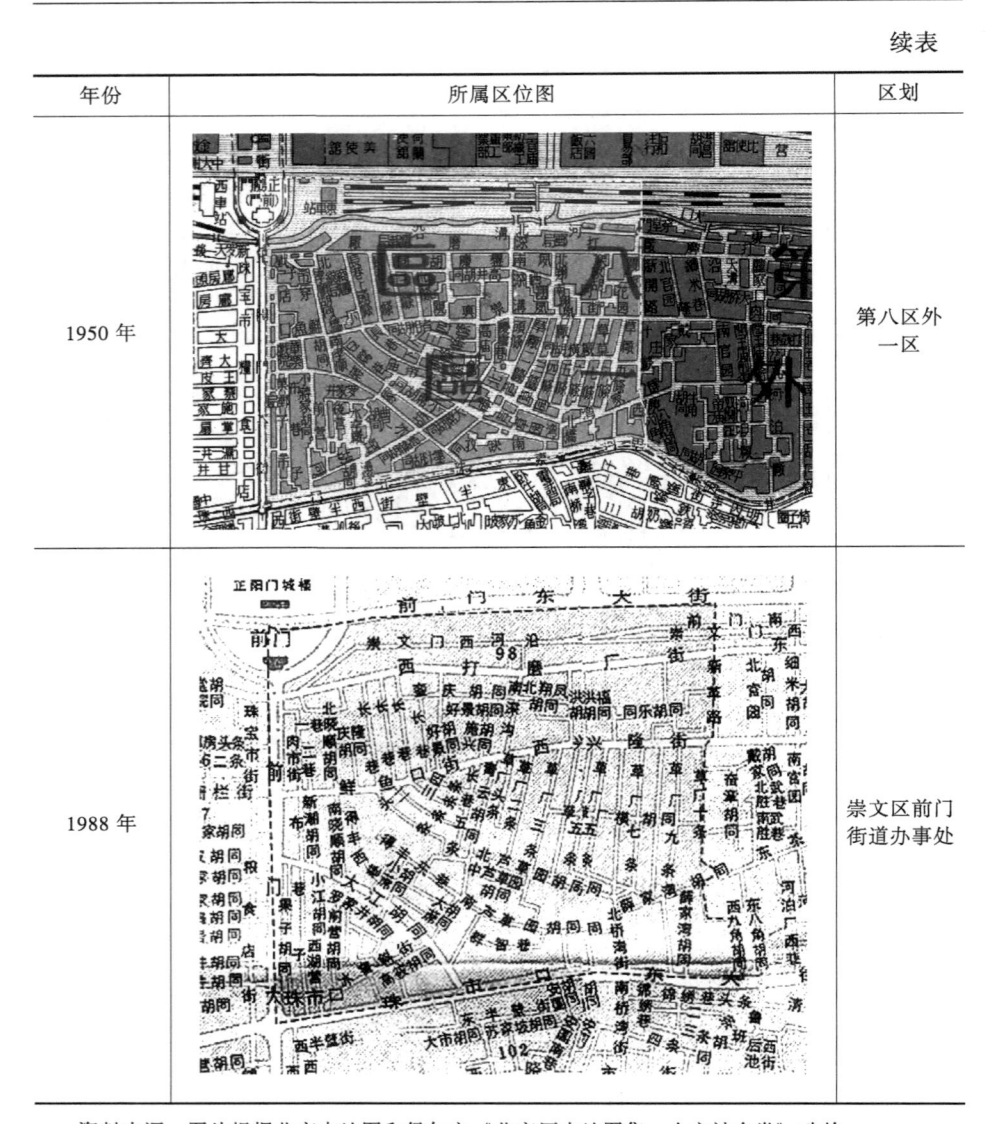

续表

年份	所属区位图	区划
1950 年		第八区外一区
1988 年		崇文区前门街道办事处

资料来源：图片根据北京古地图和侯仁之《北京历史地图集·人文社会卷》改绘。

二　鲜鱼口地区的历史演变

（一）鲜鱼口地区空间形态的影响因素

1. 城市空间因素

明嘉靖三十二年（1553）南城的建成，这不仅是北京城市地理范围上的变化,也是城市空间上的质变,并且使得鲜鱼口地区的发展与城市空间产生联系,因为自南城建立之后,鲜鱼口地区的人口、交通、水系等开始逐渐对该地区的空间发展产生影响。在"公元1419年扩建城市所影响的地区并非空地,而是没有统一规划的人口稠密区",[1] 所以,由此可见鲜鱼口地区逐渐有了初步比较明确的形态格局,空间演进逐渐开始。正如"此街(鲜鱼口街)形成于明代,原名鲜鱼巷,曾是专卖活鱼的鱼市。附近的渔民在前门东南的泄水河(即三里河)打鱼,再运到这里来卖"[2] 的记载,鲜鱼口开始在三里河水出现之后形成。随后,该地区的坊巷进一步发展,最直观的体现就是数量和名称的增加,相关记载有明代张爵作于明嘉靖三十九年(1560)的《京师五城坊巷胡同集》,它记录了明代北京三十三个坊的名称、位置以及坊内的胡同。由上述可知,鲜鱼口地区在明朝尤其中期外城建成之后得到了较好的发展,空间也逐渐丰富。

2. 商业经济因素

鲜鱼口地区的商业文化特征明显,使该地区商业街巷空间得以成功发展。在明清时期随着城市建设,鲜鱼口逐渐形成了许多集市,并在清朝空前发展,形成商居一体的商业街市区域。清朝是鲜鱼口商业文化发展的旺盛时期。商业街市和建筑的记载有:"正阳门外衡之东,其南北并行之胡同日肉市,正阳楼食肆,以蟹及羊肉著名。广和楼在北,即旧日之查楼也。"[3] 由此可见,鲜鱼口街市商业种类多样,由此聚集了种类繁多的商业文化类型,这也是商业空间发展的重要原因。

(二) 从水系看鲜鱼口地区的空间演变

鲜鱼口地区的空间演变存在纵向的时间轴和横向的城市空间轴两个层面,且空间变化呈现复杂性和独特性。水系是其空间生成发展的重要因素,对鲜鱼口地区的城市空间演进起到了不可忽视的作用。以三里河为主的水系变化是引起鲜鱼口聚居和巷道胡同形态演变的重要原因。

1. 三里河历史概况

前门外三里河在元代叫文明河,位于大都城丽正门与文明门之间。鲜

---

[1] 《明宣宗实录》,引自《日下旧闻考》第89卷,《中国基本古籍库》。
[2] 段炳仁:《北京胡同志》上,北京出版社2007年版,第420页。
[3] 陈宗蕃:《燕都丛考》,北京古籍出版社1991年版,第481—482页。

鱼口地区的三里河水大致形成于明代，其形成的原因是排泄洪水，据明陈子龙《明经世文编》记载："勘得城南三里河至张家口，袤延六十余里旧无河源。正统间因修城壕，作蓄水，虑恐雨多水溢，故于正阳桥东南低洼处开通壕口，以泄其水，始有三里河名。"①有水源的地方就会有人的活动聚集，三里河作为一处水源，见证了鲜鱼口街的出现，据《北京胡同志》载："此街（鲜鱼口街）形成于明代，原名鲜鱼巷，曾是专卖活鱼的鱼市。附近的渔民在前门东南的泄水河（即三里河）打鱼，再运到这里来卖。"②此外，鲜鱼口地区一些胡同街巷的空间与三里河的流经轨迹不无关系，据《北京胡同志》记载，"三里河流经打磨厂、长巷头条西，穿芦草园、北南桥湾、金鱼池、红桥，流入左安门迤西的护城河中"③及"此街形成于明代，称东西三里河、三里河街，清宣统年间自西向东分称东珠市口、三里河、平乐园、东柳树井"。④三里河自明中后期开始逐渐干涸。自明正统年间开挖，至嘉靖时期修筑外城，"三里河遂废成街，名称沿用河道名"⑤，明末刘侗、于奕正《帝京景物略》中载："三里河之故道，已陆作乂，然时雨则淳潦，泱泱然河也。"⑥所以，根据这些记载推测明末时三里河逐渐失去河流的作用，保留其流向对空间的影响印记（表2）。

2. 三里河周边建置

随着三里河的河道形态逐渐形成，顺应河道，居民沿河而居，形成了居住的群落，逐渐三里河西侧成了京城最繁华的商业区，出现了猪（珠）市口、鲜鱼巷、粮食街、煤市街等集市，此后三里河东侧也成了人烟稠密的居民区。关于居住人口的记载有明张志淳《南园漫录》："灵哥者，居济宁之鲁桥，能预言祸福。……多居鲜鱼巷。"⑦居住形态的记载还有明末陈子龙《明经世文编》："两岸多人家庐舍坟墓流向十里迤南，全接旧河流入张家湾白河。"⑧此

---

① 《钦定古今图书集成方舆汇编》第三十七卷，《顺天府部纪事五：宪宗实录》，维基文库（https://zh.wikisource.org/wiki/钦定古今图书集成/方舆汇编/职方典/第0037卷）。
② 段炳仁：《北京胡同志上》，北京出版社2007年版，第420页。
③ 段炳仁：《北京胡同志上》，北京出版社2007年版，第420页。
④ 段炳仁：《北京胡同志上》，北京出版社2007年版，第420页。
⑤ 段炳仁：《北京胡同志上》，北京出版社2007年版，第420页。
⑥ （明）刘侗、于奕正：《帝京景物略》，北京古籍出版社1980年版，第84页。
⑦ （明）张志淳：《南园漫录》，维基中国哲学书电子化计划，2023年9月（https://ctext.org/wiki.pl?if=en&chapter=453139&remap=gb）。
⑧ 《皇明经世文编卷之四十》，维基中国哲学书电子化计划，2023年9月（https://ctext.org/wiki.pl?if=gb&chapter=876544&remap=gb）。

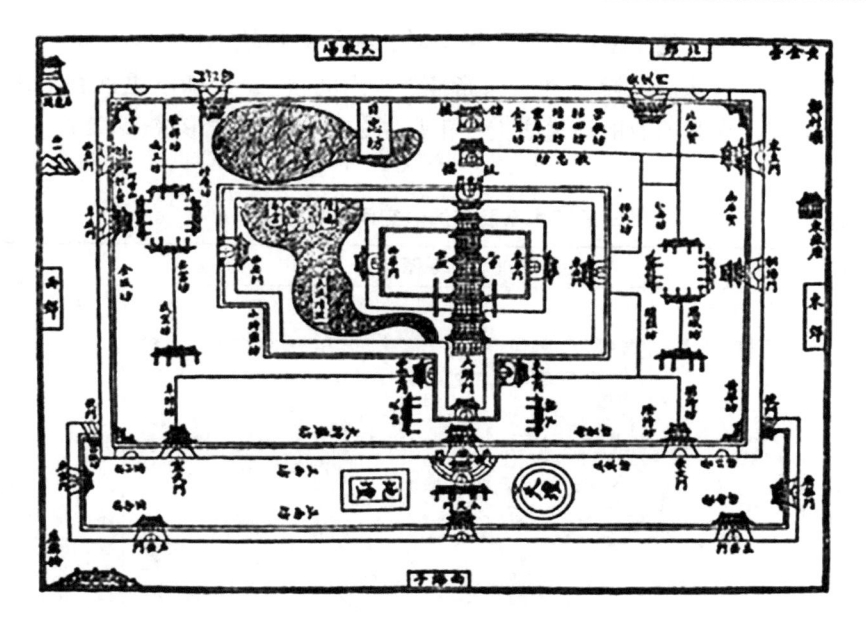

北京历史文化名城整体性保护的策略研究　155

图6　《京师五城坊巷胡同集》中坊图

（图片来源：作者改绘）

外，明蔡献臣《清白堂稿》载："嘉靖庚戌，虏薄都城，梦君（关帝）将天兵大战尽歼之。次日，虏遁。护国功多，故立庙正阳门之右"[①] 和 "正阳门外三里河东之明因寺，乃行僧乐居之"，这是有关于寺庙的记载。[②] 张爵的《京师五城坊巷胡同集》记载了该研究范围内的一些地名："小桥儿　孝顺牌胡同　长巷儿　一二三四条胡同　萧公堂　栾敬胡同　新开口　打磨厂　翟家口儿　崇真观　鲜鱼巷　蒋家胡同。"[③] 从《京师五城坊巷胡同集》中的坊图（图6）中可以看出，鲜鱼口地区明代属于正东坊，该坊40铺。清末，由于干旱、水道淤塞等问题，河道已成平地，附近居民便沿河道故址建房，逐渐形成多条街巷，主要有以倾斜形态为主的长巷头条、二条、三条等街道。三里河南段尚遗存部分狭窄的河道，"龙须沟"便是三里河的一段河道。到了宣统年间，

[①] 《明史_（四库全书本）/全览8》，维基文库，2016年10月（https://zh.wikisource.org/wiki/明史_（四库全书本）/全览8）。

[②] （明）刘侗、于奕正：《帝京景物略》，北京古籍出版社1980年版，第84页。

[③] （明）张爵、（清）朱一新：《京师五城坊巷胡同集　京师坊巷志稿》，北京出版社2018年版，第14页。

金鱼池以北三里河的水便已干涸。民国时，在研究地块内的三里河故道位置出现了后来的"庆隆大院"和"玄帝庙""十间楼"，可知三里河在清末已经完全干涸，在其旧有的河道之上，于是新的街巷和民居形成（表2）。

表2　　　　　　　　　　　三里河水系及其周边空间发展过程

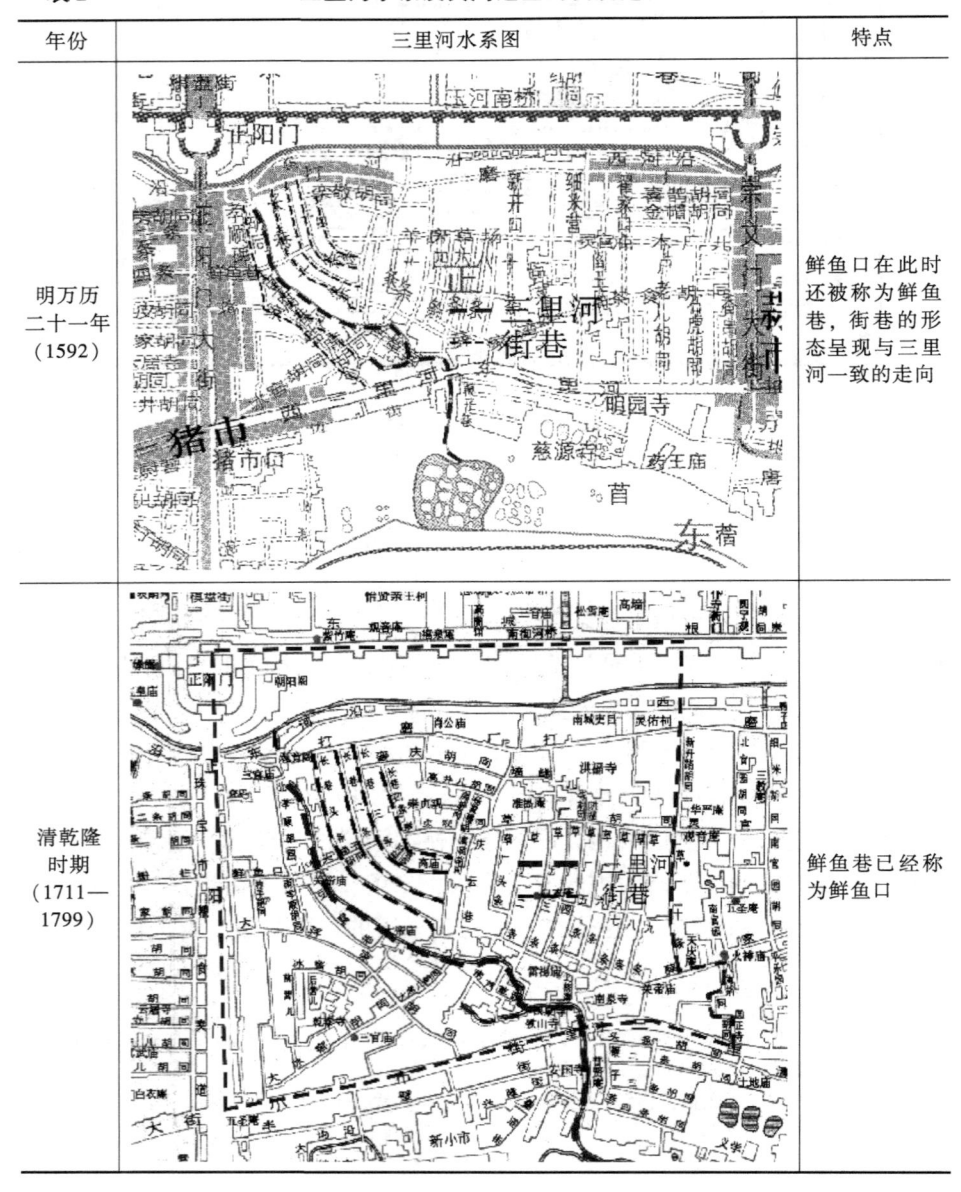

年份	三里河水系图	特点
明万历二十一年（1592）		鲜鱼口在此时还被称为鲜鱼巷，街巷的形态呈现与三里河一致的走向
清乾隆时期（1711—1799）		鲜鱼巷已经称为鲜鱼口

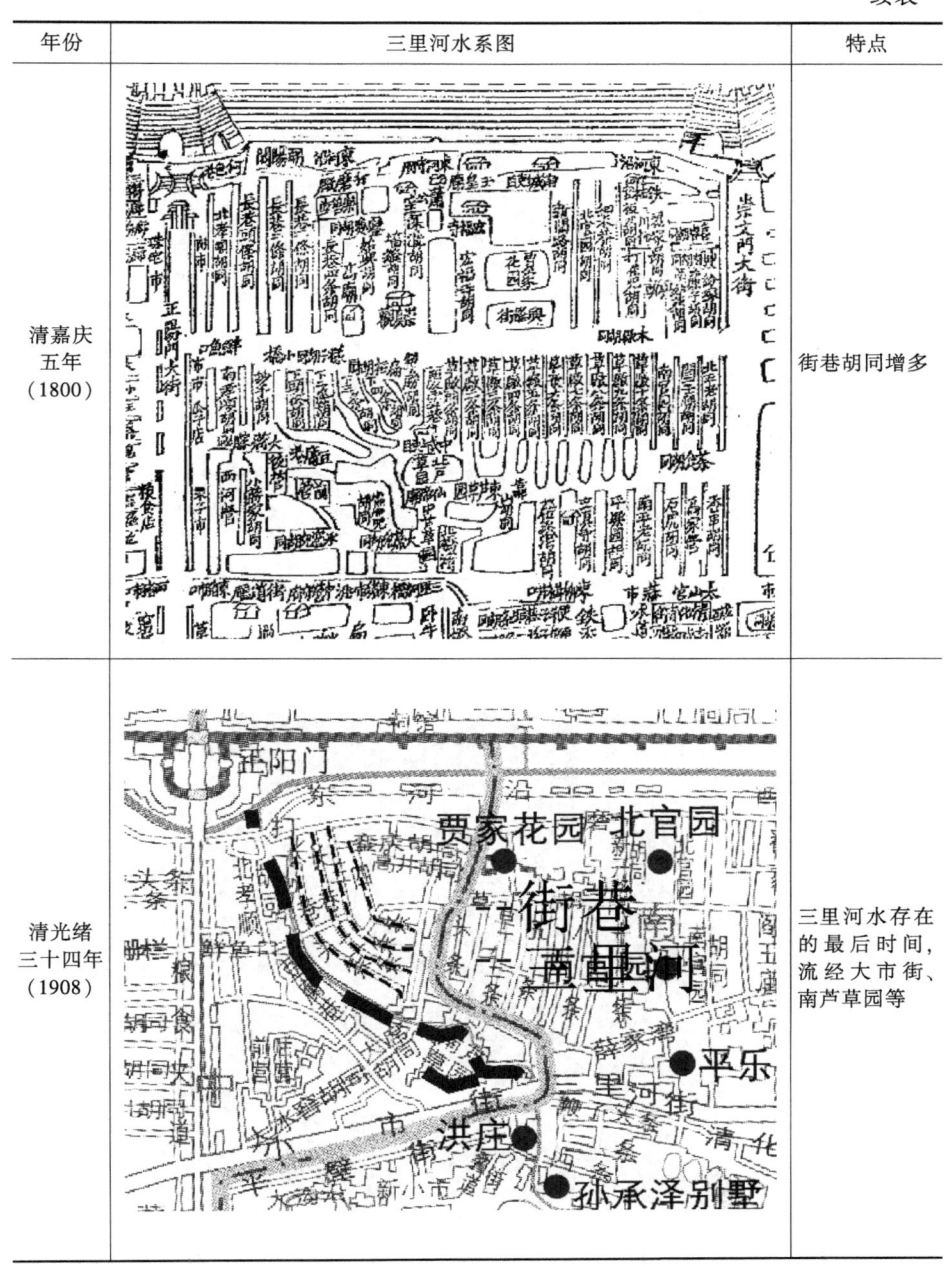

续表

年份	三里河水系图	特点
清嘉庆五年（1800）		街巷胡同增多
清光绪三十四年（1908）		三里河水存在的最后时间，流经大市街、南芦草园等

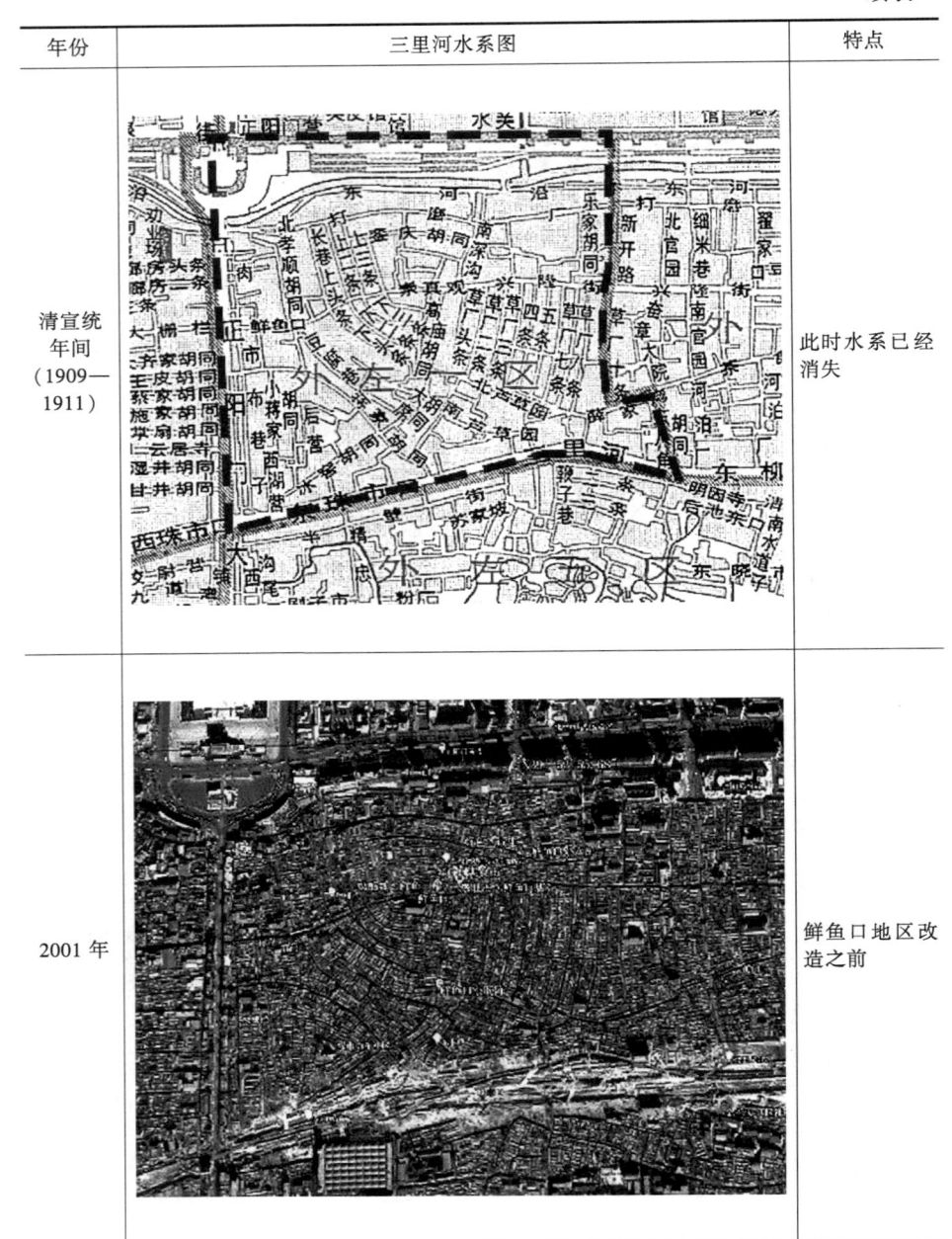

续表

年份	三里河水系图	特点
清宣统年间（1909—1911）		此时水系已经消失
2001 年		鲜鱼口地区改造之前

续表

年份	三里河水系图	特点
2022 年		改造后，相比于 2001 年，建筑密度减少很多

资料来源：图片根据北京古地图和侯仁之《北京历史地图集·人文社会卷》和 Google 地图改绘。

三 鲜鱼口地区整体性保护策略研究

（一）城市历史景观在鲜鱼口地区的阐释

英国最早的 HLC 项目于 1994 年在康沃尔展开，其后得到迅速的推广，现今英国大多数的郡县已经完成了 HLC 评估，而且将其体系延伸到了城市区域（即历史城镇景观评估，Historic Townscape Characterisation，HTC）。它适应性广，没有地域的限制，使得整个国家的景观特征评估得到关注。对不同类型的历史景观的保护具有基本适应性，历史景观评估可以更好地保护景观的历史和景观所在地的历史风貌的整体性，用动态变化的视角看待景观遗产。[1] 该方法将城市空间的历时层积性作为挖掘文化遗产价值完整性的切入点，同时用整体性和连续性的视角包容性地囊括了历史环境和

---

[1] 杨欢、何浪、周珈羽：《历史景观特征评估：城乡景观历史特征认知及动态管理的英国经验及启示》，《现代城市研究》2022 年第 4 期。

当代环境。① 本文的历史文化名城的整体性保护是历时性和共时性结合的整体性景观风貌保护理念。历时性是关注鲜鱼口地区发展历程中不同时间切片的关系与脉络，是从时间维度对鲜鱼口的挖掘研究，而共时性则是对空间角度遗产景观特征的识别与保护，是从空间维度对历史城镇的特征进行识别。历时性可以帮助我们更好地认识其共时性，而共时性则可以在当下层面反映其历时性。②

（二）鲜鱼口地区的整体性保护建议

以历史城市景观为理论指导，其整体性保护相对于文化名城中的"核心保护范围和建设控制地带"③式的保护，突破了划定范围式的保护模式，更加全面地保护了城市历史空间的文化和价值，为保护层面提供理论的深刻支持。结合前述 CiteSpace 数据可视化的研究方法和现存研究中存在的问题，关于鲜鱼口地区整体性保护策略，主要从以下四个角度加以说明。

第一，从历史城市景观风貌的保护角度，着重考虑鲜鱼口历史文化街区的景观风貌与历史演进的关联性，采用动态的视角看待风貌这一历史文化依存的环境载体。鲜鱼口是历史文化城市的一个点，在组成历史城市的这些点中，每个"点"的特征都是我们研究的重点。从宏观到微观，不同时期鲜鱼口地区景观演进的结果是怎么样的，其形态的独特之处是什么，需要在城市的角度识别出景观特征的动态效果，为今后的景观风貌的保护更新提供历史依据。

第二，从空间演变的保护角度，采用上述分析中的历时性和共时性的策略。对鲜鱼口在三里河水系影响下的格局演进规律和特征进行分析，提取建筑、街巷和片区的格局等历史要素。在历时性方面，以纵向的时间轴挖掘历史上的层积因素，把这些因素进行筛选，得到最终对作为景观要素有价值的层积要素。在横向共时性方面，发掘与纵向层积因素关联性密切的因素，采取从整体到局部的方法，对演进要素特征进行全面的识别，由

---

① 季宪：《城市历史景观动态完整性认知与保护研究》，硕士学位论文，哈尔滨工业大学，2020 年，第 26 页。

② 曹永茂、李和平：《历史城镇保护中的历时性与共时性——"城市历史景观"的启示与思考》，《城市发展研究》2019 年第 10 期。

③ 中华人民共和国中央人民政府：《历史文化名城名镇名村保护条例》，2020 年 12 月（www.gov.cn）。

此对二者共同作用下的价值要素进行保护，即作为实践的要素加以保护。

第三，此外，在当今提倡历史文化名城保护的热点背景下，北京作为一座历史悠久的文化城市，以人们的认同感作为切入点，分析鲜鱼口地区作为城市历史城区的保护策略。该地区的居民对于"老地方"的感知，包括历史和变化后的现状，变化的过程就是空间感知发生变化的过程，人们的认知情感是策略制定的人文因素，是社会参与的一环，给保护策略增加一定的社会参与感。人们的认同感主要来自历史的要素，一定条件下也有助于对历史要素的筛选。

第四，基于以上三个方面，建立合适的价值主题，依据价值主题筛选出价值要素，为后续的整体性保护提供保护的目标（图7）。

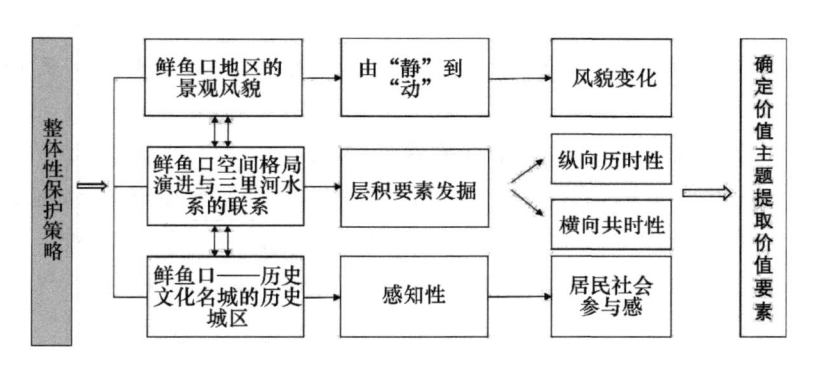

图7　整体性保护策略思路图
（作者自绘）

四　结论

经过对鲜鱼口地区研究现状的分析可知，可视化的数据分析结果存在一定的客观性和科学性，得出的结论具有较高的可信度。通过对关键词聚类、发文趋势等数据的分析，得出近年来虽然该地区的研究处于波动的平稳状态，研究也有对于历史街区的涉及，但是对于该地区历史的深入研究目前似乎还不够深入，是保护策略建议提出的前提。城市历史景观方法在提出之始就重视历史研究，在历史基础上把风貌与保护对象视为整体的整体性保护策略，值得借鉴，为将来的相关研究提供解决问题的思路。

民国"北平游览区建设计划"的推行及启示

汤利华　郭　鹏[*]

摘要：把北京建设成为"世界旅游名城"是当前"文旅融合"、系统推进"全国文化中心"建设的重要组成部分；民国"北平游览区建设计划"是北京历史上第一个由公共部门主导的都市旅游发展计划，目的是建设"文化中心""繁荣北平"，对当时及之后的北京城市发展有重要影响。目前学界对北京旅游名城建设的专门研究还相对较少，能延长历史维度、对旧新相关内容纳入统一观察视野也十分有限。本文在跨学科视野下，首先较为全面、系统地分析了"北平游览区建设计划"出台的历史背景、主要内容、实施及在当时的影响；进一步观照新时期提出的"国际一流旅游城市""世界旅游名城"等相关问题。

关键词：北平游览区建设计划；全国文化中心；世界旅游名城；启示

一　引言

当前，北京正在进行着以历史文化名城保护为根基的全国文化中心建设，"文旅融合"建设"世界旅游名城"是其中重要组成部分——已在中

---

[*] 汤利华，北京联合大学旅游学院副研究员，主要研究方向为文旅发展与城乡治理等；郭鹏，北京联合大学副研究员，主要研究方向为文化旅游等。

长期规划中明确提出相关定性、定量要求。① 正如对文化/文脉的研究是有传承的，对这项由公共部门主导的文化事业也需要作相关溯源，即对涵盖"世界旅游名城"的全国文化中心建设进行历史维度的研究很有必要。

民国时期是北京由传统走向现代的关键时期②，而20世纪30年代被认为是北平市政建设的"黄金时期"。该城市在1933年至1935年确立了把兴办旅游业作为城市建设发展方向的工作目标，其间制订并实施的"北平游览区建设计划"（Construction Plan for Scenic Areas in Beiping）③是北京历史上第一个由公共部门主导的旅游发展规划，也是其时建设"文化中心""繁荣北平"实际实施的"首要建设"。可以看到，学界对"北平游览区建设计划"已有所关注：如王煦研究了1933年至1935年间处于传统与现代间的北平市政建设，其中已对该"计划"过程及其对城市形象的影响做了初步研究④；王谦聚焦北平的旅游文化中心建设及对北平空间形态的影响⑤；王谦、贾迪等的研究涉及当时的都市旅游与公共交通建设⑥等。在不同学科背景研究者的著述中对这一事件也有描述⑦。

同时可看到，已有研究与作为北平市政黄金时期的"首要建设"，涉及北平城市转型、首开把"文化"作为"营利之道"的这一"经国计划"⑧还不能很好相匹配，还存在一些提升空间，如既有研究者（如历史

---

① 《北京市推进全国文化中心建设中长期规划（2019年—2035年）》已提出到2035年建成彰显中华文化魅力的"世界旅游名城"并设定了定量指标：如旅游消费占全市总消费比重超过30%，北京入境游客数量达到1000万人次左右（其中国际政务、商务和会议游客占比不低于50%）等；又如提出成为全球旅游新理念新业态的倡导者、引领者，提供更优质的"北京服务"等定性内容。

② 黄兴涛、王建伟：《北京民国研究精粹》（第二辑），北京燕山出版社2022年版，第1页。

③ 北平市政府：《北平游览区建设计划》，北平市政府印，1934年。

④ 王煦：《在传统与现代之间——1933至1935年的北平市政建设》，《历史教学问题》2005年第2期。

⑤ 王谦：《北平文化旅游中心建设与故都城市空间生产（1928—1937）》，《中国近代建筑研究与保护（十）》，清华大学出版社2016年版。

⑥ 贾迪、李少兵：《"首要建设"：1924—1948年北京的都市旅游与公共交通》，《北方论丛》2017年第2期。

⑦ 代表性的如：王煦的《旧都新造：民国时期北平市政建设研究（1928—1937）》（人民出版社2014年版）、季剑青的《重写旧京：民国北京书写中的历史与记忆》（生活·读书·新知三联书店2017年版）等。

⑧ 《北平市政府为建设北平市政拟定筹款办法致行政院驻北平政务整理委员会呈》（1934年9月26日），见梅佳选编《三十年代北平市政建设规划史料》，《北京档案史料》，新华出版社1999年版。

学、人文学者）对其提出背景、计划实施等的研究还有待更系统深入（多从政治经济或市政建设等单一角度）；对其与新时期建设全国文化中心、世界旅游名城等重要议题的关联少有涉及（前后似乎是断裂的），即站在现实观照角度提出启示的有待加强。

有鉴于此，本文基于旅游管理学科知识并努力突破单一学科局限，希望更全面分析"北平游览区建设计划"出台的背景、计划内容、实施情况及历史意义，并进一步对当今相关建设提出一定启示；又鉴于中国旅游史的一些专门研究（如王淑良等编著的第一部旅游史①、章必功著的《中国旅游通史》② 等）及已关注到民国时期旅游近代化的旅游研究者还较少涉及这个重要事件③，甚至一些研究认为，"把旅行游览作为重要事业进行规划、开发建设及经营管理是新中国成立以后的事"④，本文也能对我国公共部门进行旅游规划、开发建设的历史研究作有益补充。

二 "计划"出台的历史背景

国内外现代旅游业的兴起及北平作为旅游/游历目的地的发轫、"故都"北平面临的国内外政治经济环境、西方市政建设理念和工具的引进等是催生"计划"的结构性背景。

（一）现代旅游业兴起与北平作为旅游目的地发展情况

旅行旅游作为一种活动在国外早已有之⑤。在国内，至少在明清就有了一定规模的休闲空间⑥和旅游活动⑦，如清代吴地就勃兴了旅游消费⑧；又如，早在现代旅游业兴起之前，国内出版市场上就出现了类似北京旅行指南之类书籍，如道光年间问世了主要供外省人入京使用的《都门纪略》。而把办旅

---

① 王淑良、张天来编著：《中国旅游史（下册）》，旅游教育出版社 2005 年版。
② 章必功：《中国旅游通史（下卷）》，商务印书馆 2016 年版。
③ 贾鸿雁：《略论民国时期旅游的近代化》，《社会科学家》2004 年第 2 期。
④ 韩克华：《当代中国的旅游业》，当代中国出版社 1994 年版。
⑤ ［法］马克·布瓦耶：《西方旅游史》，金龙格译，广西师范大学出版社 2022 年版。
⑥ 吴承忠：《明清休闲地理》，北京出版社 2018 年版。
⑦ 陈建勤：《明清旅游活动研究：以长江三角洲为中心》，中国社会科学出版社 2008 年版。
⑧ 许周鹣：《清代吴地旅游消费与旅游业的勃兴》，《南京大学学报》（哲学社会科学版）1995 年第 4 期。

游当作达到一定经济目的的重要手段则是到了近代才在世界上出现①：19 世纪中期，托马斯·库克（Thomas Cook）创办了世界上第一家旅行社，标志着近代旅游业的诞生，使之成为世界上一项较为广泛的经济活动②。20 世纪 20 年代中后期至 30 年代，现代意义上的旅游业逐渐在北京兴起，相关业务最初主要掌握在 Thomas Cook（译为通济隆）、美国运通、日本观光局等外国旅游服务公司手中；中国旅行社正式成立后③加强了在京的经营活动并于 1932 年在北平创办旅行公司，配备专门的游览汽车，组织各种形式的旅游团；还与上述日本、英国等国的旅游服务公司建立了合作关系，相互承接国际旅行团队；在其主办的《旅行杂志》上刊载介绍北平旅游景点和路线的各类文章④（其中也不乏具有一定理论性的）；其间，北平诞生了第一家私人旅行社——北平义导员事务所⑤；北平公共部门还制定了与翻译导游相关的制度（如《北平市义导管理规则案》）⑥。而从远程至北方/北京的外国游客看，在距旅行者（tourist）、旅游业（tourism）两词在英国的使用只有半个世纪⑦的 1866 年，有游历者就出版了 61 页的《游客在中国北方的备忘录》⑧；又如拉贝记载了在隆福寺的"游客日"里美国旅游团蜂拥而入的场景⑨。另外，民国建立后，近代市政建设运动兴起，各皇家园林作为公园先后开放（甚至中南海作为民国政府所在地也会在国庆等节日偶尔开放），也促进了都市旅游业的进一步发轫。值得一提的是，一位美国领事人员曾在上海扶轮社聚餐会的演讲《中国发展游客事业之机会》中指出，中国旅游资源丰富，发展旅游业潜力巨大，建议应使北平成为游览中心区域⑩。总之，现代旅游业的兴起是北平能够首开把传统文化作为"营利之道"很重要的前置因素。

---

① 谷牧：《谷牧回忆录》，中央文献出版社 2009 年版，第 395—396 页。
② ［美］埃里克·朱洛：《现代旅游史》，商务印书馆 2021 年版，第 65—66 页。
③ 1927 年陈光浦在上海创办了第一家旅行社。
④ 尹凌、万思凡：《民国时期三山五园的历史形象研究——基于旅游指南的文本分析》，《三山五园研究》2021 年第 1 期。
⑤ 蒋昕捷、白梦璋：《游不完的北平往事》，《中青在线》2009 年 2 月 25 日。
⑥ 北京市档案馆编：《北平历届市政府市政会议决议录》，中国档案出版社 1998 年版，第 215 页。
⑦ ［法］罗贝尔·郎加尔：《国际旅游》，陈淑仁、马小卫译，商务印书馆 1995 年版，第 4 页。
⑧ ［美］韩书瑞：《公共空间和城市生活（1400—1900）》，孔祥文译，中国人民大学出版社 2019 年版，第 563 页。
⑨ ［德］约翰·拉贝：《我眼中的北京（拉贝日记）》，邵京辉译，东方出版社 2004 年版，第 9 页。
⑩ 贾鸿雁：《民国时期旅游研究之进展》，《旅游学刊》2002 年第 4 期。

(二)"故都"人去楼空,城市亟待繁荣

北京有 3000 年的建都史,而自元代成为大一统王朝的国都以来,政治因素一直是驱动城市发展的核心动力。1928 年北伐成功后,首都南迁,城市国都身份的丧失及由此导致的困境引发了官方和民间关于城市发展模式与路径的大讨论①(可以统称为曾持续开展的"繁荣北平"讨论②,之后还建立了"北平繁荣设计委员会"等机构)。当时各方已达成的基本共识是:政治属性淡化之后,应将"文化"作为北平的重要筹码;要以帝都时代留下的各种古物遗存为依托建设"游览市",吸引国内外游客以提振地方经济。例如,1931 年 4 月的《大公报》社论曾表示,"繁荣故都之政策,除着手以文化号召游客外,固亦别无办法";又如一些文化名人(如沈从文)提出,把北平整体构想为"公园"的意向等。特别是发生了"九一八"事变等,诸如故宫珍宝、北平图书馆的重要藏书等可移动文物已完成了南运,北平所剩最主要的财富就是古迹,多被认为可以作为"诱致"游历客(特别是外国游历客)、繁荣经济的来源。不过,由于华北局势动荡,北平市长不断变更,"繁荣"计划只停留在讨论阶段。

(三) 北平面临国际国内双重压力

从国际上看(政治国防上),"文化城"概念③的提出,也是在 20 世纪二三十年代中日实力相差悬殊的背景下,与北平寄希望于世界各国的干预和同情有较大关联,即在当时日本对北平和华北虎视眈眈的情形下,一些人士认为,如将北平规划建设成为旅游胜地——"东方最大的文化都市",能让国际社会所瞩目,借此可以遏制日本的"染指"。例如,刘半农就设想过将古物荟萃的北平设为中立区兴许能够免去遭受炮火打击。④1933 年《塘沽协议》签字不久,局势一度暂时有所缓和。

从国内经济来看,一方面,北平成为"故都"的政治变动很快波及经

---

① 王建伟:《国都南迁与北平城市发展路径的讨论及其规划(1928—1935)》,《江苏社会科学》2020 年第 1 期。
② 子先:《繁荣北平之我见》,《市政评论》第 10 期,1934 年。
③ 季剑青:《20 世纪 30 年代北平"文化城"的历史建构》,《文化研究》2013 年第 2 期。
④ 《北平教育界请定北平为文化城》,《申报》1932 年 10 月 9 日第 9 版。

济领域,金融业首当其冲、商业经营也遭遇"冰点"等①;还由于"农村破产、外货倾销",北平经济压力重重。而从另一方面看,如前述,30年代的北平已成了很受国内和国际青睐的旅游地,诸如明陵等古迹"中外人士前往游览者甚多"②。北平已认识到"振兴实业以挽回巨量之入超,固为根本必要之图",但在其时"不如知致外人游览、吸收巨额现金之轻而易举,且成效可以立致也"——认识到了发展旅游有吸引外汇、促进地域经济等在其时不可替代的功能。

(四)西方市政建设理念与技术的引入

19世纪末20世纪初,旨在整体设计城市形象、整合城市功能的城市规划学说应运而生,并迅速在欧美主要城市的建设中得到广泛应用。20世纪20年代,西方城市计划(Urban Planning)理念开始传入北京。

可以看到,前述"北平繁荣设计委员会"的人员构成,除官员外,多数为文教、经济界人士和地方社会贤达,拥有较高的社会地位和文化水平但缺乏相应的市政学专业知识和技能,因而难以让一些"文化城"的共识"落地"实现。而在"市政管理"③"计划市政"的观念和技术已相当流行的背景下(其时能否制订科学、合理的城市规划已成为判断一个城市现代化水平的重要标志),北平社会要求由当局出面明确制订建设计划的呼声愈加强烈,如,有青年学者于1933年在北平发起市政研究会,创办刊物《市政研究》④,并主张创立城市自治法规、制订都市计划等。还可看到,此时的北平公共部门也较前期具备了更好的行政基础,北平在1933年6月还恢复了财政局(含地政)和卫生局,加上原有的社会局(含教育、公用)、公安局、工务局等已有了五个局。

三 "计划"的主要内容、实施及影响

在上述环境及多方政策建议下,1928年上任的首任北平市市长何其

---

① 陈鹏:《试论1928年迁都对北京的影响》,《北京社会科学》2010年第4期。
② 《修治北平长途汽车路计画书》,《北京档案史料》第1期,新华出版社1999年版。
③ 张利民:《艰难的起步:中国近代行政管理机制研究》,天津社会科学院出版社2008年版。
④ 杨沛龙:《中国早期行政学史:民国时期行政学研究》,社会科学文献出版社2014年版,第30页。

巩即着手"北平文化游历区"建设①。1933年6月袁良出任北平市市长,在华北局势在总体势危中也存在一度缓和空间中,他发表了《应使北平成为世界公园》的讲话②,认同北平作为元、明、清三朝古都荟萃了中国古代建筑的艺术精华、集东方艺术之最;此时如建成东方最大的文化都市定能让国际社会所瞩目、遏制日本图谋。他还有感于之前的市政府没有任何计划、历来随事应付③而力图整顿;在借鉴欧美各国最先进的城市规划与市政建设经验基础上,制订颁布了"市政建设初期"三年计划,并在其基础上制订了更为具体的《北平游览区建设计划》《北平市沟渠建设计划》《北平市河道整理计划》三个计划,逐步落实"繁荣北平"的一系列规划。在通过发展旅游业来促进北平的繁荣已成为北平各界共识的情景下,"北平游览区建设计划"作为"先期办理",取得了前所未有的成绩。

(一) 主要内容

《北平游览区建设计划》用1300余字开宗明义地分析了"九一八"事变以来北平面临的国内外严峻形势(特别是国防、经济等),分析参照国(法、日、美)作为旅游目的地或客源国相关发展情况,强调中国若要建设国际著名观光城市"非北平莫属";分析了北平不能"诱致"国外游客的五大原因(特别是"不知经营""不能发扬光大天所赋予及前人创造之伟"等);最后总结阐明"忽起直追"、建设"游览区"在国防、经济发展等方面的重大意义,强调了其与国防"相互为用",作为"增进国际了解的唯一方策","平衡国际借贷关系"是"一切建设中需款最小、收效至宏之建设"等观点。其后的具体计划包括游览区的范围、古迹名胜保管权的统一、古迹名胜的修葺、游览区的交通建设、游人居住建设、娱乐建设、北平游览社的创建及游览区费用的筹集八部分内容。

"计划"明确了北平游览区的范围:即"凡由北平为出发点而到达之名胜古迹,皆应划入北平游览区之内",也即八达岭、明陵、汤山温

---

① 贾长宝:《民国前期北京皇城城墙拆毁研究(1915—1930)》,《近代史研究》2016年第1期。
② 《应使北平成为世界公园》,《市政评论》1934年第10期。
③ 王兰顺:《袁良在任不足三年的北平市政建设计划》,《北京规划建设》2017年第4期。

泉、潭柘寺等多处其时属河北界内的都划入范围统一管理。鉴于北平虽古迹众多但分隶于不同机关：如故宫博物院隶属于行政院，雍和宫、白塔寺、护国寺等隶属于蒙藏委员会，天坛、地坛以及市郊各祠庙均属内政部坛庙管理所，五塔寺、团城等属教育部在北平所设的古物保管委员会，香山静宜园则由香山慈幼院负责等，"计划"重新调整相关古迹的所属单位（其把古物分为应划归市政府保管、应由市政府会同保管、责成原保管机构修缮、应受市政府监管四类），实行统筹规划并加以修缮；首期涉及内外城垣、东南角楼、天坛、孔庙、颐和园、国子监等近20处古迹，列出详细预算和修缮说明，如对帝都标志性的天坛预算为3万元，拟进行祈年殿等修缮及全坛拔草修路布置风景等。

"计划"接着指出即使有了古物修缮，如"无整洁之道路，仍不能引起游兴"——认为"现代都市之设备"与古迹修缮同等重要，提出了涉及市内、郊区旅游相关的近百公里的交通建设计划并详细列出了"公路建设费概算表"。又鉴于北平现有的接待设施多为外国人所建（代表性的如六国饭店）但缺乏"中国式旅馆"，而游客对地方风格的住宿有巨大的需求，"计划"提出建设民族风格的宾馆等游人居住场所，如计划把中南海的总统府改造成一座能容纳800名旅客、配备所有现代设施的大宾馆。对要建设的相关娱乐场馆（能容纳25000人的大规模戏院，拟取名东方戏院等）特别指出，除接待游人外，还作为北平本地人的宣教场所。最后认为，到"游览社"是"计划"的"总枢纽"需全力支持创建：其除经营一般业务外，还涉及译导、代购特产，计划中的中南海饭店、戏院也归其运营；还规定了组织机制（理事会制，社长1人由政府委派；副社长由商股及铁路各推1人等）。为保障上述规划的实施，"计划"提出北平市政府发行公债，改善财政税收状况，计划筹集近250万美元资金，这可以说开了北平大规模城市现代化建设之先河。

可以看到，"计划"在明确北平发展旅游价值定位的前提下，建设内容全面涵盖城市核心旅游吸引物营造、标志性的旅游接待场所、旅游基础设施（道路）、旅游公共信息服务等，还设计了新的体制机制、资金支持形式以保证计划能够实施。

（二）实施及影响

"计划"在"中央"等多方支持下，具体由市政府组织的"故都文物整理委员会"负责实行①，在短期得到了积极、有序推进：如 1933 年 12 月，市工务局已对圆明园遗址进行实测并最终绘制成了《实测圆明园畅春园绮春园遗址形势图》；1935 年 5 月陆续开工修缮的天坛（第一个开工）、香山碧云寺、西直门箭楼、妙应寺、正阳门五牌楼、东西四牌楼、东交民巷牌楼、西安门、地安门、明长陵等项目先后完工②，呈现出新的时代面貌。其间，在整理修缮古建筑的同时，改进道路交通等配套设施——在当时充裕的人力车夫③、城市公共交通外，开辟了五条旅游专线④，还推出了便利游客的联合游览券等旅游公共服务⑤，北平市容也较之前有了明显改观。应该说，这期间的"计划"成功推进还得益于政府与市场的有机结合。⑥

由于欢迎各国游历团体来平游览，"使其对中国文化有深刻认识"是计划的重要目标⑦，北平市政府在建设推进过程中加强了"有组织之宣传"：其时出版了各类旅游指南⑧，其中最受到关注的，如马芷庠编、张恨水审定的《北平旅行指南》⑨，又如市政府主任秘书汤用彬等编纂的《旧都文物略》。前者是在游览区建设计划的背景下编纂，其在初版自序中有言"嗣因市政当局极力繁荣旧都，扩大整理游览区域，余深韪其议，而编是书之意遂决"，还在书中"市政改进"篇章专门提及"近市政当局，拟将北平改为游览区，对于古迹，竭力保护修缮……"该书的对象为普通游客；后者则本身就是该计划的产物⑩，是一部"导游之作"⑪，相较前者的读者群体应更专业些。

---

① 林峥：《公园北京：文化生产与文学想象（1860—1937）》，北京大学出版社 2022 年版，第 289 页。
② 在这方面，市政府聘请营造学社为顾问，古建专家梁思成等任专门委员。
③ ［美］史谦德：《北京的人力车夫：1920 年代的市民与政治》，袁剑、周书垚、周育民译，江苏人民出版社 2021 年版。
④ 陆翔：《北京建筑史》，中国建筑工业出版社 2019 年版，第 191 页。
⑤ 可见《北京特别市社会局关于制定观光科联合游览券制售管理办法大纲给坛庙事务所的公函》（1938.4.20），北京市档案馆藏（档案号：J057—001—00580）。
⑥ 王京传、刘以慧：《1912—1937 年的北京旅游开发》，《历史教学（高校版）》2007 年第 10 期。
⑦《市长袁良谈整理市政》，《北平晨报》1934 年 8 月 13 日。
⑧ 季剑青：《旅游指南中的民国北京》，《北京观察》2014 年第 3 期。
⑨ 马芷庠：《北平旅行指南》，经济新闻社 1937 年版。
⑩ 如自 1935 年 5 月起，北平即开始组织实施名为"北平游览区古迹名胜之第一期修葺计划"的文物整理修缮工程。
⑪ 汤用彬等编纂：《旧都文物略》，北京古迹出版社 2000 年版，第 265 页。

1935 年 11 月，因袁良卸任北平市市长，雄心勃勃的"计划"基本无疾而终①（如"计划"中"游览区"建成后北平有望成为"世界唯一优良之住宅区"没能实现，当然，北平也最终沦陷等），但这个"利用过去来定义现在的文化实践，也是特殊历史条件下政治危机的产物"②。在当时及之后被实践者和研究者给予了较积极的评价，如民国时期专门研究与讨论城市建设与城市现代化的权威刊物《市政评论》就曾刊文肯定了这期间的建设成果③；在文化的产业化方向——旅游业实际发展方面也可看到一些成果，如"北京饭店又重新充满活力，大堂里挤满了来自欧美的游客"，国外旅游者就达到数万人④；到了 1937 年，饭店床位已经达到了供不应求的程度，仅当年春天的旅游收入就有 100 万美元之巨⑤。日伪时期和抗战之后的北平都市计划中也被认为都能看到前期市政思想的影子（如"观光城市"定位的延续）⑥，尤其是 1946 年，北平市市长何思源制订的都市计划直接继承了发展旅游等主张，明确提出，城市建设"表面要北平化、内部要现代化"的思想和原则⑦。总之，"文化城"已牢固成为北京的标签。⑧

四　启示与结语

　　毋庸置疑，北平时期的"北平游览区建设计划"与七八十年后新中国新北京先后提出的"世界一流旅游城市""世界旅游名城"等及其规划⑨

---

① 董可：《袁良与北平的三年市政建设计划》，《北京档案史料》1999 年第 3 期。
② 季剑青：《重写旧京：民国北京书写中的历史与记忆》，生活·读书·新知三联书店 2017 年版。
③ 佚名：《北平的新姿态与动向》，《市政评论》1935 年第 12 期。
④ 徐芳田：《中国旅行社与早期的北京旅游》，《北京文史资料选编》（第 29 辑），北京出版社 1986 年版。
⑤ ［英］彼得·海伯德：《北京饭店与英国通济隆公司》，张广瑞译，《旅游学刊》1990 年第 3 期。
⑥ 如 1947 年出版的《北平市都市计划设计资料（第一集）》就高度评价其时开了"北平市都市计划之先河"。
⑦ 曹子西：《北京通史》（第九卷），中国书店 1994 年版，第 161 页。
⑧ 参见北平市政府于 1948 年汇编的《北平市》中有"北平为一座文化城"等表述。
⑨ 2010 年编制的《北京市"十二五"时期旅游业发展规划》提出了北京"国际一流旅游城市"的发展方向——可以认为这是时隔近 80 年该城市又提出类似的城市发展目标；之后的《北京市人民政府关于贯彻落实国务院加快发展旅游业文件的意见》还正式确定了"国际一流旅游城市"的发展目标，即至 2015 年将实现"一、十、百、千、亿"等城市旅游发展相关量化目标。

的历史背景、城市发展阶段、战略定位、具体内容及实施情况等都是不可同日而语的，而"1936年以前的漫长岁月里，以休闲消遣、丰富阅历或疗养为目的而去旅游的可能性，总是由特权阶层所享有"①——单从旅游服务的对象看已发生本质变化。不过，"历史是不能割裂的"，更深入地系统地研究无疑能丰富旅游管理（发展）史，同时，"让历史告诉未来"，旧北平与新北京、历史与现在比照也能加深对新时期全国文化中心建设内涵外延的理解②：如一座城市的发展模式依托于城市长期形成的积淀（所谓"城市形成是历史积累和沉淀，罗马不是一天建成的"），也与所处时代的国内外环境大势有关联；经济始终是一座城市发展的基础，因而已在近代历史变迁中转型向"文化城"发展的北平，"文化城"与"旅游城"必然相互支撑（"一体两面"）。今天作为"全国文化中心"的北京，依然有必要用战略眼光看待文化城与旅游城的关系，即继续理解、重视作为"文化性很强的经济产业"或"经济性很强的文化事业"的旅游业在北京名城的保护与发展的"特色担当"，这其中包括：要继续发挥其能有效实现文化的产业化所起的积极经济意义，也要始终重视旅游的非经济功能，如重视旅游活动（一个个的普通游客）以传播文化实践"民间外交"（也是"国之交、民相亲"的落实路径）等；还如要注意相关规划的"有所为有所不为"、规划"落地"中行政与市场机制的更好配合等——这些对今日的事业也仍是任重而道远的，有必要采取更科学的规划，更务实、更协同的行动。③

总之，本文的基本贡献是在前人研究基础上、努力在跨学科视野下，通过专门的研究进一步丰富了对民国市政建设黄金时期的"首要建设"，涉及北平城市自我意识萌发（城市转型）、首开把"文化"作为"营利之道"的重要事件认知。这首先有利于修正完善国内既有文化旅游管理史的不足，能丰富北京文化城与旅游城历史维度的研究；其次，研究连接旧与新，延长历史维度，有利于更好理解今日正在开展的包含世界旅游名城建设在内的全国文化中心建设工作并得到一些初步启示。之后的研究，还需

---

① [法] 罗贝尔·郎加尔：《国际旅游》，陈淑仁、马小卫译，商务印书馆1995年版，第8页。
② 在《北京市"十三五"时期加强全国文化中心建设规划》（2016年5月）中还未涉及旅游名城建设的内容。
③ 这实际上也包括如何科学看待一些广为流行的概念，如近年来学界多有阐述的"文旅融合"，从民国"计划"的提出和实施可见，所谓的"文"与"旅"原本就并非那么割裂的。

对"计划"的实施机制、过程中公共部门与市场的配合等做进一步的研究，可能会得到更多的启发，更有益于"全国文化中心"建设在传承和创新中的推进。

《乾隆京城全图》中崇文地区宗教设施的空间分布规律研究

张　旭[*]

摘要：宗教设施是一个城市历史文化传承的载体，是一个城市历史文化底蕴的体现，是一个城市的名片。宗教设施作为现代城市景观构成的一部分，也是区别于其他城市文化的重要标识。北京作为元、明、清的都城拥有着历史悠久的文化底蕴，宗教设施众多，作为城市文化的重要标识，在国家"五位一体"总布局文化建设背景下，北京城宗教设施的空间分布规律研究就愈加重要。本文主要聚焦于《乾隆京城全图》（后文略称《乾隆图》）复原旧北京城外城崇文地区宗教设施（寺庙建筑群及其整体占地面积）的空间分布状况，旨在依托古地图测算宗教设施的占地面积，根据宗教设施的分类逐一明确不同宗教信仰的传统历史文化建筑在北京分布情况，分析影响城市景观构成的因素。学术意义在于对古地图资料的分析与对研究对象的空间分布情况的研究，地图测算还原的宗教设施占地面积的数据弥补了先行研究在数据上的不足。实际意义在于此项研究为今后的首都文化建设与历史文化名城保护工作提供了制定政策的理论依据与数据基础。

关键词：历史文化建筑；宗教设施；空间分布规律；首都文化建设；历史文化名城保护

笔者将使用并参考《乾隆图》中的地图信息与建立起的数据库对北京外城崇文地区宗教设施的分布情况与规律性进行分析并试着阐述一些自己

---

[*] 张旭，北京第二外国语学院日语学院讲师，研究方向为人文地理、历史地理、城市地理。

的见解。

首先分析《乾隆图》中宗教设施的分布情况与景观特征，再明确城市景观特征、差异、关联以及促进形成如此城市景观格局的影响因素。具体步骤如下：首先，计算《乾隆图》中记载的宗教设施的位置、种类、面积等数据，然后制作一览表。其次，在现代地图上将《乾隆图》中的宗教设施按照类别分别标记，制作成各个类别的宗教设施分布图，并分析各自的分布类型。最后，试着归纳总结出各个宗教设施的分布特征。

一 崇文地区传统历史建筑群分布

笔者将用图、表的方式说明崇文地区宗教设施的位置关系，以及各类宗教设施的分布情况，并试析形成如此分布情况的影响因素。

（一）崇文地区的位置

崇文地区如图 1 所示位于外城的东部。"崇文"源于崇文门的"崇文"二字，1949 年中华人民共和国成立以后，与宣武区一样，在经历了一系列的城市规划合并之后被命名为崇文区，2010 年与东城合并，成为东城区的一部分。北京城作为首都的历史很长，特别是在乾隆年间国力鼎盛，北京城作为政治中心以及北方城市的经济中心成为全国规模最大的城市。乾隆年间也是北京城有清一代发展最好的时代，其中崇文地区的工商业发展尤其卓越。北京周边地区的商人来到北京在正阳门（前门）大街街边开设店铺，鳞次栉比。如图 1 所示，这片地区的道路有一条贯穿东西的主干道，但是，住宅区内部规划用地错综复杂，胡同如同迷宫一般，烟花柳巷与商业街混杂在胡同内部的道路网中。这片地区随着外来人口的增加与商业的繁荣逐渐兴盛起来，仔细观察图 1 后可知，这片地区的道路网中佛寺、佛庵、民间信仰的庙祠、道观、儒教庙宇、清真寺应有尽有且数量众多。最引人注目的是，崇文地区有占地面积最大的儒教庙宇群，皇家祭天的场所——天坛，儒教庙宇数量众多，也是崇文地区西南角占地面积最大的宗教设施。

（二）当时崇文地区传统历史建筑群的分布

笔者使用《乾隆图》与《北京古建筑地图集》制作了清代乾隆中期北

京外城崇文地区宗教设施分布图（图1）。将崇文地区由东至西7等分，再由南至北6等分，可以划分为42个区域。在后文中笔者将对各个区域内的各类宗教设施进行阐述。

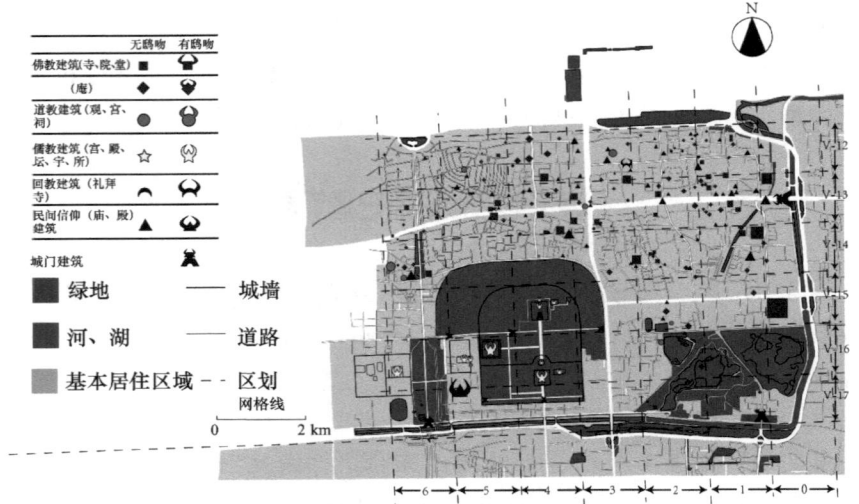

图1 崇文地区宗教设施的分布情况

（笔者绘图，底图为2009年出版的古建筑地图，宗教设施信息为《乾隆图》中记载）

1. 佛寺

各个区域佛寺（■）的数量如图2所示用圆圈编号表示，佛寺几乎集中分布在V-13区域内，这片区域正好是贯穿东西的一条主干道，崇文地区的商业中心地带是V-13区域内的这条贯穿东西的主干道。从地图上看，这条主干道与宣武地区的主干道相互连接，与前门外大街交会于北京城中轴线的珠市口十字路口。这条主干道东起广渠门、西到广安门，现在被称为两广大道。

从分布情况来看，佛寺在42个区域内占据了18个区域，占有率为42.9%，覆盖了1/3以上的地区。如图2所示，佛寺主要分布于V-13区域的主干道南北两侧的居住区中，以小型规模的佛寺为主；大型规模的佛寺分布在龙潭湖北里（V-15的0）附近，还有2座中等规模的佛寺分布在东北部（V-13的0）区域，以及东部（V-14的1）区域。

从分布密度来看，如表1所示，在V-12、V-13、V-14、V-15、V-16、V-17区域的佛寺总数依次是5座、22座、8座、1座、1座、2座；

占地总面积依次是 20008 平方米、182368 平方米、88400 平方米、184680 平方米、7776 平方米、15552 平方米；单位平均占地面积依次是 4001.6 平方米、8289.4 平方米、11050 平方米、184680 平方米、7776 平方米、7776 平方米。根据上述计算结果可知 V-13 区域的佛寺分布密度最大。

参考图 2，通过以下计算方式可以掌握崇文地区佛寺分布密度的整体情况。

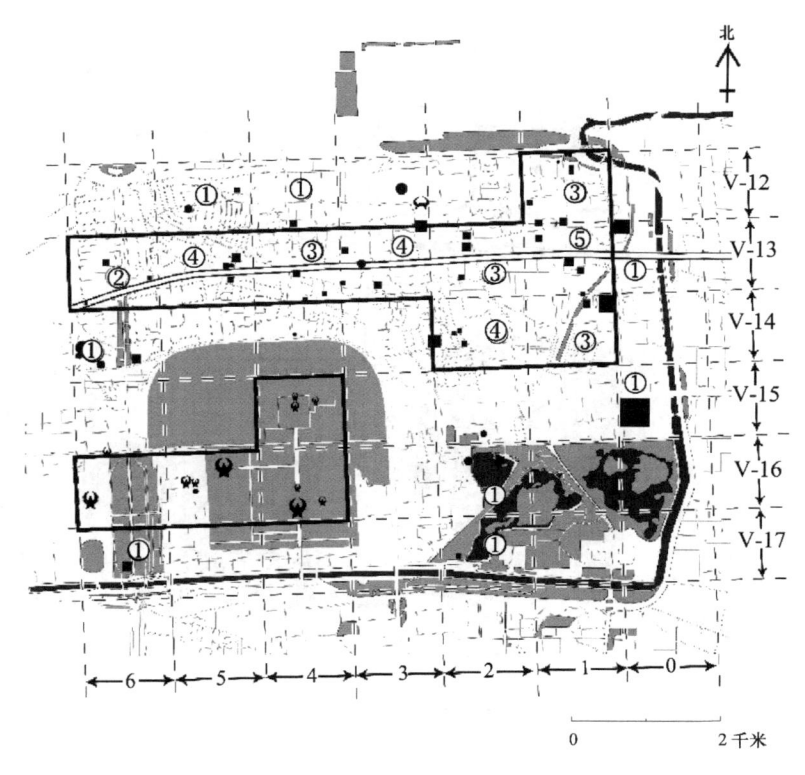

图 2　崇文地区佛寺、儒教庙宇、清真寺的分布情况
（笔者绘图）

佛寺的分布范围是 18 个区域，佛寺总数 39 座，佛寺密度 39/18 = 2.16 座/区域。

根据上面的计算结果可知，佛寺所在区域内的平均分布密度是 2.16 座/区域。崇文地区佛寺的分布特征是以沿着东西主干道两侧分布，数量众多，有巨型佛寺建筑群。

2. 佛庵

各个区域的佛庵（◆）的数量如图3所示用圆圈编号表示，佛庵几乎分布在 V-12、V-13、V-14 三个区域内；同样也是沿着贯穿东西的主干道分布，但是区别于佛寺的分布特点，佛庵主要分布于主干道北部的居民区内，有的甚至接近北侧城墙。

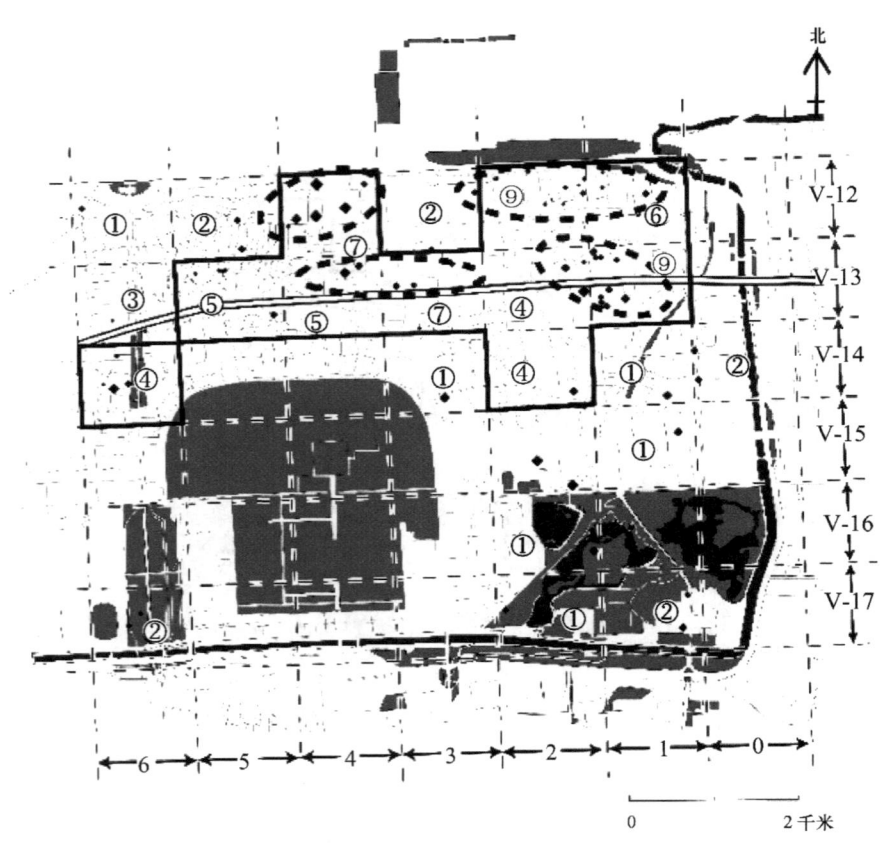

图3 崇文地区佛庵的分布情况

（笔者绘图）

从分布情况来看，佛庵在42个区域内占据了23个区域，占有率为54.8%，覆盖了一半以上的地区。如图3所示，佛庵主要分布于 V-12、V-13、V-14 区域中，以小型规模的佛庵为主；整个崇文地区没有大型规模的佛庵。

从分布密度来看，如表 1 所示，在 V–12、V–13、V–14、V–15、V–16、V–17 区域的佛庵总数依次是 27 座、37 座、12 座、3 座、1 座、5 座；总占地面积依次是 26520 平方米、60117 平方米、23521 平方米、5572 平方米、3888 平方米、14126 平方米；单位平均占地面积依次是 982.2 平方米、1624 平方米、1960 平方米、1857.3 平方米、3888 平方米、2825.2 平方米。根据上述计算笔者发现 V–12、V–13、V–14 三个区域的佛庵数量众多，V–13 区域的数量最多，V–12 的次之，V–14 的数量最少。而三者的单位平均占地面积中 V–14 区域的数值是 1960 平方米，是三者中最大的，而佛庵数量却不到前二者各自的一半，只有 12 座，可以说明 V–14 区域内的佛庵的单位平均占地面积大于 V–12 与 V–13 区域内的，也就是说 V–14 区域内的佛庵规模稍大一些。通过对图 3 的观察，笔者发现造成这样的结果是因为贯穿东西的主干道南侧的住宅区规划用地要比北侧的规则，而且面积大，所以稍大规模的佛庵可以在主干道南侧分布。

参考图 3，通过以下计算方式可以掌握崇文地区佛庵分布密度的整体情况。

佛庵的分布范围是 23 个区域，佛庵总数 85 座，佛庵密度 85/23 = 3.70 座/区域。

通过上述计算结果可知，佛庵所在区域内的平均分布密度是 3.70 座/区域。崇文地区佛庵的分布特征是主要分布于贯穿东西主干道的北侧居住区内，主干道南侧居住区内分布着稍大规模的佛庵，崇文地区南部分布稀疏，市区边缘几乎没有分布。

3. 民间庙祠

各个区域的庙祠（▲）的数量如图 4 所示用圆圈编号表示，佛庵几乎全部分布于 V–12、V–13、V–14 三个区域；从每个区域的分布数量来看，各个区域的分布都很平均。

从分布情况来看，庙祠在 42 个区域内占据了 23 个区域，占有率为 54.8%，覆盖了一半以上地区，这个数值与佛庵的覆盖率相同。如图 4 所示，庙祠主要分布在北部、中部区域，北部区域多为小型规模的庙祠；中部除小型规模的以外还有中等规模的庙祠；西南部（V–17 的 5）有大型规模的庙祠。

从分布密度来看，如表 1 所示，在 V–12、V–13、V–14、V–15、V–16、V–17 区域的庙祠总数依次是 26 座、30 座、12 座、2 座、1 座、

2座；总占地面积依次是 34014 平方米、75447 平方米、43426 平方米、3564 平方米、1296 平方米、907 平方米；单位平均占地面积依次是 1308.2 平方米、2514.9 平方米、3618.8 平方米、1782 平方米、1296 平方米、453.5 平方米。根据上述计算笔者发现 V-12、V-13、V-14 三个区域的庙祠数量众多，V-13 最多，V-12 次之，V-14 最少，而 V-14 的单位平均占地面积最大，可以说明 V-14 的庙祠规模较大，结合图 4 所示确实 V-14 内分布着中等规模的庙祠。

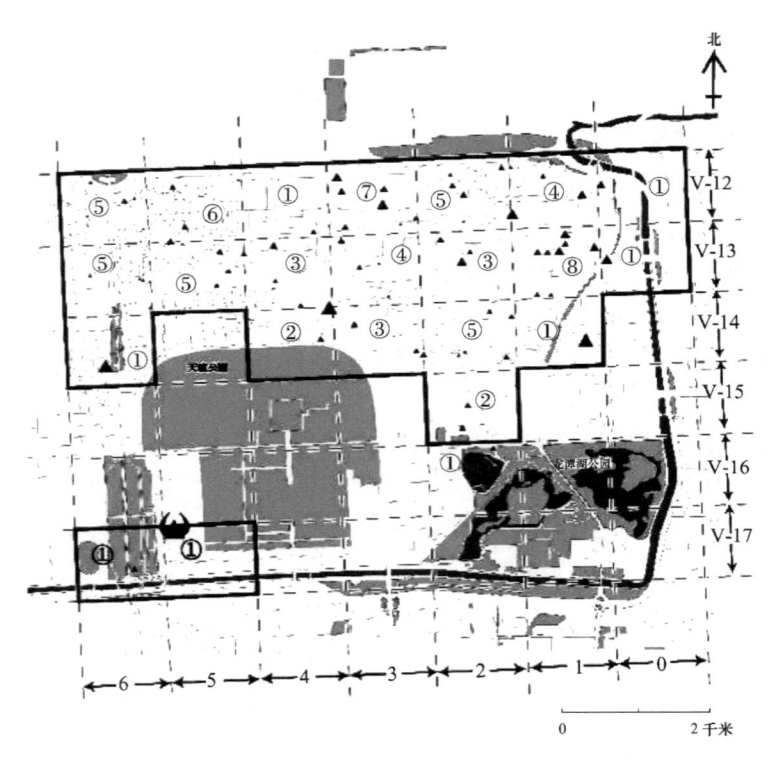

图 4 崇文地区民间信仰庙祠的分布情况

（笔者绘制）

参考图 4，通过以下计算方式可以掌握崇文地区庙祠分布密度的整体情况。

庙祠的分布范围是 23 个区域，庙祠总数 73 座，庙祠密度 73/23 = 3.17 座/区域。

通过上述计算结果可知，庙祠所在区域内的平均分布密度是3.17座/区域。这与佛庵的3.70相比密度略小，通过上述计算的结果可知崇文地区庙祠的分布特征是主要平均分布于北部、中部，西南部有大型规模的庙祠，中部东西贯穿主干线道路南侧分布着中等规模的庙祠。与佛庵比较，二者分布范围相同，但是庙祠的分布密度略小于佛庵。

4. 道观

各个区域道观（●）的数量如图2所示，数量是12座；结合表1可知道观主要集中在主干道北侧区域（V-12与V-13）与南侧的前门大街南部衔接部分（V-14的6）的两块区域；道观相对于佛教寺、庵数量并不多，主要集中在居住区内，分布规律相对分散。

从分布情况来看，道观占据了42个区域中的10个区域，占有率为23.8%，覆盖率不足1/4。相较于其他宗教设施来说，道观的覆盖范围不大，数量也相对较少。

从分布密度来看，如表1所示，在V-12、V-13、V-14、V-15、V-16、V-17区域的道观数量依次是5座、1座、4座、0座、2座、0座；总占地面积依次是20041平方米、2592平方米、12117平方米、0平方米、10044平方米、0平方米；单位平均占地面积依次是4008.2平方米、2592平方米、3029.25平方米、0平方米、5022平方米、0平方米；从上述计算结果可知，单位平均占地面积第三大的宗教设施是道观，虽然数量相较于佛寺、佛庵、民间信仰的庙祠三者较少，但是单位占地面积大。

参考图2，通过以下计算方式可以掌握崇文地区道观分布密度的整体情况。分布范围10个区域，数量12座，密度12/10=1.2座/区域。

通过上述计算结果可知，道观所在区域内的平均分布密度是1.2座/区域。密度略小，通过上述计算的结果可知崇文地区道观的分布特征是分布于北部居住区内，数量少，分布较为分散。

5. 儒教庙宇

儒教庙宇（☆）的数量如图2所示，数量是11座；结合表1可知，儒教庙宇主要集中在西南部天坛内。因为天坛是古代帝王祭天的地方，而祭祀天地又是儒家对帝王的要求，所以将天坛内的祭祀设施、建筑划分为与儒教相关的庙宇。

从分布情况来看，儒教庙宇占据了42个区域中的4个区域，占有率为9.5%，覆盖率不足1/10。相较于其他宗教设施来说，儒教庙宇的覆盖范围更小，数量也相对较少。

从分布密度来看，如表1所示，在V-12、V-13、V-14、V-15、V-16、V-17区域的儒教庙宇数量依次是0座、0座、0座、4座、7座、0座；总占地面积依次是0平方米、0平方米、0平方米、11016平方米、16848平方米、0平方米；单位平均占地面积依次是0平方米、0平方米、0平方米、2754平方米、2406.85平方米、0平方米；从上述计算结果可知，儒教庙宇总面积很大，但数量较少，所以单位平均占地面积并不大。

参考图2，通过以下计算方式可以掌握崇文地区儒教庙宇分布密度的整体情况。分布范围4个区域，数量11座，密度11/4=2.75座/区域。

通过上述计算结果可知，儒教庙宇所在区域内的平均分布密度是2.75座/区域。这与道观相比密度较大，通过上述计算的结果可知崇文地区儒教庙宇的分布特征是主要平均分布于西南部，主要是天坛地区内的祭天建筑群，因为是皇家专用的建筑群，所以分布相对集中。

6. 清真寺

清真寺（▲）的数量如图2所示，数量是1座；清真寺也是坐落在主干道北侧的花市大街（V-12的3）。

从分布情况来看，清真寺占据了42个区域中的1个区域，占有率仅为2.4%，覆盖率很低。相较于其他宗教设施来说，清真寺的覆盖范围非常小，数量也相对较少。

从分布密度来看，如表1所示，在V-12、V-13、V-14、V-15、V-16、V-17区域的清真寺数量依次是1座、0座、0座、0座、0座、0座；总占地面积依次是10108平方米、0平方米、0平方米、0平方米、0平方米、0平方米；单位平均占地面积依次是10108平方米、0平方米、0平方米、0平方米、0平方米、0平方米。从上述计算结果可知，清真寺的单位面积很大，但崇文地区只有1座。

参考图2，通过以下计算方式可以掌握崇文地区清真寺分布密度的情况。清真寺的分布范围是1个区域，总数1座，清真寺密度1/1=1座/区域。

通过上述计算结果可知，清真寺所在区域内的平均分布密度是1座/区域。因为清真寺是回教信仰的宗教设施，所以其所在的花市地区也是回族居民聚集的区域。尽管数量仅1座，但是占地面积较大，可以满足附近回民信仰上的需求。

由此可以判断上述三类宗教设施在一定范围内的分布密度相对较大，

换句话说，三者数量虽少，但是分布相对集中。

笔者对上述各个区域内的宗教设施数量进行统计，然后按照类别归类，再确定宗教设施在地图上的实际位置，最后笔者再利用《乾隆图》中的比例尺换算实际距离，然后计算出每个宗教设施的占地面积。尽管笔者采用的这个方法实际上多少会有误差，但是因为历经沧桑，北京城的城市景观发生了巨变，所以通过古旧地图按照地图比例尺测算原有建筑群占地面积就只能作为"聊胜于无"的一个方法。表1就是上述各个区域内宗教设施的数量、名称以及面积测量的结果。根据图2与表1所示，佛寺大多集中在崇文地区贯穿东西的主干道沿线，佛寺数量虽然只有39座，但是总面积却有498784平方米。

佛庵大部分分布在主干道北侧的居住区内，佛庵的数量一共有85座，总面积却仅有133744平方米。佛庵的数量两倍于佛寺，总面积却不足其1/3。受封建礼教的束缚，古代的中国女子很注重贞洁，当自己的丈夫去世后自己并不会改嫁，而是独自生活或是到佛庵出家。所以通过对佛庵在城市的分布情况的分析可知，佛庵大多会散落分布于居住区内，这样方便想出家的女性前来投靠。

民间信仰的庙祠大多分布在崇文地区的中部、北部区域，而且数量分布平均，总数达到73座，总面积为158654平方米。与佛庵的数量几乎相同，但总面积要略微大一些。因为主要是由民间出资修缮，所以实际上单位平均占地面积并不大。

道观、清真寺的数量不多，道观单位平均占地面积是3446平方米，清真寺是10108平方米，佛寺是12789平方米，佛庵却只有1631平方米，儒教庙宇是16318平方米，民间庙祠是2173平方米。道观的单位平均占地面积虽然比民间信仰的庙祠、佛庵稍大，但是与其他宗教设施相比确实小得可怜。清真寺虽然在崇文地区只有1座，但是它的占地面积却超过了10000平方米，可以说是属于大型规模的宗教设施了。

儒教庙宇在崇文地区主要集中在西南的天坛内，因为是皇家祭天的场所，所以这里的儒教庙宇建筑的规模、规制、建筑等级都应该是仅次于紫禁城的规格。

表1　清乾隆中期（约1750年）北京城外城崇文地区的宗教建筑分类域面积

宗教设施总数（座）	佛寺		佛庵		民间庙祠		儒教庙宇		道观		清真寺	
	名称	总占地面积（m²）	名称	总占地面积（m²）	名称	总占地面积（m²）	名称	总占地面积（m²）	名称	总占地面积（m²）	名称	总占地面积（m²）
栅格 V-12 64	云梁所，平林院，崇兴寺，明教寺，洪福寺	5庙 20008	天仙庵，天仙庵，海潮庵，白衣庵，观音庵，三教庵，弥勒庵，三圣庵，白衣庵，伏魔庵，白衣庵，无量庵，水仙庵，白衣庵，口圣庵，极乐庵，朝阳庵，观音庵，三教庵，观音庵，华严庵，五圣庵，准提庵，白衣庵，白衣庵	27庵 26520	真武庙，关帝庙，药王庙，小庙，火神庙，土地庙，灶君庙，三教庙，关帝庙，玄帝庙，火神庙，土地庙，关帝庙，灵佑祠，萧公庙，土地庙，高庙，观音阁，三官庙，七圣关帝庙，玉皇庙，火神庙，火神庙，火神庙	26庙祠 34014			蟠桃宫，太平宫，泰山行宫，昊恩观，崇贞观	5宫观 20041	花市清真寺	1庙 10108

续表

栅格	宗教设施总数（座）	佛寺 名称	佛寺 总占地面积（m²）	佛庵 名称	佛庵 总占地面积（m²）	民间庙祠 名称	民间庙祠 总占地面积（m²）	儒教庙宇 名称	儒教庙宇 总占地面积（m²）	道观 名称	道观 总占地面积（m²）	清真寺 名称	清真寺 总占地面积（m²）
V-13	87	隆安寺、福宁寺、安化寺、白云寺、万佛寺、龙泉寺、观音寺、水地藏寺、天庆寺、明因寺、清慈源寺、积普化寺、南泉寺、乾泰寺、云居寺、古佛堂、铁山寺、安国寺	22庙 18368	鲁班庵、光母庵、观音庵、龙王庵、卢圣庵、大义庵、弥勒庵、昆庐庵、天仙庵、准提庵、龙兴庵、观音庵、宝庆庵、大悲庵、观音庵、福善庵、兴隆庵、无生庵、白衣庵、法云庵、大慈庵、白衣庵、地藏庵、天庆庵、大岁庵、普贤庵、海潮庵、大西竺庵、小西竺庵、观音庵、玉泉庵、五圣庵、白衣庵、龙兴庵	34庵 60117	宣灵庙、三官庙、土地庙、五显庙、马神庙、忠口、五道庙、土地庙、关庙、火神庙、悲庵、关帝庙、玄帝庙、关帝庙、火神庙、真武庙、土地庙、关帝庙、雷祖庙、三官庙、大关王庙、三官庙、精忠庙、三官庙、关王庙、真武庙、关帝庙、龙王庙、庙(30)	30庙祠 75447			泰山行宫	1宫观 2592		

续表

栅格	宗教设施总数(座)	佛寺 名称	佛寺 总占地面积(m²)	佛庵 名称	佛庵 总占地面积(m²)	民间庙祠 名称	民间庙祠 总占地面积(m²)	儒教庙宇 名称	儒教庙宇 总占地面积(m²)	道观 名称	道观 总占地面积(m²)	清真寺 名称	清真寺 总占地面积(m²)
V-14	36	华严寺,圆觉寺,弥陀寺,法华院,弘济院,夕照寺,北台,南台	8庙 88400	龙王庵,口庵,护法庵,妙圣庵,华严庵,水月庵,观音庵,三教庵,观音庵,古佛庵,三圣庵,大雄庵	12庵 23521	火神庙,关帝庙,三官庙,天仙庙,南极庙,天王庙,真武龙庙,五火庙,关帝庙,药王庙,灵官庙,真武庙	12庙祠 43426			东极宫,斗母宫,灵佑宫,洪慈道院	4宫观 12117		
V-15	10	拈花寺	1庙 184680	双龙庵,云集庵,药王庵	3庵 5572	关帝庙,五虎庙	2庙祠 3564	神库,皇乾殿,大享殿,先农坛	4庙宇 11016	道士观	不明		
V-16	12	法藏寺	1庙 7776	三义庵	1庵 3888	关帝庙	1庙祠 1296	牺牲所,圜丘坛,斋戒宫,神乐所,凝禧殿,斋宫	7庙宇 168480	太阳宫,三圣祠	2宫观 10044		
V-17	9	天寿寺,佑圣寺	2庙 15552	甘露庵,吉祥庵,地藏庵,永寿庵,观音庵	5庵 14126	□□庙,关帝庙	2庙祠 907						
合计		39	498784	82	133744	73	158654	11	179496	13	44794	1	10108

续表

栅格	宗教设施总数(座)	佛寺 名称	佛寺 总占地面积(m²)	佛庵 名称	佛庵 总占地面积(m²)	民间庙祠 名称	民间庙祠 总占地面积(m²)	儒教庙宇 名称	儒教庙宇 总占地面积(m²)	道观 名称	道观 总占地面积(m²)	清真寺 名称	清真寺 总占地面积(m²)
单位平均占地面积(m²)			12789		1631		2173		16318		3446		10180

栅格 V-12—V-17

V-12 (东一西) 东便门, 花市大街, 崇文门东大街, 崇文门外大街, 崇文门, 兴隆街, 前门东大街

V-13 (东一西) 广渠门, 广渠门内大街, 崇文门外大街, 珠市口大街

V-14 (东一西) 广渠门南滨河路, 夕照寺街, 幸福大街, 崇文门大街, 天坛路, 永定门内大街

V-15 (东一西) 广渠门南滨河路, 光明路, 体育馆路, 天坛东路, 天坛, 永定门内大街

V-16 (东一西) 广渠门南滨河路, 天坛东路, 永定门内大街, 天坛, 永定门

V-17 (东一西) 左安门, 左安门滨河路, 永定门东街, 永定门

注：宗教设施占地面积统计米源为《乾隆图》的图上面积（笔者测量）乘以比例尺（笔者测算）得来。

二 《乾隆图》中传统历史建筑群的保存情况

乾隆年间北京城内有 1000 座以上的宗教设施。然而经过一系列的现代化城市规划，宗教设施的数量急剧减少，北京的城市景观也发生了巨大的变化。

崇文地区的佛教、民间信仰、儒教、道教、伊斯兰教的宗教设施建筑总共有 217 处。儒教庙宇至今完好无损地保存在天坛内，已申请登录为世界文化遗产。山川坛（先农坛）、天坛的大享殿（照片1）、皇乾殿、神库、皇穹宇、圜丘坛、牺牲所、斋宫（照片2）、神乐所、凝禧殿等建筑至今仍保存完好。如照片 3 所示的是崇文地区至今仍保持其宗教功能的清真寺。

虽然《乾隆图》中的佛寺总数有 39 座，但是现存的只剩下积善寺、隆安寺（照片4）、夕照寺、法华寺（照片5）、佑圣寺、观音寺 6 座。积善寺仅保存有正殿，隆安寺正在进行修复工程。夕照寺出资修复并在旁边建了一座古香古色的宾馆，至今夕照寺仍旧作为该宾馆展示中国传统文化的展示馆进行使用。法华寺则作为一般性的住宅，至今仍有 3 户人家居住在那里。佑圣寺与观音寺则早已荒废，现在只剩下建筑还在那里。佛庵的总数如前文中统计的还剩余 82 座，现在已经全部消失。而道观在《乾隆图》中总数有 12 座，但现在也都消失了。只有明城墙遗址公园每年举办的蟠桃宫赏梅花节力求复原当年道观蟠桃宫的热闹景象，而附近的蟠桃宫商店或许只有"蟠桃宫"的名字还会让人联想起这里昔日道观香火旺盛的景象。

照片1 大享殿　　　照片2 斋宫　　　照片3 清真寺
（笔者摄影）

照片4　隆安寺　　　　　照片5　法华寺　　　　　照片6　袁崇焕祠

图 5　庙祠

(笔者摄影)

庙祠在《乾隆图》中有73座之多，仅留下了药王庙、火神庙、袁崇焕祠这3座。位于清华街胡同里的药王庙现在作为北京第十一中学的教学楼仍在使用，每隔几年学校也会出资修缮，现在作为文物保护单位被保护了起来，笔者在调查的时候正在修缮。火神庙位于崇文门外的花市大街西大街，原来曾经一度作为崇文区的临时图书馆被使用，后来新馆建成后这里就成为临时的借书处，至今仍在被使用，主体建筑以及院落修缮维护得比较好。位于花市大街新景家园小区内的关帝庙现在就只有一个石碑还孤独地伫立在那里。石碑上刻着关帝庙的建造年代、面积、房间数量，虽然原来的建筑院落已经不复存在，但是当年关帝庙里的那株参天大树仍旧矗立在石碑边上。袁崇焕祠（照片6）是祭祀明末爱国将领袁崇焕的祠堂，至死抗清的袁崇焕被崇祯皇帝处死之后，在清初是不允许被祭祀的，而袁崇焕的部将冒死取回他的尸骨，为他守灵祭拜，直至1782年乾隆帝敕命恢复袁崇焕的名誉才为人们所知，地点就位于今广渠门内大街一个小区内，在小区建成前是在一个胡同斜街里，作为隐形的民间信仰的庙祠，在1750年《乾隆图》成图的时候图上还没有做出任何标记，所以我们现在无法在《乾隆图》中找到任何关于袁崇焕祠的记载。

综上所述，崇文地区的宗教设施保护现状是儒教庙宇、伊斯兰教清真寺以及极少一部分佛寺、民间信仰的庙祠保存了下来，而数量众多的佛庵、道观随着社会的发展与城市开发已经消失在历史的长河中了，现在我们仅能从地方志、古地图中窥见它们的影子。而儒家庙宇作为世界文化遗产虽然保留了下来，但是它已经丧失了原有的祭祀功能。同样地，如前文提到的夕照寺也成为新型的特色宾馆的附属建筑为一般大众所使用，实际上这些原来的宗教设施已经失去了原有的功能，而被赋予了新的功能。民间信仰的庙祠几乎消失殆尽，有些剩下的建筑或被学校当作校舍，或被图书馆征用为阅览室。但是崇文地区唯一的伊斯兰教清真寺却仍然保留其宗教功能及属性，至今仍然有穆斯林阿訇住在里面，有时也会举办一些回民的葬礼等仪式。

三　结论与展望

本文在第一部分对崇文地区的位置、乾隆年间北京崇文地区整体的宗教环境以及宗教设施的分布情况进行了说明。在第二部分分析了《乾隆图》中佛寺、佛庵、民间信仰的庙祠、道观、儒教庙宇、伊斯兰教清真寺的分布情况，通过对各个宗教设施占地面积、分布密度的计算，客观地分析了宗教设施的分布特征与特点。最后对宗教设施的分布特征与景观特征形成的影响因素进行了考察与探讨，并做出推测。在第二部分探访考察了《乾隆图》中崇文地区保存下来的宗教设施，同时还阐述了宗教建筑的现状。

通过地图研究与实地考察，具体结论如下：乾隆年间北京城外城的崇文地区儒教庙宇数量少，但是儒教建筑群的占地面积却是整个崇文地区的1/4。崇文地区的佛寺主要分布于贯穿东西的主干道的两侧，佛庵的数量最多，分布特点主要集中于居住区内。还根据《乾隆图》的图上面积（笔者测量）乘以比例尺（笔者测算）明确计算出崇文地区宗教设施的单位平均占地面积，由大到小依次是儒教庙宇为16318平方米、佛寺为12789平方米、清真寺为10108平方米、道观为3446平方米、民间信仰的庙祠为2173平方米、佛庵为1631平方米。

过去对于北京城的研究主要集中在对于城市规划、空间构造以及建筑样式等方面。前两者是针对城市整体的研究，而研究建筑样式又聚焦于微观的个体身上。而且1980年出版的《历史地理地图集》中虽然刊载了北京城相关的历史地图，但是对北京城市历史变迁中城市景观变迁的分析还略显不足。

本文将《乾隆图》中描绘的北京城内的宗教设施按照原来的位置还原到了《北京古建筑地图集》（2009）上；按照宗教类别整理分析了宗教设施的分布情况，并根据图上的比例尺计算了实际的占地面积。通过上述对比成功分析了促成城市景观形成与变迁的影响因素；同时不同宗教设施的分布情况也与当时北京城宗教信仰的普及程度有着深刻的关系。

　　宗教设施作为北京城市景观构成的重要组成部分，承载着悠久的都城历史与城市文化底蕴；在重视保存宗教设施以及相关的传统历史文化建筑的同时，加强宣传、组织青年学生参观游览、尽可能避免过度开发其旅游价值，成为今后需要深入探讨的课题，也是进行首都文化建设与历史文化名城保护的不二之法。

北京文化遗产研究

北京中轴线是中华文明五大特性的典型例证*

张 勃**

摘要：习近平总书记在 2023 年 6 月 2 日文化传承发展座谈会上的重要讲话中指出，中华优秀传统文化有很多重要元素，共同塑造出中华文明的突出特性。中华文明具有突出的连续性、突出的创新性、突出的统一性、突出的包容性、突出的和平性。北京中轴线源远流长、历久弥新，具有明显的统一性和包容性，承载着对和的理想追求，是中华文明五大突出特性的典型例证。

关键词：北京中轴线；中华文明；突出特性

习近平总书记在 2023 年 6 月 2 日文化传承发展座谈会上的重要讲话中指出，中华优秀传统文化有很多重要元素，共同塑造出中华文明的突出特性。中华文明具有突出的连续性、突出的创新性、突出的统一性、突出的包容性、突出的和平性。这些突出特性的归纳和总结，对我们认识中华文化的本质特征、建设中华民族现代文明具有重要意义。中华文明是对中华民族创造的物质财富和精神财富的整体概括，包括许多具体的文化事象。突出特性既体现在作为整体的中华文明之中，也体现在构成整体的部分之中。对于部分内容的深入分析，能够使我们对中华文明的突出特性有更加具体和深入的理解。

自永定门至钟鼓楼长达 7.8 千米的北京中轴线，肇始于元大都，历经 700 余年，是由宫殿坛庙、御道街市、城门城楼、山水桥梁、报时建筑、

---

* 本文为研究阐释党的十九届五中全会精神国家社科基金重大项目"拓展新时代文明实践中心建设研究"（项目编号：21ZDA076）的阶段性成果。

** 张勃，北京联合大学北京学研究所研究员，主要从事北京学、历史民俗学研究。

纪念碑、纪念堂、广场等一系列古代皇家建筑、城市管理设施、居中道路，以及公共建筑和公共空间共同构成的文化遗产，包括永定门、永定门御道遗存、天桥南大街、前门大街、正阳门及箭楼、毛主席纪念堂、人民英雄纪念碑、天安门广场、外金水桥、天安门、端门、故宫、景山、地安门内大街、万宁桥、鼓楼及钟楼以及先农坛、天坛、社稷坛、太庙等，不仅源远流长，而且历久弥新，承载着中华民族的宇宙观、价值观、理想诉求，是中华文明五大突出特性的典型例证。

一 突出的连续性：源远流长的北京中轴线

所谓连续性，是文明生生不息、绵延存续的特性。中华民族强调生生不息，自觉追求持续性，认为"天地之大德曰生"。中华文明具有突出的连续性，是源远流长、唯一没有断流的文明。这一特性是中华文明区别于其他文明的最根本的特性，其形成，既依靠大量书面文献资料和众多的器物、遗迹、遗址传承，也依靠口耳相传和生活日用延续。中国在三千多年以前已经出现成熟的文字，形成了历史悠久的以文字为载体的书面文献典籍系统，保存着对于文化精华的集体记忆，本身即是一种高度发达的文明现象。中国古人又有以器载道的文化传统，大到一个都城，小到一双筷子，在设计者那里，不仅要满足日常生活的需要，还要彰显制度、表达思想，由此使器物成为制度和思想（如宇宙观念、价值观念和审美情趣）的产物与载体，物质文化也与制度文化、精神文化有机地结合在一起。通过物的再造和使用，就可以实现制度文化和精神文化的再生产与传承延续。也因此，当下之物本身往往就有着深厚的历史渊源。北京中轴线之所以能够成为中华文明突出连续性的典型例证，不仅在于它今天的形态层累了元代以来各个历史时期的文化造物，更在于它得以形成的都城规划设计理念以及它所承载的宇宙观、价值观、理想诉求都可以追溯到数千年前，而这些理念、观念、理想并不因王朝更迭、政权易代而中断。

申报世界文化遗产的北京中轴线，虽然肇始于元代，但作为中国古老都城规划设计思想在北京实践的"无比杰作"，却有着更为悠久的渊源。有学者认为，城市中轴线设计在原始社会时期已经出现萌芽，夏商周时期已经初步确立。[①]

[①] 郑卫、丁康乐、李京生：《关于中国古代城市中轴线设计的历史考察》，《建筑师》2008年第4期。

有学者明确提出，二里头遗址宫殿群当中已有明显的择中立宫的布局，宫城的中轴线自然地成为全城规划的中轴线。① 有学者认为，先秦时期的都城，或整体，或局部，或单体建筑已不同程度地形成了中轴线格局。② 还有学者认为，《考工记》"匠人营国"的记载就包含明显的城市中轴结构③，并在考察历史文献的基础上进一步提出，东汉洛阳城的营建显示这一时期《考工记》的择中思想影响力扩大，对全程布局产生影响，"确认了宫城或宫殿群的轴线与城市干道轴线的结合"。④ 刘敦桢先生则指出，"春秋战国的若干都城将宫室置于中轴线上，并有了较整齐的街道和控制居民的闾里制度"。⑤ 尽管学者们在都城中轴线的起源时间上意见不一，并且随着考古新发现和文献记载的进一步解读，还会形成新的观点，但是保守的观点也认为："曹魏邺北城在中国城市发展史上是一个关键的转折点，它结束了三代秦汉以来以宫庙和宫殿为主体的城市布局，开创了有城市中轴线的封闭式里坊制城市。"⑥ 而都城以中轴线进行规划设计的理念和方法形成之后，从隋唐长安到北宋汴梁、金中都、元大都、明清北京就一直没有中断，直到今天仍在持续发展。《北京城市总体规划（2016年—2035年）》明确提出，将北京中轴线的南北延长线继续向南、向北发展，向北延伸至燕山山脉，向南延伸至北京新机场、永定河水系。⑦

再如北京中轴线还承载着"择中立国"的原则。所谓择中立国，是指选择"天下之中"作为都城。元明清定都北京，都特别强调北京的天下之中地位，作为建都于此的合法性依据。元朝人霸突鲁说："幽燕之地，龙盘虎踞，形势雄伟，南控江淮，北连朔漠。且天子必居中以受四方朝觐。大王果欲经营天下，驻跸之所，非燕不可。"明朝人杨荣《皇都大一统赋》云："而其为都也，四方道里之适均，万国朝觐之所同。梯航玉帛为都邑

---

① 杜金鹏：《偃师商城考古新发现及其意义》，《文物季刊》1999年第2期。
② 张自智：《中国古代都城布局的中轴线问题》，《考古与文物》2004年第4期。
③ 《周礼·考工记》云："匠人营国，方九里，旁三门。国中九经九纬，经涂九轨。左祖右社，前朝后市，市朝一夫……经涂九轨，环涂七轨，野涂五轨。环涂以为诸侯经涂，野涂以为都经涂。"
④ 沈加锋：《〈考工记〉对中国古代都城中轴线发展过程的影响》，《新建筑》1989年第2期。
⑤ 刘敦桢：《中国古代建筑史·绪论》，中国建筑工业出版社1984年版，第20页。
⑥ 徐苹方：《论历史文化名城北京的古代城市规划及其保护》，《北京联合大学学报》2001年第1期。
⑦ 《北京城市总体规划（2016年—2035年）》，参见北京市人民政府官网http://www.beijing.gov.cn/gongkai/guihua/wngh/cqgh/201907/t20190701_100008.html。

之会，阴阳风雨当天地之中。"① 不仅都城选址时要考虑位于天下之中，进行都城规划建设时，也刻意将其营建为天下之中。比如长长的中轴线自北而南从宫城、皇城和内城穿过，形成大大的"中"字，是天下之中的典型象征。

这种择中立国的原则早在西周初年就由周公旦予以实践。史载周成王打算将都城迁到洛邑，先派遣召公奭去堪舆相宅，后来周公旦又去察看，于是洛邑"居九鼎焉"，成为国都。周公以"天下"为空间视域，通过测日影的方法找到"地中"所在，结合当地的自然地理条件和社会人文基础，确定都城，并以其为中心，在四周划定畿辅之地。实际上早在周公之前，《尚书·尧典》就记载了帝尧命羲仲、羲叔与和仲、和叔分赴东方旸谷、南方南交、西方昧谷与北方幽都观星、测日影的做法，可见周公的测日影、定土中并非全新的发明，而是对前代的继承。只是在继承的同时，周公创造性地将天中、土中和都城联系起来，将都城视为"天地之所合也，四时之所交也，风雨之所会也，阴阳之所和也"的宇宙中心，从而凸显了都城的神圣性、优越性及作为枢纽的地位与功能，也使最高执政者处于"居天下之中以均统四方"的地位，拥有了宅中图治的合法性、配天治民的权威性和敬德保民的责任担当。周公之后，择中立国的原则不断得到认同和发展，先秦思想家荀子提出："王者必居天下之中，礼也。"后来的王朝虽然各有其都，但总是将其宣称为天下之中并努力将其营造为天下之中。

中轴线整体承载的择中立国的都城规划思想不仅见证了中华文明的源远流长，其上的建筑也同样如此。以天坛为例，祭天是中国古代最为重要的礼仪活动，所谓"礼莫重于祭，祭莫大于天"，《周礼》中已有"冬日至，于地上之圜丘奏之，若乐六变，则天神皆降"的记载，考古发现更证明，早在5000多年前的牛河梁红山文化遗址中已经出现祭天的坛式建筑，坛面接近正圆形，由三层以立石为界的阶台和坛上积石组成，形成由外、中、内三周同心状石界桩圈框定的三层台阶，从外向内逐渐高起，与今天中轴线上明清两朝皇帝冬至祭天的国家礼仪场所——圜丘如出一辙。这是中华文明源远流长的典型例证。

---

① （明）杨荣：《皇都大一统赋》，载（清）于敏中等纂《日下旧闻考（一）》，北京古籍出版社2000年版，第94页。

二 突出的创新性：与时偕行的北京中轴线

所谓创新性，就是文明在存续过程中不断有新的创造，从而不断前进、不断发展的特性。中华文明具有突出的创新性，是历久弥新、持续发展的文明。这一特性的形成，依赖于不断进取的求新心态和发挥人的能动性以因时制宜、因地制宜地持续实践。"新"是中华文明中十分重要的概念，从"周虽旧邦，其命惟新""苟日新，日日新，又日新"到"富有之谓大业，日新之谓盛德""子力行之，亦以新子之国"等，都强调新的意义和价值。突出的创新性是中华文明的宝贵特质，这一特性能够赋予中华文明生生不息的活力，成为其突出持续性的重要原因。北京中轴线则以其自身的变化发展，成为中华文明与时偕行、历久弥新的典型例证。

我国都城中轴线自其产生之后，处于不断的变化当中。有学者提出，城市中轴线在其发展过程中，经历了由两段式向三段式空间布局的变化，其中北宋汴梁为城市中轴线三段式空间布局开辟了道路，影响了金中都中轴线的布局，预示了元大都中轴线三段式空间布局的形成。[①] 也就是说，北京中轴线处于我国都城中轴线发展中的后半段，是都城中轴线发展到一定阶段的产物，本身就包含着新的元素。而自其出现之后，自元朝起，一直到当下，仍然处于不断的更新之中，从而成为活着的、发展着的文化遗产。

具体言之，元大都的中轴线，可以说比其之前任何一个朝代的中轴线，都更接近《周礼·考工记》关于"左祖右社，前朝后市"的理想都城模式，也形成了一条穿过大都、皇城和大内的中轴线。与前代不同的是，元大都第一次将钟鼓楼置于都城中轴线的北边。鼓楼名齐政楼，是用于计时、报时的"更鼓谯楼"，表达《尚书·舜典》所说"在璇玑玉衡，以齐七政"的含义，它与钟鼓一起，共同宣示着帝国的作息时间和井然秩序。

明代北京中轴线与元大都中轴线重合，但在建设和布局上有其创新。第一，体现在建筑命名上。许多沿中轴线对称分布的建筑，命名径直使用左右、东西、文武这些对称性很强的语词。比如外城和内城城门有东直门

[①] 刘剑刚：《北京中轴线文化遗产图典·从景山到钟鼓楼》，待刊稿。

和西直门、东便门和西便门、左安门和右安门；皇城有东安门和西安门。皇城内和紫禁城内外的对称式命名更多，如东华门与西华门、中左门与中右门、文楼和武楼、东角门与西角门、左顺门与右顺门、文华殿与武英殿、左掖门与右掖门、阙左门与阙右门、长安右门与长安左门等。第二，体现在左祖右社和中央衙署的安排上。元大都也有"左祖右社"的安排，但太庙和社稷坛分处于皇城之外，相距较远。明代则将太庙和社稷坛置于皇城内、宫城前，紧靠中轴线。明代还在皇城外修建T形广场和千步廊，并按照文东武西的原则安排中央官署机构，从而进一步增强了左右对称、中轴突出的特点。第三，嘉靖年间修筑外城，将外城城门永定门安排在内城中轴线向南的延长线上，此前业已存在的天坛与山川坛（后改称先农坛）则分布于东西两侧，不仅使中轴线得到延长，而且使"左右对称、中轴突出"的格局进一步彰显。

清代在北京中轴线建设上也有诸多贡献，尤值一提的是围绕景山所做的建设，如在山前原明代山殿的基址上兴建了绮望楼，创造性地将至圣先师孔子置于中轴线。在更加突出中轴线地位的同时，也丰富了中轴线的文化内涵。

新中国成立后，改建天安门广场，提供国家礼仪活动空间和休闲场所；竖立起高大的人民英雄纪念碑，以纪念为国家富强、社会安宁而不懈奋斗的人民英雄，左右两侧建有国家博物馆和人民大会堂，是新的"左祖右社"，显示对历史的尊重和新政权的立国之本与立政之基；建设毛主席纪念堂，以纪念开国领袖的丰功伟绩。侯仁之先生曾经用三个里程碑概括北京城市建设具有标志性意义的变化，第一个是明朝皇城、紫禁城的修建；第二个是天安门广场的改造和东西长安街的贯通；第三个是中轴北延长线的建设。[①] 这三个里程碑都发生在北京中轴线上，是北京中轴线创新性地集中体现。

北京中轴线是中国都城中轴线的有机组成部分，它既吸收了前代都城规划设计理念和实践成果，延续古老的以中轴线为都城规划设计基准线的历史传统，又根据北京的自然地理环境和人文社会环境的变化而增加了新的内容，赋予了新的内涵，从而直到今天仍然具有强大的存续力。

---

① 侯仁之：《北京城市发展中的三个里程碑》，《城市发展研究》1995年第1期。

三 突出的统一性：多元一体的北京中轴线

所谓统一性，就是指文明在存续过程中，部分不断连成整体，分歧逐渐归于一致的特性。中华文明具有突出的统一性，是融多元文化于一体、被普遍认同的文明。根据学者的研究，早在距今 5000 年前后，中华大地各区域的史前文化就在各自基础上独自发展的同时，与周邻地区发生了密切的联系，形成了一些共同的文化因素。其发展的模式呈向内凝聚式，长江流域、淮河流域、黄河流域和辽河流域初步形成了早期的中华文化圈。到夏朝后期，中华早期文明已从各区域文明独自起源，发展为中原王朝引领的局面。[①] 经过商周时期，到战国末期，秦始皇扫六合，并八荒，最终于公元前 221 年建立起中央集权制的帝制国家。统一全国后，秦始皇实施一系列政策，推行郡县制，统一度量衡，在全国修建驰道，"书同文，车同轨"，形成了前所未有的大一统政治局面。到汉代，边疆各民族与中原地区的联系日益密切，统一的多民族国家得以形成并不断发展。魏晋南北朝时期是中国历史上一个民族大分裂的时期，民族冲突与民族融合构成当时民族关系的一体两面，各少数民族政权纷纷向汉族学习，接受汉族文化，到南北朝末期，各族人民在经济生活、文化语言、风俗习惯等方面和汉族已基本相同。[②] 隋唐时期，民族融合进一步加深，统一的多民族国家的发展达到新的水平。接下来的五代宋辽夏金时期，中国重新陷入分裂之中，但中华民族仍然保持着多元一体的基本格局。建立政权的民族无论汉族还是少数民族，都把国家的大一统作为自己的政治理想，都通过认同自己为中华儿女和对儒家文化的尊崇表达自己政权的正统性，共同促进了统一的多民族国家的形成，诚如费孝通先生所指出的："中华民族作为一个自觉的民族实体，是近百年来中国和西方列强对抗中出现的，但作为一个自在的民族实体则是几千年的历史过程所形成的……它的主流是由许许多多分散孤立存在的民族单位，经过接触、混杂、联结和融合，同时也有分裂和消亡，形成一个你来我去、我来你去、我中有你、你中有我，而又各

[①] 王巍：《深刻把握中华文明的突出特性——以考古学为中心的考察》，《光明日报》2023 年 7 月 3 日第 14 版。

[②] 齐涛主编：《中国通史教程（古代卷）》，山东大学出版社 2001 年版，第 233 页。

具个性的多元统一体。"① 可以说，在中华文明发展进程中，"尚一统、求大同"的理念诉求和政治实践，持续强化着中华民族的凝聚力和认同感，铸就了中华文明突出的统一性。

北京自西周初年成为诸侯国都城以来，曾多次作为不同政权的政治中心，尤其是契丹人建立辽朝将其作为南京以后，又成为女真人建立的金朝的中都，蒙古人建立的大一统王朝元的大都，汉人和满人分别建立的明、清大一统王朝的都城。多个民族在这里建立政权，一方面，带来了不同民族的文化在这里交流交汇交融；但另一方面，这些民族又都崇尚华夏礼乐文明，从而进一步促进了多民族大一统国家的巩固。都城是国家的政治中心，中轴线又是都城的中心，是中华文明的集中体现，北京中轴线作为都城中轴线规划设计理念在北京实践的产物，其形成和代代延续本身，就是统一性的最好表征。金中都的创建者海陵王完颜亮，从小就"好读书，学弈，象戏，点茶，延接儒生"，"见江南衣冠文物，朝仪位著而慕之"，②拟迁都燕京后，便派遣画工专程将北宋开封的宫室制度描绘下来学习，由此形成北京的第一条都城中轴线。元大都规划建设遵循的主要是儒家经典《周礼》中关于中国古代都城规划的理想模式，它将都城视为一个整体，并按照礼制进行功能分区，形成宫城在南、市场在北，均位于都城中轴线上，太庙、社稷坛分处于东、西两侧的总体布局。对中国古代都城理想模式的遵循以及对多种礼仪场所的设置和建造，显示了元朝统治者对华夏文化的理解、尊重、认同和践行。清朝的统治者更以继承明代正统自居，在诸多方面都学习和继承明代制度，其中包括继承明北京城并延续了北京中轴线的格局。北京中轴线作为中华文明的载体和象征，被多民族普遍认同。

此外，发生在北京中轴线上的一些历史事件，也见证着中华文明的统一性。比如共享同一种时间制度，既是维护中华文明统一性的重要手段，也是中华文明统一性的重要表现。其实"大一统"概念的来历，就与时间制度有关。《公羊传·隐公元年》载："何言乎王正月？大一统也。"徐彦

---

① 费孝通：《中华民族的多元一体格局》，载费孝通主编《中华民族的多元一体格局（修订本）》，中央民族大学出版社1999年版，第3—4页。张岱年、程宜山：《中国文化精神》，北京大学出版社2015年版，第101页。

② （宋）宇文懋昭撰，崔文印校证：《大金国志校证》"海陵炀王纪"，中华书局1986年版，第187页。

疏云:"王者受命,制正月以统天下,令万物无不一一皆奉之以为始,故言大一统也。"时间制度关乎社会秩序和政治权力,我国早在《尚书·尧典》中就有"乃命羲和,钦若昊天,历象日月星辰,敬授民时"的记载,《周礼·春官》记述"太史"的职责则是:"正年岁以序事,颁之官府及都鄙,颁告朔于邦国。"元、明、清三朝也都有在北京中轴线上颁布历书的做法,"珠宫赐宴庆迎祥,丽日初随彩线长。太史院官新进历,榻前一一赐诸王",①描写的是元代皇帝冬至日在宫廷中颁历的状况;明代颁历仪式多在九月朔日或十月朔日举行,场面盛大,参与人员大大增加,国子监生、僧官道士、藩属国使者,甚至部分普通士民,俱得赐历。清承明制,于午门"颁朔礼",所谓:"时宪书成,钦天监官岁以十月朔日进,并颁赐王公百官。午门行颁朔礼,颁到直省,督、抚受朔如常仪。"历书是按照一定历法安排年、月、日、节日、节气等的文本,通过颁布历书,中央政府得以实现对举国事务的有序安排,如此则上下政令统一,军政事务、社会生活都能够按照时间规则运转,井然有序,形成一个整体。与历书相关的是,在全国范围内,从上到下还会共享许多节日,通过年复一年在同一个时间里共同举行约定俗成的节日活动,人们形成对中华民族和中华文明的认同感。

四 突出的包容性:丰富多彩的北京中轴线

所谓包容性,就是秉持兼收并蓄、有容乃大的开放心态,不断促进交流互鉴的特性。中华文明具有突出的包容性,是不断丰富、多姿多彩的文明。"有忍,其乃有济;有容,德乃大""太山不让土壤,故能成其大;河海不择细流,故能就其深""以大度兼容,则万物兼济",这些古语所表述都是包容的意义和价值。北京中轴线在统一性中体现出包容性和多样性。

毋庸置疑,北京中轴线的形成是儒家思想的产物,体现着儒家崇尚的礼乐文明,比如天坛供奉昊天上帝以及与天有关的日、月、星辰和云、雨、风、雷诸神;先农坛供奉先农,五岳、五镇、四海、四渎以及天下名山大川、京畿名山大川之祇,以及太岁神等;太庙供奉皇帝的祖先及宗室和有功的大臣,社稷坛供奉社稷之神;这些都是儒家礼制的正祀。然而,

---

① (元)柯九思等著,陈高华点校:《辽金元宫词》,北京古籍出版社1988年版,第4—5页。

这又并非北京中轴线上信仰的全部。此外，还有丰富的佛教文化，比如紫禁城慈宁宫就有皇宫中供奉佛像的重要场所，而其北边的雨花阁，"阁三层，覆以金瓦，俱供奉西天梵像"，①乾隆年间在景山峰顶各建一座佛亭（自东向西依次命名为周赏亭、观妙亭、万春亭、辑芳亭和富览亭）。每座亭内供奉一尊佛像，统称"五方佛"，也是佛教文化的典型代表。明清时期，中轴线上还修建了不少道教建筑，其中最著名者，如紫禁城内的钦安殿、天穹宝殿和位于紫禁城西北方的大高玄殿，它们均是皇家道教活动的场所。此外，位于什刹海一带、中轴线西侧的火神庙供奉火德真君，也是道教场所。北京中轴线上还有萨满教文化，清朝是满洲人建立的政权，满洲人信仰萨满教，入关后不久"即建堂子于长安左门外、玉河桥东"，作为专门的祭祀场所。②他们还将紫禁城内的坤宁宫变成祭拜萨满诸神的场所。一般认为，宗教文化是最具有排他性的文化，北京中轴线上多种宗教文化的和谐共处，正是其包容性的鲜明表现，也是反映中华文明突出包容性的一个典型。这也是其文化价值的重要体现。

五　突出的和平性：以和为贵的北京中轴线

所谓和平性，就是以和为贵、坚持公平，不断促进人与自然、人与他者、人与自我之间关系和谐的特性。中华文明具有突出的和平性，是追求"天地位，万物育"、井然有序、共生共荣的文明。中华民族历来崇尚和，早在《尚书》中，就有对"和"的深刻思考，指出乐律和谐所依赖的必要条件和乐律和谐的重要意义，所谓："诗言志，歌永言，声依永，律和声，八音克谐，无相夺伦，神人以和。"③西周末年，史伯又提出"和实生物，同则不继"的命题，认为和是多种不同事物的平衡协调，可以使万物得到生长。春秋时期的晏子也从五味、五声的角度，进一步阐发了"和"的内涵与作用，认为和能够"济其不及，以泄其过"，而不同的事物甚至相反的事物都可以相成相济，等等。《礼记·中庸》更将和视为"天下之达道"。④宋代张载亦提出"有象斯有对，对必反其为；有反斯有仇，仇必和

---

① （清）鄂尔泰编纂，左步青点校：《国朝宫史上》卷13，北京出版社2018年版，第261页。
② 《皇朝文献通考》卷99"郊社考九"，《四库全书》影印版。
③ 《尚书》，《十三经（全一册）》，中州古籍出版社1992年版，第4页。
④ 《礼记》，《十三经（全一册）》，中州古籍出版社1992年版，第196—197页。

而解"。经过长期的发展积淀,"'和'的内涵越来越深刻,越来越丰富,由一个日常词语逐步升华为一个哲学概念、美学概念、伦理道德概念,日益成为中华民族文化的核心范畴和主导精神"。① 在处理人与自然的关系上,中华民族强调天人合一,与环境和谐共存,共生共荣;在处理自我与他者关系上,强调不同国家、不同民族、不同文化的平等相处,交流互鉴,协和万邦,天下大同;在处理人与自我关系上,强调血气和平,志意广大。中华文明突出的和平性十分鲜明地体现在北京中轴线上。

紫禁城作为宫城,在北京中轴线上处于核心地位,其中前三殿和后三宫作为封建国家最高统治者处理政事、举行盛典和日常生活起居的前朝与后廷,又是核心中的核心。前三殿是太和殿、中和殿、保和殿三大殿及其相关区域的总称。三大殿均位于中轴线上,均以"和"字命名,再清晰不过地反映了对和的追求。此外,三大殿区域还有协和门和熙和门,也以"和"字命名。而后三宫是乾清宫、交泰殿、坤宁宫三宫及其相关区域的总称,三宫的名称都源于《周易》,亦与"和"密切相关。其中,《乾》云:"大哉乾元,万物资始,乃统天。……乾道变化,各正性命。保合太和,乃利贞。首出庶物,万国咸宁"②,指出乾代表天,蓬勃盛大的乾元之气是万物创始化生的动力资源,天道大化流行,使万物各得其正,各尽本性,即可达到太和之境,万物得到顺利发展。

"乐者,天地之和也,礼者,天地之序也。和故百物皆化,序故群物皆别",③ 北京中轴线上的两侧分布着天坛、先农坛、社稷坛、太庙等国家礼仪建筑,承载着别异和同的礼乐文明。而在举行祭祀天地、先农、社稷、祖先等最重要的国家礼仪时,多要奏中和韶乐。中和韶乐包括多个乐章,而且在不同历史时期有所差别,但多以和、平命名,再鲜明不过地体现了对和平的追求。如明朝嘉靖十年(1531)的祈谷乐章包括中和之曲、肃和之曲、咸和之曲、寿和之曲、景和之曲、永和之曲、凝和之曲、清和之曲与太和之曲;清乾隆十一年(1746)圜丘九章包括始平、景平、咸平、寿平、嘉平、永平、熙平、清平、太平。

综上可见,北京中轴线是中华文明五大突出特性的典型例证。不仅如

---

① 周来祥:《和·中和·中——再论中国传统文化的和谐精神及其审美特征》,《文史哲》2006年第2期。
② 《周易》,《十三经(全一册)》,中州古籍出版社1992年版,第1页。
③ 《礼记》,《十三经(全一册)》,中州古籍出版社1992年版,第133页。

此，北京中轴线也能够为理解五大突出特性之间的关系提供说明。中华文明五大突出特性并非孤立存在，而是彼此之间存在十分密切的联系，比如中华文明突出持续性的形成，就在很大程度上可以归因为其他四个特性，正是创新性、包容性的不断赋能，统一性、和平性提供的保障，才使中华文明得以源远流长，生生不息。北京中轴线作为都城中轴线规划思想在北京实践的产物，它的代代传衍、持续不断也有赖于其自身鲜明的创新性、包容性、统一性与和平性。

结　语

中华文明的五大突出特性，既是在中华文明的长期发展过程中客观形成的，也是中华民族自觉追求的结果。"天地之大德曰生""《春秋》大一统者，天地之常经，古今之通谊也""富有之谓大业，日新之谓盛德""以大度兼容，则万物兼济""仇必和而解"等这些先哲的论述，均可以为证。中华文明的五大突出特性，也是五大突出优点，是面向未来建设中华民族现代文明所应持守的原则。坚持持续性、统一性、创新性、包容性、和平性的传承发展原则，中华文明必然有光明辉煌的前景。而伴随中华文明的持续发展和现代文明的建设，也一定会塑造出崇尚持续性、统一性、创新性、包容性、和平性的中国人。

北京中轴线作为中华优秀传统文化的重要元素，参与塑造了中华文明的突出特性，也是中华文明五大突出特性的典型例证。讲好北京中轴线的故事，对于传播中华文明具有积极意义。当然，北京作为世界著名古都和历史文化名城，不仅仅有中轴线，其他数量众多且底蕴浓厚的文化遗产，都可以放在中华文明的视野中加以理解。也因此，保护好、传承好、阐释好、利用好北京的文化遗产，不仅仅是北京推进全国文化中心建设的题中应有之义，对于中华文明的可持续发展也具有重要价值。

卢沟桥的历史意义、文化精神与时代价值阐释

——一座最具中华民族历史深意和复杂情感的桥梁

王锐英[*]

摘要：在中国具有独一无二的深厚历史意义、文化精神与时代价值的桥梁，就是北京的卢沟桥，充分体现在历史与文化、科学与艺术、理想与现实、都城与乡野、庙堂与江湖、战争与和平等相互关联的一对对相望相守的矛盾关系中，由此形成了与众不同的卢沟桥文化。

关键词：卢沟桥；历史意义；文化精神；时代价值

引 子

有人说在我国众多的桥梁当中，其中有三座桥十分有深意，一座是代表中华民族聪明智慧的赵州桥，一座是代表中华民族爱国传统的卢沟桥，一座是代表中华民族牺牲精神的川藏公路的怒江大桥，颇有道理。论开创性、艺术性和科技价值，赵州桥当仁不让；论体现牺牲精神的当有许多桥梁，如发生八里桥之战的北京八里桥，四川大渡河有红军22名勇士勇夺泸定桥，还有在川藏公路、成渝铁路等桥梁建设中就曾经有许多人献出了宝贵的生命。

但要说有一座在中国历史中具有独一无二的深厚意义的桥梁，当推北京的卢沟桥。卢沟桥的历史意义、文化价值与时代精神都是无与伦比的，

---

[*] 王锐英，北京建筑大学图书馆原馆长，研究员，主要研究方向为土木工程、道路桥梁工程、北京历史文化与建筑文化。目前为北京建筑大学文化发展研究院特聘研究员、北京茅以升科技教育基金会中国古桥研究与保护委员会委员、北京古桥研究院顾问、北京史地民俗学会副会长、北京公路学会副秘书长。

特别体现在历史与文化、科学与艺术、理想与现实、都城与乡野、庙堂与江湖、战争与和平等两相对应的矛盾关系之中，已然形成了与众不同的卢沟桥文化，值得我们深入研究和总结。

一　卢沟桥的历史意义与人文价值

（一）北京历史的重要原点和交通门户

卢沟桥位于北京母亲河——永定河之上。北京城的起源与卢沟桥的前身卢沟古渡关系极为密切，这是侯仁之先生首先提出的。从地理环境来看，北京就坐落在永定河的洪积冲积扇上，号称"三海大河"的积水潭、什刹海、北海和中南海就是古高梁河及其古永定河的遗存，北京城大部分区域的河湖水系的形成均与永定河有关。而从古代蓟城直至如今的北京城的具体城址变迁来看，其与永定河主干河道的位置变化紧密相关，可以说北京城与卢沟河即古永定河的摆动呈现共进退关系，北京城依赖着永定河，但又时时受到永定河洪水的威胁，北京城不得不与其保持一段最小的距离。

再则，从更大的历史地理时空来看，北京地区和永定河流域正处于中国北方西北游牧文明、东北渔猎文明和中原农耕文明相互接触的"三岔口"，其分界就是永定河，其最东边的通道就是太行山东麓大道，这条连接中原和北方政治经济文化的纽带就在卢沟古渡跨越了永定河。北京城为永定河所孕育，北京的历史文化本质上则是在中国几大文明的相互碰撞交流中诞生的，卢沟古渡可以说就是北京的诞生地。

不过卢沟古渡总在移动着，直至金代随着金中都和卢沟桥的修建，才终于稳定下来，北京城也才得以稳定发展起来。

几千年中，卢沟古渡和卢沟桥为陆运枢纽，但永定河也曾经有过水运。在元代《卢沟运筏图》中，可以看到河中木筏顺流而下，岸边木材堆积待运，桥上行人接踵、车水马龙，真实反映了当时卢沟桥地区的百姓生活和南来北往的繁华盛景，凸显了卢沟桥的北京交通门户地位。

卢沟桥自古为"畿辅咽喉"，既是古代中原农耕文明与草原游牧文明的融合点，更是北京历史的重要原点，北京是依托一个古渡口、一座桥梁、一个不同文明之间相互接触、沟通交流的时空节点，从边疆重镇逐步发展起来的一座华夏首都和国际化大都市，这在中国古都中是独一无二的，凸显了卢沟桥在中国历史地理和桥梁历史中的独特地位与作用。

（二）中国桥梁历史的重要节点和北方古桥的杰出代表

卢沟桥始建于金大定二十九年（1189），历时三年于1192年建成，距今已有830多年的历史。卢沟桥的始建根由当然是交通，但还有一个根本性的因素，就是金代统治者为了朝宗祭奠皇陵，这个皇陵就是位于大房山的金陵。

所以，作为北京现存最古老的也是华北地区保存最完整的十一孔联拱石桥，卢沟桥以其悠久历史、皇家气派、石刻艺术形成了壮观的桥梁结构形态和独特建造技艺，成为中国桥梁史和桥梁科技史的重要节点，是中国桥梁具有世界影响力的发端——以"马可波罗桥"名扬世界，其影响力早于赵州桥。

卢沟桥全长266.5米，桥身总宽9.3米，共有10座重力式桥墩，11个桥孔的圆弧拱券跨径从两岸向桥中心逐渐增大，从边孔11.40米、12.35米至中孔13.45米不等。这种多孔厚墩石拱桥每个桥墩都能承受单孔拱的横向推力，一旦一孔破坏，不影响邻孔，施工时亦可逐孔进行。桥梁选址为永定河自三家店出山后河槽最为狭窄、地基最为稳定的一段，从结构形式、基础、材料到细部设计完全对应着季节性鲜明的永定河水文特征，并且满足北京西南大道的交通需求，可以说是中国古桥规划设计的经典范例。

据《乾隆重葺卢沟桥记碑》记载，卢沟桥"石工磷砌，锢以铁钉，坚固莫比"，全桥结构和桥墩、拱券的各个部分，均使用腰铁固接，增强了石材构件之间的联系。在抗洪水冲刷方面，一是以"铁柱穿石"技术稳固桥基，将数根粗大铁柱打入河底的卵石层中，上面则穿入桥墩和河底海墁石板，使基础上下连成一体。为防止水流冲击，桥墩周围还护以巨大石板，石板间互相勾连、紧紧相拥，非常坚固。二是将每个桥墩上游分水尖处嵌入一根三棱形铁柱，俗称"斩龙剑"，凤凰台上面覆压多层巨石，高度与拱券顶部持平，用以迎击洪水和初春冰河开解时大量泥沙冰凌的冲击，使桥孔不易被堵塞。在上述碑文中，乾隆对此赞叹："浑流巨浪势不可当，是桥经数百年而弗动，非古人用意精而建基固，则此桥必不能至今存。"这是乾隆皇帝看到卢沟桥的内部结构后的感叹："然非拆其表而观其里，亦不能知古人措意之精，用工之细，如是其亟也。"特别是20世纪70年代，为建设房山石化炼油厂，卢沟桥曾经经受过最大载重吨位430吨的反复考验，经过现代科学的形变测量检测，卢沟桥10个桥墩中沉陷幅度最大的至今也未超过 12 厘米。

（三）永定河历史的重要节点和中国人民治河治水的珍贵历史遗产

历史上的永定河是凌汛灾害极其剧烈的季节性河流，泥沙含量非常高，致使河床摆动异常频繁，号称北方的小黄河和无定河。永定河名为浑河之"浑"字即浑浊，卢沟桥之"卢"字即黑色，就是其鲜明的特征。因此，永定河的古渡口总是变化的，曾经出现的桥梁多为浮桥或临时木板桥。卢沟古渡的逐步稳定并最终变成卢沟桥是一个长期的发展过程，特别应该看到这不是一个完全自然的变迁，而是北京的劳动人民与永定河洪水长期博弈的结果，是人与自然互为进退的过程，最终通过卢沟桥的实体以及连接卢沟桥的上下游河堤和道路，并经明清两朝的维修加固，终于将桀骜不驯的永定河锁在了现在的位置，基本上解除了永定河对北京城的巨大威胁。至于康熙皇帝给无定河命名永定河，主要针对的是卢沟桥下游的河道。清乾隆曾经在《过卢沟桥》中写道："卢沟桥北无河患，卢沟桥南河患频。桥北堤防本不事，桥南筑堤高嶙峋。"这是对卢沟桥及治河效果的最精准的历史定位。

作为中国现存最早最长的连拱石桥，卢沟桥的建造技艺不仅悠久，其生存条件其实要比赵州桥恶劣万分，它能够抵御无数次暴烈凌汛洪水的冲击，巍然屹立历时已经 830 余年，在全中国是独一无二的，而且围绕卢沟桥上下的治河治水历史及积累的经验和资料很是丰富，是中国人民极其珍贵的宝贵财富。

本文仅就清代乾隆皇帝的几首诗作做个观察点，如《日下旧闻考》中所记录的从乾隆九年（1744）《御制正月二十五日过卢沟桥诗》到乾隆四十一年（1776）《御制永定河惠济祠瞻礼作》，32 年中有十篇《过卢沟桥》诗。10 篇可以说首先是对永定河与卢沟桥的艺术呈现，例如对冰河开河令人惊恐的描述："东风一夜入长川，解之只在须臾间……层叠黝玉巨如山……礌硍砰磕声喧阗。快马斫阵鹜击鸢。"其次，更多的则是一个关于治水治河思想观念、策略、方法、技术、实践与成效的艺术性展现，例如："石桥跨浑波，坚久谁所制。过此为桑干，古以不治治。""北南下口屡迁就，惭愧终无永逸方。""博览从来治河策，不宁斯矣为长叹。""我欲弃地使让水，安得馀地置彼民？或云地亦不必让，但弃隄防水自循。言之似易行不易，今古异宜难具论。"既有无可奈何的徒然兴叹，也有治不治、不治治的辩证思索，更有"无奈漾流筹下口，一劳永逸正难焉"，"锡名永定垂千古，敢不修防厪（同勤）旰宵"的艰苦实践。从这一点看，乾隆的这几首诗作就不应仅仅当作皇帝或是其写手的风雅自夸，确实是当时甚至超过黄河治理的军国大事的历史记录，是那一个时代众多治河人物的历史贡献的艺术写照，是中国治河文化的重要篇章，完全胜过同时代的许多文人士子的文章诗作。

新中国成立后，各级政府对永定河的治理，直至今日"两山"理论指导下的永定河全流域生态治理，包括对卢沟桥的文物保护等事业取得了很大成效。这证明卢沟桥在永定河的历史中具有极其重要的地位和作用，它不仅是永定河历史变迁的重要节点，也是中国历代治河治水的重要历史遗产。

（四）中国近现代史的重要节点和中华民族的凤凰涅槃之桥

卢沟桥所在的华北大地，处于中华民族的腹心地带，宛平城和卢沟桥如同长城一样，也是古都北京最外围的防卫体系。

清末以来，以铁路为近现代思想的先导，在卢沟桥率先突破了古老北京的历史边界，长驱直入紫禁城下，成为中国近现代工业与铁路运输业的发端。在长辛店和卢沟桥，随着津芦铁路、卢汉铁路即京汉铁路的修建打开了北京地区的现代之门。中国最早的工人阶级和工人运动、中国共产党的诞生，都与长辛店和卢沟桥紧密相关。

图1 "七七事变"中的中国抗战官兵守卫在卢沟桥上（1937年7月7日）
（图片来源：中国抗日战争纪念馆）

1937年7月7日，居然在中国腹地、在首都北京的卢沟桥畔爆发了震惊中外的"七七事变"，又称为"卢沟桥事变"，日本帝国主义开启了全面侵华战争。对中国而言，卢沟桥事变则是全民族抗战的开端，意义非同一般，中国自此成为世界反法西斯阵营的重要力量，中国战场也成了世界反法西斯战争的东方主战场。同时也应该看到，卢沟桥由此成为令中华民族窒息般的愤懑悲伤之桥，它承担了太多的屈辱和血泪，这是一座令所有中国人伤心之桥。

让我们放宽视野，更应该看到这是古老的旧中国走过百年屈辱的最后悲伤，由此中华民族真正觉醒了，并且走向了现代民族国家。随着新中国的成立和成为联合国创始国，中华民族再次自立于世界民族之林，中国的现代化及其在全球格局关系中展现出来的崭新面貌，其实这一切都始于1937年的卢沟桥。

总之，卢沟桥的历史意义与人文价值可以概括为一都、一道、一桥、一水、一城、一馆六大篇章。一都为古都北京，一道为北京西南古代大道，一桥为卢沟桥，一水为永定河，一城为宛平城即拱极城，一馆为中国人民抗日战争纪念馆，核心就是卢沟桥。

二 卢沟桥的文化意义与美学价值

（一）卢沟桥是道路交通文化、河流水脉文化、桥梁建筑文化的聚合体

正如卢沟桥的本名广利桥以及宛平桥、永定河桥名的期许所示，寄托着广济各方、利便万民、宛平如砥、河晏永固的美好蕴意。对于任何道路上的大桥似乎都可以这样说，但卢沟桥最为突出，因为其上所经之道为自有人类以来的太行山东麓南北大道，这条大道是沟通中原地区与北方草原和东北地区的唯一的历史悠久的交通要道，卢沟桥则是数千年历史中几乎独一无二的交通枢纽，华北地区的交通门户。

桥下的卢沟河自古以来桀骜不驯，洪水与河床、水流与桥梁在此发生过无数次搏击。卢沟桥以其恰到好处的十一连跨桥体和稳固的根基，不仅具有跨越河流的本事，也有足可宣泄洪水、又能够束缚卢沟河的巨大功劳，而且除了极个别情况外，基本上免除了卢沟桥上游决堤跑水的危害，对于保护北京城、保障南北交通大动脉的畅通起到了至关重要的作用。我想如果有卢沟桥桥神的话，他应该在永定河的龙王庙、河神庙里与河神、

龙王并列，供人瞻仰。《帝京景物略》似乎就记载了这座桥神的事迹："万历三十五年，阴霖积旬，水滥发，居民奔桥上数千人，见前水头过桥且丈，数千人喧号，当无活理。未至桥，水光洞冥间，有巨神人向水头按令下伏，从桥孔中去。"救苍生于水火，桥之功也。

（二）卢沟桥是连接古代与现代、城市与乡野、庙堂与江湖、理想与现实的理想之桥，是在卢沟晓月中迎接黎明之桥

卢沟桥是一座文化之桥，集中体现其文化意味的就是燕京八景之一的卢沟晓月。燕京八景始于金章宗年间，延续至今为人津津乐道。但是考察燕京八景，你会看到唯有卢沟晓月最有无穷的蕴意和丰富的想象，不仅是给人以怀古之幽情，更有伤今之情思，还有旷世之情怀。其他八景如琼岛春荫、太液秋风、西山晴雪、玉泉趵突四景在历史上很长时间均秘藏于皇家园苑之内，为皇家独享；金台夕照、蓟门烟树二景早已是伪观，仅存不起实际的吊古怀思之想；至于居庸叠翠，基本上乃一纯粹的自然景致，如设想的金戈铁马唯有梦中所求而已。

图 2　卢沟晓月碑（1927 年）

（图片来源：《东洋文库·北京旧影》）

可是卢沟晓月与众不同，它是唯一的金代建筑，也是与金代燕京八景合一的历史遗存，是燕京八景中难得的也是唯一的绵延至今并将延续永久的旷世奇观。你能想象 800 年后的卢沟桥吗？它就是那座真正能够穿越古今的桥梁。站在卢沟桥上，你将感受到的是逝者如斯夫经久不息的一个时空节点，一架古往今来众生往来的生命之桥，一处永远伴随着朦胧月色的燕京八景，一座伟大民族在屈辱的血色黄昏中凤凰涅槃迎接黎明之桥。

卢沟桥是大众之桥，卢沟晓月是大众之景。

在历史中，卢沟桥长期为北上南下的旅者所必须经过，而且是多数人需要歇宿过夜的地方，驿站大多在桥头村口和宛平城里。尤其进京赶考的学子、放任出京的官员、肩拉车载的商人们，三教九流、文人墨客、贩夫走卒、男女老少们，他们都在或明亮或朦胧的月色中，扮演着一个个时态变迁的大小角色。如赶考者唯进京中举为盼，如同鲤鱼跳龙门，有机会进入庙堂，须臾间再出京或者名落孙山或者光宗耀祖。官员们进京朝圣，或是战战兢兢面临责罚，或是志得意满得胜升迁，出京外放有升有黜，或命系钦差重任在肩，或化归江湖悠游山水去也。商贩走卒更是期待着满载而来再满载而归，有得意忘筌、有一本万利，更多的则是蝇头小利罢了。卢沟桥上充满了上自皇帝朝官下至黎民百姓的千姿百态的心绪、万花筒般的情思，真是"进亦忧，退亦忧"，喜怒哀乐、悲欢离合，千思万想、无端万象都可由卢沟晓月幻现出来，那是希望的微光，也可能是泯灭的希望，那是来，也是去，理想与现实交错于卢沟桥畔的阴晴圆缺，命运的交响曲流动在永定河的月色和卢沟桥的倒影之中。还有哪一个燕京八景，哪一个京城胜地可比得上卢沟晓月呢！

（三）卢沟桥的狮子像个战士

意大利人马可·波罗曾到过这座"世界上最好的、独一无二的桥"，并使其名扬海外。《马可波罗行纪》中写道："河上有一美丽石桥，各处桥梁之美鲜有及之者……桥两旁皆有大理石栏，又有柱，狮腰承之……颇壮观也。"卢沟桥的狮子各具形态，充满情趣，体现了金代以来北方高超的石刻技艺水准，其造型和雕刻艺术享誉世界，不光其美，而在于其蕴含的文化意义无比深厚。

《帝京景物略》记卢沟桥："桥二百步，石栏列柱头，狮母乳，顾抱负赘，态色相得，数之辄不尽。"这是北京歇后语"卢沟桥的狮子——数不清"的源头。卢沟桥的狮子分为以下三种类型：

第一种是蹲坐于281根望柱头上的石狮，共有501只（数字来源不同，有所区别），其就像列队迎送宾客的仪仗，或严肃或诙谐，或浪漫或温馨，显现了雕塑者的旷古情怀和浪漫品性，成为迁延至今830余年充满桥梁艺术趣味的表现。

第二种是东侧桥头作为抱鼓石的护栏蹲兽石狮，其位置和朝向应该代表着宛平城的守卫者，本色威武却略显萌动，与西端的大象造型显现祥瑞气象形成对应关系，这是抵御战争与欢迎和平、保家卫国与睦邻迎宾的象征。

第三种是华表上部的石狮，与卢沟晓月碑亭立柱和碑额的蟠龙相得益彰，代表着皇家身份与民族威严。除了石狮之外，卢沟桥的石刻艺术还体现在位于中心三孔南北龙门石的镇水兽，俗称螭龙、龙首、蚣蝮或饕餮，以及栏板望柱、桥券桥面等石材雕琢加工方面，这是桥梁的标配和舍我其谁的精神象征。

图3 卢沟桥栏杆西端石象抱鼓石、华表

[图片来源：赫达·莫里逊（Hedda Morrison）摄影]

**图 4　卢沟桥栏杆东端石狮抱鼓石、华表和《康熙重修卢沟桥碑》，
远处为平汉（京汉）铁路桥和路基，"七七事变"激战之地**

[图片来源：赫达·莫里逊（Hedda Morrison）摄影]

　　龙与狮是中华文化中的吉祥神兽，是智慧和力量的化身，被奉为"中国的守护神"。所以，卢沟桥的龙与狮不仅是中国金元明清各个时代雕刻艺术的美学展现，也是迎来送往的平安护持与欢快仪仗，还是敢于迎接炮火的战阵。卢沟桥及其石狮们经受了多次改朝换代的战争摧残，特别经受了"七七事变"的现代战争炮火的打击，已经成为中华民族抵抗侵略的抗战精神与抗战文化的象征。只有卢沟桥的狮子能够自豪得像个战士，它们以残破的身躯坚强挺立过战火硝烟和疾风暴雨，它们完全代表了每一个中国人，它们是中华民族迎接黎明的仪仗队，集中体现了卢沟桥的文化精神。

(四) 卢沟桥的诗情画意——水中桥、桥边城、城头月、月中情

卢沟桥的美不仅在于桥本身的造型和建筑雕刻艺术之美，更在于一水一桥一城一月的人文自然景观。可以说，作为燕京八景之第一景、北京古都和永定河之第一桥，卢沟桥启迪和诱导了古往今来的文人墨客与各个旅行者的多样才思和万种风情，有羁旅、有病涉、有踽踽、有利行，有去国怀乡、有孤旅远征、有受命征战、有金戈铁马，卢沟桥承载了南来北往众多人物的期盼和祈愿，他们的诗情画意和传世作品汇聚形成了独特而丰富的卢沟桥文学艺术。

最早的第一首卢沟古桥渡的诗歌应该是宋代范成大于 1170 年奉使到金中都过卢沟所作："草草舆梁枕水垠，匆匆小驻濯涟漪。河边服匿多生口，长记䩞车放雁时。"此时还没有卢沟桥，范成大过的舆梁是渡桥，卢沟桥的前身。折柳送别是中国文化中的独特意境之一，尤其在桥梁渡口更是别有一番滋味在心头，卢沟桥历来如此。比范成大稍晚的金代赵秉文在《卢沟》一诗中就写道："落日卢沟沟上柳，送人几度出京华。"此时的卢沟桥可能正在建设中。

据考证，元代名画《卢沟运筏图》是有关卢沟桥最早的一幅绘画，细致入微，意境深远，特别是画中桥头西侧的蹲兽抱鼓石为大象造型，与现今完全相同。建造元大都的刘秉忠有一首《秦楼月》："琼花岛，卢沟残月西山晓；西山晓，龙蟠虎踞，水围山绕。昭王一去音尘杳，遥怜弓剑行人老；黄金台上，几番秋草。"词中所咏显现四处"燕京八景"：琼花岛、卢沟桥、西山和黄金台。虽未点名，但桥已建成约 50 年了。

图 5 《卢沟运筏图》局部（元代佚名创作，现藏于中国国家博物馆）

关于北京也是卢沟桥的最早的一部传播到全世界的作品《马可波罗行纪》，激起了欧洲人对东方的热烈向往，大大促进了中西交通和文化交流，对新航路的开辟产生了巨大的影响。可以说，马可·波罗和他的《马可波罗游纪》给欧洲开辟了一个新时代。

　　在卢沟桥建成八九十年的时候，元陈孚在《卢沟》中写道："长桥湾湾饮海鲸，河水不溅冰峥嵘。远鸡数声灯火杳，残蟾犹映长庚横。道上征车铎声急，霜花如钱马鬣湿。忽惊沙际金影摇，白鸥飞下黄芦立。"在东天残蟾之月与西天长庚金星的映衬下，铎铎车铃伴随着鸡鸣喔喔，冰河清凌的芦苇丛中鸥鹭翻飞，真是绘声绘影如音如画。

　　到了明代，邹缉《卢沟桥》："河桥残月晓苍苍，（远见浑河一道黄）照见卢沟野水黄。树入平郊分澹霭，天空断岸隐微光。北趋禁阙神京近，南去征车客路长。多少行人此来往，马蹄踏尽五更霜。"这是一个过桥墨客，照见卢沟野水黄更富诗意。诗意中有哭声，说的是将军南下，见明代于奕正《过卢沟桥申甫旧营》："浑浑滚滚卢沟水，三年磷火愁行李。哭声中有一将军，如云负国羞知己。"

　　还有王洪《卢沟桥南发》："河上人家尚掩扉，河中孤雁荡寒辉。清霜古店闻鸡早，落叶空林见客稀。飞雁数声秋影没，远山一带曙光微。壮游记得东南道，匹马高吟此日归。"此诗此将军当应不辱使命，壮游北归。北归的是诗人也可能就是将军，如林环《卢沟桥》："疏星寥落晓寒凄，月色沙光入望迷。……马上迟迟残梦断，钟声遥在禁城西。"杨荣《卢沟桥北上》："石桥马迹霜初滑，茆屋鸡鸣夜可阑。北上已看双阙近，五云深处是金銮。"可见其心情急迫，要进京面圣。

　　还有霜秋落寞中依依不舍的，李东阳《卢沟晓月》："霜落桑干水未枯，晓空云尽月轮孤。一林灯影稀还见，十里川光澹欲无。不断邻鸡催短梦，频来征马识长途。石栏桥上时翘首，应傍清虚忆帝都。"实在是不如归去。

　　到了清代，乾隆皇帝有一首《卢沟晓月》诗："茅店寒鸡咿喔鸣，曙光斜汉欲参横。半钩留照三秋淡，一练分波夹镜明。……迩来每踏沟西道，触景那忘黯尔情？"天未明，鸡已鸣，残月如钩，桥影如镜，道涂未尽，居然令皇帝黯尔生情？真有情，此乃水中桥、桥中月、月中情，上半阕乾隆写得相当好。

　　以永定河上的卢沟桥及桥头的宛平城为代表的古道、古渡、古桥、古狮、古城文化，是北京西山永定河文化带最显耀最浓烈的亮点之一。

结语　卢沟桥的未来

说到卢沟桥的未来，不说近，只说远，比如再过800年后。

除非发生核大战，人类退回石器时代，否则卢沟桥的战事应该不会出现了。而且作为道路桥梁的交通工程，卢沟桥也早已失去了作用，尤其对于公路汽车运输，相信今后再也不会启用了。除了旅游之外，交通、经济、军事、政治以及哲学等，似乎均离卢沟桥远去了。

不过，科学技术还是会伴随着卢沟桥的保护的。比如最严重的问题是永定河还会发生百年一遇的大洪水吗？如何防治呢？这倒是很有可能的，看看如今地球气候的变化趋势，还有近年被洪水冲毁的古桥，甚至已经是迫在眉睫的问题。永定河刚刚恢复短期的全线通水，为什么还有迫在眉睫的危险呢？这是需要讨论的，当然那时可能已经实现全流域和每条沟域的降水流量管控，以及极端气象下的降雨人工干预。

但是近年的气候变化确实是异常剧烈的，可能等不到800年，对于卢沟桥来说，就会碰到一个躲不开的苛刻决策：牺牲卢沟桥也不能让洪水威胁到北京城。这样一来，卢沟桥就有被炸毁或炸掉的可能。怎么办？为了卢沟桥，永定河无法搬家改道，除非在其上游永定河山峡段的尾端修建一座大型水库，或者打开军庄山谷，让永定河向北流，都可作为保卫首都的一个个备选的防灾方案。如此分析，关于卢沟桥未来的历史故事还会继续发生，围绕卢沟桥的保护以及与北京城的关系，还将不断出现新的话题、新的课题。

卢沟桥也极有可能像今日的秦汉长城一样，走向面目全非，这是人类文化遗产面对的一个永久的挑战。但可以预期50年内，至少优良的与石材同寿命的防腐涂料和灌封石粉砂浆一类材料已经发明出来了，我们对科学技术不用担心。

令人念念不忘的是卢沟桥文化。因为卢沟晓月缺少了苦旅赶脚的背景，庙堂与江湖的分野逐渐消解。现在卢沟桥上无行人，模糊的疏星淡月将让位于皎洁月色，特别是随着人类月球基地的建成，预期卢沟满月或卢沟望月将成为新的燕京八景。卢沟桥也将成为地月之间的一座象征性桥梁，卢沟桥的诗意与文化必将与时俱进地持续发展下去。

明暗之变：大运河玉河故道之玉河庵的活化利用研究[*]

王子尧[**]

摘要： 玉河庵是大运河玉河故道的重要附属遗址，建成于清代，与玉河共生共存，是大运河历史变迁与北京城市际遇的双重载体。百余年来，玉河几度沉浮，玉河庵的功能随之变化。在明暗之变中，玉河庵从民众的祝祈场所变成荒芜废墟；在考古挖掘后得以重建，成为文化遗产；再到"去馆舍化"，成为新型城市场景。玉河庵的活化利用过程有两个关键阶段，其一是成为文化遗产；其二是从"输血式"到"造血式"的保护思路转变。玉河庵的活化利用案例以新生性价值的生成为中心，对文化遗址保护、文化空间打造、城市场景设计等问题多有辐射，为大运河文化遗产的活化利用、北京文化资源的利用提供思路参考和策略论证。

关键词： 大运河玉河故道；玉河庵活化利用文化遗产；"去馆舍化"

在玉河的功能转变中，其重要附属遗址玉河庵也从车水马龙之地变为"地下文物"。北京市政府于 2007 年启动对玉河的挖掘工程，玉河历史文化恢复工程将西起万宁桥、东至东不压桥的玉河故道挖掘恢复，以玉河庵为代表的众多文化遗产再次出现在公众视野中，并于 2014 年被成功列入

---

[*] 本文为中央民族大学研究生自主科研项目"明暗之变：大运河玉河故道之玉河庵的活化利用研究"（项目编号：SZKY2023044）的阶段性成果。

[**] 王子尧，中央民族大学文学院文艺学专业硕士研究生，研究方向为北京城市文化、民间文艺学。

联合国教科文组织的世界文化遗产名录。在明暗变化中，玉河庵实现三次功能转型，走出一条文化遗产活化利用的示范之路。玉河庵的活化利用是"保护好、传承好、利用好"的生动阐释和具体落实，在为大运河文化遗产活化利用提供案例的同时，也为首都文化建设贡献新的思路。

一 转明为暗：由盛而衰的玉河庵

玉河庵坐落在地安门东大街99号（原北皇城根37号），沿玉河东岸修建，庵为长方形，坐西北面东南；寺庙面积南面三丈七尺，北面五丈八尺，南北十二丈五尺，院后南北二丈七尺，东西五丈；原有两进院落，山门一间，前殿三间，后殿三间，东、西配殿各三间。

玉河庵的建造时间至今仍在讨论中，据学界现有研究成果，主要有几种说法：其一，玉河庵碑刻《清重修玉河庵碑刻记》落款为"大清嘉庆十三年玄月廿八日"[①]，判定其建成年代不晚于嘉庆十三年。其二，据1928年、1936年、1947年先后三次对寺庙进行调查登记档案记载，玉河庵建造时间有两种记录："建于嘉庆十三年，光绪十四年募修"[②] 和 "建于嘉庆八年，属募建"[③]，存在待商榷之处[④]。其三，在雍正年间僧录司制作的庙册中记载，在东步梁桥有"玉和庵"[⑤]；乾隆年间的庙册载玉河庵为尼僧庙，将玉河庵之建成年代提前到雍正朝。其四，据20世纪30年代北平考古报告记载，玉河庵曾出土一件康熙五十五年（1716）铸造的小铁钟，钟上铭文为"供奉东步樑（梁）桥玉河庵"[⑥]，这一发现将玉河庵的建造年代提前到康熙时期，证明其建成距今已有三百余年的历史。

作为玉河重要的附属遗址，玉河庵的兴起与繁荣离不开大运河的馈赠

[①] ［法］吕敏主编：《北京内城寺庙碑刻志（第四卷）》，国家图书馆出版社2017年版，第246页。书中写作"御河庵"，区域：四排四段。

[②] 北京市档案馆编：《北京寺庙历史资料》，北京档案出版社1997年版，第245页。

[③] 北京市档案馆编：《北京寺庙历史资料》，北京档案出版社1997年版，第570页。

[④] 通过笔者调研考证，玉河庵碑刻阳面上部已残损，阴面中部以上已模糊不清，但仍可发现《清重修玉河庵碑刻记》所撰"京师玉河庵建立有年数字，墙垣渐臻，倾圮若非嗣而葺之殊不足，以昭诚敬心然。自乾隆五十五年，破红尘而披缁"之语。据此可知，玉河庵的建立时间至少不晚于乾隆五十五年（1790）。（调研日期：2023年5月26日、6月11日、7月5日）

[⑤] "玉和庵"中的"和"字为讹误。

[⑥] 中国文化遗产研究院编：《北平研究院北平庙宇调查资料汇编（内五区卷）》，文物出版社2017年版，第523页。庙宇编号：内五区72号。

与带动。《宸垣识略》有言："玉河出玉泉山，经大内出都城，注通惠河，与白河合。"① 在元代，玉河主要用于漕运，其作用是将京杭大运河运达通州的货物直接经水路抵送至积水潭码头，而玉河庵所在位置在明清时期属于皇城范围，紧靠大运河24座闸关之一的澄清中闸，毗邻大运河通过北京中轴线重要节点万宁桥的重要河段，在运河水系中可称其占据"黄金地点"；明代以后，玉河不再具有漕运功能，从漕运之河转为景观之河，两岸多建楼台亭榭、茶馆酒肆，观赏功能得到提升，成为拱卫皇城的城市内河，因而又名"御河"。自明以降，"玉河"与"御河"都能指称此处，二者所描述的范围、对象基本一致。同时，玉河庵位于东不压桥东北侧，据关笑晶考证，"东不压桥又名布粮桥，因布匹和粮食交易的集市而得名。大运河河道的便桥、码头有利于交通及货品交易，是繁华热闹、人群密集的地方"。② 此外，玉河庵所处一带文气繁盛，有雅集传统，备受读书人青睐。明清之际的玉河岸畔，高柳扶风，葱郁垂荫，"玉河新柳"成为文人诗作的常见意象。郗志群认为，诗人游潜"御河清浅晓粼粼，绿漾平沙柳色新"、文徵明"春水一湾，新柳鬖鬖"都是形容玉河新柳的佳句③。历经元明两代，此处交通便利、文气繁盛，与生俱来的人文气质让玉河庵自建庵起便香火不绝，是京城香客往来频繁之地。

随着玉河成为暗渠，玉河庵也失去昔日之光彩。明代宣德年间，玉河河道被划入皇城范围，在南出皇城后，不再向东南流经通惠河故道，而是沿一条新河道笔直向南，经正义路，穿正阳门东水关，入南护城河。在这段新河道上，有北、中、南三座御河桥横跨其上，在清代后期，这段河道被划入外国使馆界，成为纵向贯穿东交民巷使馆区的河道。光绪二十七年（1901），使馆界将南御河桥拆除，将其改为暗沟；民国十四年（1925），北御河桥以南河段首先被砌为暗沟，两侧建成马路；20世纪30年代后，在南河沿被改为暗沟之后，北御河桥以北河段也被改造成暗沟和马路；1956年，玉河全部改成了暗渠，彻底消失于公众视野。

在玉河成为暗渠后，玉河庵并未被立刻废弃。据东城区文委会报告记载，20世纪50年代，其主要建筑为山门一间、正殿三间、东西配殿各三

---

① （清）吴长元：《宸垣识略》卷一，光绪丙子年刻本。
② 关笑晶：《玉河岸畔玉河庵》，《北京日报》2022年9月1日第11版。
③ 郗志群：《南锣鼓巷》，北京出版社2018年版，第49页。

间、后殿三间，庙内原有两尊大佛像和许多小佛像，并有两座香炉、两块匾和一口钟；1985年调查时，山门已拆除，正殿、后殿尚存，配殿已改建，佛像、匾、钟等可挪动的物件均已消失；2001年调查时，二殿尚存，前殿与南侧搭建的游戏厅连在一起，已经难辨面貌。① 此时的玉河庵早已丧失庙宇功能，标志着由明到暗的历史转变，奏响它功能转化的前奏。

二 柳暗花明：成为文化遗产的玉河庵

20世纪，政局变化、城市建设、空间规划等多重因素使得玉河沉入地下，成为不见天日的暗渠；21世纪初，人们开始关注玉河的历史文化价值和城市文本意义，并积极开展相关恢复工作。

2000年，"为保护与北京城历史沿革密切相关的河湖水系，结合万宁桥（后门桥）保护，恢复了御河起端河道，使历经七百多年风雨侵蚀、斑驳古老的万宁桥重放异彩。但万宁桥以东恢复的河道太短，景观效果交叉，目前应恢复自万宁桥至平安大街段河道，并重新打通至四海下水道的排洪通道"。② 2002年，《北京历史文化名城保护规划》出台，提出"历史河湖水系的保护"③，其中明确玉河作为古代漕运河道，"将御河上段（什刹海—平安大街）予以恢复"④；2005年，时任市政协委员、文史委员会副主任的张妙弟牵头联合多位委员就通惠河河道城内段的恢复提交了政协提案，得到了北京市的采纳，进一步促进了作为文保试点项目之一的"玉河历史文化恢复工程"获批立项；2007年，北京市文物研究所对北京玉河遗址进行考古发掘，玉河庵的建筑遗址被整体确认，它的面貌随着"北京玉河历史文化恢复工程"重现在世人面前，遗址位于玉河故道挖掘遗址A区⑤，共有三处出土点，分别是山门遗址、东配殿基址、西侧围墙。

玉河庵遗址的出土不能等同为玉河庵的重现。玉河庵作为玉河故道的地标，对于这一流域具有符号价值。林奇从城市意象这一角度探讨标志物

---

① 陈平、王世仁主编，北京市东城区文化委员会编著：《东华图志》（上卷），天津古籍出版社2005年版，第498页。
② 李裕宏：《水和北京 城市水系变迁》，方志出版社2004年版，第89页。
③ 北京市文物局编：《文物工作实用手册》，华龄出版社2005年版，第67页。
④ 北京市文物局编：《文物工作实用手册》，华龄出版社2005年版，第67页。
⑤ 北京市文物研究所、北京市东城区文化委员会编著：《北京玉河——2007年度考古发掘报告》，科学出版社2008年版，第86—90页。

于城市空间和城中人的意义，"标志物是观察者的外部参考观察点，越是熟悉城市的人越要依赖于标志物系统作为向导"。① 当在地者注意到玉河庵，就能意识到自身所处的位置。可以说，玉河庵是这一地区的必要组成部分，带有引得符号的色彩。与此同时，轮廓清晰的历史建筑可以增强城市的可读性，"一个有秩序的环境能够带来的益处更多，它提供了更宽广的参考系，是行为、信仰和知识的组织者。一处好的环境意象能够使拥有者在感情上产生十分重要的安全感"。② 玉河历史文化恢复工程选用设计师朱儁夫的方案——在宽度上将玉河河道恢复至乾隆年间的河道宽度、叠加呈现不同历史遗痕，保留两侧时代建筑，为新玉河造就城市景观。由于玉河庵遗址及其附属文物的出土标志着具备重建条件，因此其重建工作也随即开展，力求还原出玉河庵的原貌。在重建过程中，充分利用从山门遗存部分中清理出的夹杆石及在山门附近出土的玉河庵残碑；让玉河庵遗址中残存的原有道路、东配殿基址在修葺后重新投入使用；将出土文物——鸱吻1件、龙首1件妥善保护。在高度还原的基础上，玉河庵的重建工程充分利用出土的砖石、墙体，使老物件与新建筑浑融一体，让一砖一瓦在重现之际保存着百余年来的城市记忆。

玉河庵的重建是城市知识与文化资源的整合。这项工程令一砖一瓦中包孕的城市际遇得到妥善保管；让千头万绪的运河故事能够重新演述。在地者、侨寓者途经此处时，都能以玉河畔、东不压桥边的玉河庵为起点——走进玉河，认识北京。此时玉河庵的功能从宗教祝祈转化为文化象征，成为大运河玉河故道遗产廊道（heritage corridor）中的子集。所谓遗产廊道，指的是把单个的遗产点串联起来的、具有一定历史意义的线性廊道，对遗产保护持区域而非局部的概念，是一个采取综合保护措施，集自然、经济、历史文化三者并举的多目标保护体系。俞孔坚等认为，"建设遗产廊道，将使原先零散的文化遗产成为区域性的整体，通过系统的解说、游道组织，可以促进旅游业的发展。"③ 事实证明，玉河故道遗产廊道的设计规划对大运河文化遗产带以及北京中轴线建设都有所辐射。2013年，历时六年的玉河北段河道恢复工程结束，完成由万宁桥经拐棒胡同、

---

① ［美］凯德·林奇：《城市意象》，方益萍译，华夏出版社2001年版，第60页。
② ［美］凯德·林奇：《城市意象》，方益萍译，华夏出版社2001年版，第3页。
③ 李伟、俞孔坚、李迪华：《遗产廊道与大运河整体保护的理论框架》，《城市问题》2004年第1期。

东不压桥胡同直至地安门东大街一段的改造，对玉河庵、东不压桥、万宁桥等玉河故道文化遗址进行修葺和整合，将其打造为融入市民生活空间的城市公园；2014年6月22日，在卡塔尔多哈举行的第38届世界遗产大会上宣布中国大运河成功入选世界文化遗产名录。北京段作为大运河的终点，共有四处遗址纳入世界级文化遗产，其中玉河段就独占三处。2021年8月，玉河庵被列入北京市第九批市级文物保护单位。就物质层面而言，玉河庵因文化遗产的身份得以重现，实现由暗到明的"复活"。

2014年2月25日，习近平总书记来到玉河，视察玉河历史文化风貌保护工作展览和河堤遗址，沿河步行考察河道恢复、四合院复建情况，并作出"历史文化是城市的灵魂，要像爱惜自己的生命一样保护好城市历史文化遗产"[1]的重要批示；2019年，习近平总书记在北京老城前门东区视察时，提出"让城市留住记忆，让人们记住乡愁"[2]的工作要求。近些年来，在现代化进程的加速中，文化遗产对城市记忆的载体意义被放大，因而文化遗产的发展也面临着新局面、新挑战。玉河庵作为玉河故道的重要附属遗产，其功能转换的号角再一次奏响。

三 "春风"留名："去馆舍化"的玉河庵

在当下加速的现代化体验中，城市生活的现代性景观逐渐形成。王一川认为，这一过程具有"既流动同时又溯洄，简称'流溯'"的特点，表现为"市民的生活既向着未来急速流动，人们感受到急剧变化的生活带来的种种心理震荡，同时又时时不忘返身回到古代祈求传统引导"[3]的心理现象，这和林奇所说的城市可读性有对话之处，二者都关注到传统文化与历史记忆能够给现代人，尤其是在现代性大潮中席卷冲荡的年轻人带来安全感。

在这一语境中，文化遗产不再只是一座从单向度彰显其历史价值、供游客和市民参观的古代建筑；还要对外敞开，如文学文本一般，召唤隐形

---

[1] 全国干部培训教材编审指导委员会组织编写：《社会主义文化强国建设》，人民出版社2015年版，第174页。
[2] 本书编写组：《习近平的小康情怀》，人民出版社、新华出版社2022年版，第292页。
[3] 王一川：《流溯影像及其构型——当代城市生活的现代性景观》，《探索与争鸣》2022年第10期。

读者，并与其神交，促成文化遗产由外向内地"复活"，这一转换推动文化遗产的进一步活化。因玉河庵文化遗产的特殊身份，所以在相当长的时间里都在朝向"馆舍化"发展。"馆舍"可以泛指博物馆、展览馆、演艺馆等楼堂馆所。所谓"馆舍化"，也就是"博物馆化、化石化与标准化"①；玉河庵的"去馆舍化"进程始于北京春风书院在玉河庵遗址内落成之时。2020年，春风书院通过招标引进三家商户，并邀请其入驻书院内部，将一进院的正殿、东西偏殿作为营业地点；将前院、中院摆放桌椅，供游客和消费者茶歇休憩使用。春风书院对玉河庵的空间进行整合利用，在保留位于二进院内的玉河庵博物馆的基础上，将玉河庵的一进院彻底开放，出租给具有相关资质并经过东城区国资委审查的商户。春风书院的落成、多家商户的入驻，使玉河庵成为承载北京历史底蕴、运河水汽灵光的现代文化空间。从"玉河庵"到"玉河庵·春风书院"的更名，见证其完成了"去馆舍化"的转型任务，也标志着它从北京文化遗产到现代文化空间的又一次功能变化。

"去馆舍化"是玉河庵从"输血式保护"到"造血式保护"的转变过程。脱离于碑刻篆文、抽身于遗址铭牌，玉河庵才能从历史知识转变为民众生活的一部分。此处拥有绝佳的地理位置，头枕玉河，是玉河故道北段的起点、正对地安门大街、背靠南锣鼓巷商业街，从人流量而言，这里是地安门地区当之无愧的"顶流"。如今，在"玉河庵·春风书院"内共有三家商户（月几生活馆、咪咕云书店、Voyage Coffee），涵盖展览、阅读、购物、饮品等门类，可以提供参观、借阅、休憩、会友等多种服务。在对"玉河庵·春风书院"的调查研究中，笔者以访谈的形式，试图对此处的经营理念和运行机制有更进一步的认识②。从经营思路而言，"玉河庵·春风书院"立足自身的历史文化资源，以文化为核心。虽然具有商业性质，但是不论游人还是顾客，都能走入此处，欣赏玉河沿线风光，感受市民生活趣味，在俯仰之间品悟玉河庵的精微之处；在规划运营方面，延续百年

---

① 岳永逸：《本真、活态与非遗的馆舍化——以表演艺术类为例》，《民族艺术》2020年第6期。本文出现的"去馆舍化"这一概念即得益于这篇文章的启发。

② 访谈对象：郑国徽，月几生活馆的合伙人。生于1991年，山东人，职业是设计师。2023年7月5日下午，笔者以玉河庵与春风书院之关系为主要线索，针对商户对玉河庵的认识与利用情况、游客/顾客到来的契机和目的、春风书院的"网红效应"给玉河庵带来的影响等问题，对郑国徽进行访谈。

雅集传统，以文艺为旨趣，先后与故宫出版社、中国爱乐青少年交响乐团联动，推出"上书房春季行动"等品牌活动，设计月光音乐会、非遗文化说等活动①，还承办新锐艺术设计活动大奖赛等赛事。

作为文化空间的"玉河庵·春风书院"是新型城市场景（Scene），它兼具本体性（Locality）和传统主义（Tradition）色彩，又有时尚（Glamour）而不失亲民的光晕。首先，"场景"作为一种概念工具，具有方法论意义，它"可以去辨别不同地方的内部和外部呈现的具有美学意义的范围和结构，从而去发现文化生活的聚集"。②在聚焦的同时，场景又能转移我们的聚焦点，"从一种与其他文化封闭和隔离开的共同价值和生活方式，转向一种相互的、松散绑定的、更具灵活性排列的当地价值"。③其次，在灵活的场景序列中，人们可以自由出入于任意场景，这是因为场景具有比种族、阶层、国籍、性别等这些根本的原生特征更方便人们做出选择的特性。同时，独立的场景可以突破文化的单一化、总体化，扭转其对于价值的限定，使地方文化能够散发出它的独特气质，把侨寓者带入特殊地方的特殊生活中，消磨二者原有的边际，令其浑融一体。

值得注意的是，以郑国徽为代表的"玉河庵·春风书院"经营者并不是土生土长的本地人，而是传统意义上的侨寓者。从侨寓视角出发，渐渐形成对于北京的地方感，朝夕会面，遂成相识。如陈平原所说，"现代社会流动性大，籍贯不像以前那么重要，反而是长期居住地，这第二甚至第三故乡，潜移默化地影响着你的生活和思想。谈论北京，并非'老北京'的专利。等到有一天你发现自己竟然在意北京的一颦一笑，甚至热衷于传播你对这座城市的'独特感受'，证明你已经入迷了。对于真正的'北京迷'来说，当然是'英雄不问出处'。"④从场景的设计与制造而言，新北京的建设需要老北京人和新北京人共同完成，玉河庵的"去馆舍化"就是其中具有说服力的案例。

当下，"春风书院"和"玉河庵"紧密捆绑。自"玉河庵·春风书

---

① 北京卫视报道标题：《东城区打造"非遗焕新"全面推进文物活化利用》，2023年3月14日。
② ［加］西尔、［美］克拉克：《场景：空间品质如何塑造社会生活》，祁述欲、吴军等译，社会科学文献出版社2019年版，第39页。
③ ［加］西尔、［美］克拉克：《场景：空间品质如何塑造社会生活》，祁述欲、吴军等译，社会科学文献出版社2019年版，第39页。
④ 陈平原：《记忆北京》，生活·读书·新知三联书店2018年版，第17—18页。

院"于2020年入选由北京市文旅局等单位主办的"首届北京网红打卡地上榜名单",成为阅读空间类网红打卡地后,"玉河庵·春风书院"的知名度和影响力再上一层楼。作为大运河玉河故道遗产廊道中的文化遗产之一,玉河庵基于自身的民众属性,不断创新发展理念、更新管理模式,从而满足时代需求和社会发展。在不断探索中,玉河庵重新回归到民众生活,成为民众朝夕相处的生活场景,标志着其活化利用过程取得阶段性成果。如今的玉河庵不仅是北京地方文化与大运河地域文化的双重载体,还兼具历史文物和时尚场域的二重属性,如何平衡这两组关系是其活化利用过程中不变的工作重点与难点。在文化传承与发展的现实要求下,实现中华优秀传统文化创造性转化、创新性发展是文化遗产活化利用的新动能,借助"春风书院"和"玉河庵"的积极互动、双向奔赴,为玉河庵的活化利用与文化传承提供动力,让玉河庵碑所撰的"万古留名"成为可能。

四 结语

玉河庵是大运河玉河故道的重要文化遗产,与玉河相生相随。随着玉河的明暗起伏,玉河庵也在明暗之变中完成了功能转化,从庙宇、文化遗址再到现代文化空间和新型城市场景。玉河庵所承载的历史记忆和城市文本是立身之本、活化之基。当成为文化遗址的玉河庵通过重建在民众视野中再现时,标志着玉河庵得到了"复活",正式开始它的活化利用之路。世界文化遗产重要附属遗址的至高身份,赋予玉河庵自建成起前所未有的观照和保护,使得沉睡地下、黯淡数十年的玉河庵柳暗花明,为玉河庵的活化利用提供基础。

同样不能忽视玉河庵自身的民众属性。玉河庵的特性正是它的记忆与乡愁所在。作为清代平民庙宇的玉河庵,本就是民众生活的一部分。在成为文化遗产后,供游客参观游览是其活化利用的唯一路径,单向度的知识传递不能将玉河庵与民众生活之关系呈现出来,因而认识玉河庵的不二之法就是让玉河庵重回民众生活场,成为其生活的一部分。"玉河庵·春风书院"在文化遗产的标尺上继续探身,与玉河故道的自然、历史与文化相互配合,保持对民众的开放,让古老的玉河庵追赶上时代速度,再度走进民众世界。玉河庵的活化利用的核心在于:持对文化遗产的保护态度,发挥专业精神让其得以复现；充分尊重玉河庵的历史属性和文化定位，拉近它与民众的距离，与时代发展的需求相适配。总而言之，玉河庵的活化利用具有启发意义，是大运河文化遗产保护和北京城市空间建设的生动案例。

颐和园与静宜园建筑彩画纹饰特征及文创设计探究[*]

裴朝军　李　睿[**]

摘要： 深入探究颐和园与静宜园建筑彩画纹饰构图规律与造型特征，采用实地调研与文献分析法，以两园建筑外檐构件的结构造型和装饰纹样与建筑梁枋彩画的纹饰造型特征为依据进行适形分析，通过数据对比探析梁枋彩画三段式构图、包袱式构图、整体式构图中丰富的比例变化与节奏韵律；归纳总结彩画纹饰中弧线式、中心式、散点式、线性式、几何式、写生画式构图造型特征的对称与均衡、形与意的美学延伸。该研究分析建筑彩画装饰纹样在皇家园林中应用的深层次内涵，总结归纳其设计规律与特征，基于颐和园与静宜园建筑彩画纹饰为现代文创产品设计的创新运用提供有效支撑与借鉴意义。

关键词： 颐和园；静宜园；建筑彩画；纹饰特征；文创设计

建筑彩画作为皇家园林艺术的重要表现形式之一，从遗存实物来看，三山五园现存建筑彩画以颐和园和静宜园保存修缮最为完整，其彩画风格特征上承明代官式彩画特点，下启多民族文化融合，在建筑彩画纹饰中体现独特的造园艺术与抽象审美价值。

纹饰特征是建筑彩画最直观的表现形式，因受等级制度、程式规范的影响，形成独特的构图方式，本文主要对颐和园与静宜园现存建筑外檐彩画实

---

[*] 本文为北京市社会科学基金项目"三山五园景观装饰纹样研究"（项目编号：20YTB010）的研究成果。

[**] 裴朝军，北京联合大学艺术学院副院长，研究方向为传统纹样、视觉传达设计领域研究；李睿，北京联合大学艺术学院设计学硕士研究生在读，研究方向为视觉传达设计研究。

物例证进行探索分析,首先对建筑外檐不同从属构件的纹饰类型进行概述,其次从大木梁枋彩画的构图特征与纹饰特点从比例关系、构成特点、图案题材进行深入分析,最后对颐和园与静宜园建筑彩画纹饰在文创产品设计中的现有案例进行设计创新研究,以期促进传统建筑彩画纹饰在当代设计中的多重融合,为颐和园与静宜园建筑彩画活化运用提供一定的理论依据。

一 颐和园与静宜园建筑外檐从属构件彩画纹饰类型特征

传统木结构建筑框架决定了外檐构件具有相对独立性,主要特点为体积小,通过彩画的依形就势,体现华贵之美感。[①] 本文从建筑的檐头、斗拱、雀替三类建筑从属外檐构成要素出发,通过平行对比,论述不同建筑外檐构件视角下,彩画纹饰排列组合的丰富性与形式美感,体现传统文化脉络价值。

(一)檐头彩画装饰纹饰类型

檐头彩画包括椽头和角梁,主要位置在檩木之上。椽头彩画在端面呈一字排列绘制纹样,具体表现为横向等距重复排列,在颐和园与静宜园现存椽头彩画中,多用方形或圆形,并依据建筑等级和特征进行变化,上层飞檐椽头的方形横切面常用卍字纹、栀花等图案,下层老檐椽头多使用圆形横切面,其特点采用渐变圆环,同时也使用圆寿纹与蝙蝠纹寓意长寿题材(见表1)。

表1　　　　颐和园、静宜园现存椽头彩画纹饰组合类型

序号	所在位置	装饰纹样组合类型	图示
1	颐和园佛香阁	卍字纹+龙眼椽头	

---

① 纪立芳:《江南建筑彩画研究》,东南大学出版社2017年版,第51页。

续表

序号	所在位置	装饰纹样组合类型	图示
2	颐和园霁清轩	卍字纹+花卉纹样	
3	香山玉华岫	卍字纹+寿字纹	
4	香山致远斋	渐变卍字纹+虎眼椽头	
5	颐和园邀月门	几何花纹+蝙蝠纹	

角梁彩画随椽头向外伸展，由上下叠合在一起的两层构件组成，颐和园德和园大戏楼的角梁彩画位于建筑屋檐转角处，上层仔角梁底面为矩形，纹样似龙肚子纹，也称肚弦，由三段圆弧与三层蓝白退晕花纹排列组成，造型类似海棠盒状，下层老角梁装饰纹样的绘制随构件中心位置处起伏变化描金线。上下两层构件装饰纹样利用构图的疏密对比，体现节奏分明、张弛有度的视觉氛围。

（二）斗拱、雀替彩画装饰纹饰类型

斗拱位于屋檐与梁柱交接处，颐和园与静宜园现存斗拱彩画由于绘制面积相对较小,很少使用复杂纹样和主题性图案,多以填色勾边,斗拱青绿相间的配色法则在宋代《营造法式》中已有"若枓用绿,即栱用青"的相关记载。[1] 静宜园勤政殿斗拱彩画在各构件外轮廓四周描金边、白边,静宜园香山寺钟楼斗拱彩画则用墨线勾边,通过轮廓线的用色变化以增强装饰性和强调建筑等级(见图1、图2)。

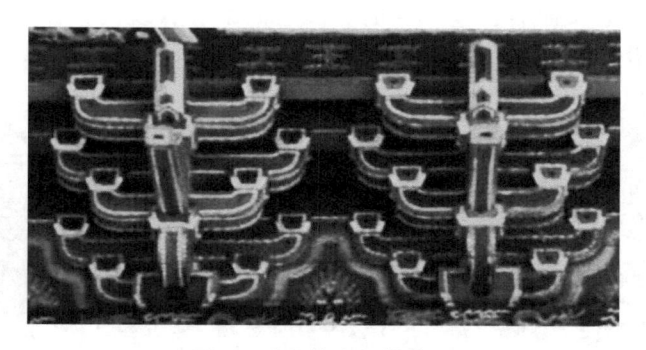

图1　香山静宜园勤政殿

图2　香山静宜园钟楼

垫拱板彩画作为斗拱彩画的配套装饰,因为其造型形似灶口,也称"灶火门"彩画。纵观颐和园与静宜园现存实例,垫拱板彩画多以"三宝珠火焰纹"为主,红漆为底,中心三颗宝珠呈"品"字排列,静宜园香山寺右侧钟楼则绘一颗宝珠,每颗宝珠内由白色晕染至蓝色或绿色,火焰纹

---

[1]　李路珂:《营造法式彩画研究》,东南大学出版社2011年版,第123页。

云头向上，呈竖立状态，使人产生敬畏之感。工王云纹样多绘制在垫拱板下方的平板枋或斗拱上方的压斗枋，以"工"字和"王"字组成相互叠压的云纹形式①，间隔重复出现，以抽象图饰创造寓意吉祥的鲜明形象。

雀替位于立柱和横梁之间，通过立体雕刻装饰赋予了独特的造型美与形式美，多以云纹和植物花卉为主，静宜园永安牌楼额枋下的雀替彩画为卷草纹与云纹相交融合，卷草纹的舒展卷曲融合云纹的抽象联想，自然过渡的层次变化，使得整体彩画细腻而生动（见图3）。

图3　静宜园永安牌楼雀替

二　颐和园与静宜园现存建筑梁枋彩画造型结构特征

梁枋彩画主要绘制于建筑外檐的平面空间内，从造型结构视角下可分为三段式构图、包袱式构图、整体式构图，在结构特征中依据轴对称的构图形式和不同纹样之间的比例关系进行绘制。颐和园与静宜园现存梁枋彩画主要分为和玺彩画、旋子彩画、苏式彩画、海墁彩画四种类别，以各类彩画所对应代表建筑为研究对象，在儒家文化影响下，彩画受"礼"的要求，为彰显等级而服务。② 和玺彩画作为最高等级的彩画形式，用于园林内重要建筑，具有程式化、规范化的固定形式特点，在颐和园与静宜园建筑内皆以金龙和玺为主；旋子彩画应用广泛，等级仅次于和玺彩画，在构图造型结构中仍遵循程式化绘制

---

① 马瑞田：《中国古建彩画》，文物出版社1996年版，第286页。
② 庄裕光等：《中国古代建筑装饰》，江苏美术出版社2007年版，第2页。

比例；苏式彩画融合江南地区彩画风格，主要绘制于亭、台、廊等处，分为"方心式"和"包袱式"，后来不断演变，结合了部分旋子彩画的纹样特点融合出"华红高藻彩画"这一类别；海墁彩画以通体绘制同一纹饰为构图特点，以追求园林空间的无限性。下文运用网格设计理论对其构图特征进行分析，从而挖掘颐和园与静宜园现存梁枋彩画的东方审美之独特意境。

（一）三段式构图

三段式构图是将彩画分为左右两端对称的端头和中心的方心三部分，端头包含找头—盒子—箍头，端头与方心空间距离相等。颐和园与静宜园现存梁枋彩画中和玺彩画、旋子彩画、华红高藻彩画均采用三段式的构图方式，方心式苏式彩画也采用三段式构图，但端头不绘盒子，以追求画面上的连续性以及视觉观感的流畅性。

颐和园仁寿殿和玺彩画、静宜园香山牌楼旋子彩画、颐和园景明楼华红高藻彩画都是固定线框的封闭式构图，依照相应的比例关系，变化有序的构建造型联系，在不同的块面划分之间形成视觉均匀和平衡。在整体与局部中，方心上下等距留白让空间画面不过分拥挤，和玺彩画方心左右两侧"Σ"形框架线，旋子彩画和华红高藻彩画方心宝剑头式的框架线将视线横向引导至两侧，通过流线划分模块，平衡中心视觉的稳定。找头和盒子部位在整体构图中以模块化出现，由装饰线进行连接，其宽度比例关系约为1∶1，几何形框架强烈的对称感满足人眼视角对视平衡的需要，从而达到统一整体画面效果的目的（见图4）。

图4 三段式构图
（a. 颐和园仁寿殿和玺彩画，b. 颐和园景明楼华红高藻彩画，c. 香山静宜园香山牌楼旋子彩画）

在局部与局部中，各部分之间相互关联，达到秩序与规律的和谐统一。颐和园仁寿殿和玺彩画箍头到方心的距离与方心的大小比例约为 0.62∶1；静宜园永安牌楼旋子彩画找头和方心部分的长度比例约为 0.612∶1，两者均接近黄金分割线比例，在结构布局中呈现优美的视觉感受。在中国传统文化中，奇数为阳，方心在三段式构图的五部分纹样里居中，轴对称的奇数元素排列布局使得构图画面更为协调，象征礼文化与帝王之威。

方心式苏式彩画由箍头—找头—方心—找头—箍头所组成，其中找头部位绘制卡子、聚锦、花卉等纹饰，其余空间留白。颐和园长廊东入口处的邀月门方心式苏式彩画，其中造型丰满、寓意吉祥的聚锦纹样，自由舒展、疏密有度的花卉造型纹样，两者与卡子的空间占比约为 1∶1∶1 或 1∶2，通过规律的长宽比例、留白的虚实相生、情景的完美融合，建立优美的视觉秩序，确保画面的平衡和稳定（见图5）。

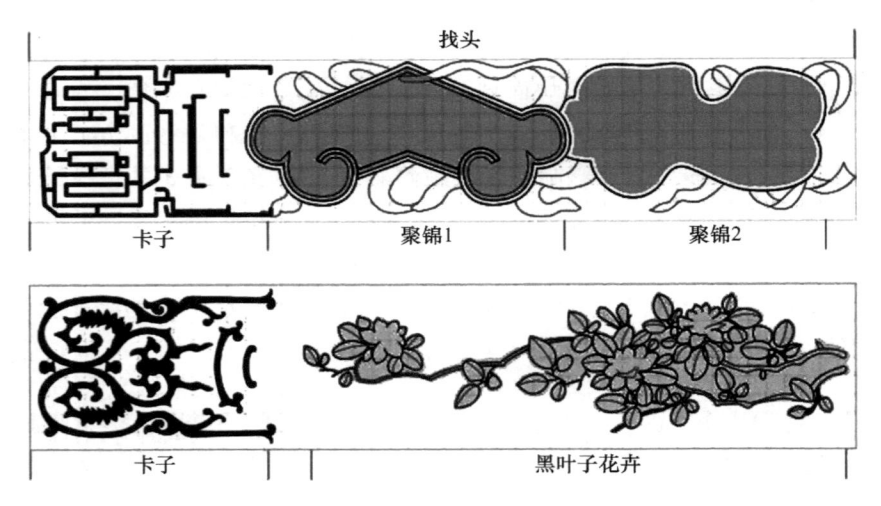

图5 颐和园邀月门方心式苏式彩画找头

（二）包袱式构图

包袱式构图其特点是绘制时将檩、垫、枋三个建筑构件相连接，主要特征为中间半圆形纹饰，顶端呈半开放式，俗称"包袱"[①]。颐和园长廊彩画的包袱式构图是颐和园苏式彩画中最具特色的构图形式，中心内部绘制不同题

---

① 边精一：《中国古建筑油漆彩画》，中国建材工业出版社2007年版，第121页。

材的画面，左右两侧的找头在自由空间内绘制聚锦、卡子等纹饰，尽端绘制箍头。包袱的轮廓由若干连续叠晕的线条构成，内层称"烟云"，外层称"托子"，即"包袱线"。包袱的轮廓线样式变化丰富，分为由曲线绘制的软包袱、直线形绘制的硬包袱、装饰纹样扁平且无空间渐变的死包袱，包袱式构图强烈的视觉冲击感为园林建筑增添了活力和动感，体现园林建筑的秀美和灵动（见图6）。

图6 包袱式苏式彩画构图
（a. 颐和园耕织图，b. 颐和园景福阁，c. 颐和园福荫轩）

格式塔心理学提出在一定的空间区域内人的视觉注意力上部比下部强，中心向四周边缘逐渐减弱[①]，颐和园长廊苏式彩画的包袱式构图巧妙借助了视域优选性，包袱、找头、箍头各面积占比约为8∶6∶3。利用三分法将包袱式构图划分为3×3的网格，网格线交叉的热点区域主要集中在包袱轮廓线周围，通过样式和色彩的变化使观者最先感知到画面中心，以此强化主题内容。包袱式构图同时在正负空间内保持平衡和稳定，通过借助单元格的数理分析，包袱在16×9的长方形矩形内，把中心对称轴向左右各移动3个单元格，左右负形区域正好得到两个直角边为5个单元格的等腰直角三角形，在视觉上形成稳定的三角结构，建立和谐的正负空间布局（见图7）。

（三）整体式构图

颐和园霁清轩海墁彩画采用的是整体式构图，具体表现为不设方心、包袱、找头等，整体绘以相同纹样，横向等距排列。紫藤纹饰随梁枋、梁柱有序排列，纹样宽约4个单元格，纹样之间等距相隔约8个单元格，宽度对比约为1∶2，紫藤花纹个体的绘制采用对角线方向，在静止不变的空间平衡中体现生

---

① ［德］库尔特·考夫卡：《格式塔心理学原理》，李维译，北京大学出版社2010年版，第152页。

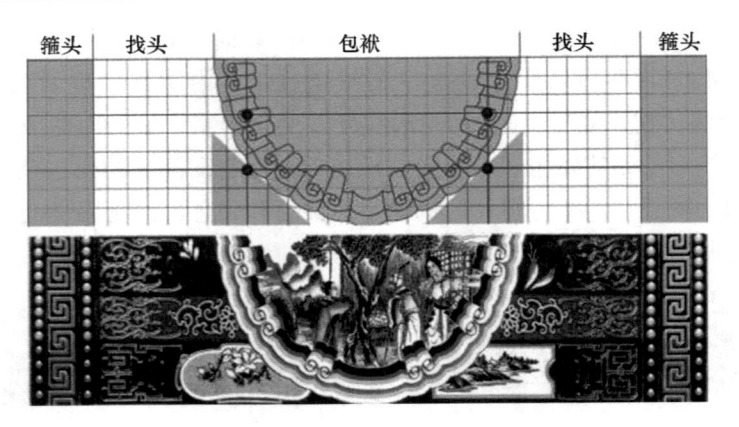

图 7　颐和园长廊包袱式苏式彩画

命活力。海墁彩画在园林中同样承载了艺术价值与职能，通过灵活的纹样装饰充分表达园林空间语言的氛围营造，是生活趣味、诗情写意的意境载体。①

三　颐和园与静宜园现存建筑梁枋彩画装饰纹饰造型构图特征

颐和园与静宜园现存梁枋彩画装饰纹饰造型包含具象纹样和抽象纹样，具象纹样借助自然物或神化动物造型体现吉祥寓意，而抽象纹样以几何形为核心结构，点线面为基本单元，通过色彩的变化、线面的交织，体现规律、秩序的逻辑关系。此外，构图特征因外檐构件结构的不同而适形变化，通过总结其纹饰造型特点，下文分别从弧线式、中心式、散点式、线性式、几何式、写生画式六个维度对颐和园与静宜园和玺彩画、旋子彩画、苏式彩画中的代表纹样进行总结与概括，对不同建筑彩画装饰纹样造型的形式美与秩序美进行理性认识与审美剖析。

（一）弧线式构图造型

弧线式构图是以弧线造型为主、单一的主题式纹样，以象征王权为最高等级的龙纹为重要体现。以颐和园仁寿殿、静宜园勤政殿为代表的和玺彩画在方心、找头、盒子部位皆绘制金龙纹饰。弧线为主干的龙纹造型随空间轮

---

① 许晓明、赵海月：《风景园林"立意"内涵、表达方式及审美中达意标准的探析》，《中国园林》2019 年第 35 期。

廓线框架起伏变化，主要分为 S 形造型的行龙、O 形造型的升龙与坐龙、C 形造型的降龙四大样式（见图 8）。方心中左右两条行龙面向中心火珠，也称"二龙戏珠"，四周祥云作伴，方心轮廓与龙身间隔等距，平稳的曲线行龙造型产生对称与均衡的视觉效果。升龙与降龙主要绘制于找头部位，龙头朝上的"升龙"意为龙飞升天，龙头在下的"降龙"意为金龙落地。此外，纹饰绘制遵循"升青降绿"的色彩法则，即升龙为青底色，降龙为绿底色。坐龙纹的造型呈圆团状金龙蹲坐之态，龙头面向正前方，下方饰宝珠，坐龙纹多饰于四方盒子部位内，四周绘以祥云或花卉纹饰，表现出圆与方、动与静的形式美。弧线式构图将龙纹的生命力与形式感在有限的空间环境中极致发挥，在程式至上的固定模式下，传递出威严肃穆之感。

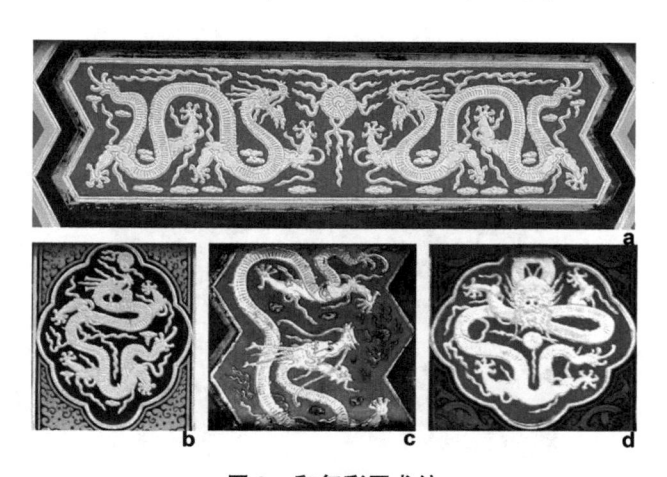

图 8　和玺彩画龙纹
（a. 颐和园仁寿殿行龙，b. 颐和园仁寿殿升龙，c. 静宜园勤政殿降龙，d. 颐和园排云殿坐龙）

（二）中心式构图造型

中心式构图是以中心向外围发散构图的纹样造型特征，旋花作为旋子彩画的标志纹饰，突出标志是找头部位绘制多变的旋涡状多层花瓣的团花造型，量的叠加一直是形成新的视觉效果的重要因素[1]，正因如此，旋花纹样将几何花瓣层层叠压组织在圆形轮廓中，产生视觉感官的稳定和装饰审美的秩序效果。颐和园与静宜园现存旋子彩画中旋花纹造型多为三层花

---

[1] 张春佳、刘元风：《"反复"的力量——东西方宗教艺术装饰形式探析》，《艺术设计研究》2017 年第 3 期。

瓣，由外向内每一层花瓣分别称为一路瓣、二路瓣、三路瓣，中心圆形图饰称为旋眼，最外层花瓣数量一般为 10 片或 12 片。旋花纹样形态框架遵循中国传统美学观念"和合之美"，强调各构成要素之间的协调统一，旋花纹以横向轴对称线为中心，由内层向外层比例约 1∶2 等比放大，规律的组合排列使旋花纹饰产生强烈的节奏美感。在中心式构图造型基础上受找头长度变化衍生出多种旋花组合造型，以"一整两破"为基础母版，"一整"意为整团旋花造型，"两破"则是两个等大半圆旋花相结合。组合旋花可以分为"一整两破""勾丝咬""喜相逢""一整两破加一路""一整两破加二路"等，通过不同的旋花纹组合造型提高旋子彩画整体构图适宜性（见图 9）。

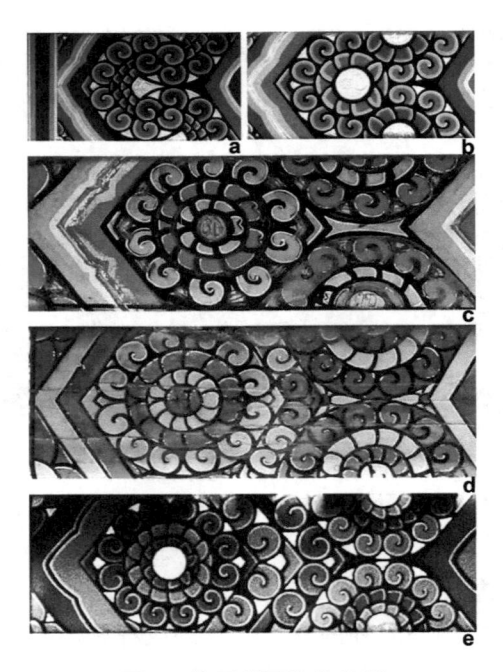

图 9　旋子彩画旋花纹样

（a. 静宜园圆灵应现殿"勾丝咬"，b. 静宜园圆灵应现殿"喜相逢"，c. 颐和园乐寿堂"一整两破"，d. 圆明园绮春园入口"一整两破加一路"，e. 静宜园天王殿"一整两破加两路"）

（三）散点式构图造型

散点式构图是将独立构成的纹饰造型以规律散点式分布排开，以锦纹为代表的静宜园眼界宽龙锦方心旋子彩画，方心部位所绘制的锦纹通过连缀式几何单一图形的四方连续设计，四周无限连续衔接，以形成规则组合、秩序感强的装饰纹样（见图10）。最明显的造型特征是斜十字方格骨架结构，以四个方形格子旋转组成纹饰单元，在十字节点镶嵌宝珠，着金边。通过点、线、面的视觉构建强化各要素的层次感，以构图牵引原理达到最佳展示效果[①]，锦纹根据视觉相似性原理将各部分连成整体，形成稳定与跳跃的有机结合。锦纹纹饰中规律分散的点等距横纵向排列，线由宝珠中心点出发呈放射式构成斜十字方格框架线，形成视觉空间深度，相比垂直线而言更具有变化和扩张之感，锦纹的面则是由几何矩形规则排列，着重体现庄重、严谨的视觉感受，在理性与庄重中流露自然与朴实之美。

图10　香山静宜园眼界宽锦纹

（四）线性式构图造型

线性式构图将主体纹样以直线或曲线为主要构成形式，有"素盒子""活盒子"两种组合纹样。静宜园京师之冠牌楼旋子彩画所绘的栀花盒子称为"素盒子"，其突出的造型特征是由直线线框、矩形轮廓与扁平化栀花以几何线性形态进行绘制，由于图形表意的抽象化，通过直线的块面分割与空间秩序感，使其易于识别和记忆。栀花盒子有整栀花盒子和破栀花盒子两种造型，"整盒子"四边等比例中点相连构造矩形造型，向中心点以二分之一面积等比缩小，中心位置绘制栀花，画面整体连贯感强；"破盒子"以四边端点直线连接相交叉，将画面分割为四个顶角等腰三角形，通过线性分割给人稳定、冷静的心理感受。

静宜园钟灵毓秀牌楼在旋子彩画盒子部位所绘的"活盒子"，则是由曲线构成，通过卷曲的卷草纹作为辅助图形将西番莲纹饰环绕中心，通过

---

① 李超：《平面设计中视觉与触觉的审美构建》，《包装工程》2020年第6期。

借助自然的表现手法将卷曲优美的曲线造型给人饱满、虚实相间的心理感受，并在四周岔角绘满铺的卷草纹或水牙纹，细腻且精巧。此外，颐和园福慈牌楼所绘"活盒子"还绘制异兽等纹样，灵巧生动。不同线性式的纹饰构图造型通过直线的冷静、规整与曲线的穿插交错，从具象到抽象，体现其丰富的文化内涵和设计巧思，可谓"图必有意，意必吉祥"。

（五）几何式构图造型

几何式构图是将主体纹饰轮廓特征构建成四边形边框，并等距且按同一方向排列。颐和园与静宜园现存箍头彩画是梁枋彩画最外侧矩形颜色带内的彩画纹样，画面占比小，其纹样特征主要为带状对称纹样，通过二方连续竖向排列或多重几何图形叠加搭配。其纹饰造型简洁，易于重复组合，凸显连绵不断的视觉效果与美好的吉祥寓意。颐和园佛香阁和玺彩画福寿箍头纹样多由团寿纹或长寿纹与蝙蝠纹竖向等宽排列组合，青绿色彩与纹样造型相隔变化，加强画面生动感。静宜园勤政殿箍头所绘纹样是贯套箍头，其造型主要由圆形与菱形构成的古钱层层叠压，贯串而成。苏式彩画当中箍头纹样几何造型变化丰富，其中静宜园唳霜皋的锦上添花连珠带箍头纹样，在箍头两边绘白色方格枣花，中心绘卍字纹，具有空间立体感的纹样搭配扁平简约纹饰，造型生动有趣，增添生动气息。可见，多重的纹样组合形式丰富了皇家园林在彩画中的艺术创作，虽然在历史积淀中已然形成一整套程式化组合模式，但其背后所蕴含的文化寓意和已经形成的和谐韵律仍旧可以为当代艺术设计提供创作理论。①

（六）写生画式构图造型

写生画式构图是画面中心以特定主题为主，将多种绘画内容表现在同一画面之中。以颐和园长廊包袱式苏式彩画为代表的写实性写生画纹样表现最为丰富，注重传达艺术意境和绘画审美，写生画中情景融合，以物喻人、借物寓意，中国绘画讲究气韵传神，通过理想的形制表达情趣，山水画的似与不似、人物画的情节描绘、建筑风景的情景交融、写实风格的精致描绘，是"畅于神游，物我两忘"的精神气质，更所谓"澄怀观道"的

---

① 赵晓婉、朱力：《论中国古典园林置石创作中的"无为"艺术哲学观》，《湖南社会科学》2023年第1期。

体悟[①]，充分体现彩画装饰纹样鲜活的生命力。

中国古典园林讲究步移景异的观景效果，是典型的突出时空流动的空间形态，颐和园长廊苏式彩画其人物故事主题融合典故故事和神话传说，通过对人物细节、周边环境、故事情节的细致刻画，突出主题，独具匠心。动植物花鸟主题追求自然神似和意境之美，在造型中寄托了古人对美好生活的追求与吉祥寓意的表达，在画面构成中，通过"留白"的画面处理虚实空间对比，强调画面整体性。建筑风景主题在绘画过程中不拘泥于绘制完整建筑全貌，而是通过虚实对比传递气韵精神，以笔墨的深浅融合、似有似无，虚实相生之间皆为妙境，给人留以无限想象。线法图风格主题受西方绘画风格影响，将建筑、风景、器物等运用透视技法和光影变化进行表现，营造了丰富的视觉层次空间效果。

四 颐和园与静宜园建筑彩画纹饰在文创设计中的应用

颐和园与静宜园现存建筑彩画装饰纹样在文创设计中得到广泛借鉴与使用，传统文化元素不仅具有鲜明的民族特征、历史文化，同时能够为文创设计提供丰富的灵感和素材来源，充分思考传统纹饰在文创设计中的内在精华，在传统与现代中找到大众契合点，通过文创产品设计这一介质"活化"传统纹样[②]，具体到文创设计中，主要体现在以下三个维度。

（一）归纳纹样造型的适形特点

在文创产品设计中，可以通过对传统纹样进行外在形态上的仿制，来实现对传统纹样的应用。[③] 颐和园文化产品专卖店所售挂件和便利贴，以旋子彩画中的旋花造型为灵感来源，通过强化旋花圆形轮廓、螺旋纹花瓣等特点，用扁平化的设计方法，较高饱和度的蓝、橙、黄、绿、白相间的色彩配色进行创新设计，既突出纹饰特点，又达到实用功能与审美价值并存的意义。将颐和园文化产品专卖店所售的旋子彩画文创产品，进行现代设计的重构、组合、打散等，基于本质造型完整的情况下，通过当下潮流

---

① 吴胜景：《论中国画写生的美学追求》，《学术探索》2021年第12期。
② 黄华明、梁敏娜：《中国传统纹样在文化创意产业中的应用价值研究》，《美术学报》2021年第2期。
③ 王琦：《文创产品设计中传统纹样的应用研究》，《包装工程》2023年第16期。

设计手段放大纹饰自身特点①，以独特性与文化属性双重维度吸引消费者（见图11）。抓住纹饰审美特点，有利于打造颐和园建筑彩画的品牌建设，彰显纹饰的独特魅力，将地域文化与艺术价值紧密结合。值得注意的是，在归纳建筑彩画装饰纹样适形特点时，不可直接复制粘贴或以设计者自我为中心随意更改纹饰特点，需进行深入理解和分析后才能最大限度地展现建筑彩画纹饰的魅力。

图11 颐和园文化创意产品

（二）丰富多种品类的情感满足

当下人们对消费的物质需求已然转变为精神需求，文创产品承载的不仅是满足多样的消费需求，更是要提升文化体验价值，达到情感上的共鸣与互动，才能更好实现真正意义上的设计成功。②中国园林博物馆以"锦色万千"为主题的建筑彩画发展应用主题展览，在文创展示板块将生活用品与传统纹样进行潮流设计创作，提炼包袱式苏式彩画多层次渐变退晕的特点与雨伞伞骨弯曲起伏相结合，提炼旋花正圆形的装饰造型特点，以多变的色彩配色、拼接的设计手法重新演绎，绚烂的色彩变化带来轻松跳跃

---

① 孔霞、杨娟：《传统纹样在现代文创产品设计中的运用》，《包装工程》2022年第8期。
② 杨启春：《基于情感化设计的旅游纪念品设计》，《包装工程》2021年第2期。

的感官体验，打破传统思维限制，将实用需求、审美需求、装饰需求、个性需求融会贯通，以新方式、新设计、新载体满足当今消费者对颐和园与静宜园传统建筑装饰纹样文创产品的情感需求（见图12、图13）。

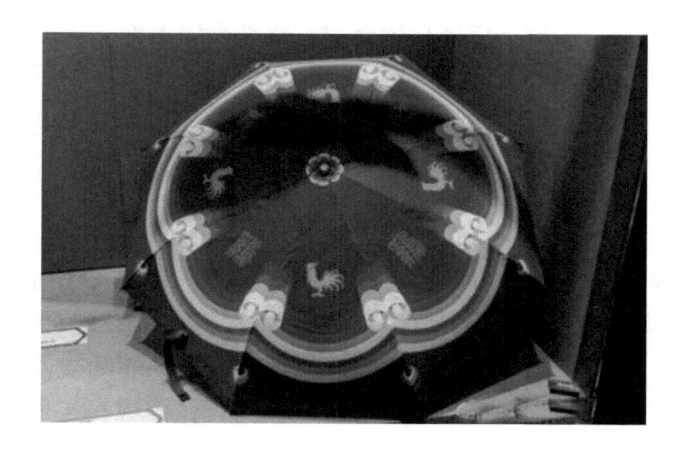

图12　包袱式苏式彩画雨伞设计案例

图13　旋子彩画丝巾设计案例

（三）传承文化价值的精神脉络

颐和园与静宜园现存建筑彩画传统纹饰作为中国传统纹样的一部分，同样肩负着传承中华民族文化符号的使命，象征万福汇集的卍字纹、尊贵至上的龙凤纹、延绵不断的回字纹、由蝙蝠与寿桃抽象化构成的"双福拱寿"等，通过借物寓意的象征手法将福寿吉祥的美好寓意应用在彩画纹饰中，从中通过纹样符号的阐释，感知中华民族对生活的追求和向善向美的民族性格。因此，在文创设计中，要深入剖析我国发展文脉，感受历史情感，深层次挖掘文化设计理念，将三山五园现存建筑外檐彩画纹饰赋予更加鲜明的民族特性和艺术精神，在传承文化价值的前提下把握前沿设计方向，将建筑彩画装饰纹样带到时代发展的列车，与潮流艺术碰撞出新的火花。①

五　结语

建筑彩画装饰纹样为颐和园与静宜园建筑景观营造了丰富的艺术表现形式与装饰美感，颐和园与静宜园建筑彩画纹饰不仅是对园林建筑景观单体进行髹饰，更多的是通过其复杂的纹样造型和整体布局为园林景观环境营造相应的主题和精神内核，通过对其深入分析，为现代文创产品设计提供可转化的设计元素。以地域建筑特征进行文化衍生品开发已然是趋势所在，在经济、科技、创新的多重加持下，为颐和园与静宜园现存建筑彩画纹饰提供良好的发展平台，展示中华传统文化魅力。

---

① 杨玉艳：《地域文化元素在平面设计中的探索与尝试》，《包装工程》2022 年第 20 期。

国际法视角下"文化遗产"到"奥运遗产"的术语嬗变：从 UNESCO 到 IOC[*]

张万春[**]

摘要：国际法视角下，"文化遗产"概念伴随着国际条约在全球范围内的普及而得到扩展。基于"遗产"术语的"文化遗产"和"奥运遗产"实际上具有相同的法律渊源：联合国教科文组织主持制定的一系列遗产国际条约。这些条约清晰印证了"文化遗产"的演变历程以及在全球产生的巨大影响力。受这些国际条约的影响，并且出于化解奥运会既有问题和危机的需要，"遗产"和"文化遗产"术语以及理念在奥林匹克运动中逐渐生根发芽，并且发展出"奥运遗产"术语。这些术语及其体系不仅体现在国际条约中，也体现在不具有法律约束力的软法性质文件中。与"文化遗产"更多体现在国际条约中不同，"奥运遗产"更多体现在国际奥委会的软法性质文件里，二者共同构成了从"文化遗产"传承到"奥运遗产"的法治保障。

关键词：文化遗产；奥运遗产；奥运文化遗产；遗产法；国际法

问题提出与讨论价值

奥运文化遗产的内涵挖掘不仅仅是奥运文化遗产保护利用的重要内

---

[*] 本文为北京市社会科学基金决策咨询重点项目"北京冬奥文化遗产保护利用的法治保障研究"（项目编号：22JBC016）的阶段性成果。

[**] 张万春，北京联合大学商务学院国际商务系副教授，主要研究方向为国际经济法、国际商法。

容，也是理解和界定奥运遗产法治的重要基础。奥运遗产或奥运文化遗产在法律中应当如何界定尚无明确答案。沿着国际法到国内法的辐射轨迹，从文化遗产到奥运遗产和奥运文化遗产，梳理这些概念之间的映射、借鉴和传承关系是打开奥运文化遗产保护利用法治研究之门的钥匙。

文化遗产是一个在过去和未来之间架起一座桥梁的概念，是作为复杂的历史过程的结果发展而来，并且在不断演变。历史地看，"文化遗产"作为一种社会建构诞生于20世纪的欧洲，[①] 19世纪以来民族遗产的概念引发了国家博物馆和古迹保护机构的建立。20世纪下半叶联合国教科文组织等国际组织通过纳入世界遗产等概念得以保护许多国家的遗产。选择哪些物品、遗迹或自然环境进行保护会为过去和现在的各种文化叙事和社会共识设定未来的发展轨迹。虽然文化遗产的概念有助于保护价值观和文物，但它也经常在新的民族主义运动、极端主义甚至沙文主义基层组织中发挥消极作用。[②] 尽管如此，文化遗产实践的最新发展以及更普遍的文化遗产概念的使用，都使得文化遗产在可持续发展的道路上愈加深远。

文化遗产概念的确立和公开承认是在国际公约中完成的。文化遗产概念与联合国教科文组织（UNESCO）密切相关，而奥运遗产术语则与国际奥委会（IOC）紧密关联。奥运文化遗产概念的追溯源于文化遗产和奥运遗产，而奥运遗产概念的产生具有较为重大而深刻的历史背景，具有奥林匹克可持续发展的内在强烈需求以及外在国际环境的重大影响。厘清奥运文化遗产概念的肇始、转折以及演变历史，不仅是挖掘奥运文化遗产的内涵与外延的基础，而且是辨析奥运文化遗产与奥运遗产、文化遗产与奥运遗产等概念的关键，还是确立奥运文化遗产保护利用法治立论的重要前提。从奥林匹克健康发展的内在需求看，奥运会在长期历史发展中的困境存在以及改革动力是矛盾统一体。奥运遗产概念的引入正是基于奥林匹克面临的巨大财政困难、体育和商业腐败等奥运"巨人症"而产生。

"文化遗产"术语从一个既有领域或文化体系跨越到另外一个领域或文化体系既是术语本身生命力和影响力的充分展现，同时也是两种不同领域或文化体系融合的重要内容。这种跨越本身既表明"文化遗产"术语在

---

① Juliana Forero, Liangping Hong, "Cultural Heritage Concept, Genealogy and Contemporary Challenges", *Italy: Mediterranean Journal of Social Sciences*, 2012 (3): 75 - 85.

② "The Concept and History of Cultural Heritage", *Cultural Heritage Studies* (n. d.). https://culturalheritagestudies. ceu. edu/concept-and-history-cultural-heritag.

文化和文物领域的成熟和影响力，也说明在奥林匹克这个新生领域的适应力和生命力。当然，"文化遗产"术语在原有领域的表达语境及其内涵外延是否在另一个领域的表达语境中产生异变？这种异变以及发生的内在机理如何产生？这个问题不仅关乎新生领域内"文化遗产"术语的存活力，而且关乎围绕该术语的规则、制度和体系构造。

一　基于 UNESCO 系列国际公约的"文化遗产"术语传承

"文化遗产"术语是一个在众多国际条约中都涉及的重要概念，也成为超越文化领域的重要术语。该术语的使用存在诸多容易混淆之处。而且，从概念传承角度，不同体系和领域的借用使得该术语的内涵与外延在不断丰富的同时也产生异化的危险。例如，中英文关于"遗产"与"文化遗产"的使用中，二者有时候被认为具有同样含义。有学者认为，英文"worldheritage"是"世界遗产"，一般指有形文化遗产；"intangible heritage"指称"非物质文化遗产"或"世界无形文化遗产"。[①]

"文化遗产"术语在联合国教科文组织（UNESCO）主持制定的一系列文化公约（参见表 1）中逐步得到确认和完善。从 1954 年《海牙公约》和 1970 年《关于禁止和防止非法进口、出口和转让文化财产所有权手段的公约》[②] 到 1972 年《保护世界文化和自然遗产公约》[③]，"文化遗产"概念最终得以确立。随着 2001 年《保护水下文化遗产公约》[④] 和 2003 年《保护非物质文化遗产公约》[⑤] 的出台，文化遗产的外延也越来越清晰，"文化遗产"也由原来一般多指有形文化遗产向包括无形文化遗产和有形文化遗产的含义转变。

[①] 苑利：《文化遗产与文化遗产学解读》，《江西社会科学》2005 年第 3 期。

[②] Convention on the Means of Prohibiting and Preventing the Illicit Import, Export and Transfer of Ownership of Cultural Property, https:// unesdoc. unesco. org/ark: /48223/pf0000133378/PDF/133378qaao. pdf. multi; https:// en. unesco. org/about-us/legal-affairs/convention-means-prohibiting-and-preventing-illicit-import-export-and.

[③] Convention Concerning the Protection of the World Cultural and Natural Heritage, https://whc. unesco. org/en/conventiontext.

[④] Convention on the Protection of the Underwater Cultural Heritage, https://unesdoc. unesco. org/ark: /48223/pf0000126065/PDF/126065eng. pdf. multi.

[⑤] Convention for the Safeguarding of the Intangible Cultural Heritage, https://unesdoc. unesco. org/ark: /48223/pf0000383762/PDF/383762eng. pdf. multi. page = 9.

1. 1954 年《海牙公约》

1954 年《海牙公约》是指《武装冲突情况下保护文化财产公约》，是世界上第一个在遇到武装冲突情况下全面保护文化遗产的专门国际条约。[①] 该公约序言特别强调对任何民族的文化财产的损害即是对全人类文化遗产的损害，保护文化遗产对世界各国人民具有重大意义。作为"历史古迹""文化财产"等的衍生概念，"文化遗产"从一个更加广阔的视野对其做出了深化。它区别于纯自然的产物，在自身形成过程中因人的参与而被赋予突出的文化价值。[②] 1954 年《海牙公约》并没有对"文化遗产"进行界定，在界定"文化财产"概念时使用了"文化遗产"（cultural heritage）术语并将二者进行关联，明确"文化财产"（cultural property）是每个民族的文化遗产中具有重要意义的动产或不动产。[③]

2. 1970 年《关于禁止和防止非法进口、出口和转让文化财产所有权手段的公约》

与上述 1954 年《海牙公约》类似，本公约同样在公约第 1 条明确了"文化财产"的概念并仍然使用了"文化遗产"（cultural heritage）的表述，认为"文化财产"是指基于宗教或世俗理由，被各国具体指定为对考古学、史前史、历史、文学、艺术或科学具有重要意义并属于特定类别的财产。该公约确认每一个国家都有尊重本国文化遗产的道德义务。文化遗产原产国的文化遗产正在枯竭，文化财产的非法进口、出口和所有权转让是造成此种现象的主要原因之一，国际合作是保护各国文化财产免遭危险的最有效手段之一。因此，各缔约国应当承诺反对和制止此种行径，消除其根源并协助作出必要的赔偿。

3. 1972 年《保护世界文化和自然遗产公约》

"文化遗产"正式确认于联合国教科文组织 1972 年制定的《保护世界

---

① 本公约与 1899 年 7 月 29 日、1907 年 10 月 18 日的《海牙陆战法规及惯例公约》（四）、《海牙海战法规及惯例公约》（九）[The Hague concerning the Laws and Customs of War on Land (Ⅳ) and concerning Naval Bombardment in Time of War (Ⅸ) 以及 1935 年 4 月 15 日《关于保护艺术和科学机构及历史古迹的华盛顿条约》(《罗里希条约》), Washington Pact of 15 April, 1935 for the Protection of Artistic and Scientific Institutions and of Historic Monuments, Roerich Pact] 相统一，并且构成上述公约的补充。

② 郭若涵：《联合国教科文组织视域下"文献遗产"概念：形成、演变及启示》，《档案学研究》2022 年第 5 期。

③ 参见该公约 1 (a)。

文化和自然遗产公约》中。该公约第 1 条使用"cultural heritage"来表述"文化遗产"并确定了极为明确的遗产范畴，包括具有显著普遍价值的古迹（monuments）、建筑群和遗址，[①] 强调历史、艺术、科学、美学、民族学或人类学领域和视角。如果对比该公约第 2 条中"自然遗产"（natural heritage）概念的物理、地理、地质和生物属性，"文化遗产"更突出了人文属性和普世价值。

4. 2001 年《保护水下文化遗产公约》

2001 年联合国教科文组织《保护水下文化遗产公约》填补了国际文化遗产法方面的空白。该公约强调了作为人类文化遗产组成部分的水下文化遗产的重要性，同时确保通过专门保护机制和缔约国之间的合作方案来保护水下文化遗产。"水下文化遗产"概念的使用一方面明晰了"文化遗产"概念的传承，另一方面也拓展了"文化遗产"概念的外延。水下文化遗产是指至少 100 年以来，周期性的或连续性的，部分或全部位于水下的具有文化、历史或考古价值的所有人类生存的遗迹，如遗址、建筑、工艺品、人的遗骸、船只、飞行器，以及有考古价值的环境和自然环境等。[②] 公众有权享受以负责任的、非侵入性的方式就地接触水下文化遗产所带来的教育和娱乐利益，并深信公众教育有助于提高对该遗产的认识、欣赏和保护的价值。

5. 2003 年《保护非物质文化遗产公约》

在充分考虑保护文化遗产的以往国际条约，特别是 1972 年《保护世界文化和自然遗产公约》深远影响的基础上，2003 年《保护非物质文化遗产公约》成为拓展文化遗产公约的重要里程碑。该公约明确了非物质文化遗产对于文化多样性的保障和文化的可持续发展具有重要意义，同时还考虑到非物质文化遗产与有形的文化和自然之间的根深蒂固密切关系。在以上文化和自然遗产国际协定、建议和决议的基础上，该公约明确界定了"非物质文化遗产"的概念：非物质文化遗产是指被社区、群体以及在某些情况下被个人视为其文化遗产一部分的习俗、表现形式、表达方式、知识、技能以及与之相关的器具、物品、人工制品和文化空间。这种代代相传的非物质文化遗产

[①] Convention concerning the Protection of the World Cultural and Natural Heritage, https://www.unesco.org/en/legal-affairs/convention-concerning-protection-world-cultural-and-natural-heritage.

[②] 参见该公约 1（a）。

不断由社区和群体根据其环境、与自然的互动及其历史进行再创造，并为他们提供一种认同感和连续性，从而促进对文化多样性和人类创造力的尊重。只有符合现有国际人权文书以及社区、群体和个人之间相互尊重和可持续发展要求的非物质文化遗产才可以适用公约。

表1　　　　　　　　　　UNESCO 有关"文化遗产"的国际公约

年份	公约中文名称	公约英文名称	涉及文化遗产内容
1954	《武装冲突情况下保护文化财产公约》	The 1954 Hague Convention for the Protection of Cultural Property in the Event of Armed Conflict	明确了"文化财产"概念并提及"文化遗产"
1970	《关于禁止和防止非法进口、出口和转让文化财产所有权手段的公约》	Convention on the means of prohibiting and preventing the illicit import, export and transfer of ownership of cultural property	明确了"文化财产"及所有权观念并提及"文化遗产"
1972	《保护世界文化和自然遗产公约》	Convention Concerning the Protection of the World Cultural and Natural Heritage	明确了"文化遗产"概念
2001	《保护水下文化遗产公约》	Convention on the Protection of the Underwater Cultural Heritage	明确了"水下文化遗产"概念
2003	《保护非物质文化遗产公约》	Convention for the Safeguarding of the Intangible Cultural Heritage	明确了"非物质文化遗产"概念

综合上述 UNESCO 在一系列国际公约中关于"文化遗产"的描述和界定，可以发现"文化遗产"存在如下几个特点：第一，"文化遗产"与"文化财产"密切相关，或者说文化遗产是建立在各国文化财产基础之上；第二，"文化遗产"概念内涵与外延通过条约不断拓展，已经发展为成熟的术语体系；第三，"文化遗产"概念已经在全球获得广泛影响力，这也是国际奥委会和奥林匹克运动能够借鉴的重要前提和基础。

二　国际奥委会对"文化遗产"的借鉴及表达语境：法律移植的传承和变异

强调奥林匹克文本中出现"遗产"这个词汇与形成比较固定的术语之间有较长的时间间隔。国际奥委会的官方网站中存在三种关于"文化遗产"和"奥运遗产"的表达，表达语境和含义有明显区别。从语言学角度看，奥林匹克官方网站中对奥运遗产的英文描述主要使用"heritage""legacy"两个重要词汇和三种语境。

1. Olympic legacy

这也是目前国际奥委会官方以及学术界最为常见的表达方式，出现在《奥林匹克宪章》《奥林匹克议程 2020》《奥林匹克议程 2020 + 5》《遗产战略方针》以及国际奥委会的战略路线图等官方文件中。国际奥委会认为，legacy 这个术语在不同的人群、语言和文化中具有不同的含义。自从 2003 年被引入《奥林匹克宪章》以来，该术语在奥林匹克运动中有几个定义共存。因此，为了在奥林匹克运动内部达成协调统一，国际奥委会已经就 Olympic legacy 达成比较统一的定义。①

2. Culture and Heritage

在国际奥委会的官方网站中，还有一种表达是 Heritage 与 Culture 并用，主要体现在奥林匹克文化与遗产基金会（The Olympic Foundation for Culture and Heritage, OFCH）的名称使用中。该基金会包括国际奥委会遗产部（IOC Heritage Unit）、国际奥委会奥林匹克研究中心（IOC Olympic Studies Centre）、瑞士洛桑奥林匹克博物馆（Olympic Museum in Lausanne）和国际文化事务部（International Cultural Affairs Unit）。国际奥委会的文化遗产活动由奥林匹克文化与遗产基金会负责。该基金会管理国际奥委会所有形式的遗产，促进奥林匹克知识的创造和传播。② 在这种表达语境中，Olympic Heritage（奥林匹克遗产）也只是 Culture and Heritage（文化和遗产）的一部分，由国际奥委会遗产部进行管理。③

3. Olympic Heritage④

这种表达环境涉及奥林匹克遗产的管理与收藏。文物收藏中，国际奥

---

① "Olympic legacy is the result of a vision. It encompasses all the tangible and intangible long-term benefits initiated or accelerated by the hosting of the Olympic Games/sport events for people, cities/territories and the Olympic Movement."

② Refugee Olympic Team-Hope and Inclusion for Refugees Worldwide, https://olympics.com/ioc/refugee-olympic-team.

③ Olympic Foundation for Culture and Heritage, https://olympics.com/ioc/the-olympic-foundation-for-culture-and-heritage.

④ Olympic Heritage Collections-Discover the IOC's Historical Collections, https://olympics.com/ioc/the-olympic-foundation-for-culture-and-heritage/heritage-management.

委会的祖传藏品由奥林匹克文化与遗产基金会的遗产部进行管理，包括来自奥运会、青奥会、奥林匹克运动会等与奥林匹克相关的文物。档案收藏中，国际奥委会档案馆和奥林匹克博物馆保存并提供国际奥委会的诸多档案资料。奥运图像和声音收藏中，奥林匹克广播服务公司制作的视频图像、国际奥委会摄影师拍摄的照片和奥林匹克电影都保存在档案馆里，可以通过奥林匹克多媒体图书馆（TOML）在线访问数字化存档的照片、视频、电影和声音收藏。

三 国际奥委会软法文件传承遗产术语的实践

基于外在影响和内在改革需求而产生的文化碰撞，"文化遗产"术语所代表的文化在跨领域内自然发生，并且这个术语及其所在条约的重要影响力。"奥运遗产"术语在奥林匹克运动中的传承与发展不仅是充分借鉴了联合国教科文组织的国际条约，也不仅是对外在术语体系和文化的被动和主动输入，而且是奥林匹克自身运动可持续发展过程中充分消化和充分发展的自足体系。

国际奥委会对于奥运遗产的推动是"文化遗产"纳入奥林匹克体系的最主要动因，这种推动是渐进发生的，但在 2003 年前后的推动是至关重要的。以 2003 年《奥林匹克宪章》对于奥运遗产的确立为标志，该术语传承历程可以分为两段。

（一）"奥运遗产"的孕育阶段

"奥运遗产"在各申办国、各国奥委会以及国际奥委会的孕育历史或许比较长，但是比较值得铭记的突破是发生在 21 世纪之后。2002 年，国际奥委会在洛桑召开奥林匹克遗产大会，来自不同国家的奥运会申办委员会、奥运会组织委员会、国际单项体育联合会、各国奥委会和研究人员参与大会。大会将"奥运遗产"划分为 14 大类，但并未对"奥运遗产"的概念达成一致意见。2002 年，国际奥委会设立奥运会整体影响评估项目（OGGI；现已改为奥运会影响研究工程，OGI），旨在科学评估奥运会对举办城市和国家的经济、政治、社会和文化等方面影响，要求从 2008 年北京奥运会开始，每个奥运会主办城市都要在奥运会结束后 2 年内提交 OGGI 评估报告，并且要对举办地奥运会前后短期性影响进行量化评估。

2003年7月,国际奥委会奥运研究委员会的报告中提到奥运遗产的重要性以及确保为主办城市和居民留下重要奥运遗产。

(二)"奥运遗产"在《奥林匹克宪章》中的确立及快速发展

《奥林匹克宪章》是国际体育组织奥林匹克委员会最权威的官方文件,也是对各成员国、各国奥委会具有法律约束力的文件,在奥运会和体育领域具有最权威的影响力。2003年7月,经修订的《奥林匹克宪章》第2条中明确阐述了奥运遗产的重要性,为奥林匹克运动的遗产化进程打开了大门。此后,在2014—2015年前后,奥运遗产建设呈现出全面化态势。(1) 2013年,IOC编写了《奥林匹克遗产手册》,将奥运遗产界定为可为社区建设与基础设施带来可观改变的持续性效益。(2) 2014年12月,国际奥委会第127次会议通过《奥林匹克议程2020》,该议程充分全面肯定了奥运遗产的重要性,[①]将可持续发展和遗产规划确定为候选城市胜出的重要因素。《奥林匹克议程2020》在奥运遗产的确定性方面具有重要标志意义。(3) 2015年,IOC修订了《奥林匹克宪章》,其中第14条规定:"IOC的主要作用就是通过奥运会为举办城市和国家带来正面积极的遗产。"并在第33条对举办城市的评估条款中,要求举办城市和国家在规划"奥运遗产"的过程中考虑如何使后奥运效应具有可持续性。在国际奥委会可持续与遗产委员会召开的讨论会上,奥运遗产被界定为"奥林匹克运动会所包含的积极影响"。(4) 2015年,IOC发布的《奥运遗产指南》将奥运遗产界定为"奥运会能够带给举办城市和地区的、有形和无形的、具有长期效益而非短期影响的后奥运效应"。(5) 2017年12月IOC发布的《遗产战略计划:勇往直前》(*Legacy Strategic Approach:Moving Forward*)是国际奥委会与世界各国29个奥运会举办城市共同磋商的结果,阐述了奥运遗产的重要性、概念、范畴和四大战略目标的实现。

---

① 第1、2、4条中遗产特别强调了三条建议(1、2和4):建议1:将申办过程塑造为邀请1)国际奥委会引入一个协助阶段,在此阶段,国际奥委会将向考虑申办的城市提供有关申办程序、奥运会核心要求以及以前的城市如何确保积极申办和奥运会遗产的建议;建议2:通过评估关键机会和风险来评估申办城市2)国际奥委会考虑申办的积极方面:最大限度地利用现有设施,使用临时和可拆卸的场馆,在没有长期场馆遗产需要或可以证明的情况下,6)[评估]委员会将受益于社会、经济和政治条件等领域的第三方独立咨询意见,特别关注可持续性和遗产问题;建议4:将可持续性纳入奥运会的所有方面3)国际奥委会在国家奥委会和世界奥林匹克城市联盟(UMVO)等外部组织的支持下,确保对奥运会遗产进行赛后监测。

四 各国奥委会官方文件的"遗产"术语演化

各国奥委会官方文件一方面需要符合国际奥委会关于奥运遗产的硬性文件要求，另一方面也在遗产术语的运用中具有较强的主动性和创新性。各国在奥运会的申办报告、总结报告等官方文件和正式文本中对于Olympic legacy 术语的运用清晰展示了"奥运遗产"术语的演化进程。"奥运遗产"术语在申办奥运会过程中的出现比国际奥委会官方文件要早些。既有的奥林匹克文本研究证实，澳大利亚墨尔本在 1956 年的奥运会申办报告上已经使用"legacy"一词，① 用来衡量举办权合法性问题。② 1968年，墨西哥在奥运总结报告中使用"legacy"描述遗产，但其使用语境与内容主要是和墨西哥玛雅文化与传统舞蹈传承等文化遗产有关。墨尔本和墨西哥在 20 世纪五六十年代对于 legacy 术语的使用呈现出偶然性，也没有在 70 年代得到传承。80 年代，奥运遗产话题开始真正引起关注。其一是 1981 年加拿大在申报 1988 年奥运会举办权的文本中提到了"奥运的申办与规划：参与及遗产"相关内容，认为卡尔加里的遗产之一将是专门的体育设施。③ 其二是 1987 年奥运遗产国际研讨会在韩国首尔举办。该研讨会由韩国仁济大学奥林匹克与跨文化研究国际研究院举办，意味着对奥运遗产专门研究的重视和开展。进入 20 世纪 90 年代，对奥运遗产的关注达到一个很重要的量变阶段。1991 年，亚特兰大百年奥运会组织委员会将留下积极的物质与精神遗产作为其办奥使命。1997 年，雅典在申报 2004 年奥运会主办权时专门制定了《奥运遗产手册》（*A legacy for Olympism*），介绍奥林匹克遗产。④ 1999 年 12 月，国际奥委会发布建议，建议在奥运会举办城市举办残奥会，并就教育和文化、人道主义活动以及知识和专门知识的转让提出了若干建议。21 世纪是奥运遗产真正达到质变的年代。2008 年，英国发布 2012 年夏季奥运会的《政府奥运执行遗产行动计划——在前期、

---

① XVI Olympiad 1965: Melbourne's Plan, Victoria: McLaren & Co. Pty, Ltd., n. d., IOC Historical Archives.

② Mangan J. Prologue, "Guarantees of Global Goodwill: Post-Olympic Legacies-Too Many Limping White Elephants?", *International Journal of the History of Sport*, 2008, 25 (14): 1869-1883.

③ Calgary Canada, Calgary: Calgary Olympic Development Association, 1981: 132.

④ Jean-Loup Chappelet (2012), Mega Sporting Event Legacies: A Multifaceted Concept, Papeles de Europa, 25: 76-86.

中期和后期最大限度地利用伦敦 2012 年奥运会》，并于 2009 年发布了《伦敦 2012 残疾人奥运会遗产计划》，将奥运遗产界定为奥运会留下的痕迹，并将"奥运遗产"分为旅游、教育、可持续性、体育及商业和城市建设等方面。2019 年底，中国在冬奥会举办前发布了北京 2022 年冬奥会《遗产战略计划》，提出了 7 个方面的 35 个重点任务。

五 "文化遗产"传承的法律依据与轨迹

"文化遗产"在国际法视角下展示出较为明晰的传承。这种传承体现在国际条约等有国际法约束力的国际法律文件中，也体现在并不具有国际法约束力的软法性质文件中。前者因为具有强行约束力而为各成员国接受，并可能写入成员国国内立法中，也会对非成员国具有重要示范性，因此具有快速普及和广泛影响力特征。此外，像国际奥委会等一些具有国际影响力的国际组织也会产生具有较大影响力的软法性质文件。这些文件虽然对各国不具有法律约束力，但是在相关领域内对各国可能具有明显的影响力和倡导力。两相对比，前者对于某个术语及制度的确立、推广和广泛承认具有决定性因素，但是后者却具有更加深厚的酝酿和铺垫意义。很多情形下，也正是因为后者的长期积累，才能够成就前者。这二者共同存在，互相影响，共同保障了"文化遗产"术语传承的广泛性和明确性，也促进了"奥运遗产"移植的持久性和生命力。

从"遗产"到"文化遗产"再到"奥运遗产"和"奥运文化遗产"，遗产从文化文遗领域扩展到了奥林匹克体育运动中。"遗产"不仅经历了自身的内在迁延和成熟进化，而且经历了外在的引入和变异过程。在这些嬗变过程中，"文化遗产"和"奥运遗产"不仅在遗产基础上获得充分发展，而且由于各自表达语境以及制度体系的不同而产生出相连但并不完全相同的内涵外延。这个过程对于厘清概念的源流带来一定困惑，但是同时也是概念术语自身生命力发展和基因变异的必然结果。基于此，既要搞清楚特定术语的产生环境和发展历史，也要明白在不同领域和体系中异化而产生的特定含义。今天，遗产越来越受到重视，在多个层面依多学科途径和方法在世界范围内和人文、社会科学以及环境范围内被研究、开发和使用，文化遗产保护利用以及问题化解的最佳途径是承认差异多元化，在可持续发展中寻求共同点。

全国文化中心建设研究

基于问卷数据的北京全国文化中心建设公众评价文本分析[*]

张　晨　张景秋　张　艳[**]

摘要：本研究基于"北京全国文化中心建设评价问卷调查"的两万份问卷数据，利用ROSTCM6.0文本挖掘软件、BERTopic模型和BERT文本分类等方法对问卷中全国和北京公众对全国文化中心建设效果的感受及建议文本进行词频分析和分主题分析。结果表明：一是在全国层面，全国公众期望未来全国文化中心建设能加强文化交流和包容，推动旅游发展。其也关注历史文化保护、交通设施改善和科技创新推动，进而提升城市影响力和竞争力。二是在北京层面，北京公众对文化中心建设较为满意，公众关注到了环境、历史传统、公园、绿地和博物馆等方面的改善和保护，认为其对居民的日常生活有积极影响。北京公众希望未来全国文化中心建设增加资源投入、提高保护水平并关注文化传承、社区整治和基础设施改善。三是全国和北京相结合层面，无论是全国公众还是北京公众都希望北京在建设全国文化中心时能够加强文化宣传和传承保护，提供免费、人性化和价格亲民的文化活动和服务，同时也关注公众生活质量的提升，如交通和物价等的改善。本研究可为进一步改进和优化全国文化中心建设的策略和举措提供理论借鉴。

关键词：全国文化中心建设；ROSTCM6.0软件；BERTopic模型；BERT文本分类

---

[*] 本文为2023年度北京学高精尖学科学生创新项目（项目编号：BJXJD-GJJKT2023-YB02）的研究成果。

[**] 张晨，北京联合大学地理学硕士研究生，研究方向为城市地理学；张景秋，北京联合大学应用文理学院教授、硕士研究生导师、博士，研究方向为城市地理学、城市与区域规划；张艳，北京联合大学北京学研究所副教授，研究方向为城市社会地理、时空行为与规划研究。

一 引言

党的十八大以来，北京全面贯彻落实习近平新时代中国特色社会主义思想和习近平总书记对北京重要讲话精神，按照"四个中心"城市战略定位，确定了全国文化中心建设"一核一城三带两区"的总体框架。2017年8月，全国文化中心建设领导小组第一次会议在京召开，标志着北京全国文化中心建设步伐开始加快。2018年，北京在建设全国文化中心之路上已迈出坚实步伐，在文化公共服务、老城保护、中轴线申遗保护、三个文化带建设、增强首都文化创造力影响力、展示首都文化魅力等多个方面取得显著成效。2019年，北京在推进历史文化名城保护、提升文化服务质量、打造城市文化品牌等方面激发文化活力，如在推进历史文化名城保护方面，扎实推进文化腾退、历史文化街区划定及步行环境整治；在提升文化服务质量方面，支持博物馆、图书馆等文化设施的建设，加大力度扩展城市文化艺术空间；在打造城市文化品牌方面，积极推动老字号创新发展和文化创新小镇的建设，旨在进一步提升城市文化品质，展现开放包容自信的大国首都人文形象。[①] 2020年4月9日，北京市市委宣传部、市发展改革委等部门正式发布《北京市推进全国文化中心建设中长期规划（2019年—2035年）》（以下简称《规划》）。[②]《规划》的出台为未来一段时期全国文化中心建设确定了方向，指出北京全国文化中心建设将重点着力于首都文化建设、中轴线申遗、老城保护、三条文化带建设、社会主义文化建设、公共文化服务体系完善、创新与旅游名城建设以及世界文化交流等方面。至此，北京全国文化中心建设进一步明确了任务、规划、路径，后续全国文化中心建设相关活动围绕《规划》中的主题正在稳步推进。

目前关于北京全国文化中心建设的研究大多也是以《规划》提出的规划要求为出发点，如在文化产业和文化创意产业方面的研究中，何芬[③]指出北京应积极发展文化创意产业，推进历史文化名城保护，完善文化公共服务体系，通

[①] 《北京稳步推进全国文化中心建设》，《遗产与保护研究》2019年第2期。
[②] 《北京市推进全国文化中心建设中长期规划（2019年—2035年）》正式发布，《北京日报》2020年4月10日第4版。
[③] 何芬：《推进北京建设全国文化中心的思考》，《北京市经济管理干部学院学报》2015年第4期。

过多种方式促进文化消费，推动中国文化的国际传播，巩固北京作为全国文化中心的地位。王晓慧[1]认为，全国文化中心对于北京来说是重要的首都功能，需要建设中国特色社会主义先进文化引领高地，同时加强中国特色哲学社会科学和以文化艺术为内容的文化创新以及以文化产业创新为代表的产业发展。在关于"一城三带"的相关研究中，李建平[2]指出，"三条文化带"与北京全国文化中心建设密切相关。从北京的历史发展来看，西山永定河文化带是北京城市发展的起源和摇篮，被誉为"神京的右臂"。长城不仅是中原农耕民族和西北草原民族融合的前沿阵地，也是南北民族经济和文化交流的纽带，同时也是北京作为国家首都的重要屏障。中国的大运河始终流向首都，尤其是京杭大运河的北京段体现了大运河与国家首都北京的紧密联系。因此，"三条文化带"的建设是北京全国文化中心高地建设的重要内容。在关于"两轴"的相关研究中，郑珺[3]认为，南北中轴线作为北京城的形象代表，在发挥全国文化中心的示范作用中具有重要地位。在评价全国文化中心建设的指标体系及案例分析方面，于丹[4]指出，北京全国文化中心的核心指标体系可以参考世界文化中心城市的标准，结合实际情况确定达标路径，通过指标化评估促进首都文化的高质量发展。同时，对于美国、英国、日本等发达国家在文化中心城市建设方面的丰富经验和创新路径进行了整理、分析和提炼。在关于首都文化与文化传播媒介的研究方面，王渊博、王小明[5]指出，加强首都文化建设需要不断加强对首都文化四个基本格局的认识和理解，并在社会各界形成合力，为实现中华民族伟大复兴的"中国梦"贡献力量。这进一步激活了全国文化中心建设的活力，形成建设世界文化名城的机制保障。同时，在进行文化建设时要注重传统媒介与新媒介的灵活利用，如王林生和金元浦[6]、刘炯[7]指出，在当前时代潮流下，应善于利用"互联网+""涂鸦"以及"公益广告"等新媒介，同时也要利用

---

[1] 王晓慧：《论新时代北京全国文化中心建设》，《中国名城》2022年第2期。

[2] 李建平：《"三个文化带"与北京文化中心建设的思考》，《北京联合大学学报》（人文社会科学版）2017年第4期。

[3] 郑珺：《北京"两轴"与全国文化中心建设》，《北京党史》2021年第6期。

[4] 于丹：《全国文化中心核心指标体系建构研究》，《前线》2019年第8期。

[5] 王渊博、王小明：《新时代首都文化建设：意义、格局和途径》，《内蒙古财经大学学报》2021年第4期。

[6] 王林生、金元浦：《"互联网+"和"双创"时代的全国文化中心建设——2014—2015年人文北京研究综述》，《北京联合大学学报》（人文社会科学版）2015年第4期。

[7] 刘炯：《公共空间理论视角下的北京街头涂鸦研究》，《北京社会科学》2019年第12期。

传统的"北京老字号"等文化媒介，不断开拓文化传播的新路径。最后，在关于全国文化中心建设的理念与路径的研究中，王林生、金元浦[①]指出，通过国际视角的比较和探究，总结出北京全国文化中心建设的理念与相关路径。

综上所述，目前关于北京全国文化中心建设的研究大多以政策导向为基础，通过参考相关规划和文件要求，从宏观角度对北京全国文化中心的现状和未来发展进行分析。然而，很少有研究从公众感知的角度出发，对全国文化中心建设的现状及建设成效进行探究。因此，本研究转变视角，通过收集问卷数据，旨在了解公众对北京全国文化中心建设过程中的感受和建议，以反映出公众对北京全国文化中心建设的感知情况，进一步对北京全国文化中心的建设成效进行探究。通过采用问卷调查的方法，本研究将聚焦于公众的观点和意见，为北京全国文化中心建设提供一个补充视角，通过深入了解公众的感知和建议，可以更好地把握公众需求，进一步改进和优化全国文化中心建设的策略和举措，这将有助于确保北京全国文化中心的建设更贴近公众期望，提升其影响力和可持续发展。

二　数据与方法

（一）研究数据

本调查旨在了解公众对北京全国文化中心建设的评价，共发放20000份问卷，最终回收15957份有效问卷，问卷有效率为79.8%。其中，北京卷回收了8701份，全国卷回收了7256份。采用在线问卷平台问卷星进行问卷的发放和数据收集。数据收集的起止时间为2023年2—5月。本研究对全国样本和北京样本"您对北京全国文化中心建设有哪些意见与建议？"（以下简称"全国公众建议"和"北京公众建议"）以及对北京样本"过去五年，对北京全国文化中心建设的效果您有哪些感受"（以下简称"北京公众感受"）两道开放题进行分析研究，"北京公众感受"共有7237份有效样本，"全国公众建议"共有4389份有效样本，"北京公众建议"共有5414份有效样本，三道开放题有效样本概况如下（如表1、表2及表3所示）。

[①] 王林生、金元浦：《新时代北京全国文化中心建设的理念与路径——2017—2018年文化北京研究综述》，《城市学刊》2018年第6期；卢明华、朱婷、李国平：《基于国际比较视角的北京"四个中心"建设体检评估探索》，《地理科学》2021年第10期。

表1　　　　　　　　　　　北京公众感受有效样本概况

		数量（人）	占比（%）			数量（人）	占比（%）
性别	男	3748	51.79%	学历	高中及以下	684	9.45%
	女	3489	48.21%		大专或本科	4613	63.74%
年龄	20岁以下	188	2.60%		研究生及以上	1940	26.81%
	20—29岁	1857	25.66%	家庭年收入	5万元以下	680	9.40%
	30—39岁	2401	33.18%		5万—9.9万元	1151	15.90%
	40—49岁	1514	20.92%		10万—19.9万元	2236	30.90%
	50—59岁	843	11.65%		20万—49.9万元	2401	33.18%
	60—69岁	325	4.49%		50万—99.9万元	617	8.53%
	70岁及以上	109	1.51%		100万元及以上	152	2.10%
就业状态	全职	4697	64.90%	所在行业	第一产业	318	4.39%
	兼职	185	2.56%		第二产业	1323	18.28%
	自由职业者	816	11.28%		第三产业	4624	63.89%
	学生	715	9.88%		其他	972	13.43%
	离退休	589	8.14%				
	待业、求职中	76	1.05%				
	全职主妇（夫）	75	1.04%				
	其他	84	1.16%				

表2　　　　　　　　　　　全国公众建议有效样本概况

		数量（人）	占比（%）			数量（人）	占比（%）
性别	男	2369	53.98%	学历	高中及以下	569	12.96%
	女	2020	46.02%		大专或本科	2635	60.04%
年龄	20岁以下	228	5.19%		研究生及以上	1185	27.00%
	20—29岁	1376	31.35%	家庭年收入	5万元以下	695	15.84%
	30—39岁	1346	30.67%		5万—9.9万元	968	22.06%
	40—49岁	796	18.14%		10万—19.9万元	1355	30.87%
	50—59岁	490	11.16%		20万—49.9万元	1053	23.99%
	60—69岁	110	2.51%		50万—99.9万元	236	5.38%
	70岁及以上	43	0.98%		100万元及以上	82	1.87%

续表

		数量(人)	占比(%)			数量(人)	占比(%)
就业状态	全职	2588	58.97%	所在行业	第一产业	271	6.17%
	兼职	119	2.71%		第二产业	815	18.57%
	自由职业者	546	12.44%		第三产业	2721	62.00%
	学生	704	16.04%		其他	582	13.26%
	离退休	259	5.90%				
	待业、求职中	65	1.48%				
	全职主妇（夫）	43	0.98%				
	其他	65	1.48%				

表3　　　　　　　　　　北京公众建议有效样本概况

		数量(人)	占比(%)			数量(人)	占比(%)
性别	男	2841	52.48%	学历	高中及以下	457	8.44%
	女	2573	47.52%		大专或本科	3396	62.73%
年龄	20岁以下	122	2.25%		研究生及以上	1561	28.83%
	20—29岁	1305	24.10%	家庭年收入	5万元以下	476	8.79%
	30—39岁	1784	32.95%		5万—9.9万元	825	15.24%
	40—49岁	1132	20.91%		10万—19.9万元	1686	31.14%
	50—59岁	682	12.60%		20万—49.9万元	1824	33.69%
	60—69岁	289	5.34%		50万—99.9万元	482	8.90%
	70岁及以上	100	1.85%		100万元及以上	121	2.23%
就业状态	全职	3505	64.74%	所在行业	第一产业	224	4.14%
	兼职	129	2.38%		第二产业	994	18.36%
	自由职业者	602	11.12%		第三产业	3510	64.83%
	学生	503	9.29%		其他	686	12.67%
	离退休	508	9.38%				
	待业、求职中	57	1.05%				
	全职主妇（夫）	50	0.92%				
	其他	60	1.11%				

(二) 研究方法

1. 调查问卷法

通过线上问卷发放的形式，开展对北京全国文化中心建设评价的调查，问卷内容包括样本个人社会经济属性与北京全国问卷中心建设情况两个部分。调查内容主要包括性别、年龄、学历和收入等个人社会经济属性以及北京市推进全国文化中心建设成效和市民获得感的相关评价和感受建议。

2. 文本分析法

本研究在问卷设计的过程中，对全国样本和北京样本设计了"您对北京全国文化中心建设有哪些意见与建议？"以及对北京样本设计了"过去五年，对北京全国文化中心建设的效果您有哪些感受"两道开放题，以了解公众对全国文化中心建设的感知与建议。本研究为将全国文化中心建设公众评价和感受文本数据以直观清晰的形式展现，以利于更好地发现问卷数据中复杂的特征、关系和模式。[①] 本研究引入 ROST Content Mining System 6.0（ROSTCM 6.0）文本挖掘软件，将修正后的问卷文本导入 ROSTCM 6.0 软件中，对关键词进行筛选处理，如去掉与题目高度重合的词和短语，以获得对研究有意义的词汇及中心词，从而进行分词处理和高频词及词性分析，分词概况如表4所示。

表4　　全国及北京公众建议和感受样本分词概况

问卷概况	北京公众感受有效样本	分词有效样本	分词总词频	分词性有效样本					
				名词	词频	动词	词频	形容词/副词	词频
数量	7237	202	7675	104	4072	56	1971	42	1632
问卷概况	全国公众建议有效样本	分词有效样本	分词总词频	分词性有效样本					
				名词	词频	动词	词频	形容词/副词	词频
数量	4389	206	5977	99	2313	87	3337	20	327
问卷概况	北京公众建议有效样本	分词有效样本	分词总词频	分词性有效样本					
				名词	词频	动词	词频	形容词/副词	词频
数量	5414	188	8750	94	3591	79	4572	15	587

---

① 黄文龙、张景秋：《基于微博数据的京津冀地区非遗文化公众感知特征研究》，《北京联合大学学报》（人文社会科学版）2023年第3期；陈远星：《"全面健康建设"的形成：基于词频和工具的政策变迁分析》，《社会科学》2023年第3期。

3. 主题分类

本研究利用 BERTopic 模型和 BERT 文本分类对全国文化中心建设公众评价和感受文本数据进行主题分类，BERTopic 基于 BERT 预训练模型，使用聚类算法对样本进行分组，其将各个样本转化为向量表示，然后使用聚类算法对这些向量进行聚类，最终将每个聚类视为一个主题；BERT 文本分类是指对主题分类结果进行人工判别得到训练样本，并以此作为 BERT 文本分析的标签对其余文本数据进行主题识别。根据每类关键词的共通性，对该主题设定类别，并进行汇总得到公众评价中的各类主题，最终利用 ROSTCM6.0 软件进行分词处理和高频词统计。①

三 全国层面公众建议分析

对全国公众建议部分进行词频分析，并剔除了无效信息和与问卷题目相似度较高的词频，得到了如上表 4 所示的有效样本数。我们通过可视化以及动词、名词和形容词三类特征词对公众建议进行了刻画分析，如表 5 所示。从动词来看，"加强、宣传、提高、保护、开放、创新"等词揭示了公众关注的关键行动，包括加强宣传、提高文化保护水平、开放文化交流和创新文化产业，以促进旅游发展。从名词来看，公众对"历史、传统、交通、科技及设施"较为关注，其强调了历史文化、传统文化、交通状况、科技创新和设施的重要性，表明公众期望保护和传承历史文化、改善交通设施、推动科技创新。形容词分析突出了"免费、便利、便宜"等特征，强调了公众对文化活动的普及、便捷性和亲民性的期望。

从主题分类来看，全国公众建议部分分为了四个主题，如图 1 所示。第一个主题围绕"发扬传承"展开，全国公众强调保护历史文化遗产、发展传统文化、传承创新优秀文化传统的重要性；第二个主题围绕"信息化"展开，全国公众认为应对古建筑和文化设施进行数字化保护，利用现代化技术对古建筑和文化设施进行展示，以便更好地传承和推广文化遗产；第三个主题围绕"生活质量"展开，全国公众认为应进一步改善交通状况，降低房价物价及旅游支出门槛，提高公民素质和增强首都包容性，

---

① 张清慧、陈谊、武彩霞：《基于词表示模型的领域文献数据可视分析方法》，《图学学报》2022 年第 4 期。

进而使居民获得更好的生活质量；第四个主题围绕"人文风貌"展开，全国公众认为要扩大宣传力度，举办丰富的特色文化活动，提升城市影响力和竞争力。

表5　　　　　　　　　全国样本公众建议高词频统计

排名	特征词	词频	词性	排名	特征词	词频	词性	排名	特征词	词频	词性
1	加强	303	动词	1	传统	243	名词	1	突出	42	形容词
2	宣传	234	动词	2	素质	134	名词	2	免费	41	形容词
3	提高	217	动词	3	特色	117	名词	3	优秀	37	形容词
4	发展	159	动词	4	历史	115	名词	4	自信	24	形容词
5	提升	142	动词	5	交通	88	名词	5	便利	20	形容词
6	保护	123	动词	6	环境	85	名词	6	完美	17	形容词
7	开放	119	动词	7	科技	64	名词	7	丰富	15	形容词
8	创新	116	动词	8	设施	64	名词	8	便宜	15	形容词
9	增加	92	动词	9	人民	53	名词	9	再接再厉	13	形容词
10	加大	89	动词	10	遗产	49	名词	10	强大	12	形容词

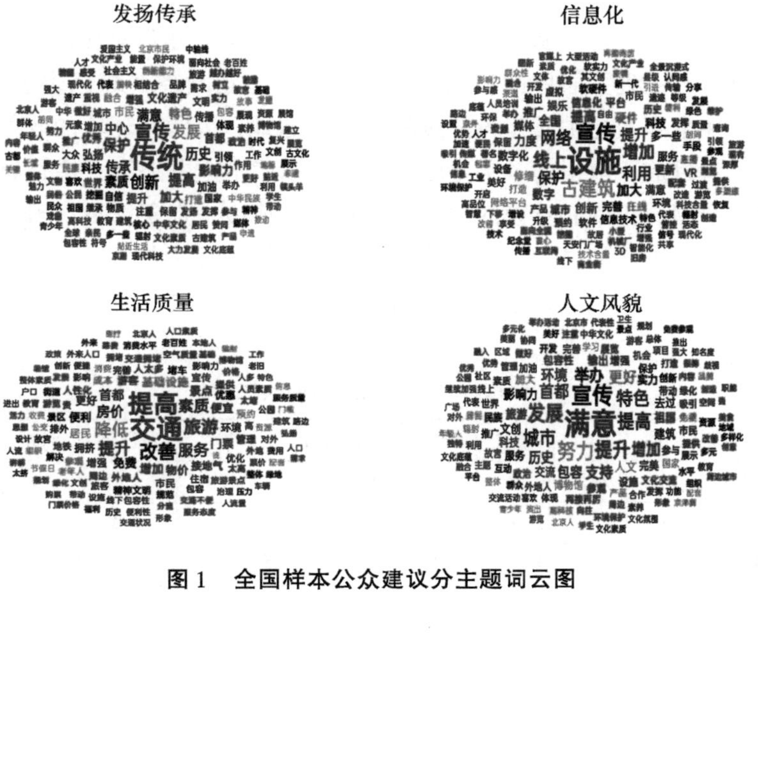

图1　全国样本公众建议分主题词云图

四 北京层面公众感知及建议分析

（一）北京样本感知分析

对北京公众感受部分进行词频分析，剔除掉无效信息和与问卷题目相似度较高的词频，获得的有效样本数如上表4所示，对其进行可视化并用动词、名词和形容词三类表达具体意义的特征词对公众建议进行刻画分析，如表6所示。从动词来看，"增加、宣传、加强、改善、服务和体验"等词说明北京公众强调需要增加宣传力度、加强服务、改善体验，以进一步提升北京全国文化中心建设的效果，使居民感受到更丰富的文化氛围和更优质的文化活动体验。从名词来看，北京公众关注的重点集中在"环境、历史、传统、公园、绿地和博物馆"等方面，这表明北京全国文化中心建设在改善城市环境、传承历史传统以及提供休闲娱乐场所等方面已经取得一定成效，得到了居民的关注和认可。从形容词来看，其反映了北京居民对北京全国文化中心建设的整体满意度，他们用词如"丰富、干净、幸福、便利"来描述文化中心的成效，这表明文化中心建设对居民的日常生活产生了积极的影响。

从主题分类来看，北京公众感受部分分为四个主题，如图2所示。第一个主题围绕"幸福感"展开，说明北京全国文化中心建设对居民生活的幸福感提升显著，受到了居民的积极认可；第二个主题围绕"绿色生态"展开，说明居民在全国文化中心建设的过程中对"绿地、公园及环境的改善"关注度较高，对目前所取得的效果也较为满意；第三个主题围绕"文化氛围"展开，说明全国文化中心建设的过程中虽有一定成效，但仍需要提升城市文化影响力，形成浓厚的文化氛围；第四个主题围绕"保护传承"展开，说明居民也感受到了在全国文化中心建设的过程中传承发展的重要性。

表6　　　　　　　　　　北京样本公众感知高词频统计

排名	特征词	词频	词性	排名	特征词	词频	词性	排名	特征词	词频	词性
1	增加	167	动词	1	环境	207	名词	1	满意	276	形容词
2	宣传	140	动词	2	幸福感	189	名词	2	丰富	211	形容词
3	增强	98	动词	3	人民	145	名词	3	浓厚	130	形容词
4	加强	92	动词	4	历史	141	名词	4	幸福	120	形容词

排名	特征词	词频	词性	排名	特征词	词频	词性	排名	特征词	词频	词性
5	改善	78	动词	5	素质	138	名词	5	进步	100	形容词
6	努力	72	动词	6	公园	134	名词	6	丰富多彩	48	形容词
7	重视	71	动词	7	力度	109	名词	7	方便	45	形容词
8	增多	70	动词	8	传统	105	名词	8	美好	41	形容词
9	完善	64	动词	9	市民	104	名词	9	强大	36	形容词
10	参与	63	动词	10	绿地	95	名词	10	公共	34	形容词

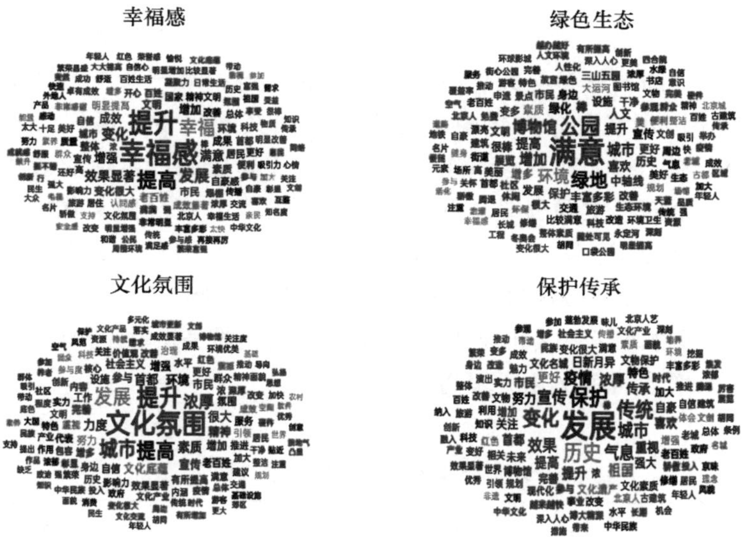

图2 北京样本公众感知分主题词云图

（二）北京公众建议分析

通过对北京卷的公众建议部分进行词频分析，并剔除了无效信息和与问卷题目相似度较高的词频，得到了如上表4所示的有效样本数。针对这些样本，我们进行了可视化并用动词、名词和形容词三类特征词对公众建议进行了分析，如表7所示。从动词来看，"宣传、增加、提高、保护、开放、创新及挖掘"等词汇表明北京公众关注的核心行动是加强宣传力度、增加资源投入、提高保护水平、开放文化交流、创新文化产业，以及挖掘文化资源；从名词来看，"传统、老百姓、设施、社区、文物、公园及博物馆"等词汇凸显了北京公众关注的重要方面，包括传统文化的传承，老百姓文化活动普及，社区文化设施改善，文物、公园和博物馆保护等方面，这反映了公众对北京全国文化中心建设中的文化传承和城市及社区基础设施改善的关切；从形容词来看，"满意、免费、丰富、方便及底蕴"等词反映出北京公众希望提供免费、多样化、便捷的文化活动和服务，以满足公众对满意度高、丰富、便利的文化体验的期望。

从主题分类来看，北京公众建议部分分为五个主题，如图3所示。第一个主题围绕"传承保护"展开，表明北京公众建议北京全国文化中心建设要加大宣传力度，传承和发扬历史文化，以提高公众满意度；第二个主题围绕"社区参与"展开，北京全国文化中心建设强调要关注社区居民的基本需求，提高居民参与文化活动的机会和兴趣；第三个主题围绕"交通治理"展开，北京全国文化中心建设要整治交通环境、优化公共设施路网、整治宠物、行人和共享单车等问题，以提高居民的生活质量和城市的整体品质；第四个主题围绕"绿色健康"展开，北京全国文化中心建设要增加公园绿地面积，改善人居环境，形成全年龄段的友好健康城市；第五个主题围绕"文化设施建设"展开，强调北京全国文化中心建设要增加"图书馆及博物馆等"文化设施，扩大文化设施覆盖率，同时，优化文化活动内容以增强居民文化凝聚力。

表7　　　　　　　　　　北京样本公众建议高词频统计

排名	特征词	词性	排名	特征词	词频	词性	排名	特征词	词频	词性
1	宣传	动词	1	传统	206	名词	1	满意	178	形容词
2	增加	动词	2	市民	151	名词	2	免费	67	形容词
3	加大	动词	3	历史	147	名词	3	丰富	54	形容词
4	提高	动词	4	老百姓	138	名词	4	深入	52	形容词
5	保护	动词	5	设施	137	名词	5	积极	38	形容词
6	发展	动词	6	素质	123	名词	6	方便	31	形容词
7	参与	动词	7	社区	119	名词	7	底蕴	28	形容词
8	开放	动词	8	特色	110	名词	8	优秀	28	形容词
9	创新	动词	9	环境	102	名词	9	美好	22	形容词
10	传承	动词	10	百姓	90	名词	10	再接再厉	21	形容词

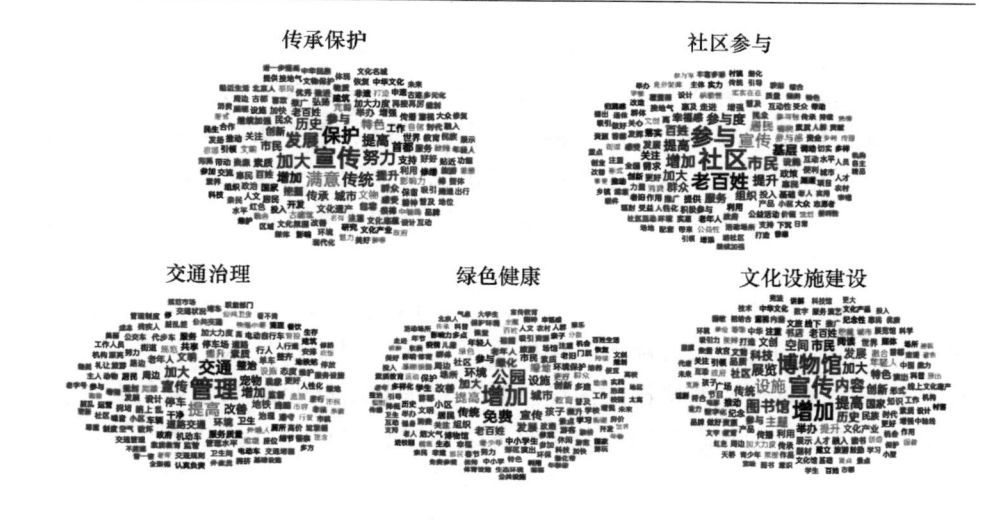

图3 北京样本公众建议分主题词云图

五 结论与讨论

（一）结论

基于对北京全国文化中心建设评价问卷调查中的公众感知和建议相关数据进行分词性及分主题研究发现结果具有一致性，故可以得出：

第一，在全国层面，全国公众期望未来全国文化中心建设能加强文化交流和创新，以推动旅游发展。其也关注历史文化保护、交通设施改善和科技创新推动，进而提升城市影响力和竞争力。

第二，在北京层面，北京公众对文化中心建设较为满意，公众关注到了环境、历史、传统、公园、绿地和博物馆等方面的改善和保护，认为其对居民的日常生活有积极影响。北京公众希望未来全国文化中心建设增加资源投入、提高保护水平并关注文化传承、社区整治和基础设施改善。

第三，无论是全国公众还是北京公众都希望北京在建设全国文化中心时能够加强文化宣传和传承保护，提供免费、人性化和价格亲民的文化活动和服务，同时也关注公众生活质量的提升，如交通和物价等的改善。

（二）讨论

通过研究北京全国文化中心建设评价问卷调查中的公众感知和建议，

可以发现，政府建设重点与公众感知重点有偏差，如政府建设重点在于"中轴线申遗""三条文化带""老城保护"等九大方面，而北京公众在感知方面重点只在"绿地、公园、博物馆和图书馆"等切实能提高市民幸福感的公共文化服务体系建设方面；北京市民与全国公众建议有异同，如对加强文化宣传和传承保护，提供免费、人性化和价格亲民的文化活动以及服务、生活质量的提升（如交通和物价等的改善）等方面持有相同的观点，而全国公众的建议认为，首都应以首善标准为抓手，进一步提高信息化建设，同时对北京旅游和包容性提出了要求，而北京公众的建议更加微观，考虑社区整治、基层设施建设、停车治理和不同年龄段人群的友好健康型城市建设。后续在全国文化中心的建设过程中可以公众感知及建议作为全国文化中心建设的补充视角，完善全国文化中心的建设规划和实施方案，打造一个文化繁荣、宜居宜游的首都城市。

本研究也存在一些不足，下一步可聚焦不同社会经济属性的人群对文化中心建设具体内容进行更深层次的公众感知，为进一步改进和优化全国文化中心建设的策略和举措提供理论借鉴。

不同年龄北京市民对北京全国文化中心建设成效的满意度评价研究

刘伟中　张　艳[*]

摘要：在北京全面推进全国文化中心建设的背景下，北京市民的体验与感知，尤其是全国文化中心建设如何转化成市民的获得感与幸福感是建设成效评价的重要方面。本文基于2023年2—5月对北京全国文化中心建设的市民主观评价问卷调查数据，运用SPSS软件分析不同年龄段居民对北京全国文化中心建设成效的感知与满意度的差异。研究发现，北京各年龄段市民对近五年公园绿地和博物馆建设满意度较高；但对惠民文化活动、文艺作品创作、"书香京城"建设、红色旅游和"京味"文化的满意度偏低，仅20岁以下和30—39岁的市民感到满意，其他市民均感到不满意。建议今后在北京全国文化中心建设中提倡推出多样化文化活动，在关注老年群体的同时，强化对在读高校学生和职业生涯初始阶段人群的关注，满足多样化生活需求的、开放共享和多主体互动的文化空间与场所；注重文化场所与空间均衡布局，打造15分钟社区文化圈。

关键词：北京全国文化中心建设；年龄群组差异；满意度评价；北京市民

一　引言

近年来，北京全面推进全国文化中心建设已取得显著成效。在推进历史

---

[*] 刘伟中，北京联合大学地理学硕士研究生，研究方向为城市地理、时空行为研究；张艳，北京联合大学北京学研究所副教授，研究方向为城市社会地理、时空行为与规划研究。

文化名城保护方面，颁布《北京城市总体规划（2016年—2035年）》，创新性地提出了构建"老城、中心城区、市域和京津冀四个空间层次，老城和三山五园两大重点区域，大运河、长城、西山永定河三条文化带"以及世界遗产和文物等方面的历史文化名城保护体系，[①] 并开展文物腾退、历史文化街区划定等工作，保护胡同肌理、四合院等文化载体。在打造城市文化品牌，推动文化创新发展方面，积极推动"文化+"市场主体繁荣模式，同时支持老字号传承创新发展，制定文化特色小镇、文创街区建设，打造故宫文创IP[②]、"双奥"周边[③]等一系列文化创意产品。在民生方面，不断提升文化服务质量，聚焦百姓文化生活。开展文化惠民工程，打造环球主题公园、张家湾设计小镇、798艺术街区等城市文化艺术空间，支持博物馆、图书馆、文化馆、实体书店等文化设施建设，不断丰富百姓文化生活。

然而，北京全国文化中心建设不仅是政府行为，更与居民精神文化生活和获得感、幸福感息息相关。已有对北京全国文化中心建设的研究多集中在内涵解读与理论思考、发展路径与策略探索、国际比较等方面。邱运华提出，"北京文化"与"全国文化中心"是两个不同层面的概念，认为"北京文化"属于一个区域文化概念，而"全国文化中心"则是一个不断被建构的概念，更多地诉诸制度、法规、宗教、价值观、文学艺术和精神生活等层面。[④] 陈文晖等提出，以服装服饰设计、时尚设计、时尚传媒为代表的时尚产业为基础，支撑全国文化中心建设提档升级。[⑤] 卢明华等梳理国内外城市规划评估体检实践与研究进展、总结北京城市体检评估机制，基于国际比较视角评估北京"四个中心"建设的现状，认为北京的全国文化中心地位进一步增强，但公共文化服务供给能力与世界知名城市存在差距，缺少具有国际影响力的文化品牌。[⑥] 然而，现有研究缺少从市民

[①] 张宝秀：《环首都国家文化公园体系探析》，《前线》2020年第10期。

[②] 韩张梨、葛入涵：《文化创新视角下"故宫"品牌传播的创新与优化》，《今古文创》2022年第45期。

[③] 刘贺娟：《北京冬奥会背景下长城文化的创新应用研究》，《体育科技文献通报》2023年第6期。

[④] 邱运华：《观念与方法：〈"全国文化中心"作为一个命题〉》，《北京联合大学学报》（人文社会科学版）2016年第2期。

[⑤] 陈文晖、熊兴、王婧倩：《加快发展时尚产业以推动北京建设全国文化中心的建议》，《中国纺织》2019年第1期。

[⑥] 卢明华、朱婷、李国平：《基于国际比较视角的北京"四个中心"建设体检评估探索》，《地理科学》2021年第10期。

主观视角进行评价研究。尤其不同年龄段的群体所处生命周期不同，受到文化偏好和兴趣、文化消费习惯、价值观等方面的影响，需求差异显著。因此，全国文化中心建设亟须考虑不同年龄人群对文化发展需求的差异，以更好满足居民的社会文化生活，推动文化发展多元化。

综上所述，本研究旨在对北京市民对全国文化中心建设的满意度进行深入研究，探索不同年龄阶段市民对文化中心建设的评价，比较差异并提出相应的对策建议。本研究可为北京市文化建设提供参考，以促进北京全国文化中心建设与居民需求的紧密联系，共同推动文化繁荣和城市发展的良性互动，并为其他城市在文化建设和市民文化参与方面提供借鉴。

二 调查与数据

研究数据源于2023年2—5月由北京联合大学北京学研究基地开展的"北京全国文化中心建设评价"的网络问卷调查，共收回有效问卷15957份，有效率为79.8%。其中，有效样本中北京常住居民样本共8701份，本文以此为基础展开分析。在北京市民样本中，男性占比为50.8%，女性占比为49.2%；从年龄分布看，20岁以下样本占3%，20—29岁占26%，30—39岁占33%，40—49岁占22%，50—59岁占11%，60岁及以上占5%（表1）。和北京第七次人口普查结果相比，调查样本的年龄和性别结构合理，20—59岁人口的比例略高。

表1　　　　　　　　调查样本社会经济属性

变量名称		样本数（份）	百分比	第七次人口普查结果
年龄	20岁以下	276	3.17%	14.70%
	20—29岁	2232	25.65%	14.90%
	30—39岁	2870	32.98%	21.20%
	40—49岁	1885	21.66%	14.70%
	50—59岁	971	11.16%	14.80%
	60岁及以上	467	5.37%	19.70%
性别	男	4417	50.76%	51.10%
	女	4284	49.24%	48.90%

本文综合运用定量和质性分析方法，围绕问卷中"过去五年，以下关于北京全国文化中心建设成效的相关表述，您的看法是"的多选题，具体从"文化活动丰富度、公园绿地建设、博物馆建设、惠民文化活动、文艺作品创作、文化符号建设、文旅融合发展、'书香京城'建设、红色旅游和'京味'文化"10个维度设计进行五分法满意度评价（具体参见表2），选项为"A 非常赞同、B 比较赞同、C 中立、D 比较不赞同和 E 完全不赞同"。后续处理中，每个选项由正向至负向分别赋值 5—1 分。本文中将每个维度的成效评分大于等于 4 归纳为满意，评分小于 4 表示为不满意，以此开展近五年来北京全国文化中心建设成效的评价。首先，运用 SPSS 软件定量分析不同年龄层居民对北京全国文化中心建设相关维度的评价差异，针对不同年龄层开展组间比较，分析可能的原因；其次，结合居民感受文本，运用 Nvivo12 质性分析软件绘制词云图，分析各年龄层市民感知差异的原因，并提出建议和对策。

表2　　　　　　　　问卷原题与本文评价维度命名

问卷原题	本文评价维度命名
（1）老百姓能够参与的文化活动越来越丰富、选择性非常多。	文化活动丰富度
（2）我身边的公园绿地越来越多，健康生活、绿色低碳越来越成为新时尚。	公园绿地建设
（3）北京惠民文化季活动带动我家文化娱乐消费，使文化生活品质提高。	惠民文化活动
（4）反映北京文化和精神气质的影视剧作品、音乐戏曲等文艺作品越来越多、越来越好看。	文艺作品创作
（5）北京城市文化氛围越来越浓厚，大街小巷、公共场所及热门商圈随处可见北京特色文化符号。	文化符号建设
（6）北京文旅融合越来越深入，我想去越来越多的网红地标和精品线路走一走、看一看。	文旅融合发展
（7）北京博物馆线上和线下展览丰富精彩，我有时间就想去逛逛博物馆。	博物馆建设
（8）实体书店在北京的社区、商圈越来越多，阅读空间和阅读氛围让我体会到"书香京城"。	"书香京城"建设
（9）北京红色旅游产品丰富新颖，对教育、精神陶冶越来越重要，受到年轻人的关注和喜爱。	红色旅游
（10）北京老字号产品消费、节庆活动、非遗体验活动等的"京味"越来越浓，参与度越来越高。	"京味"文化

三 北京市民对北京全国文化中心建设满意度的年龄差异

(一) 北京全国文化中心建设感知评价的整体趋势

根据北京市民对各建设维度选择情况的平均值绘制图1和表3。

从近五年北京全国文化中心的建设成效市民满意度评分来看,比较文化活动丰富度的得分,20—29岁年龄层的市民满意度分值为3.960分,其他年龄层的群体对文化活动的丰富程度表示满意。对惠民文化活动、文艺作品创作、"书香京城"建设、红色旅游和"京味"文化的满意度,仅20岁以下和30—39岁的市民评分高于4分,其他市民的评分均小于4,即对这些建设成效感到不满意。此外,各年龄层的居民对近五年北京的博物馆和公园绿地建设满意度评分均高于4分,达到满意的水平。

从年龄组的差异上看,整体上,年轻群体的满意度高于中国老年市民。具体分析可知,首先,20岁以下的居民对各维度的满意度评分整体偏高,均达到满意的水平;而20—29岁、40—49岁、50—59岁和60岁及以上的居民对近五年北京全国文化中心建设成效满意度整体偏低。其次,20—29岁的市民对"书香京城"建设、文艺作品创作、文化符号建设、文化活动丰富度、"京味"文化、红色旅游和文旅融合发展7个方面的建设成效满意度均低于4分;40—49岁群体对惠民文化活动、文艺作品创作、文化符号建设、"书香京城"建设、红色旅游和"京味"文化6个方面的建设不满意;50—59岁居民对惠民文化活动、文艺作品创作、"书香京城"建设、红色旅游和"京味"文化5个维度的满意度评分低于4分;60岁及以上市民对"书香京城"建设、文艺作品、文化符号、"京味"文化、红色旅游和文旅融合6个维度的满意度偏低。

表3 满意度年龄差异的分组比较

评价维度	年龄组	均值	F	显著性P
文化活动丰富度满意度	20岁以下	4.180	6.962	0.000
	20—29岁	3.960		
	30—39岁	4.110		
	40—49岁	4.060		
	50—59岁	4.080		
	60岁及以上	4.080		

续表

评价维度	年龄组	均值	F	显著性 P
公园绿地建设满意度	20 岁以下	4.230	23.826	0.000
	20—29 岁	4.030		
	30—39 岁	4.180		
	40—49 岁	4.220		
	50—59 岁	4.360		
	60 岁及以上	4.360		
惠民文化活动满意度	20 岁以下	4.090	5.764	0.000
	20—29 岁	3.950		
	30—39 岁	4.050		
	40—49 岁	3.960		
	50—59 岁	3.910		
	60 岁及以上	3.850		
文艺作品创作满意度	20 岁以下	4.100	6.646	0.000
	20—29 岁	3.930		
	30—39 岁	4.030		
	40—49 岁	3.930		
	50—59 岁	3.880		
	60 岁及以上	3.830		
文化符号建设满意度	20 岁以下	4.180	6.989	0.000
	20—29 岁	3.950		
	30—39 岁	4.070		
	40—49 岁	3.950		
	50—59 岁	4.000		
	60 岁及以上	3.900		
文旅融合发展满意度	20 岁以下	4.140	5.149	0.000
	20—29 岁	3.990		
	30—39 岁	4.100		
	40—49 岁	4.040		
	50—59 岁	4.000		
	60 岁及以上	3.950		

续表

评价维度	年龄组	均值	F	显著性 P
博物馆建设满意度	20岁以下	4.220	5.199	0.000
	20—29岁	4.050		
	30—39岁	4.160		
	40—49岁	4.160		
	50—59岁	4.160		
	60岁及以上	4.090		
"书香京城"建设满意度	20岁以下	4.100	8.430	0.000
	20—29岁	3.910		
	30—39岁	4.020		
	40—49岁	3.920		
	50—59岁	3.850		
	60岁及以上	3.760		
红色旅游满意度	20岁以下	4.180	8.013	0.000
	20—29岁	3.970		
	30—39岁	4.070		
	40—49岁	3.930		
	50—59岁	3.920		
	60岁及以上	3.910		
"京味"文化满意度	20岁以下	4.130	7.342	0.000
	20—29岁	3.970		
	30—39岁	4.100		
	40—49岁	3.990		
	50—59岁	3.980		
	60岁及以上	3.890		

注：个案数20岁以下为276人，20—29岁为2232人，30—39岁为2870人，40—49岁为1885人，50—59岁为971人，60岁及以上为467人。

（二）北京全国文化中心建设满意度的年龄差异的分组比较

为了进一步比较在十个评价维度上，不同年龄组群体的满意度评价差异是否在统计上具有显著差异，故运用SPSS定量分析软件，开展独立样本T检验，将十个评价维度作为检验变量T，对六个年龄层两两分组（共

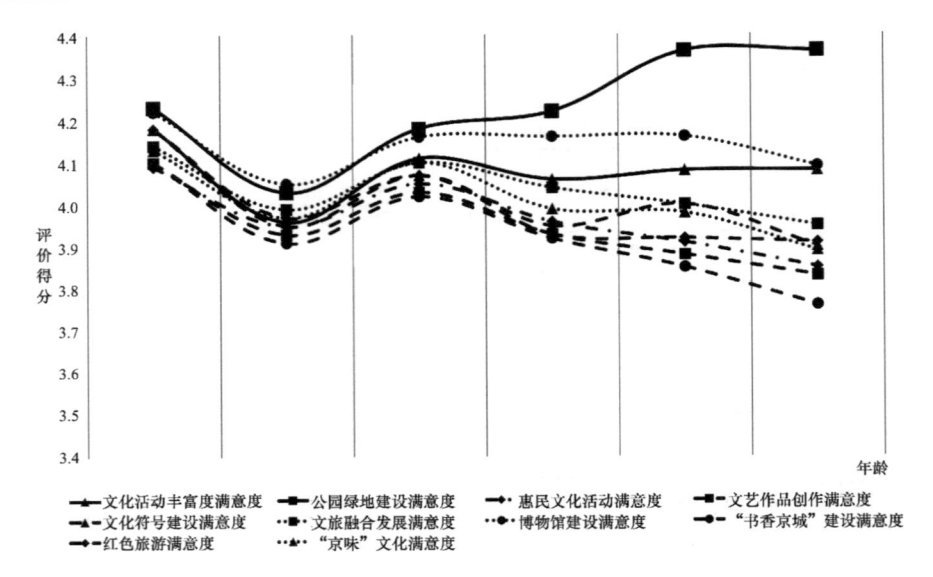

图1 不同年龄北京市民对北京全国文化中心建设的满意度评价

分为 15 组），分别作为分组变量，并依据双尾显著性概率"Sig.（双尾）"判断组间差异是否显著。

1. 20 岁以下年龄群体对红色旅游和文化符号建设的满意度显著高于其他群体

根据独立样本 T 检验的结果，发现 20 岁以下居民对红色旅游在 99% 的置信水平下显著高于 20—29 岁（T=3.274）、40—49 岁（T=1.825）、50—59 岁（T=3.921）和 60 岁及以上（T=3.593）的市民，在 90% 的置信水平下显著高于 30—39 岁（T=3.869）的人群。对于文化符号的满意度，20 岁以下居民同样在 99% 的置信水平下显著高于 20—29 岁（T=3.555）、40—49 岁（T=3.529）、50—59 岁（T=2.78）和 60 岁及以上（T=3.63）的市民，在 90% 的置信水平下显著高于 30—39 岁（T=1.724）的人群。

2. 60 岁及以上年龄群体对北京公园绿地建设的满意度显著高于多数群体

对居民整体评分均高于 4 分的公园绿地建设的成效而言，老年人的满意度普遍高于年轻人。从独立样本 T 检验的结果来看，60 岁及以上老年人对公园绿地建设的满意度在 95% 置信水平上显著高于 20 岁以下年轻群体（T=2.017），在 99% 的置信水平下显著高于 20—29 岁（T=6.121）、

30—39 岁（T=3.367）和 40—49 岁（T=2.716）的市民。

3. 50—59 岁和 60 岁及以上群体对"书香京城"建设和惠民文化活动的满意度显著低于其他群体

50—59 岁和 60 岁及以上的居民大多已进入退休生活的阶段，相较于年轻群体，他们对"书香京城"建设和惠民文化活动的满意度评分较低。具体来看，50—59 岁居民对"书香京城"建设的满意度评分在 99% 的置信水平上低于 20 岁以下（T=−3.704）、30—39 岁（T=−4.375）和 40—49 岁（T=−1.831）的居民，在 90% 的置信水平下高于 20—29 岁（T=−1.681）的市民。60 岁及以上的居民在 99% 的置信水平下，对"书香京城"建设的满意度显著低于 20 岁以下（T=4.283）、30—39 岁（T=−2.536）、40—49 岁（T=−2.605）的居民，在 95% 的置信水平下显著低于 20—29 岁（T=2.536）的人群。

4. 60 岁及以上群体对惠民文化活动的满意度显著低于其他群体

对于惠民文化活动的满意度，60 岁及以上居民在 99% 的置信水平上显著低于 20 岁以下（T=3.195）和 40—49 岁（T=3.44）的居民；在 90% 的置信水平下低于 30—39 岁（T=1.791）和 50—59 岁（T=1.847）的居民。

（三）各年龄层市民对北京全国文化中心建设成效的感受分析

为进一步梳理不同年龄层的市民对北京全国文化中心建设的具体感受，结合问卷中的开放问题"过去五年，对北京全国文化中心建设的效果您有哪些感受？"，按照不同年龄组进行文本分析。该开放问题共回收有效问卷文本 3841 条（具体请参见表 4），并运用质性分析软件 Nvivo12 绘制词频图（请参见图 2）。

表 4　　　　　　　　有效问卷文本回收的年龄分布

年龄层	有效文本数（份）	有效文本百分比
20 岁及以下	88	2.29%
20—29 岁	1010	26.30%
30—39 岁	1245	32.41%
40—49 岁	836	21.77%
50—59 岁	420	10.93%
60 岁及以上	242	6.30%

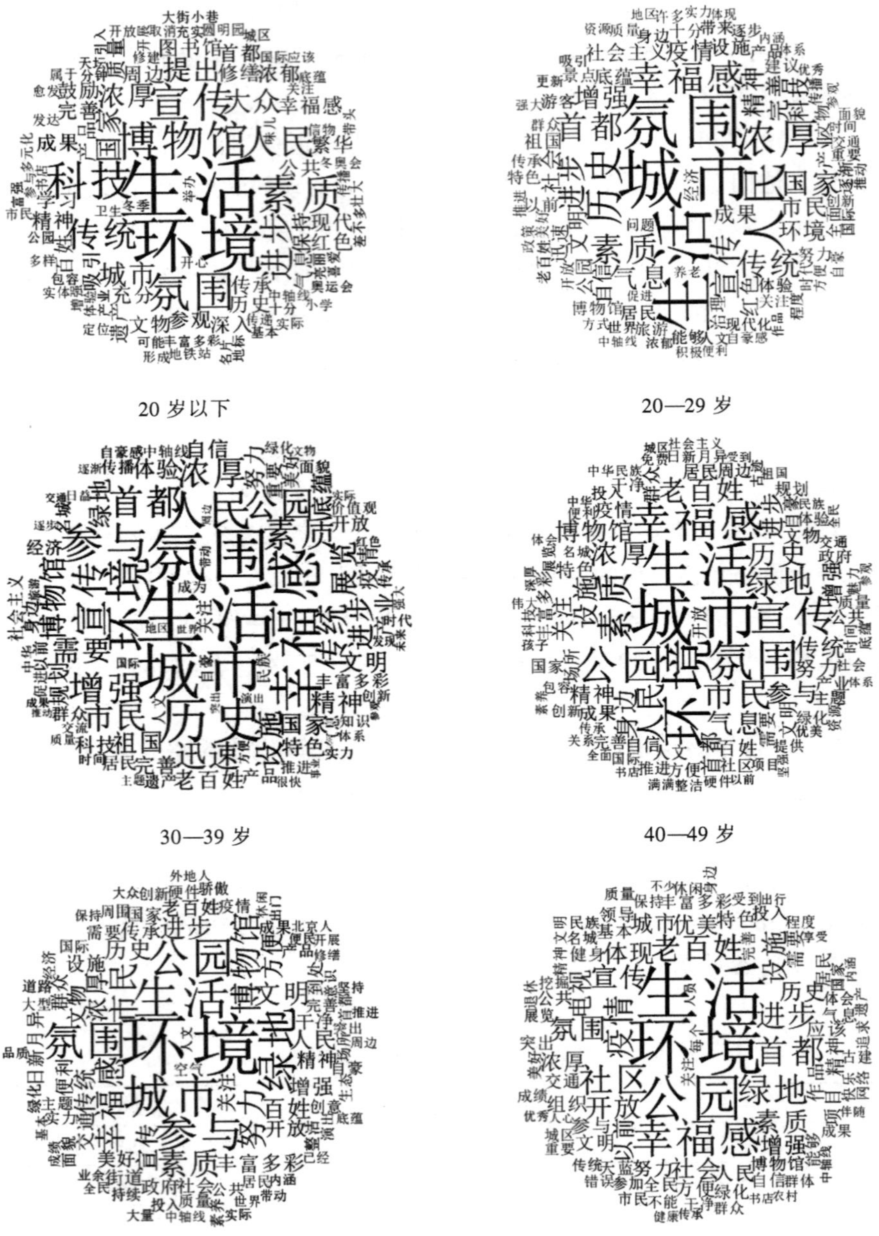

284　全国文化中心建设研究

20 岁以下

20—29 岁

30—39 岁

40—49 岁

50—59 岁

60 岁及以上

图 2　各年龄层市民对北京全国文化中心建设的感受

由图 2 可知，整体上，首先各年龄层的居民都很关注"生活""环境"和"城市"，可见，无论年龄如何，人们都关注他们的生活质量，这包括住房、家庭、职业、健康、社交生活等方面。其次，环境关注点涵盖了城市的物理环境、气候、自然资源、污染和可持续性等方面。无论年龄如何，人们都希望生活在清洁、安全、绿色和可持续的环境中。同时，居民关注城市的发展、规划、治理和文化，对城市的形象、文化活动、基础设施和城市政策都有兴趣，这些因素直接或间接影响其日常生活方式和文化活动体验。在年龄差异上，20 岁以下的年轻人更关注"科技、博物馆、图书馆、文物"；20—29 岁市民注重"幸福感、首都、国家、文明和历史"；30—39 岁市民开始关注"公园、展览、设施、老百姓"；40—49 岁的群体则关注"公园、市民、身边、设施"；50—59 岁更注重"交通、市民、绿地、传统"的感受；而 60 岁及以上的老年人群关注"社区、疫情、社会、电视"方面。由此可见，市民对全国文化中心建设的关注随年龄上升逐渐由追求物质文化体验转向重视社会问题和生活品质。

此外，结合居民的感受文本将其对全国文化中心建设的具体感受归纳为以下五个方面。

1. 绿色生活成为全年龄段居民的共同追求

各年龄层的市民对近五年来北京公园绿地的建设表示满意。公园的建设具有明显的"工具理性"特征，通过制定和组织特定实践活动的方式以发挥其特殊效益，借此注入特定的价值，实现既定目标。[1] 北京自颁布《北京城市总体规划（2016 年—2035 年）》和《关于城市公共空间改造提升示范工程试点工作方案》以来，通过疏解腾退建绿、拆违还绿和留白增绿等方式，修建口袋公园、小微绿地等绿色空间，修补城市生态空间，创造优良人居环境，实现市民身边植绿增绿，提高居民的绿色获得感。

由市民对北京全国文化中心建设的需求词频图（图 2）和感受文本可以看出，各年龄层的居民都比较关注"环境""公园""绿地"等方面。然而，年轻人对北京公园绿地建设的评分略低于中、老年群体。北京公园绿地设计与规划需要更精细化地考虑当下人的休闲行为需求，在文化中心建设背景下和极力推进低碳城市与健康城市的进程中，需多方考量环境质量、新颖文化元素和多元主体需求。

---

[1] 彭兆荣：《文化公园：一种工具理性的实践与实验》，《民族艺术》2021 年第 3 期。

"街心公园增加，环境明显改善。"（20岁以下——383号样本）

"北京有很大的变化，能感受到一些公园增多，环境越来越好，人民生活水平不断提高。"（20—29岁样本——10835号样本）

"绿地多了，街心公园多了，老百姓健身活动的场地多了，山青水绿有目共睹。"（60岁及以上——1046号样本）

2. 博物馆之城建设成效广受市民认可

北京博物馆的数量、密度、布局、展览质量等已形成较完整的体系，呈现出了布局合理、结构优化、特色鲜明的特点。[①] 近年北京全国文化中心和博物馆之城建设工程的推进，不同年龄层居民对北京博物馆建设的满意度评分均高于4分。这表明北京博物馆建设工程以其丰富的休闲娱乐和文化教育价值，受到了不同年龄层居民的普遍认可。

另外，从市民关注的"博物馆""文物""历史""展览"等方面，可以看出近五年博物馆之城建设带动了百姓对历史文化、文物古迹的关注，市民对前往博物馆看展的认可度和参与度提高了。同时，也需要继续关注不同年龄层居民之间的满意度差异，尤其是年轻群体和老年群体之间的差异。兴趣和娱乐需求上，年轻群体通常更倾向于与时尚、娱乐和流行文化相关的活动，而老年群体可能更喜欢与传统文化、历史和艺术相关的活动。[②] 时间和机会成本上，年轻人较少的家庭责任或工作要求通常更有时间和机会参加各种文化活动。[③] 老年人有更多时间，但也会受到健康等因素的限制。

"公园博物馆宣传显著增多，关于文化遗产的相关电视节目在北京电视台越来越多，形式也越来越丰富。"（30—39岁——410号样本）

[①] 李夏冰、毕博欣、范文静：《北京博物馆之城建设的路径研究》，《北京印刷学院学报》2023年第2期。

[②] 谌丽、党云晓、张文忠等：《城市文化氛围满意度及影响因素》，《地理科学进展》2017年第9期。

[③] 李志、李雪峰：《中国城镇居民文化消费的影响因素——以中国4011个城镇家庭为例》，《城市问题》2016年第7期。

"身边袖珍公园增多,博物馆越来越棒。"(40—49 岁——1348 号样本)

"街边公园多了,百姓健身的地方多了。"(50—59 岁——900 号样本)

3. 年轻群体更追求文化体验的潮流性,老年人群更注重文化参与的便捷性

首先,年轻人通常更关注文化活动与设施的新鲜度,他们可能更愿意参加位于城市中心或交通便利地区的文化活动。"交通方便,文创产品质量提升。"(20—29 岁——23 号样本)因此,城市内或中心商业区文化设施的便利程度可能更为关键,对满意度产生正向影响。老年人可能更注重设施的舒适性和无障碍性,他们可能更关心是否配备了便利设施,如坡道、电梯和座位。对于年长者来说,文化活动的可达性、舒适性以及是否能与其身体状况相适应更重要。"社区文化场地设置了健身器材,社区参与力度大,传统文化传播形式多样,社区服务越来越方便。"(60 岁及以上——1820 号样本)其次,不同年龄群体成长的社会环境不同,社会和政治变迁可能会塑造其不同的文化价值观。例如,老人可能对某些历史事件和文化现象有更深刻的记忆和情感联系。另外,随着科技的发展以及智慧城市的建设,ICT 的使用也对居民参与文化活动和感受文化氛围产生较大影响。[①]"重点文化突出,文创越来越丰富,并结合科技,引起更多关注"(30—39 岁——1840 号样本);"北京城越来越美,高科技与历史文化完美地结合,彰显古都魅力。"(50—59 岁——5688 号样本)特别是不同年龄群体对媒体使用的熟练程度不同,也会影响文化体验的满意度。

4. 工作收入、健康状况、生活阶段、社会经历等因素影响居民的文化体验

居民的满意度差异可能来自经济状况、兴趣、知识和教育、健康和体力状况、生活阶段与责任等因素。年轻人可能处于经济起步阶段,他们的资源有限,相对更注重物质需求。"建议提高一下工资水平,普通老百姓压力太大了。天天想的是怎么赚钱养家,哪有时间关心文化建设。"(20—29

[①] 李景瑜:《公共数字文化服务供需失衡困境与破解之策——以湖北省宜昌市为例》,《档案学刊》2022 年第 2 期。

岁——3610号）年长者则可能拥有更多的经济资源，更容易参与文化活动。另外，不同年龄群体通常具有不同的兴趣需求，年轻人可能更倾向于新颖的文化活动、流行文化、娱乐和社交体验，"经常能够看到一些有关北京的文化作品，包括博物馆的展览活动做得也越来越好，能感受到大家其实都很喜欢这些东西"（20岁以下——9350号样本）；而随着年龄的增长，对传统文化、历史、红色旅游等的兴趣可能增加。"历史文化名城保护取得重大进展，北京这座历史名城正在焕发活力。"（60岁及以上——3316号样本）年长者可能更关注文化传承和身份认同，一些体现地域文化、历史传承的相关活动可能更具吸引力。随着年龄的增长，健康和体力会下降，这可能会影响参加文化活动的能力和兴趣。此外，年轻人可能更注重事业发展、家庭建设等，这使他们对文化活动的参与有所限制；相反，年长者可能已经过了事业高峰，家庭责任减少，有更多的自由时间来参与文化活动，"街头的特色文化宣传和地标性建筑有所增加，但是社区内主要是退休人员参与，上班族体会不到"（60岁及以上——7447号样本）。

5. 20—29岁的年轻市民受工作与学习时间、职业压力、家庭等因素制约，文化体验较差

与既往研究不同的是，在文化中心建设过程中，还需关注20—29岁人群的满意度，这类人群多是在读学生或处于职业生涯起步阶段的上班族，受到工作与学习时间、职业压力、收入水平、家庭事务等因素的制约，其参与文化和休闲活动的时间预计会被迫压缩，故这类年轻人的满意度偏低；"北京变化大，但生活压力更大，没时间感受。"（20—29岁——19401号样本）而30—39岁年龄层的居民在家庭和职业生涯上更稳定，有更多的时间和资源参加各种文化活动，有机会探索各种不同类型的文化体验，包括艺术、历史和文化展览。因此，在全国文化中心建设的进程中关注不同年龄阶段的居民感受，有必要细化年龄层，以满足全年龄层居民的文化需求。

四 结论与对策建议

（一）研究结论

本文通过对北京市文化中心建设的问卷调查和对北京居民在文化中心建设中的感受文本等一手调查数据的调查研究，发现：

第一，总体上，北京全国文化中心建设成效显著，全年龄段市民对公园绿地和博物馆建设满意；但惠民文化活动、文艺作品创作、"书香京城"建设、红色旅游和"京味"文化建设仍有不足。

各年龄层的市民对近五年来北京公园绿地和博物馆的建设表示满意。近年来，北京更多将城市森林融入都市区，通过新建口袋公园、社区公园、健康绿道等方式改进城市环境，让市民有更加优质的绿色获得感。

同时，从博物馆体系布局、机制体制、服务效能、藏品管理和文物文创产品开发5个方面的工作进行布局，2022年底北京市博物馆数量已超过260家，博物馆之城的建设极大调动了市民对文物保护、文化展览、历史文化的兴趣和相关活动的接受度。

调查发现，仅20岁以下和30—39岁市民对惠民文化活动、文艺作品创作、"书香京城"建设、红色旅游和"京味"文化的相关建设成效表示满意，其他市民均感到不满意。近年来，北京大力推进文化中心建设，营造文化氛围。这些活动虽对首都文化相关内容有所涉及，但由于商业化冲击和对经济价值的追求，缺失了对首都文化的深入宣传和解读，并且忽视了不同年龄层居民获取信息的能力及其兴趣方向。未来，如何更好地围绕市民的主观感受进行北京全国文化中心的发展定位，是全面提升文化服务水平、丰富百姓文化生活的重点。

第二，市民对北京全国文化中心建设满意度的年龄群组差异显著，且不同年龄层群体的文化选择偏好存在差异。其中，20—29岁年轻市民和60岁及以上老年群体的满意度相对较低，20岁以下和30—39岁市民对北京全国文化中心建设成效的满意度较高。

研究发现，20—29岁市民仅对公园绿地建设和博物馆建设表示满意，60岁及以上的老人满意公园绿地、博物馆和文化活动丰富度的成效。而20岁以下和30—39岁市民对近五年北京全国文化中心建设成效的满意度均大于4分。这说明，全国文化中心建设在取得成效的同时，尚未走进和全面融入百姓生活，对不同年龄层百姓的考量仍需加强。今后建成全年龄层友好的全国文化中心仍是面临的难点之一。

此外，调查发现，不同年龄层的群体对文化活动的选择偏好存在差异，年轻人更倾向于现代流行文化、新兴艺术形式和互联网娱乐，而老年人则可能更加喜欢传统文化、经典艺术和传统娱乐形式。且随着年龄的上升，市民对全国文化中心建设的关注逐渐由追求物质文化体验转向重视社会问题和生活品质。

(二) 对策建议

为充分利用北京多元文化的优势、发挥其对北京文化的传播宣传作用、让京味文化走进市民生活、提升城市文化氛围，推进北京全国文化中心建设，本文提出以下北京全国文化中心建设对策：

第一，北京全国文化中心建设成效整体显著，但尚未完全融入百姓生活，在关注老年群体的同时，需强化对在读高校学生和职业生涯初始阶段人群的关注。

大多数居民对近五年来北京全国文化中心建设成效给出正向评价，但尚未全面考虑各年龄层阶段居民的文化需求，年轻与老年居民存在文化体验鸿沟。此外，处于20—29岁年龄段的居民往往受到工作、学业、家庭、经济等多方面的压力和制约，文化活动参与的时间和机会空间大大压缩，未来倡导文化活动时间和空间的弹性安排，运用科技手段丰富百姓数字化文化体验。

第二，推出多样化文化活动，满足多样化生活需求的、开放共享和多主体互动的文化空间与场所。

调查发现，居民对全国文化中心建设满意度主要倾向于博物馆和公园绿地建设，而对"书香京城"建设、文艺作品创作的满意度偏低。未来全国文化中心的建设亟须权衡不同居民的文化需求综合考虑多种因素，并采取综合的、包容的方法确保各个群体的文化需求得到平等的重视和满足，确保公平和平等的文化参与机会，未来可依据以古都文化、红色文化、京味文化以及创新文化为内涵的首都文化，以实体书店、旅游场所、商业中心、社区生活圈等为传播载体，结合城市规划建设对应的文化主题，设计文化要素和文化地标，营造文化氛围，提高居民的文化参与和文化感受。此外，文艺作品可通过从历史文化中挖掘带有强烈地方色彩、被广泛认可的文化成分，提炼北京地域特色，以此抵御商业化的冲击，孕育出一批体现北京城市精神、展现城市特色、传播城市魅力的文艺作品。

第三，倡导文化场所与空间均衡布局，打造15分钟社区文化圈。

社区是城市社会治理和服务的最基础地域单元，它是市民生产生活的基础，社区文化氛围的营造也是促进北京市文化发展的重要一环，是人们共同生活的场域，承载着社交和情感连接。加强社区治理体系建设，文化发挥着引领作用。近年来，北京大力打造 15 分钟社区生活圈的同时建设"15 分钟品质文化生活圈"，现已建成社区书屋、社区文化广场等一系列文化设施，但是缺少对居民文化活动的行为调查，许多设施与市民的兴趣和需求相背离，出现设施空置与浪费的现象。因此，未来在建设文化生活圈的同时，需开展行为调查和居民访谈，深入了解居民的文化需求和文化活动时空特征，在此基础上不断发展社区独特的公共文化空间。

基于大数据的京郊乡村活力空间特征分析

陈旭颖　杜姗姗　陈京雷[*]

摘要： 伴随着党的二十大报告提出，全面推进乡村振兴，乡村各个领域的建设日益引起人们的重视。在此背景之下，破解乡村治理的困境、发掘乡村内在潜能、走内涵发展道路、激发乡村振兴内生动力，是实现乡村治理的重要途径，而如何有效提升乡村活力是研究乡村建设的重点问题。北京作为首都，研究其乡村建设情况不仅可以促进城乡融合发展，更可以促进其乡村治理现代化，还可在全国范围内起到带头示范作用。为了实现北京乡村区域空间的高质量发展，必须推动乡村活力的发展。鉴于此，本文在解读相关研究的基础上，通过以北京市乡村为研究范围进行实地调研，对京郊乡村活力空间格局分布情况、发展特征进行较为系统的分析，进而提出优化京郊乡村活力的关键点；综合运用GIS、微博数据等多种技术和手段，采用以活力为基础的空间布局优化方法，对提升乡村活力、优化乡村空间结构的战略和机制进行探讨，并给出低影响、低开发以及具体有效的优化建议。本文的研究内容丰富了乡村活力领域的研究成果，为相关的规划和科研工作者提供一些依据。

关键词： 乡村活力；活力空间；京郊乡村

---

[*] 陈旭颖，北京联合大学应用文理学院地理学硕士研究生，研究方向为历史地理；杜姗姗，博士，北京联合大学应用文理学院城市科学系副教授，研究方向为城乡规划；陈京雷，北京师范大学地理科学学部科研助理，研究方向为乡村地理、旅游地理、树木年轮气候学。

引　言

随着乡村振兴战略的不断深入，乡村建设日益成为人们关注的焦点。当前，乡村社会处于转型时期，但却面临着活力逐渐消失，发展愈加艰难的处境。乡村物质空间是乡村社会生活的一个重要场所，它的健康发展对提高整个乡村活力起着决定性的作用。因此，乡村基础设施空间的合理配置，是目前乡村建设领域中亟待解决的一个重要课题。

乡村活力的提升要因地制宜，由于经济发展程度、城市化发展水平与建设基础的不同，提升乡村活力的方向与途径也不尽相同。目前有关京郊乡村活力的空间特征分析研究，同时为营造乡村活力、提升乡村发展的理论研究较少，并且大多数专家和学者多从乡村宏观政策方面着手研究，尚未形成系统的理论研究。因此，本文将基于 POI、微博等大数据分析，以京郊乡村为研究对象，借鉴国内外乡村建设的成功经验，分析乡村活力空间特征，寻求出新时代背景下提升乡村活力的可行性方案，以期为我国的乡村发展和建设提供借鉴。

一　概念界定及研究现状

（一）空间活力

空间活力是指在一定的空间内，人与空间发生的交互作用所产生的特征现象，它由两个基本要素组成——使用者与活动空间。使用者即人是活力的直接来源，活动空间为活力的产生和发展提供了场所，人群聚集程度与行为活动代表着空间活力的外在表现，而社会服务设施配置的分布特征与密集程度代表着空间活力的呈现形式。将空间活力的概念引入乡村之中，对于乡村的建设和发展等方面将具有深刻的意义。

（二）乡村活力

乡村活力是乡村的生命力，是乡村发展的内动力。目前国内学者对于乡村活力尚没有形成统一的定义，乡村活力是一个普遍而模糊的概念，它经常出现在政府的政策文件中。从政策层面来看，在《关于加快发展现代农业　进一步增强农村发展活力的若干意见》这份文件中将"乡村活力"

评定为对乡村发展的一个综合性概念。

乡村是一种生命有机体，是人类活动的中心、房屋的聚集地，同时也是与居住环境有直接关系的其他生活设施和生产设施。乡村内部的组织结构、物质基础等是乡村发展的内生动力；同时，乡村的发展也会受到外在环境的影响和限制。本文将乡村活力定义为在社会、自然、经济等内动力与外部环境条件的外动力的耦合作用下表现出的综合生命力。乡村活力可以直观地表现出乡村的发展状态。

（三）研究现状

从研究内容来看，国内学者对于乡村活力空间特征分析的具体研究较少，大多是对乡村公共空间的研究成果。孔燕[1]从对乡村公共空间活力的影响因素的定性分析出发，从社会—空间互动、人地关系以及科学性、可操作性等角度出发，从乡村公共空间的使用者和乡村的公共空间场所特性两个方面，尝试建构乡村公共空间活力评估指标体系；汤书福等[2]通过对丽水市"三农"发展现状的研究，结合农村调研，从"境""人""业"三个方面，对农村"三个因素"进行了探讨；黄海静等[3]通过对当前农村的现状与存在问题的分析，从公共空间的公共性、可达性、多元性和地域性四个方面出发，从建筑设计的视角，思考并探讨如何改善乡村的疲态，恢复乡村活力，实现乡村可持续发展。

另外有关乡村活力的文献，多是宏观政策对乡村振兴概念的提出，以及乡村振兴的影响因素等相关研究。朱启臻[4]梳理影响乡村振兴的障碍因素，旨在引导人们思考影响乡村振兴的制度层面原因，为乡村振兴的制度供给提供一些依据；刘洁君等[5]研究乡村空间演变的特征与规律，从物质、社会两个层面分析其对乡村活力的影响，提出维系和提升乡村活力的发展路径，为后期乡村规划、乡村建设提供研究素材；陈志奇[6]

---

[1] 孔燕：《苏南乡村公共空间活力评估研究》，硕士学位论文，苏州科技学院，2014年。
[2] 汤书福、严力蛟、高阿丹：《经济后发地区乡村活力再造的对策研究——以浙西南丽水市为例》，《科技通报》2018年第7期。
[3] 黄海静、韩悦：《当代乡村公共空间营建策略探究》，《住区》2020年第6期。
[4] 朱启臻：《当前乡村振兴的障碍因素及对策分析》，《政策瞭望》2018年第4期。
[5] 刘洁君、程雪娇、李柏林：《乡村空间演变与乡村活力——以济南周边乡村为例》，《城市住宅》2020年第2期。
[6] 陈志奇：《完善激发乡村发展活力的工作机制》，《新农业》2021年第2期。

提出在内外部环境日益严峻的当下，需要乡镇人民政府不断完善激发乡村发展活力的工作机制。

二 研究内容及数据处理

（一）研究区域概况

京郊地区的范围是指北京城区周边的地区，如图2所示，具体包含了房山区、昌平区、门头沟区、顺义区、密云区、延庆区等10个区，京郊地区位于华北大平原的西北部，其西部是属太行山脉的西山，北部和东北部为军都山属燕山山脉，四面与河北省相接壤。京郊地区不仅具有丰富的自然资源，还拥有独特的历史人文景观。京郊地区的乡村，是在北京城市空间周边作为市民们休闲度假、体验民俗的重要乡村旅游目的地，既具有传统的历史意义，又有一定的文化研究价值。

京郊地区能够通过农产品供应、休闲旅游、生态环境保护、文化传承和城乡交流等方式，为北京市提供重要的服务。同时，京郊乡村的发展也受到了北京市的影响，城市化进程对乡村的经济、社会和环境产生了一定的影响。因此，京郊乡村与北京市区之间的互动与合作对于实现城乡协调发展和共同繁荣具有重要意义。

（二）研究数据处理

POI核密度分析以网络采集器爬取POI数据，将获得的数据全部转换为Excel格式，去除重复的字段及属性不完全的部分数据，并进行归纳总结。整理后的数据导入ArcGIS10.6软件中，转换空间投影坐标系，利用核密度工具进行分析，得到其可视化形态特征，能清晰反映出京郊乡村各基础设施在空间上的集聚或离散特征。

微博数据处理借助网络爬虫软件后羿数据采集器获取微博文本数据信息，并将其签到位置数据转换为经纬度坐标，删去重复的内容、无关的广告及官方微博等冗余数据；数据清洗的工作完成后，利用ArcGIS10.6软件将其进行坐标与投影转换，采用核密度估计分析法进行计算，进而实现京郊乡村旅游微博数据的可视化表达，以探寻北京市的乡村旅游热点。

由于数据可获得性的差异，POI数据选取的是2020年京郊乡村范围内的不同功能业态的兴趣点，而微博数据具有一定的特殊性，以及疫情时期对乡村旅游业带来的冲击性，则选取微博中 2019 年北京市有关"旅游"的文本数据信息和签到位置数据。

三 基于 POI 数据的京郊乡村设施活力空间特征

物质空间的活力状况是传统村落保护与发展的外部反映。基础设施与公共服务设施是乡村空间基本的构成要素，本文从京郊乡村基础设施空间分布格局、聚集程度两方面解析京郊乡村物质空间活力特征。

（一）京郊乡村基础设施功能分类

本次研究所用的功能数据采用的是 2020 年的北京市所有可爬取的 POI 数据，共计 633372 条数据，包括了餐饮、风景名胜、公共设施、购物、交通设施服务、政府机构及社会团体、住宿服务等不同种类的业态信息。

本研究中一共包含全北京市 14 类基础设施，总计 633372 个兴趣点，按照兴趣点分类体系把京郊乡村活力因子分为四大类，分别为经济活力、社会活力、交通活力和休憩活力。从中可以看出在京郊乡村活力中，社会活力占主导地位，休憩活力次之，说明京郊的功能混合较多，生活较为丰富便利。京郊的交通活力占比最少，但这并不代表京郊的交通网络不发达，实际上京郊的交通服务相对还是比较便利的，是由于与全市的所有基础设施相比，其他基础设施相较而言比较多所导致的交通活力比例较小。总的来说，京郊交通活动空间数量还是较多的且较为均质地分布在京郊各个地方，所以京郊的交通还是较为便利的。

表 1　　　　　京郊乡村活力因子类型及占全市基础设施比例

序号	活力类型	兴趣点类型	比例（%）
1	经济活力	购物、金融保险服务等	4.3
2	社会活力	公共设施、公司企业、科教文化、商务住宅等	17.3
3	交通活力	交通服务等	3.8
4	休憩活力	餐饮、风景名胜、体育休闲等	12.1

（二）京郊乡村基础设施空间分布格局

京郊经济类服务设施在北京的分布主要在市中心城区附近，越偏僻的地区经济类服务设施分布的越少，在经济活力中共有 27021 个兴趣点，生活服务设施有 16996 个点位，占经济活力的 62.9%，具有主导地位，这些生活服务设施主要与居民的日常生活需求有关，同时也受京郊各个地方的发展方向影响，城郊十区的城市化程度极不均衡，十个区虽然都处在加速发展阶段，但是城乡之间的差距却十分显著。

京郊社会类服务设施的分布空间同样也是多数在市中心城区附近，但其外围的分布较为均匀，在社会活力中共有 109721 个兴趣点，公司企业有 46058 个点位，占社会活力的 42%，公司企业设施的分布与居民的通勤活动有关，所以大多数是邻近中心城区，在偏远地区分布的极少。

京郊地区的交通运输设施在东北部及东南部的近郊周围较为集中，由近郊向远郊逐步减少，以动车站、火车站、汽车客运站、地铁站、公交站等交通设施为主。交通状况是影响京郊乡村空间活力的重要因素，便捷的道路交通对人流的引入、居民的通勤等活动具有重要意义。如果某地的交通条件良好，就意味着其他区域的人们能够畅通无阻地进入京郊地区，从而为这个区域带来更多的人口流量，而人口密度大的京郊乡村地区，其社会互动、文化交流等行为也会更加丰富，从而实现京郊乡村地区的空间活力的提升。

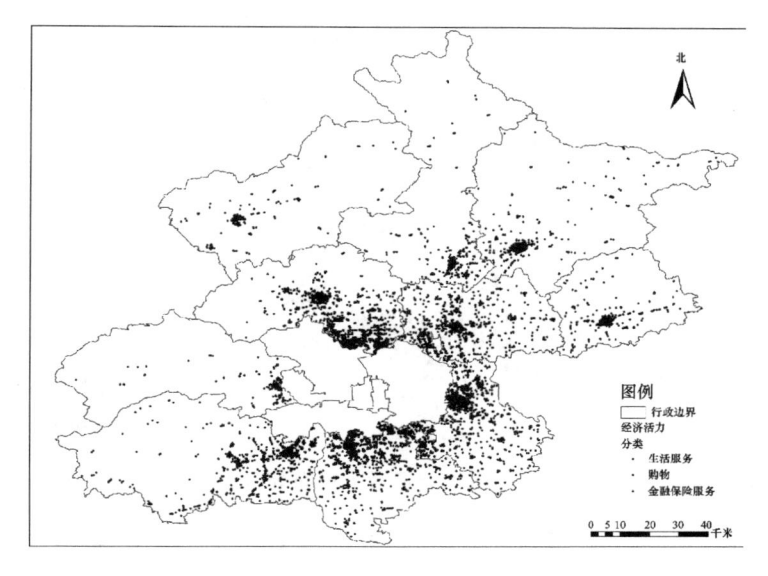

图 1 京郊经济活力空间分布图

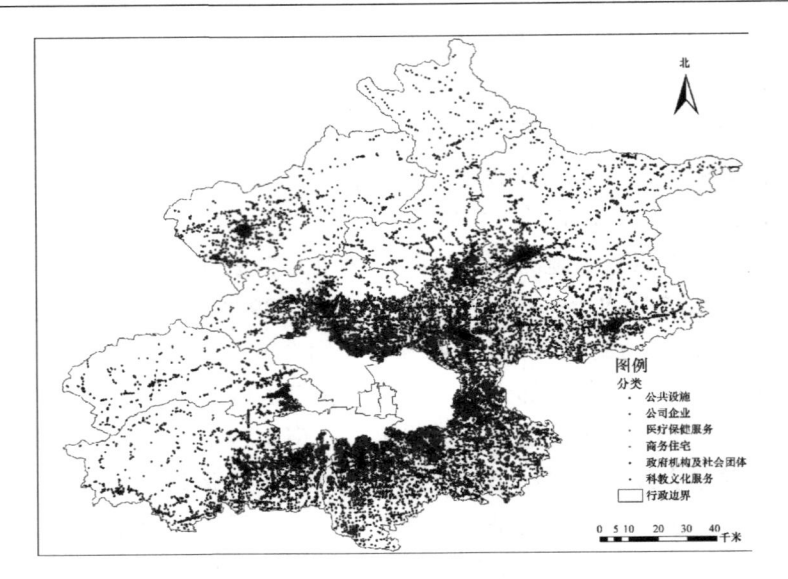

图 2　京郊社会活力空间分布图

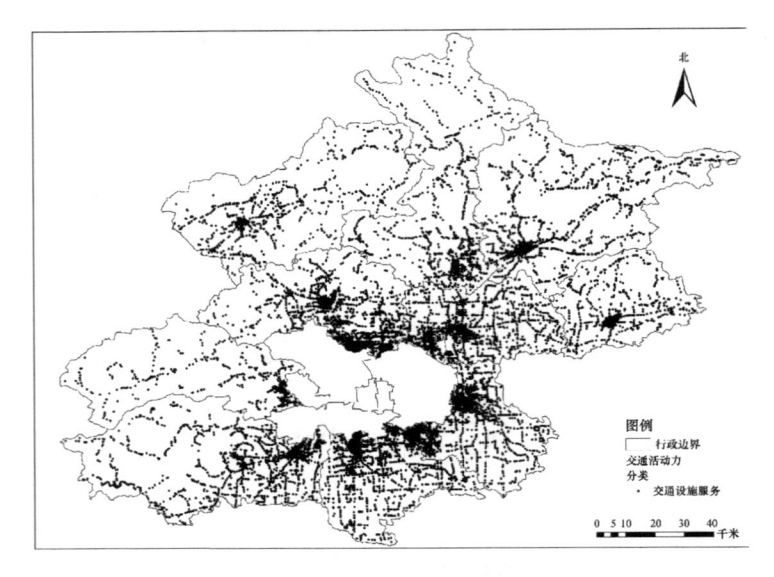

图 3　京郊交通活力空间分布图

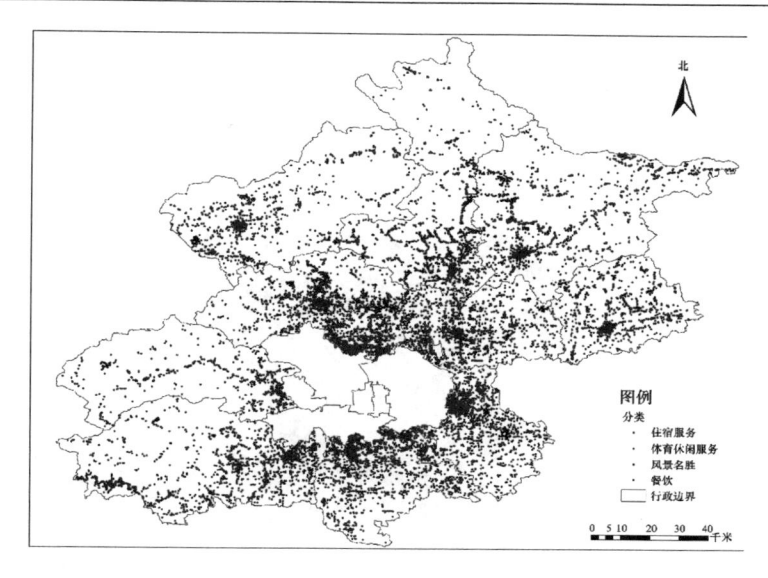

图4 京郊休憩活力空间分布图

京郊休憩类服务设施也是比较均匀地分布在京郊各个地区，并且其分布形态与交通类服务设施的分布形态相似，一般是交叠或者邻近其周边分布，这与北京城郊十区各自的特色产业发展有关，北京城市的快速发展具有全方位的辐射功能，能有效地拉动郊区特色产业的发展。北京郊区资源丰富，各具特色，各区的特色产业也正在加速发展。

（三）京郊乡村基础设施聚集程度

对采集到的不同类别的 POI 数据进行筛选分类，利用 ArcGIS 地理数据处理平台分别对各类 POI 数据进行了核密度分析，得到的数据结果能够有效地反映出京郊乡村地区内各个功能业态之间相互交融的聚集程度。其中核密度值的分布概况代表该类功能空间的集散趋势，随着核密度数值的增加，研究结果呈现出来的色彩也会变得更加深，这也代表着此处的某类功能业态空间在此高度集聚，也就意味着此处京郊地区的经济发展潜力更大。

随着各类服务设施的集聚，其空间功能的多样性、服务的范围、客体的扩大、空间的使用效率、空间活动的强度都会提高。伴随着京郊乡村旅游项目的开发，乡村内部的公共管理服务设施及餐饮、民宿等商业服务设施的逐步增加，其对外服务功能也得到了进一步的强化，吸引了更多的外来游客，

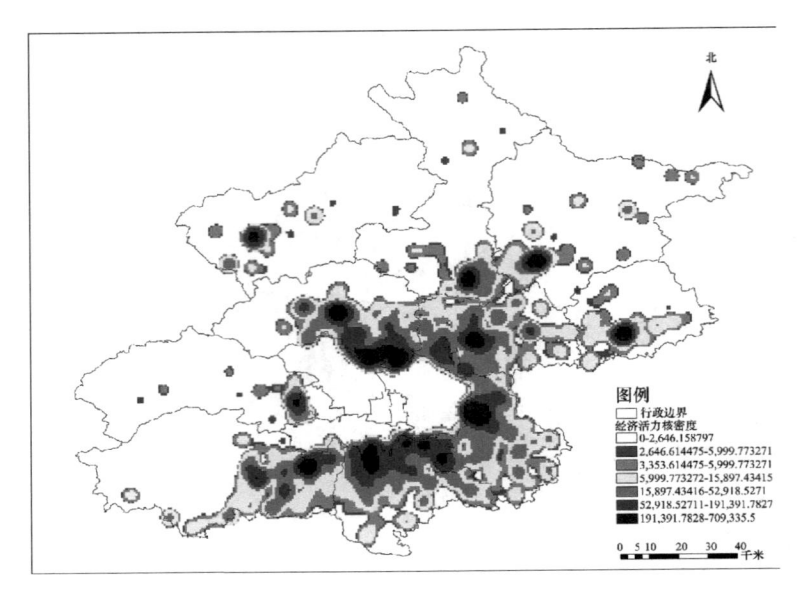

图5 京郊经济活力核密度分析图

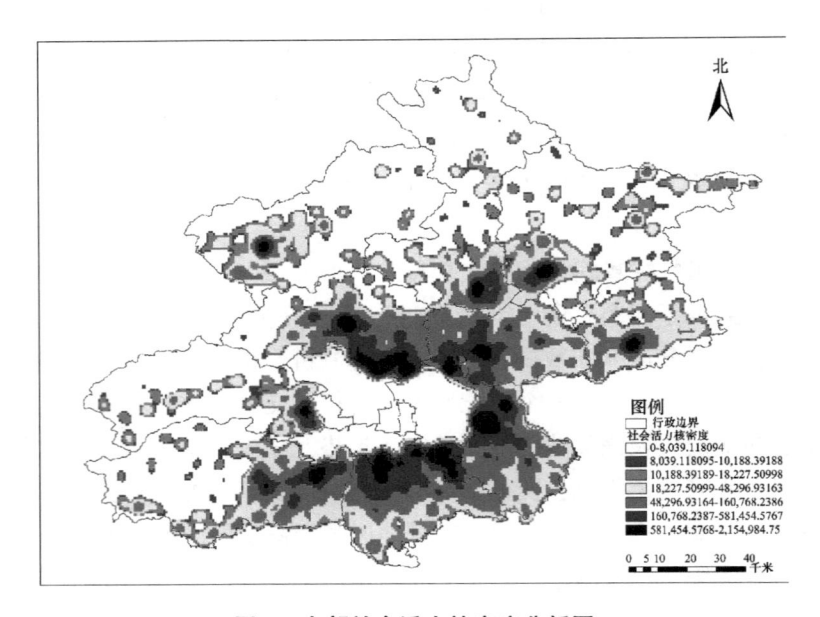

图6 京郊社会活力核密度分析图

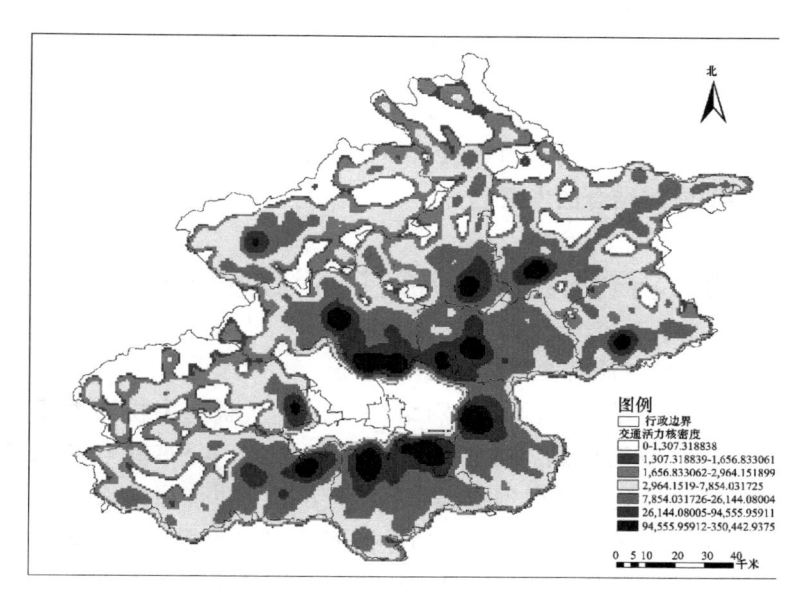

图7 京郊交通活力核密度分析图

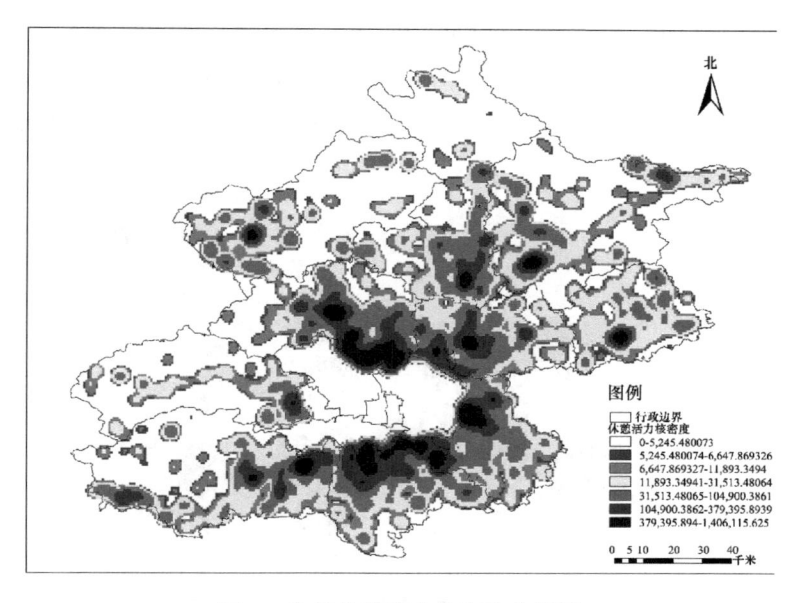

图8 京郊休憩活力核密度分析图

但是设施利用的空间分布存在明显的分区集聚差异。酒店宾馆、休闲购物、教育培训、餐饮服务、公司企业及管理机构等均具有集聚核心点，公共服务设施相对完善，空间功能多元化较明显，各集聚核心点都是乡村经济发展的重要区域，空间活力最强；四种主要设施具有高度的混合性，呈现出空间多功能相结合的发展趋势。

四 基于微博数据的京郊乡村旅游活力空间特征分析

（一）京郊乡村旅游微博数据分布格局

微博是当下很受欢迎的社交网络平台，在互联网中扮演着重要的角色。作为一种互联网应用，微博已成为人们交流、分享和互动的常用方式。通过微博，人们可以方便地获取各种信息，并自由地表达自己的观点，反映工作和生活状态。因此，通过微博的统计数据可以了解居民对京郊乡村旅游活动的参与程度，这是乡村活力分析的重要内容之一。

根据图9的分析可发现，京郊乡村旅游形成多个高密度区，即昌平区、顺义区、怀柔区南部、密云区西部、延庆区西部等区域，京郊各区内部的居民参与度空间分布呈现较为显著的集聚分布、不均衡分布特征，昌平区和顺义区的高密度向北延伸扩展，通州区和大兴区的高密度向南辐射拓

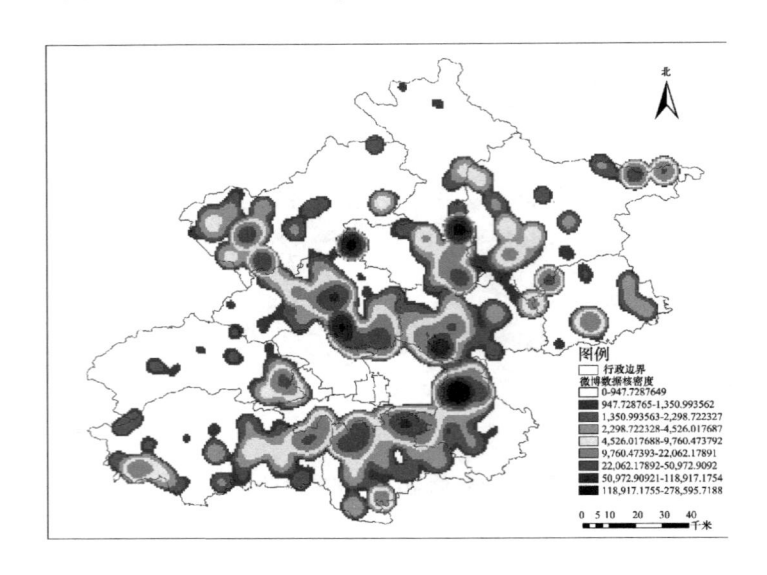

图 9　京郊乡村旅游微博数据核密度分析图

展，这些高密度区奠定了之后京郊乡村旅游地密度变化的主要区域，具体主要集中在昌平区、密云区、怀柔区、延庆区以及大兴区。从微博数据来看，离中心城区距离越近，居民对于京郊乡村旅游的参与度越高，并且近郊乡村旅游的居民参与度远高于远郊。

（二）京郊乡村旅游发展现状

近年来，在国家大力宣传发展乡村旅游的背景之下，加之其天然的地理环境优势，京郊乡村旅游逐步增加，整体的发展态势良好。通过观察京郊乡村旅游微博数据核密度分析图不难发现，那些知名度高、物质基础设施完善、交通可达性高的风景名胜区，其微博数据多，即居民参与度高，如八达岭—十三陵国家重点风景名胜区、慕田峪市级风景名胜区、十渡市级风景名胜区等。然而，有些旅游景点虽是国家级或市级风景名胜区，却由于其基础服务设施不完善、乡村旅游宣传力度低、交通网络不发达，导致其居民参与度并不高，甚至寥寥无几，例如东灵山—百花山市级风景名胜区、金海湖—大峡谷—大溶洞市级风景名胜区等。

同样是北京远郊，但十渡景区的微博数据远远大于东灵山—百花山景区，因为两地区之间的经济发展水平差异明显，十渡景区的交通活力及休憩活力大，说明其交通服务设施和旅游服务设施方面建设完善，而东灵山—百花山景区的休憩活力十分低下，说明其景区周边的配套服务设施不完善，并且交通活力也不足，无法吸引居民前来进行乡村旅游。

大兴区、通州区、顺义区虽然没有丰富的自然风景名胜区，但是它们的微博数据较高，呈现由近郊向远郊逐步扩散趋势，是因为其具有独特的农业观光资源及众多的旅游特色小镇，并且大兴国际机场的建成也为大兴区的乡村旅游带来新的机遇，构建副中心特色美丽乡村政策则是通州区乡村旅游发展的助推器。

五 空间活力与旅游活力耦合下京郊乡村活力总体特征

（一）京郊乡村旅游与活力空间对比分析

对总物质空间活力与居民旅游参与度进行对比分析，得出了三种具有明显局部差异性的区域类型："高供给—高需求区域"表示既具有高物质空间活力又有高居民参与度的地区，可认定为具有合理配置的地区；"低供给—低需求区域"表示具有低物质空间活力和低居民参与度，是需要重点扶持的对象；"低供给—高需求区域"表示具有高居民参与度但是物质空间活力低，是亟须补充基础设施的地区。

1. "高供给—高需求区域"

如八达岭—十三陵国家重点风景名胜区、慕田峪长城国家级景区等地，属于双核心地区，其物质基础设施建设完善、交通网络发达、政策支持下景区旅游宣传力度大，其吸引来的游客不仅有北京市的市民，更有许多国内外的游客。此类乡村的建设模式应加强宣传，推广其成功的经验辐射周边不发达的乡村，为全北京市甚至全国的乡村起到示范作用。

2. "低供给—低需求区域"

如门头沟区西部的东灵山—百花山市级风景名胜区等地，其物质基础设施稀少、交通可达性低、景区知名度低，对居民的吸引力低。此类乡村应重新调整其基础设施的整体布局，增加公共交通点位，政府也应该加大对该类地区的扶持力度，增加旅游景区的宣传，有了资金的支持才能推动各类产业的发展，吸引更多外出的年轻人回来建设家乡。

3. "低供给—高需求区域"

如房山区西南部的十渡风景名胜区、延庆区西北部的龙庆峡—松山—古崖居市级风景名胜区等地。这类地区旅游知名度较高，各有其特色的旅游项目，如龙庆峡因其独特的自然景观被誉为北京的"小漓江"，十渡的蹦极、漂流等极限项目则能吸引当代年轻人。因此这类地区需要进一步完善物质基础设施，建立良好的交通枢纽系统，使物质空间活力进一步提升，满足游客来游玩的体验感，提高乡村活力的发展。

（二）京郊乡村总体活力特征

1. 物质空间活力不均衡

乡村公共服务设施的空间分布呈现出显著的空间集聚性和多功能化态势，乡村物质总体空间活力不均衡。乡村基础服务设施的使用在空间上存在分区集聚差异，距离城市中心越近的地区，基础设施服务的聚集程度越高，依次呈辐射扩散形态分布。在市中心东北部及东南部大范围集聚，从近郊向远郊扩散，在最靠近中心城区附近的近郊地区形成了几个高密度的核心点。但在西部地区的物质空间活力明显不足，除了潭柘寺及十渡风景名胜区的物质空间活力较为集聚外，在总体上比较仍是缺乏的。

2. 交通连接度不足

交通状况是影响京郊乡村空间活力的主要因素，而便利的道路交通可以吸引更多的人群，同时也能体现出道路交通的可达性和可经过性。北京市郊公路虽然很宽阔，车道数量多，但是，由于道路密度低，街区面积大，所以主要的交通流量集中在了几条主干道上。由于交通流量的不断增加，造成了城市中心城区的交通压力增加，以及周边道路的利用率不高，已经不能满足基本的交通需求。北京近郊道路具有高度的整合性、便捷性和可达性，起到了内外交通连接作用，但是在远郊地区，由于城市与郊区之间的一体化程度较低，承载能力较差，其通达性以及连接度还需要进一步提升。

3. 居民参与度差异明显

人是影响乡村活力的主体，如今居民对京郊乡村旅游的参与度较高，但聚集程度十分明显，都只是集中在知名度较高、开发健全的景区附近，仍有较大范围的京郊乡村大多包括较偏远的乡村地区还未被开发或是基础设施建设不完全，而导致居民的参与度低。政府应该对居民参与度低的地区加大扶持力度，合理分配基础设施资源，平衡乡村旅游中的居民参与度。

六 乡村活力提升对策

推动乡村活力的提升再造，突出表现为"农民富裕，乡村美丽，农业强大"，必须应当围绕"境""人""业"三个方面做文章。"境"主要指乡村的生产、生活环境，以及与乡村相关的政策环境；"人"主要指留在家乡或有意愿回乡生产、居住的农村居民；"业"主要指乡村能够大力发展的产业。当前，为了使乡村重新焕发生机，走出"绿水青山就是金山银山"的绿色生态发展之路，真正实现乡村振兴的有效途径便是在于"境""人""业"三方面的提升。

（一）注重整体布局，规划乡村物质空间结构

改造乡村物质空间，提升乡村承载能力。优化乡村道路交通网络，合理分配社会服务设施资源。了解京郊乡村建设用地现状，综合规划好京郊乡村空间结构。建立区域交通枢纽，加强轨道交通网络建设，改善交通空

间环境。通过绿化景观和滨水空间提升乡村环境，形成乡村资源的生态链。

（二）调整基础设施布局，实施人才引进

一方面，加强乡村建设，改善交通、住房、医疗、安全、环境等条件，提供优质公共服务。另一方面，支持居民自治，营造和谐共处的氛围，鼓励个体经营特色文化店铺，积极参与乡村旅游服务管理，推进城乡一体化发展。建立健全人才引进与激励机制，加强对高层次人才的吸引，促进京郊乡村地区的人口结构调整，有效支持乡村经济的高质量发展。

（三）以景区为依托，带动"景村融合"发展

北京郊区有许多优质的国家A级旅游景区，例如八达岭长城景区等，可以将乡村景区与国家A级旅游景区相结合，形成"景村融合"的和谐发展格局。通过以景区为中心带动周边乡村发展，形成景区与毗邻乡村旅游地之间优势互补、共同发展，使景区和乡村逐渐形成一体化的发展模式。

（四）推动产业融合发展，实行京郊乡村可持续发展

整合乡村外部资源，发掘乡村内在特征，由内而外地提高乡村的产业实力。对已有旅游发展的各京郊乡村，应进一步优化旅游线路、拓宽乡村旅游的深度和广度，开展新型乡村旅游体验，丰富乡村旅游的内涵。同时，要从地域、文化等方面发掘乡村特色，打造具有一定影响力的京郊乡村旅游品牌。

七 结论与讨论

（一）结论

本文在运用对比分析法、文献分析法的基础之上，采用ArcGIS空间分析技术和大数据挖掘技术，对京郊乡村的各类乡村活力进行梳理整合，通过对乡村活力的对比分析，基于微博数据、POI数据整理出乡村活力的空间特征，旨在提出能够提升乡村活力的优化对策，以期为我国的乡村发展和建设提供借鉴。主要结论如下：第一，基于POI数据分析，从京郊乡村基础设施空间分布格局及聚集程度两个方面解析京郊乡村物质空间活力特

征。按照兴趣点分类体系把京郊乡村活力因子分为四大类，即经济活力、社会活力、交通活力及休憩活力，对每个因子加以具体分析。第二，基于微博数据研究得到京郊乡村旅游发展现状，得出了三种具有明显局部差异性的区域类型。第三，在空间活力与旅游活力的耦合下分析出京郊乡村活力的三大总体特征，即物质空间活力不均衡；交通连接度不足；居民参与度差异明显。

（二）讨论

受数据获取和篇幅限制，尚存在未详尽考虑之处。POI数据反映的仅仅是乡村公共服务设施的空间位置与分布密度，无法对京郊乡村的建设用地规模、人口数量的差异性等问题进行深入探讨；微博数据中所提取的关于"旅游"关键词等信息应该较针对于京外旅游人口，在本次数据采集中并未有明确的区分，该问题有待进一步研究和总结。

基于 POI 和点评数据的北京实体书店空间分布格局研究*

崔若辰　王泽卉　周爱华　逯燕玲**

摘要：在深入推进全民阅读的背景下，实体书店承担着公共文化服务的重要功能，从读者视角研究实体书店的公共文化服务十分必要。通过对高德地图实体书店兴趣点的（POI）数据进行空间分析，得出自 2016 年起至 2022 年实体书店不仅在数量上逐步增加，其聚集程度也由"散点"逐步发展为成片。针对北京市实体书店近五年大众点评的 109489 条数据，从评论文本分析得出读者对实体书店主要关注点为书店环境、文化活动、服务态度、附属服务四个方面；从评论文本主题分析得出读者在实体书店的消费行为主要有打卡拍照、服务消费、读书学习、带娃活动，并将大众点评数据分为 2017—2018 年、2019 年、2020—2022 年三个阶段，研究公众对于实体书店建设成效评价的变化；分析得出消费行为四类主题的实体书店在六环内核密度分布，并探讨实体书店分布的影响因素。

关键词：实体书店；读者空间格局；LDA 主题模型；北京

"开展全民阅读活动"自 2006 年首次提出，2012 年被写入党的十八大报告；2014—2023 年，"全民阅读"连续十次被写入政府工作报告，逐步

---

* 本文为北京市社会科学基金研究基地项目"北京全国文化中心建设评价指标体系研究"（项目编号：18JDLSB002）；"基于网络口碑数据的北京餐饮老字号认知研究"（项目编号：BJXJD—KT2022—YB06）的研究成果。

** 崔若辰，北京联合大学地理学硕士研究生，研究方向为地理信息科学、大数据分析；王泽卉，北京市测绘设计研究院助理工程师，研究方向为地理信息分析与应用；周爱华，硕士，北京联合大学应用文理学院副教授，研究方向为测绘与地理信息；逯燕玲，北京联合大学应用文理学院教授，研究方向为数据分析、算法分析、文化遗产感知与计算。

从"倡导"到"深入推进",全民阅读已经上升为文化发展战略。2016年,全民阅读工程被列为"十三五"时期文化重大工程之一;2021年,"十四五"规划和2035年远景目标纲要,把"深入推进全民阅读,建设'书香社会'"纳入宏伟蓝图,持续满足人民群众高质量阅读需求,不断提升人民思想境界、增强人民精神力量。而实体书店是实现全民阅读的重要载体,可以提供触手可及、形式多样的阅读空间,对深入推进全民阅读工作具有重要意义。

实体书店是深入推进全民阅读不可或缺的角色,既是城市的文化名片,也是城市文化空间的重要组成部分[1],与图书馆、出版社在阅读推广中形成角色互补[2]。国外对于实体书店发展早有关注,其研究集中在发展经营、对社会产生的影响等方面,Luyt B. 等指出了新加坡实体书店的发展要素,包括产业整合、专业化、责任感等[3];Miller L. J. 探讨了实体书店对社区的吸引力,同时认为对当地经济及文化产生影响[4];Doucé L. 等探讨了环境因素对于消费者的影响,发现巧克力香味会对书店中购物者的行为产生积极影响[5]。国内对于实体书店的研究大多集中在出版、图书情报等领域,自2010年起,对于实体书店的研究逐步上升,大多研究集中在实体书店面临的问题及经营策略方面。贺滟波指出,大数据发展冲击着实体书店,实体书店利用大数据分析以吸引读者[6];李丽雅以中华书局伯鸿书店为例研究了出版社自营实体书店面临的问题,并提出深化品牌形象、扩大影响力的发展策略[7];王学彦立足全民阅读,探讨近年来实体书店转型存在的同质化、商业化过重等问题[8]。

---

[1] 朱小玲等:《全民阅读背景下实体书店可持续发展策略》,《中国出版》2012年第14期。

[2] 刘学燕等:《图书馆、出版社、书店在阅读推广中的角色互补》,《兰台世界》2016年第17期。

[3] Luyt B., Heok A. David and Goliath, "Tales of Independent Bookstores in Singapore", *Publishing Research Quarterly*, Vol. 31, No. 2, 2015, pp. 122 – 131.

[4] Miller L. J., "Shopping for Community: The Transformation of the Bookstore into a Vital Community Institution", *Media, Culture & Society*, Vol. 21, No. 3, 1999, pp. 385 – 407.

[5] Doucé L., Poels K., Janssens W., et al., "Smelling the Books: The Effect of Chocolate Scent on Purchase-related Behavior in a Bookstore", *Journal of Environmental Psychology*, Vol. 36, 2013, pp. 65 – 69.

[6] 贺滟波:《"大数据"时代与民营实体书店的走向》,《新闻研究导刊》2013年第5期。

[7] 李丽雅:《疫情背景下出版社自营书店发展路径思考——以中华书局伯鸿书店为例》,《编辑学刊》2023年第1期。

[8] 王学彦:《全民阅读背景下的实体书店转型隐患及发展对策》,《中国出版》2018年第10期。

一 研究区域数据与方法

(一) 研究区域与数据

北京市从 2015 年开始，持续对实体书店进行政策扶持引导，截至 2022 年，北京实体书店数量已超出 2000 家，比 2016 年的不足 1000 家翻了一倍，使得每万人拥有书店超出 0.94 个，在全国位居第一。在面临互联网时代、读者阅读方式和消费习惯深刻变革带来诸多挑战的情况下，北京实体书店依然呈现出稳定发展的良好局面，无论是国有大型书店北京图书大厦，还是国有老字号品牌书店三联韬奋，或是民营小众主题书店，都在不断创新服务模式，深耕主题特色，谋求转型发展，初步形成布局合理、层次分明、多业融合的实体书店发展格局。但能否精准把握读者需求和消费行为，是实体书店高质量、可持续发展的关键。

本文采用大众点评网站图书音像分类中位于北京地区的实体书店的评论数据，对获取的数据进行了清洗，删除无关店铺信息。数据时间跨度为 2017—2022 年，共 359 家实体书店，累计评论 109489 条。

通过高德地图获得 2017 年、2019 年、2022 年实体书店的 POI 数据。

(二) 研究方法

国内学者对于实体书店空间分布变化也有一定研究，但研究量较少。戴学珍等分析了我国各省实体书店的空间分布规律，并从成本、供给和需求三个方面探讨其影响因素[1]；焦石等通过 GIS 空间分析方法，探讨了南京市图书零售业的空间布局结构及其影响因素[2]；甘依霖等采用定性与定量相结合的方式，研究了武汉市实体书店的分布格局与未来发展趋势[3]。

---

[1] 戴学珍等：《我国实体书店空间分布特征及影响因素分析》，《出版发行研究》2012 年第 12 期。
[2] 焦石等：《南京市图书零售业空间布局及其影响因素》，《地域研究与开发》2016 年第 2 期。
[3] 甘依霖等：《后疫情时代武汉市城市文化消费空间解构——以实体书店为例》，《地域研究与开发》2020 年第 6 期。

综上所述，实体书店公共文化服务空间是深化全民阅读不可或缺的一环，本文基于高德 POI 数据与大众点评数据，点评数据不受研究者的主观影响，可以反映出顾客的真实感知，获取成本低，通过空间分析、文本分析、主题分析，基于顾客视角探讨北京市实体书店的发展现状，并探究其影响因素。

(1) 空间分析法

本文采用最邻近指数与核密度分析法进行北京市实体书店空间分析。

最邻近指数可以推测空间各要素的集聚和离散情况。根据计算所得的最邻近比率（R 值）对分布状况进行判断，若 $R>1$，说明研究对象处于均匀分布状态；若 $R<1$，说明研究对象处于集聚分布状态；若 $R=1$，说明研究对象处于随机分布状态。公式如下所示：

$$R_e = \frac{1}{2\sqrt{\frac{a}{M}}}$$

$$R = \frac{R_1}{R_e}$$

式中：R 是最邻近指数；R_e 是理论最邻近距离；a 是研究区域内的点数；M 是研究区域的面积；R_1 是实际最邻近距离即最邻近点之间的平均距离。

核密度可以计算要素在其周围邻域中的单位密度，可以有效反映出实体书店要素在空间区域内的集聚特征。公式如下所示：

$$F(a) = \frac{1}{nl}\sum_{i=1}^{n} K\left[\frac{a-a_i}{l}\right]$$

式中：$F(a)$ 为空间位置 l 的核密度估计值；n 为总个数；l 为搜索半径；$K\left[\frac{a-a_i}{l}\right]$ 为核函数；$a-a_i$ 表示估值点 a 到位置点 a_i 的距离。

(2) 文本分析

使用 python 的 jieba 分词对所获得的评论进行分词处理，通过分词结果调试与网络词语设置自定义停用词表。对于结果进行删除无意义词与同义词合并操作，提升分词精度。将得到的高频词按照词频数量从高到低进行排序，选取前 100 个关键词。

(3) 主题分析

为挖掘顾客在实体书店内潜在的真实的活动信息，本文拟获取评论数据主题。采用 python 构建 LDA 主题模型，LDA 主题模型是由 Blei 等在 2003 年提出的①，可用于主题挖掘的统计模型，可以计算文本对应的主题概率和每个主题下的词语分布概率。并使用 LDAvis 库对 LDA 模型结果进行可视化。

二 实体书店空间分布特征

为了研究随实体书店的时间聚集中心变化，分别选取三个时间段对实体书店进行最邻近指数计算与核密度运算，三个时间段北京市实体书店最邻近比率（R 值）分别为 0.327241、0.35544、0.419878，均呈现聚集分布状态。核密度运算得到实体书店聚集中心的时空分布格局，如图 1 所示。

三个时间段实体书店核密度值最高的聚集中心都位于首都功能核心区，并由首都功能核心区向外辐射。根据三个时间段高德 POI 数据，朝阳区与海淀区实体书店数量排名前两位，朝阳区为北京的商业中心，拥有众多大型知名商圈，人流量较大，同时北京市对于实体书店的政策补贴也使其更有机会入驻商圈；海淀区高校林立，学生众多，对实体书店更有需求。2016 年大兴区、房山区、丰台区、昌平区、顺义区等城市发展新区，零星分布着一些聚集程度高的聚集中心；至 2022 年房山区、顺义区、通州区已发展为次聚集中心。2016—2022 年大兴区、怀柔区、延庆区、密云区等生态涵养发展区的实体书店数量及聚集中心未有显著变化。

2016 年《中华人民共和国国民经济和社会发展第十三个五年规划纲要》中明确指出，将全民阅读工程列为国家八大文化重大工程之一；同年《关于支持实体书店发展的指导意见》的提出，为实体书店提供了强有力的政策支持。自 2016 年起至 2022 年实体书店的数量逐步增加，其聚集程度由"散点"逐步发展为成片，与政策相呼应。

---

① Blei, D. M., Ng, A., & Jordan, M. I., "Latent Dirichlet Allocation", *Journal of Machine Learning Research*, Vol. 3, 2003, pp. 993 – 1022.

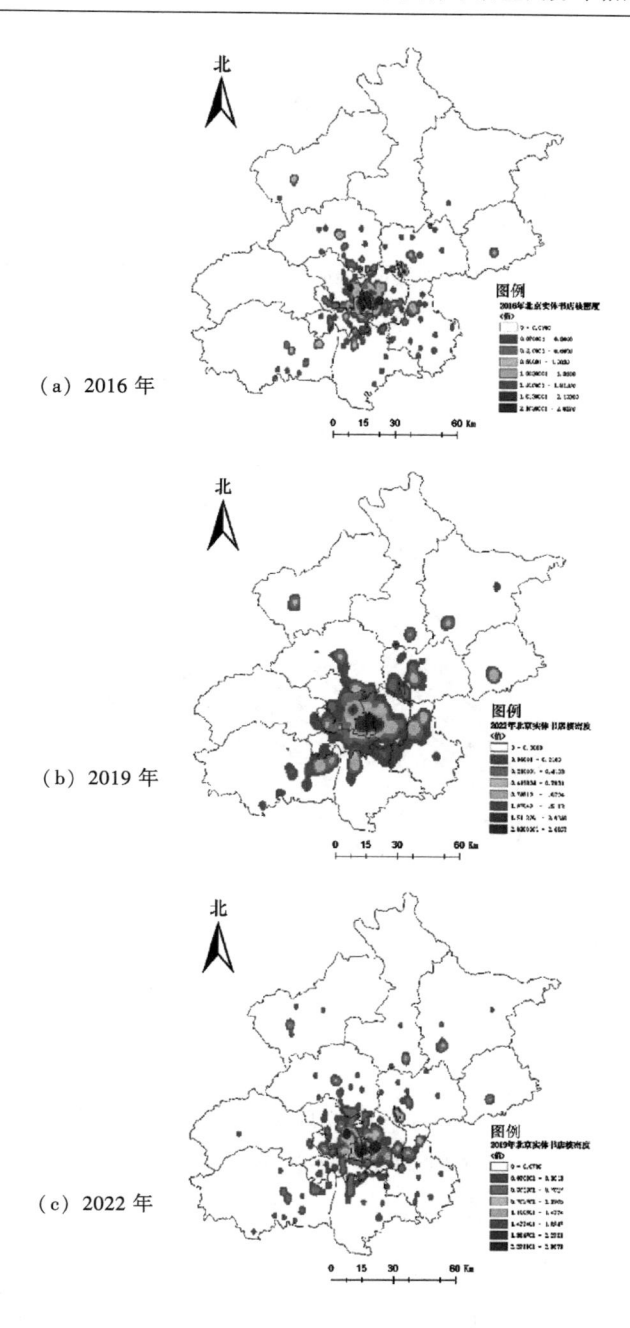

基于 POI 和点评数据的北京实体书店空间分布格局研究　　313

(a) 2016 年

(b) 2019 年

(c) 2022 年

图 1　三个时间段北京实体书店核密度

三 读者实体书店感知

(一) 读者关注点

针对高频关键词统计，进行可视化处理，制作词云图如图 2 所示，可以初步了解读者对于实体书店的不同关注点，并概括为书店环境、读者行为、服务态度、附属消费四个方面。

图 2 实体书店词云图

从图 2 中可以看出，"环境""区域""空间""位置""店里""装修"等关键词反映出顾客对于实体书店的环境有所关注；"看书""阅读""打卡""拍照""学习"等关键词体现了读者在实体书店的主要行为，多数顾客去实体书店是进行阅读活动，但也存在"打卡""拍照"行为；"服务""店员""服务态度"等关键词表明顾客对于实体书店工作人员的服务有一定关注；"咖啡""咖啡厅""饮品""文创"等关键词体现出顾客关注到除实体书店原本图书买卖以外的其他服务项目；"消费""价格"等体现出顾客会关注其在实体书店的消费情况。由此可以发现，实体书店不再只具有单一职能，其逐步向将阅读、休闲、餐饮集于一体发展。除了上述主要关注方面，还有其衍生关注方面"孩子""儿童""小朋友"等体现出许多家长会关注到实体书店是否适合带孩子前往；"喜欢""安静""不错""舒服""好吃"等则反映出读者在实体书店的感受。

（二）实体书店主题分析

通过困惑度曲线及对聚类结果的主题数量词频特征分析，最终确定将 2017—2022 年评论数据主题分为 4 类。图 3 是利用 PYLDAvis 对聚类结果进行可视化的结果图，其中左侧部分的圆圈代表 4 个主题，其并未相叠，表明聚类效果较为良好。图中右侧部分蓝色柱长表示有关词在整个文档中出现的频率大小，红色柱长则表示有关词在对应主题下出现的频率大小。

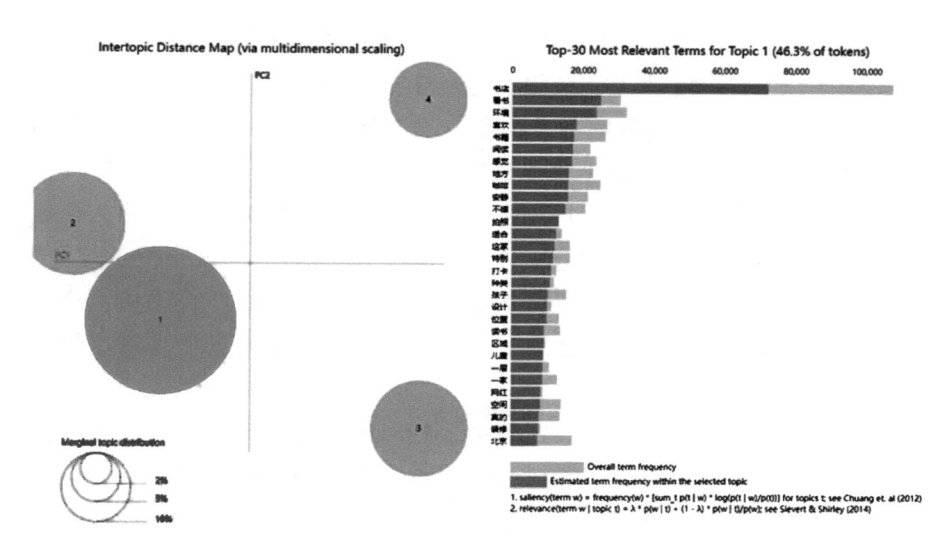

图 3　LDA 主题模型结果图

表 1　　　　　　　　　　　LDA 主题分类

主题 1 （打卡拍照）46.3%	主题 2 （服务消费）22.3%	主题 3 （文化学习）19.1%	主题 4 （带娃活动）12.2%
书店	服务	书籍	书籍
环境	咖啡	文化	图书
咖啡	店员	阅读	孩子

续表

主题1 （打卡拍照）46.3%	主题2 （服务消费）22.3%	主题3 （文化学习）19.1%	主题4 （带娃活动）12.2%
拍照	价格	读书	院子
打卡	预约	艺术	胡同
设计	消费	文艺	学生
网红	服务态度	历史	路过
装修	工作人员	书架	文具

通过对主题下对应词语的总结与分析，进而对四个主题进行命名，表1为四个主题及其对应的词语。主题1中"咖啡""拍照""打卡""设计""网红"等对应词语，突出了顾客在实体书店中喝咖啡、打卡网红书店、进行拍照、关注书店装修等行为活动，将其命名为打卡拍照。主题2中"服务""咖啡""店员""价格""消费"等对应词语，体现出了顾客前往实体书店会注意店内的服务及消费情况，将其命名为服务消费。主题3中"书籍""文化""阅读""读书""艺术""文艺"等词语，体现了顾客在实体书店会关注其店内书籍并有阅读行为，也会关注书店的文化氛围，将其命名为文化学习。主题4中"书籍""图书""孩子""院子""胡同""学生""文具"等词语，表示家长带孩子等前往实体书店，进行阅读、文具购买等活动，并且会关注书店周围适合活动的场所，将这类主题命名为带娃活动。

四个主题分别占比46.3%、22.3%、19.1%、12.2%，其中主题1占比最高，原因是顾客在网上了解到网红店铺或是拍照好看的书店，便会前往打卡，再把个人打卡照片及感受发布到大众点评。占比最小的为主题4，原因是许多顾客带孩子前往，主要是购买书籍、文具及进行阅读等主要活动，或是途中路过进入书店完成所需活动并不会刻意记录。

为了分析公众对于实体书店建设成效评价的变化，将大众点评数据分为2017—2018年、2019年、2020—2022年三个阶段，大众点评评论主题分类如表2、表3、表4所示。

表 2 2017—2018 年大众点评评论主题分类

店内环境 51.6%	打卡活动 17.1%	书店位置 16.7%	阅读学习 14.6%
环境	好吃	图书大厦	阅读
感觉	拍照	图书	文化
安静	设计	新华书店	书籍
地方	网红	书局	读书
位置	打卡	西单	读者
装修	风格	王府井	图书
座位	装修	正阳	知识
区域	喜欢	西四	书屋

表 3 2019 年大众点评评论主题分类

读者感受 49.3%	打卡活动 19.6%	阅读学习 19.6%	书店运营 11.5%
喜欢	拍照	书店	预约
不错	打卡	书籍	唱片
安静	空间	图书	地方
感觉	网红	阅读	提前
特别	设计	文化	音乐
适合	风格	读者	阅读
真的	院子	读书	黑胶
很大	最美	知识	书籍

表 4 2020—2022 年大众点评评论主题分类

店内环境 44.8%	打卡活动 26%	书籍类型 17.8%	书店服务 11.4%
书店	拍照	书店	店员
环境	打卡	书籍	服务
安静	设计	价格	服务员
地方	空间	二手书	态度
感觉	网红	新书	老板
位置	感觉	杂志	顾客
座位	特色	旧书	工作人员
店里	装修	图书	门口

从表2中可以看出，2017—2018年读者比较关注"全民阅读"被列为"十三五"时期文化重大工程之一后的建设成效，特别是实体书店的店内环境，已经成为读者会前往打卡的网红书店。表3中显示出，2019年读者更关注在实体书店的体验与感受，开始关注书店的运营，部分书店会售卖黑胶唱片、播放音乐，并分享个人体验。2020—2022年为特殊阶段，读者会关注实体书店的环境与所在位置，也会关注书店拥有的书籍种类以及书店的服务态度。三个时段中，打卡活动主题在三个时段均有体现，其次是店内环境、阅读学习主题。

对比研究发现，自2017—2022年前往实体书店打卡一直是读者的热门话题，所占比例逐渐增加，表明互联网的发展对实体书店也有一定影响，越来越多的读者前往有特色、环境优美的书店进行打卡；2017—2022年读者逐渐开始从关注书店的硬件环境，逐步发展到关注书店的软实力，更加关注书店能提供书籍、服务等方面；体现了书店逐步走向多元化职能，书店的提高书籍阅读、销售图书的功能虽有降低，但依旧是书店的本职功能。

（三）四类主题空间分布特征

北京市域范围过于广泛且实体书店在六环内的分布较为密集，遂选取北京市六环范围内的主题空间分布，如图4所示。

表5　　　　　　　　　四类主题分布的热点区域

主题	高	中
打卡拍照主题	三里屯、地安门、王府井步行街、通州万达广场、常营	西单、西四、呼家楼、前门
服务消费主题	东直门、三里屯、地安门、东四、通州万达广场、常营、复兴门	西单、西四、中关村、蓝靛厂呼家楼、前门、朝阳大悦城、双井、回龙观、王府井
文化学习主题	东直门、三里屯、地安门、东四、通州万达广场、常营、复兴门	西单、西四、中关村、蓝靛厂、呼家楼、前门、高碑店、双井、回龙观、学院路、北洼路
带娃活动主题	东直门、三里屯、地安门、东四、通州万达广场、常营、复兴门	古城、西单、西四、呼家楼、前门、高碑店、双井、回龙观、国贸、甜水园

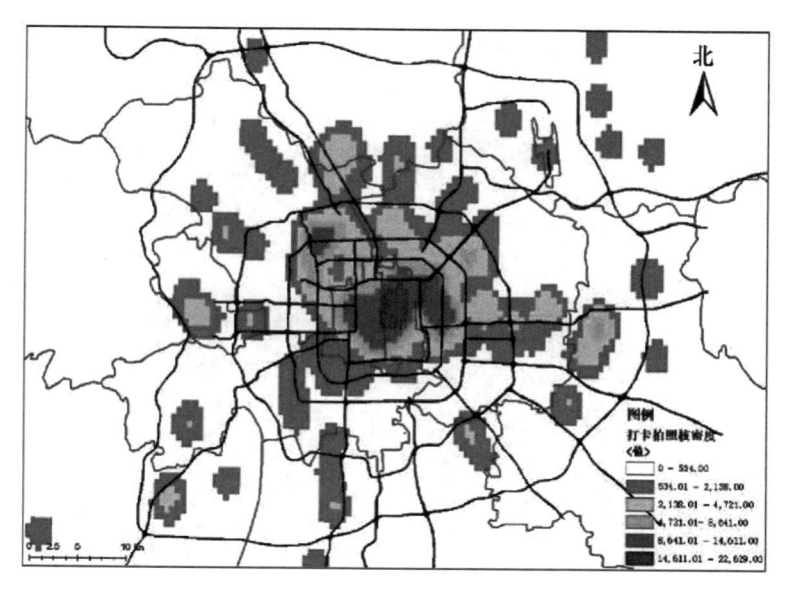

基于 POI 和点评数据的北京实体书店空间分布格局研究　　319

（a）打卡拍照主题实体书店空间分布

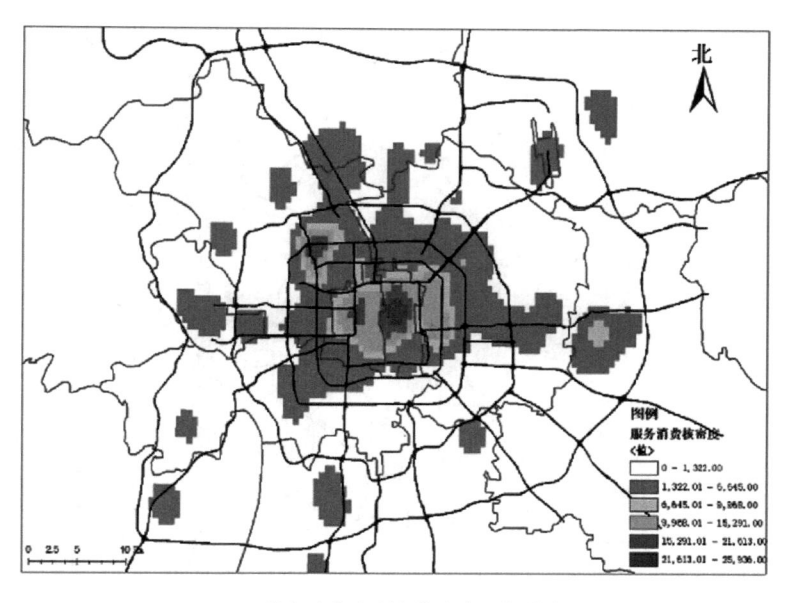

（b）服务消费主题实体书店空间分布

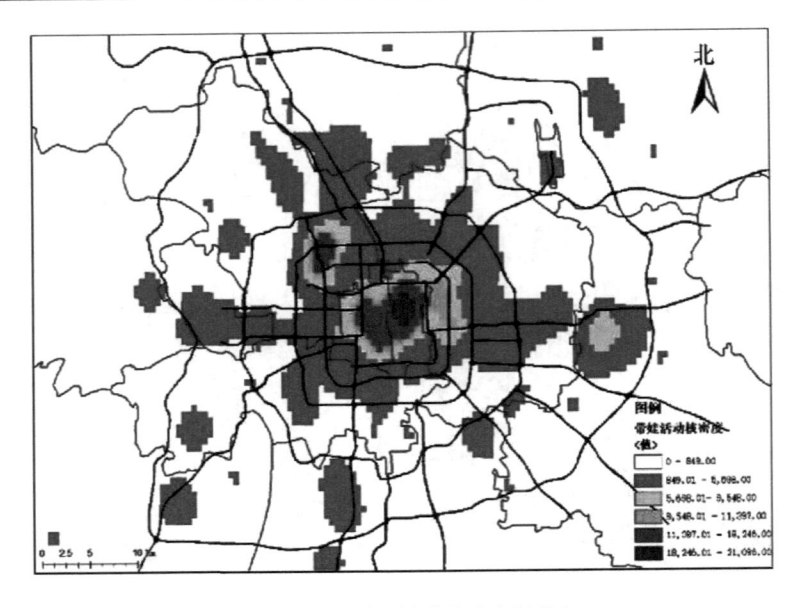

320　全国文化中心建设研究

（c）文化学习主题实体书店空间分布

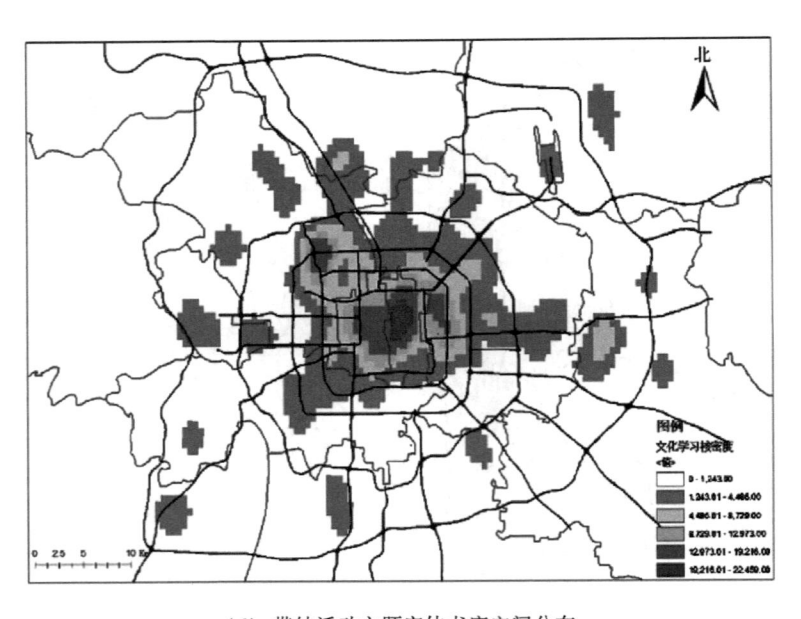

（d）带娃活动主题实体书店空间分布

图 4　主题空间分布图

由表 5 可知,打卡拍照主题实体书店主要分布在商圈,这是由于商圈商业化程度高,入驻了许多网红书店,且商圈客流量大,吸引顾客前往拍照打卡;服务消费主题实体书店的主要分布区域除了北京知名度较高的繁华地区,还有部分知名景点、住宅区域,位于这些地方的实体书店为前来的过往游客和读者提供餐饮、文创等其他服务;文化学习主题实体书店主要分布这类主题的顾客大多为了学习,因此会去一些富有文化内涵的地区,部分地区靠近大学,如学院路、中关村、北洼路等,交通便利、经营规模大也是吸引顾客的原因;带娃活动主题实体书店主要是带孩子感受书香世界并且选择周围可以与孩子度过亲子时光的地点,许多家长会陪同孩子前往有图书批发市场的区域购买书籍,如甜水园的北京图书批发交易市场、西单的北京图书大厦等。

由表 5 还可以发现,许多区域在四个主题中出现的频率极高,中关村、学院路附近高校林立,有浓厚的学术氛围,学生众多,适合实体书店发展;其中部分地区高度商业化,所在书店装修精美,吸引顾客前来光顾;同时西四、前门、王府井等地为北京知名游览地点,更适合入驻富有多种功能的实体书店,可以进行拍照、餐饮、图书阅览、文创购买等活动。同时,这表明许多书店功能越发丰富,开始出现兼具阅读与娱乐的综合文化空间,自 2015 年起数量开始显著增长。[1]

四 实体书店空间分布影响因素

(一) 人口分布

焦石等学者认为,实体书店与人口分布有高度相关性[2],从 2022 年统计年鉴可以发现,西城、东城、朝阳、海淀、丰台、石景山等地人口密度高,这些地区的实体书店分布数量也较高。从图 1 (c) 2022 年实体书店分布与表 6 所示 2021 年北京市各区常住人口密度可以清楚地看出,实体书店分布核密度高的区域与人口分布密集区域几近吻合。人口越多,消费能力越高,对于文化空间的需求越多。

---

[1] 李少琦等:《近 20 年中国新型实体书店的时空演变及其影响因素——基于西西弗、言几又和"猫空"数据的分析》,《经济地理》2020 年第 10 期。

[2] 焦石等:《南京市图书零售业空间布局及其影响因素》,《地域研究与开发》2016 年第 2 期。

全国文化中心建设研究

表6　　　　　　　　2021年北京市各区常住人口密度

地区	西城	东城	朝阳	海淀	石景山	丰台	通州	大兴
常住人口密度（人/平方公里）	21888	16937	7583	7271	6736	6602	2030	1924
地区	昌平	顺义	房山	平谷	门头沟	密云	怀柔	延庆
常住人口密度（人/平方公里）	1689	1298	660	481	271	237	208	174

（二）经济分布因素

实体书店为零售产业，其与地区经济水平息息相关，根据2022年北京市区域统计年鉴，得到各地区生产总值与城镇居民人均可支配收入。其中海淀、朝阳、西城、东城的生产总值、居民可支配收入均排名前四，这与实体书店分布热点区域相符，表明地区经济发展好、居民可支配收入高的区域更有利于实体书店的发展。

表7　　　　2021年北京市各区地区生产总值与城镇居民人均可支配收入

地区	东城	西城	朝阳	海淀	顺义	丰台	通州	大兴
地区生产总值（亿元）	3193.1	5408.1	7617.8	9501.7	2076.8	2009.7	1206.3	1461.8
城镇居民人均可支配收入（元）	89804	96949	84770	93478	54193	72170	59674	63257
地区	昌平	石景山	房山	怀柔	密云	平谷	门头沟	延庆
地区生产总值（亿元）	1287	959.9	818.4	432.6	360.3	359.3	268.8	204.7
城镇居民人均可支配收入（元）	61137	84666	56366	52665	52875	53794	63940	54214

（三）其他影响因素

北京市实体书店集中分布在六环内。这是因为北京市六环以内交通便利，便于居民出行，书店坐落于此有利于读者前往；北京市六环内学校众多，拥有较浓厚的学术氛围，适合书店存在；北京市六环内商业中心、大型商场数量多，可以为职能丰富或是拥有特色的实体书店吸引顾客；网络为读者提供了更多发现、了解书店的途径，让读者在家就能看到许多有趣的书店，引发读者前往打卡的兴趣，从而为书店吸引顾客。

五 结语

通过上述分析得出以下结论：从时间上来看，2016—2022年北京市实体书店空间发展随时间不断扩张且具有明显的集聚特点，聚集中心位于首都功能核心区，新近发展的地方则逐渐成为聚集次中心，生态涵养则无明显变化。从读者角度来看，读者对于环境、书店内活动、服务态度、附属产业的关注度较高。读者点评数据可以分为打卡拍照、服务消费、文化学习、带娃活动四个主题，四个主题在北京市六环内分布广泛，集中分布在商业中心、学校周边、旅游景点、图书市场等地。许多实体书店呈现出多主题功能，商业中心、旅游景点是这类书店的主要分布地。如今"新型实体书店"的发展，更能满足当今人们对于实体书店的需求。但是，采用大众点评数据，多数评价来自职能丰富的书店或新型实体书店，对于传统实体书店的评论数据较少，未来对于数据方面会进一步完善。

随着推动实体书店发展的有关政策的提出，北京市实体书店总体呈现出积极向上的发展趋势。实体书店数量上升、职能丰富化，更加完善了城市文化空间的空缺，助力深入推动全民阅读。但实体书店分布依旧不均衡，人口密集地实体书店多，而人口较少的地区分布少，应继续鼓励实体书店进驻人口较少的地区，以丰富人民的文化空间。二环以内书店数量较多，要持续不断地探求新的发展思路，避免同质化，打造多元化，完善自身的有关服务，打造良好口碑。最终达到吸引顾客与读者以打造忠诚客户群体的目的，并逐步扩大吸引力达到稳步发展，成为展示城市文化的重要空间。

研究综述

从英文博士论文看 21 世纪海外北京学研究

潘怡帆　尹　凌[*]

摘要：20 世纪 90 年代初"北京学"的概念提出后，国内学界越来越重视对北京历史和现状的多方面研究，海外学者也对北京学给予了更多的关注。本文通过梳理 21 世纪以来海外以北京为研究对象的英文博士论文的概况、主题变化和关注焦点，探讨 21 世纪以来海外北京学的主要内容、学术特点及研究方法，呈现海外学术视角下北京的国际形象，以期为国内北京学研究提供新的视角和参考。

关键词：北京学；海外北京学；英文博士论文

北京学是一门研究由北京城市及其环境共同组成的城市综合体的形成、演化、发展规律的应用理论学科。自 1998 年成立开始，中国以北京学研究为核心的北京学研究所已经成为北京历史文化研究、北京文化遗产保护与传承、北京城乡发展研究等方面的重要学术力量，每年召开一次北京学学术研讨会，出版一部文集，汇集京内外以及国内外专家学者的北京学、地方学理论与实践研究成果。北京学的理论研究和实证研究已经取得了一些成绩，积累了一些成果，但是还存在很多不足和困难，工作有待进一步深入和拓展。[①]

在《北京城市总体规划 2004—2020》中，明确了北京要"建设世

---

[*] 潘怡帆，北京联合大学应用文理学院历史文博系硕士研究生在读，研究方向为文化遗产；尹凌，北京联合大学应用文理学院历史文博系副教授，研究方向为中西文化交流史、文化遗产。

[①] 张宝秀：《对北京学理论体系的再思考》，中国地方学研究联席会、内蒙古鄂尔多斯学研究会、内蒙古东联控股集团《论地方学建设与发展——中国地方学建设与发展研讨会文集》，2013 年 6 月。

城市"的"努力目标"①。与世界的进一步接轨为北京学研究提出了新的课题，激发了海内外学者研究北京的热情，也进一步拓宽了北京学研究的视野。海外学者对集政治、经济和文化于一体的中国的首都北京，给予了极大的关注，发表了大量的论文和专著。

博士论文相较于学士和硕士论文有着更高的学术价值，该阶段的研究成果对于学科发展也有更强的推动作用，本文选择以21世纪以来的海外博士论文为研究资料，可以看出此阶段海外北京学的整体研究状况。以"北京"②为关键词，在世界上最早也是规模最大的博硕论文数据库（ProQuest Dissertations & Theses，PQDT）进行检索，结果显示21世纪以来海外以北京为研究对象的英文博士论文达288篇（其中"BEIJING"为272篇，"PEKING"为16篇，目录详见附件一、二），而2000年之前"BEIJING"主题的博士论文则总共仅有50篇。由此可见，2000年以来海外学者对北京的研究持续升温，成为国际汉学界一个重要的研究领域。

一 海外北京学博士论文的总体情况

2000年至2023年6月，PQDT论文数据库收录的以北京为研究主题的海外博士论文共301篇，其中英文博士论文数量为288篇（另有中文12篇、日文1篇），分别来自132所高校，涉及181个学科。从作者姓名来看，其中华人或华裔的作者约为216位，占到非常大的比例。这说明，海外进行北京研究的大部分博士生是对北京以及中国的情况更加熟悉的华人或者华裔，他们通过在海外的学习和生活，结合西方的研究方法、思路和观念来做关于北京的研究。并且，由于这些作者群体的导师们在学术研究上具有前沿性，也决定了这些论文有着较高的学术价值与科学性。

在这些高校中，发文数量居于前10位的分别是：香港中文大学（香港）20篇、加州大学伯克利分校10篇、加州大学洛杉矶分校9篇、华盛

---

① 张勃：《世界城市建设与北京学的发展》，北京联合大学北京学研究所、加拿大文化更新研究中心主编《人文北京与世界城市建设2010年北京学国际学术研讨会论文集》，同心出版社2010年版，第10页。

② 经过在数据库内检索调查，主题与北京学相关的其他博士论文（如天坛、故宫、圆明园等），因数量较少、范围较广，本文暂不涉及。在此，仅以关键词为"Beijing""Peking"的博士论文为研究主体，也可以看作是对海外北京学博士论文的一次抽样分析。

顿大学 9 篇、哥伦比亚大学 8 篇、南加州大学 7 篇、多伦多大学（加拿大）7 篇、哈佛大学 7 篇、香港理工大学（香港）6 篇、亚利桑那州立大学 5 篇。发文数量最多的香港中文大学，研究者主要关注北京社会相关的问题，包括青少年教育问题、社区福利政策、旅游服务措施、社会亲属关系等，例如《北京某旅游景区的英语交际——以故宫博物院为例》《通过图画书提高中国英语青少年学习者的阅读动机——以北京四所小学为例》《福利支持与贫困应对——北京市单身母亲的政府、市场和社区福利支持体系分析》《中国城市的亲属关系与心理健康——亲属关系网络和支持对抑郁症的影响——北京的一项研究》等。

值得注意的是，发文数量居前 10 的大学有 7 所来自美国，而在这 301 篇海外博士论文中，整体发文量最多的国家也是美国，总计高达 99 篇。其中，发文数量较多的美国大学有加州大学伯克利分校、加州大学洛杉矶分校、华盛顿大学、哈佛大学、密歇根州立大学、杜克大学、纽约大学、哥伦比亚大学、普林斯顿大学等。加州大学伯克利分校自 2002 年至 2015 年关于北京学研究的博士论文达 10 篇，论文主题也呈现出多元化的特点，有从历史角度下对北京司法制度诞生的研究与梳理，例如《审判革命：北京与中华人民共和国司法制度的诞生（1906—1958）》；也有对北京地区空气污染情况的深入分析，例如《两种室内环境中超细颗粒暴露的特征：旧金山湾区教室和北京高端公寓》《北京城市森林及其在减少空气污染中的作用》；还有对于教育改革问题的社会分析，例如《学校质量和社会互动对学生成绩的影响——来自北京市东城区中学教育改革的启示》等。另外，还有从历史维度出发关于北京戏剧艺术的研究，如在《城市中的歌剧：1770—1900 年北京的戏剧表演与都市美学》[①] 的研究中，作者考察了 1770—1900 年清朝首都北京的中国戏曲，揭示了清朝大都市文化与权力之间的关系，在清朝首都戏曲是一种文化黏合剂，跨越阶级、性别和种族的差异，创造了共享的文化知识库。

下文将以 PQDT 数据库内所搜集的 288 篇北京学英文海外博士论文为样本，对 21 世纪以来海外以北京为研究对象的英文博士论文进行梳理，探讨其中所反映的、21 世纪以来海外北京学的主要研究内容、学术特点及研究方法。

---

① Goldman, Andrea Sue, *Opera in the City: Theatrical Performance and Urbanite Aesthetics in Beijing*, 1770-1900, ProQuest Dissertations and Theses Full-text Search Platform, 2005.

二 研究关注的焦点

国内北京学研究,以"立足北京,研究北京,服务北京"为宗旨,以侧重时间研究的北京文化研究与城市精神内涵挖掘、北京历史文化遗产保护与传承研究,以及侧重空间研究的北京城乡发展与建设研究为主要研究方向,三个方向时空交叉,关系密切,有利于深化人们对由北京城市及其环境共同组成的城市综合体发展规律的认识。① 由此可见,国内北京学研究有着比较确定的研究内容和方向,主要以北京的精神文化、文化遗产、城乡建设发展三个方面为核心,同时兼顾开展北京旅游发展、首都经济与管理、地方文献等研究。

海外的北京学研究目前还没有较为系统的学术研究体系,但通过对 21 世纪以来海外北京学博士论文的整理,可以了解自 2000 年以来,海外北京学研究关注的焦点主要集中在以下五个方面:北京文化遗产保护与传承、北京历史变迁、北京社会生活、北京教育、北京城市发展与建设。

(一) 北京文化遗产保护与传承研究

国内关于北京文化遗产保护的深入争辩与思考自新中国成立就开始了。以梁思成、陈占祥所提"梁陈方案"中的北京文化遗产保护观念为宗旨,以梁思成助手吴良镛、学生罗哲文及晚辈朋友侯仁之的北京文化遗产保护实践为学派之发展,形成了以清华大学、北京大学、北京联合大学为学术传承基地的学术传统。"文化遗产保护北京学派"从北京文化遗产的传统与特点出发,对北京文化遗产保护提出了明确的文化遗产价值观、文化遗产学核心范畴及文化遗产保护路径。②

近年来,国内越来越重视文化遗产的传承与保护,在 2019 年以来的北京学研究论文辑刊中,每年都有北京文化遗产保护与利用的专题研究版块,国内北京学研究中的文化遗产研究以区域化研究为主,注重文化空间的整体保护,积极探寻北京地区各项不同类型文化遗产的保护路径。21 世

---

① 张宝秀、成志芬、马慧娟:《我国地方学发展概况及对北京学的再认识》,《北京联合大学学报》(人文社会科学版) 2013 年第 3 期。
② 耿波、毕会娜:《"文化遗产保护北京学派"的理论与实践》,《民族艺术》2013 年第 5 期。

纪以来的海外北京学博士论文中，不少文章对北京的文化遗产保护与传承进行了深入研究，既有对物质文化遗产保护和修复的研究，也有对京剧、传统绘画等非物质文化遗产传承与发展的探讨。

1. 物质文化遗产

对于北京物质文化遗产的保护，海外博士论文在遗产保护方法方面进行了一些专业性的探讨，以《中国老北京城墙修复的理性途径探讨》① 为例，老北京的城墙是城市现代化进程中拆除的最重要的遗产建筑，它既是一个防御设施，也是一个独特的结构，创造了城市的景观，定义了城市的空间秩序。作者采用文献综述、案例研究和实地研究的方法，建立了坚实的知识基础，在此基础上提出了利用间接保护和置换方法恢复城墙和城市环境的修复计划。该论文确定并分析了城墙的三个关键组成部分及其相关变量，并得出结论，这些变量大多具有修改的灵活性，因此被拆除的城墙可以以现代形式恢复，这既有利于对历史名城的保护，也有利于其可持续发展。

有多篇论文讨论了一些文化街区的保护困境，例如《"传统与发展的和谐结合"：北京商业化中的传统街区保护困境》②，文章探讨了"传统与发展的和谐结合"的国家话语在中国现行政治经济体制下实施的困难；《游客对遗产地真实性的看法：中国北京南锣鼓胡同》③，研究采用自填问卷调查游客对南锣鼓巷真实性的看法，根据动机将胡同里的游客分为四类：休闲游客、寻求真实感的人、纯粹的逃避者和寻求娱乐的人，研究表明游客在胡同里的主要动机是放松，而这些动机会影响游客对胡同真实性的要求。

2. 非物质文化遗产——京剧及北京传统绘画艺术的研究

京剧是中国国粹之一，也是北京最有代表性的非物质文化遗产，2000年以来的研究者们从多个方面与角度都对其有所研究。首先，是京剧与西

---

① Huang, Ning, *An Exploration of a Rational Approach for Restoring the City Walls of Old Beijing, China*, ProQuest Dissertations and Theses Full-text Search Platform, 2009.

② He, Muren, *"The Harmonious Combination of Tradition and Development": The Dilemma of Conserving Traditional Neighborhoods in Commercializing Beijing*, ProQuest Dissertations and Theses Full-text Search Platform, 2013.

③ Shi, Xiaolin, *Visitor Perspectives of the Authenticity at a Heritage Destination: South Luogu Hutong in Beijing, China*, ProQuest Dissertations and Theses Full-text Search Platform, 2013.

方音乐或戏剧的融合,例如《陈其钢〈二黄钢琴协奏曲〉中的京剧元素》①,探讨了陈其钢在钢琴协奏曲《尔黄》中对中国传统表演艺术类遗产戏曲元素的运用,同时对陈其钢、中国钢琴音乐中的京剧元素、中国音乐理论和京剧进行了概述,这项对钢琴协奏曲《尔黄》的有限研究将成为一项学术资源,有助于向西方钢琴家表达中国钢琴音乐和京剧元素的结合;《跨文化戏剧:两部改编自莎士比亚的京剧》②,作者选择了京剧和莎士比亚戏剧这两种截然不同的传统,并考察了它们的对抗和接受。从历史的角度考察了这一过程,加上京剧在世界巡演中新获得的国际意义,使京剧这项中国非物质文化遗产摆脱了艺术传统和政治宣传,为未来的发展开辟了新的前景。另外,还有《陈其钢(1951年)的〈普金歌剧的瞬间〉:京剧与法国影响的融合》《京剧元素在陈其钢钢琴作品〈京剧瞬间〉中的运用》《简惠鸿〈木桂音打击乐〉中传统京剧与现代西方打击乐的关系研究》多篇论文探讨了京剧与西方音乐的融合与交流。

其次,从京剧本身特性与其历史背景进行研究,例如《矛盾的京剧:1949—1967年中国的传统、历史与政治》③,考察了1949—1967年三种以创新或发明为特征的京剧,探讨了戏剧审查制度带来的后果、传统与发明的对抗、艺术家与改革者的困境与挑战,以及形式与内容关系的矛盾动态。《京剧如何在中国社会文化和社会政治背景下超越昆剧》④,该研究通过档案历史研究和文本,分析19世纪中叶京剧在北京的演变,考虑满汉之间的历史政治斗争和文化融合是如何导致一种新艺术迅速传播,反映出历史进程中中国两项传统非遗艺术昆曲与京剧的历史角色转换过程;《拟声词及其超越——京剧锣鼓经研究》⑤,从乐器声音的戏剧和音乐背景、语音的交际功能以及打击乐的历史背景出发,对京剧打击乐的一种传统记谱

---

① Wang, Funa, *Beijing Opera Elements in Qigang Chen's Piano Concerto Er Huang*, ProQuest Dissertations and Theses Full-text Search Platform, 2017.

② Shih, Wen-shan, *Intercultural Theatre: Two Beijing Opera Adaptations of Shakespeare*, ProQuest Dissertations and Theses Full-text Search Platform, 2000.

③ Liao, Fan, *The Paradoxical Peking Opera: Performing Tradition, History, and Politics in 1949 - 1967 China*, ProQuest Dissertations and Theses Full-text Search Platform, 2012.

④ Chen, Chaochen, *How Beijing Opera Eclipsed Kun Opera in Chinese Sociocultural and Sociopolitical Contexts*, ProQuest Dissertations and Theses Full-text Search Platform, 2011.

⑤ Li, Guangming, *Onomatopoeia and Beyond: A Study of the Luogujing of the Beijing Opera*, ProQuest Dissertations and Theses Full-text Search Platform, 2001.

方法"锣鼓经"进行研究。

最后,京剧在其他地区的传播与影响,例如《新家里的老艺术:洛杉矶的京剧》[1],这篇文章的落脚点虽然并不是北京,但可以看到北京京剧艺术甚至中国传统文化在国外的发展,洛杉矶的中国移民在当地成立了业余歌剧俱乐部,致力于保护和表演京剧,也反映出了北京传统戏剧文化的传播范围之广。《表演的现代性:战前上海的海派京剧,1872—1937》[2],论文探讨了 1872 年至 1937 年间中国戏剧与上海之间的动态关系,以及它对中国现代性的更广泛影响,作者认为京剧帮助塑造了中国的现代性,并形成了上海的文化和政治身份。

民国时期北京传统绘画艺术的演变也受到关注,例如《复兴传统:共和派北京中国画研究会》[3],深入研究了北京中国画研究会的成就,表明该研究会倡导的传统艺术方法值得学术界关注,中国绘画的现代化不仅发生在中西综合中,传统中的创新同样可行;《古代方法与新知识:民国初期北京的艺术市场与传统绘画实践:1911—1937》[4],通过深入研究绘画生产和消费的社会经济维度,考察了 20 世纪初北京艺术市场的形成和发展,并考察了市场营销机制对以坚持古代题材和风格为特征的传统风格绘画所产生的可衡量的影响。

(二)北京历史变迁研究

21 世纪以来的海外博士论文有高达 51 篇的论文是关于北京历史的研究。不同历史阶段的北京是什么样?体现在某个领域有怎样的特性?清末、民国时期的北京人有着怎样的生活?这些博士论文中,呈现出一个横纵相连、点面结合的北京历史面面观。

---

[1] Chan, Pamela, *An Old Art in a New Home: Beijing Opera in Los Angeles*, ProQuest Dissertations and Theses Full-text Search Platform, 2014.

[2] Zhao, Tingting, *Performative Modernity: Shanghai Style Peking Opera in Pre-war Shanghai, 1872 – 1937*, ProQuest Dissertations and Theses Full-text Search Platform, 2016.

[3] Zhang, Jingmin, *Tradition Revitalized: The Chinese Painting Research Society of Republican Beijing*, ProQuest Dissertations and Theses Full-text Search Platform, 2014.

[4] Yin, Tongyun, *Ancient Methods and New Knowledge: The Art Market and Traditional-Style Painting Practice in Early Republican Beijing: 1911 – 1937*, ProQuest Dissertations and Theses Full-text Search Platform, 2014.

1. 文学和文字中的北京历史

《边缘城市：满族征服前夕的文学北京》① 探讨了在明王朝崩溃之前的关键时刻，文学实践、城市经验和历史写作之间不断变化的关系，该项目以北京的文学环境为重点，综合了文学网络、建筑史和地理空间分析的研究，展示了中国古典散文作为一种独特的看待和思考方式，是如何被社会转型和政治动荡所重塑。《北京的地名：从宇宙象征主义到城市规划师的实用性》②，作者在研究中使用"地名"来了解北京在其漫长历史中不断变化的地理状况，将复杂多样的地名分为三个相互交织的部分：物体和数字、历史和情感、政治和意识形态，通过时间尺度对北京"地名"予以六种不同理解：① 宇宙象征：元王朝（1271—1368 年）的"大一统之都"；② 儒家思想和城市规划者的实践：明代（1368—1644 年）的首都位于边境；③ 宇宙象征与社会实践：清（1644—1912 年）改编的首都；④ 民国时期三心二意的现代（1912—1949 年）；⑤ 中华人民共和国：马克思主义—毛泽东思想阶段（1950—1976 年）；⑥ 中华人民共和国：后马克思主义、准资本主义、新儒家阶段（1976 年至今）。

2. 建筑兴衰中的北京历史

《教育改革与中国现代图书馆的出现——以 1909—1937 年北京大都会图书馆为例》③ 和《中国天主教高等教育：北京辅仁大学的兴衰》④ 两文，则反映出北京社会教育性质建筑物的出现和历程。前一文从教育改革、知识发展、国家复兴和国家建设的角度考察了中国现代图书馆的兴起，主要关注教育改革和其他因素如何影响现代图书馆在中国的产生。作者认为，中国建立现代图书馆是一个复杂而漫长的过程，因为中国既没有遵循美国的"工业化和民主"模式，也没有遵循明治日本的"现代化"模式。清末现代图书馆被引入中国，主要致力于促进教育改革和国家复兴。后一文阐

---

① Feng, Naixi, *City on Edge: Inhabiting Literary Beijing on the Eve of the Manchu Conquest*, ProQuest Dissertations and Theses Full-text Search Platform, 2019.

② Yu, Yong, *Beijing's Place-Names: From Cosmological Symbolism to Urban-Planner Practicality*, ProQuest Dissertations and Theses Full-text Search Platform, 2015.

③ Tang, Jinhong, *Educational Reform and the Emergence of Modern Libraries in China with Special Reference to the Metropolitan Library of Beijing*, 1909–1937, ProQuest Dissertations and Theses Full-text Search Platform, 2004.

④ Chen, John Shujie, *Catholic Higher Education in China: The Rise and Fall of Fu Ren University in Beijing*, ProQuest Dissertations and Theses Full-text Search Platform, 2003.

述了辅仁大学（1925—1952）兴衰的完整历史，研究材料取自中美两国家七个不同的档案馆，展示了辅仁大学在其成立的 27 年内经历了四个不同的政府：军阀、国民党、日本和中国共产党。它从一所小型预备学院发展成为一所拥有六个学院和许多研究生项目的大学，校园的扩建在中国古典建筑中体现出中西文化的双重性。

3. 北京历史中的妇女儿童

《"别无选择"：1870 年至 1935 年，晚清和民国北京的人口贩卖》[①] 和《逃亡：1937 年至 1949 年北京的妇女、城市与法律》[②] 两文，都聚焦于历史时期北京地区妇女儿童被社会环境所束缚的生活境况。前者通过 350 多起法庭案件和警方调查的案件，以及北京和顺天府档案馆的司法记录，表明当时存在广泛的人口交易市场。1910 年，清政府出台了禁止买卖人口的十项规定，但事实上各种形式的人口贩卖市场依旧存在。后文引用了 20 世纪 40 年代北京地方法院起诉的重婚、通奸和引诱等法律案件中的证据，研究北京城市转型的演变过程与下层女性的选择和策略之间的关系，详细说明分布在受到遗弃、追求浪漫关系和战时经济压力下的妇女们的生存策略，为下层女性如何努力根据不断变化的城市景观重新调整个人选择提供了宝贵的见解。

（三）北京社会生活研究

在海外博士论文中，不仅能看到当代的北京社会，也能窥见清末到近代史中北京社会生活的一角。近代历史中的北京社会，如《闲人之道：1750—1900 年清北京旗人的休闲与日常生活》[③]，这项研究以清朝首都北京为中心，重新审视了旗人在清朝后半叶的作用，认为他们不应该仅仅被视为满洲人政权失败的政治象征，而应该被视为受社会政治环境驱使在生活中开辟新道路的个人；《水领主：1644—1937 年北京的运水车》[④]，论文

[①] Ransmeier, Johanna Sirera, *"No other Choice"*: *The Sale of People in Late Qing and Republican Beijing*, 1870 – 1935, ProQuest Dissertations and Theses Full-text Search Platform, 2008.

[②] Ma, Zhao, *On the Run*: *Women, City, and the Law in Beijing*, 1937 – 1949, ProQuest Dissertations and Theses Full-text Search Platform, 2008.

[③] Zheng, Bingyu, *The Way of the Idle Men*: *Leisure and Daily Life of Bannermen in Qing Beijing*, 1750 – 1900, ProQuest Dissertations and Theses Full-text Search Platform, 2018.

[④] Zhang, Lei, *Water-Lords*: *Water Carriers in Beijing*, 1644 – 1937, ProQuest Dissertations and Theses Full-text Search Platform, 2017.

讲述了自清朝以来，北京的运水人按照一个复杂而微妙的系统从水井向城市居民分配饮用水的故事，运水者的力量植根于他们的居住地和与当地社会的联系，运水者作为后巷的力量，成为塑造社区社会结构和家庭节奏的关键力量。现当代北京的社会生活内容则更加丰富，论文所关注到的问题也更加全面，如《城市更新的影响：中国北京前门的居民体验》[1]，考察了前门城市更新项目对原居民的影响，以"居住满意度"作为评价指标，了解城市更新前后居民的体验，参与者的居住满意度在城市更新前倾向于不满意，而在城市更新后，参与者的满意度要高得多，这意味着前门城市更新项目总体上对居民的居住环境产生了积极影响；《现代性的朝圣者：追求城市未来的北京豪华酒店员工》[2]，作者通过一系列案例，考察了现代性是如何在北京的各个行动者中被感知和实施，以及这些感知如何影响社会环境和历史；《朋友是为了什么？中国北京的生成与锻炼艺术》[3]，论文从实践和可能性的理论视角，研究了当代中国城市中的年轻人是如何形成和产生关系（资源充足的关系）的。

（四）北京教育研究

在对当代北京社会的研究中，教育相关课题受到高度关注，从2001年到2022年先后共有48篇论文研究了北京地区教育问题，并且每年都有教育主题的论文发表。有探讨家庭教育方面的，如《母亲对幼儿写作的中介作用：香港与北京的比较》[4]；有研究师生关系方面的，如《中国北京市高中校长与学生建立积极关系的经验》[5]；有关注学生成绩影响因素的，如《国际课程如何影响学生的学业成绩？北京市高级中学学生学业成绩相关

---

[1] Kou, Yongxia, *The Impacts of Urban Renewal: The Residents' Experiences in Qianmen, Beijing, China*, ProQuest Dissertations and Theses Full-text Search Platform, 2013.

[2] Kelly, Jaime A., *Pilgrims of Modernity: Beijing Luxury Hotel Workers in Pursuit of an Urban Future*, ProQuest Dissertations and Theses Full-text Search Platform, 2011.

[3] Zhang, Michelle Yang, *What Are Friends For: The Arts of Making Do and Working Out in Beijing, China*, ProQuest Dissertations and Theses Full-text Search Platform, 2020.

[4] Lin, Dan, *Maternal Mediation of Writing in Young Children: A Comparison between Hong Kong and Beijing*, ProQuest Dissertations and Theses Full-text Search Platform, 2009.

[5] Chai, Yuan, *High-School Principals' Experiences of Building Positive Relationships with Students in Beijing, China*, ProQuest Dissertations and Theses Full-text Search Platform, 2022.

因素的回归分析》①《学校质量和社会互动对学生成绩的影响——来自北京市东城区中学教育改革的启示》②；也有具体学科教育的演变历程的，如《二十世纪中国钢琴教育的演变——以上海和北京音乐学院为重点》③；也有教师自身学习方面的，如《中国大陆 NCR 学校教师领导力与教师学习互动研究——以北京两所小学为例》④《大学与学校合作背景下的教师学习：香港和北京的案例研究》⑤。

在对这些论文的整理中，可以发现在教育主题下研究内容的变化情况。前十年论文的关注焦点围绕着学校的发展、教学理念的演变规律、影响学生成绩的因素展开，而在后十年里，论文有一定程度的延伸，关注教师自身的学习、校内师生关系、家庭教育的影响、残疾人的特殊教育以及公共卫生医疗等的社会面教育问题。

（五）北京城市发展与建设研究

21 世纪以来，随着北京城市化进程的加快，自然资源与城市建设的矛盾愈发突出。传统成片拆除重建、增量更新的方式已难以应对城市更新工作新阶段的挑战。2004 年，随着《北京城市总体规划（2004 年—2020 年）》的编制完成，区域统筹、整体保护、微循环、有机更新等成为北京城市更新的主体思想，老城悠久的历史文化内涵也得到全面重视。⑥

58 篇海外论文对北京新阶段的城市规划发展进行了思考，从题目便可清晰地将这些文章划分为三类，一是以具体区域、项目或景观空间为研究

---

① Dong, Min, *How does International Curriculum Affect Student Academic Achievement? A Regression Analysis of Factors Related to Academic Achievement of Students in Advanced Placement High Schools in Beijing City*, ProQuest Dissertations and Theses Full-text Search Platform, 2015.

② Lai, Fang, *The Impact of School Quality and Social Interactions on Student Performance: Insights from the Middle School Educational Reform in Beijing's Eastern City District*, ProQuest Dissertations and Theses Full-text Search Platform, 2005.

③ Wang, Amy, *The Evolution of Piano Education in Twentieth-century China with Emphasis on Shanghai and Beijing Conservatories*, ProQuest Dissertations and Theses Full-text Search Platform, 2001.

④ Zeng, Yan, *A Research on the Interaction between Teacher Leadership & Teacher learning in School in NCR in Mainland China: A Case Study on Two Primary Schools in Beijing*, ProQuest Dissertations and Theses Full-text Search Platform, 2013.

⑤ Zhong, Yani, *Teacher Learning in the Context of University-School Collaboration: Case Studies in Hong Kong and Beijing*, ProQuest Dissertations and Theses Full-text Search Platform, 2007.

⑥ 马红杰：《北京城市更新发展历程和政策演变——全生命周期管理和评估制度探索》，《世界建筑》2023 年第 4 期。

对象，例如《分裂的北京："老"北京胡同社区的社会空间碎片化、商品化和绅士化》①《管理现代城市附近的历史山地景观：以北京西山为例，1912—2012》②《实现无法实现的目标：北京长安大道与中华人民共和国时期的中国建筑现代化》③；二是以现代化社会服务、公共设施建设为研究对象，例如《出租车在北京是如何工作的？利用 GPS 数据对出租车时空出行模式的探索性研究》④《公共快速交通对郊区建筑环境和人类出行行为的可持续性影响——以北京为例》⑤；三是对城市布局与社会发展规律的探讨，例如《市场力量与城市空间结构：来自中国北京的证据》⑥《人口、就业分布与城市空间结构——后改革时代中国大都市北京的实证分析》⑦。作为海外对中国城市发展规划的研究，也许会因为作者缺少实地考察或实践的经验，但作为学术研究还是有一定的参考价值，尤其是理论与方法的运用、数据的分析方法、西方的规划理论等都值得阅读学习。

三 学术特征

纵观国内北京学研究所成立以来的发展历程，北京学在其研究过程中形成了鲜明的特色，呈现出三大基本特征，即"开放型"的研究模式、"事业

---

① Rock, Melissa Yang, *Splintering Beijing: Socio-spatial Fragmentation, Commodification and Gentrification in the Hutong Neighborhoods of "old" Beijing*, ProQuest Dissertations and Theses Full-text Search Platform, 2012.

② Li, Zheng, *Managing Historic Mountain Landscapes near a Modern City: The Case of the Beijing Western Hills, 1912 – 2012*, ProQuest Dissertations and Theses Full-text Search Platform, 2015.

③ Yu, Shuishan, *To Achieve the Unachievable: Beijing's Chang'an Avenue and Chinese Architectural Modernization during the PRC Era*, ProQuest Dissertations and Theses Full-text Search Platform, 2006.

④ Zhang, Yifan, *How Do Taxis Work in Beijing? An Exploratory Study of Spatio-Temporal Taxi Travel Pattern Using GPS Data*, ProQuest Dissertations and Theses Full-text Search Platform, 2014.

⑤ Xie, Liou, *Sustainability Implications of Mass Rapid Transit on the Built Environment and Human Travel Behavior in Suburban Neighborhoods: The Beijing Case*, ProQuest Dissertations and Theses Full-text Search Platform, 2012.

⑥ Zhao, Xingshuo, *Market Forces and Urban Spatial Structure: Evidence from Beijing, China*, ProQuest Dissertations and Theses Full-text Search Platform, 2010.

⑦ Sun, Tieshan, *Population and Employment Distribution and Urban Spatial Structure: An Empirical Analysis of Metropolitan Beijing, China in the Post-reform era*, ProQuest Dissertations and Theses Full-text Search Platform, 2009.

型"的研究实体和"专家型"的研究队伍。[①] 在对这 200 多篇海外博士论文进行归纳整理以后，不仅能了解到海外北京学研究的主要内容，也能从中反映出海外学者一些明显的学术特点，具体从以下三个方面来说明。

（一）海外北京学研究热点的总体趋势

2008 年奥运会在北京的举办与海外对北京学研究的热度息息相关，随着 2008 年奥运会在北京的举办，北京学研究的海外博士论文在 2009 年达到数值的顶峰，共有 23 篇，在这之前与之后每年在 PQDT 数据库发布关于北京研究的博士论文没有超过 20 篇。从 2005 年出现第一篇关于北京和奥运会相关研究（《奥运会对交通地理的环境影响案例研究：北京，2008》[②]）以来，持续到 2018 年都有对北京奥运会相关主题的研究，总计共 29 篇。论文关注奥运会对北京或世界带来的影响、会后的资源可持续利用以及中国的国际形象变化等焦点问题。例如，《遗产问题与 2008 年奥运会——北京奥运场馆赛后利用探讨》[③]《2008 年北京奥运会后美国公众对中国形象的看法》[④]《危机中的民族品牌塑造——对北京和伦敦夏季奥运会的分析》[⑤]《2008 年北京奥运会对空气质量和公众健康的影响》[⑥]，等等。

而跳出奥运会这单一的话题，在对 21 世纪以来的海外博士论文整理中，笔者意外地发现，2008 年也成为海外对北京研究的一个重要分界点。由于 2008 年奥运会的成功举办，北京与世界的进一步接轨，也让更多海外研究者注意到北京这座城市，被它所特有的文化与社会特征吸引。2009 年之后的论文主题明显更加丰富，以教育、城市发展和规划、历史、文

[①] 刘开美：《论北京学在中国地方学研究中的地位和作用》，《北京联合大学学报》（人文社会科学版）2010 年第 1 期。

[②] Zou, Min, *The Environmental Impact of the Olympic Games on Transport Geography Case Study: Beijing*, 2008, ProQuest Dissertations and Theses Full-text Search Platform, 2005.

[③] Yu, Xiaowei, *The Question of Legacy and the 2008 Olympic Games: An Exploration of Post-Games Utilization of Olympic Sport Venues in Beijing*, ProQuest Dissertations and Theses Full-text Search Platform, 2012.

[④] Wang, Sainan, *China's Image as Perceived by the American Public after the 2008 Beijing Olympic Games*, ProQuest Dissertations and Theses Full-text Search Platform, 2009.

[⑤] Schmitt, Megan, *Nation Branding in Result of a Crisis: An Analysis of the Beijing and London Summer Olympics*, ProQuest Dissertations and Theses Full-text Search Platform, 2014.

[⑥] Chen, Chen, *The Effects of the 2008 Beijing Olympic Games on Air Quality and Public Health*, ProQuest Dissertations and Theses Full-text Search Platform, 2014.

学、流动人口为主题的论文在2009年前后都有一定程度的研究体量,但是,以民族、青年、文化遗产、空气污染、养老、妇女等为主题的海外博士论文在2009年之前都只有寥寥几篇,2009年之后明显增多,所研究的具体内容方向也显示出多元化的特征。

以女性主题的研究为例,2009年以前仅有5篇,而且研究往往将女性放入社会环境和家庭中来探讨,如《边缘地带的技术流动性:手机与北京农村年轻女性》①《北京双职工家庭的婚姻冲突:性别视角》②。2009—2020年关于北京女性主题的研究论文达到11篇,数量比起前9年有了成倍的增长。研究视角也较为丰富,有文学作品的视角,如《北京有多远?铁凝〈永远有多远〉和〈春风之夜〉中的性别与资本》③;有休闲生活的视角,如《可跳舞的城市:2004—2010年,老龄妇女在北京的间隙空间改善健康实践》④;有社会行业的视角,如《中国内部流动人口的变化经历和挑战——北京酒店业的女性流动人口》⑤。

(二) 微观叙事:西方新文化史研究方法的运用

西方新文化史受到以格尔茨为代表的文化人类学的影响,关注文化意义和地方性知识,采用"深描"的方法,"显微镜成为取代望远镜的一种有吸引力的选择,它使得具体的个人或地方性的经历重新走进了历史学",微观视角成为新文化史的一个鲜明特征。同时,学者们目光下移,关注的对象由精英文化转为大众文化,由国家大事转为百姓的日常生活,由中心人物转为边缘群体。⑥

---

① Wallis, Cara, *Technomobility in the Margins: Mobile Phones and Young Rural Women in Beijing*, ProQuest Dissertations and Theses Full-text Search Platform, 2008.

② Zhang, Lixi, *Marital Conflicts in Dual-earner Families in Beijing: A Gender Perspective*, ProQuest Dissertations and Theses Full-text Search Platform, 2002.

③ Healey, Cara Michelle, *How Far is Beijing? Gender and the Capital in Tie Ning's How Far Is Forever and "Night of the Spring Breeze"*, ProQuest Dissertations and Theses Full-text Search Platform, 2013.

④ Chen, Caroline, *The Danceable City: Aging Women Improvising Health Practices in Beijing's Interstitial Spaces, 2004-2010*, ProQuest Dissertations and Theses Full-text Search Platform, 2012.

⑤ Zhao, Lei, *The Changing Experiences and Challenges of Internal Migrants in China: Female Migrant Workers in Beijing Hotel Industry*, ProQuest Dissertations and Theses Full-text Search Platform, 2009.

⑥ 杨华:《二十年来新文化史在中国大陆的传播、影响及实践》,《史学月刊》2022年第4期。

在2000年以前的海外博士论文中，就有不少研究聚焦于北京的社会大众，21世纪以来的论文亦是如此。在北京学的研究中，海外学者沿用了这种西方新文化史研究方法，采用碎片化微观叙事描述北京社会中一些特殊群体的状况。这些论文往往会从一个小而具体的研究点出发，研究目的或意义则是落到社会面，反映出北京的现代化走向、社会特点和未来发展，能够以小见大，有着深刻的寓意。

如前文中以北京历史为主题的海外博士论文，呈现出以下几个微观叙事特点。第一，截取历史事件的阶段性演变过程叙事；第二，基于历史时期中特定群体的具体处境展开叙事；第三，通过碎片化叙事方法达到探讨历史现象背后客观原因的目的。

另外，在对现代北京社会群体的研究中，也有不少微观叙事的体现。例如，有研究者们从北京流动人口家庭中子女教育、生计就业、身份认同等方面展开探讨，增加社会对该群体的进一步认识。例如《北京流动人口父母如何照顾孩子——贫困与非贫困流动人口父母育儿策略的比较研究》[1]，旨在理解全球化中国的内部流动如何影响流动人口父母抚养子女的决定，重点是贫穷和不那么贫穷的流动人口中，父母如何照顾远方和附近的孩子，将对流动人口家庭的讨论从学术研究的边缘提升到更大的中心地位。

从2000年到2021年，陆续有19篇海外博士论文关注到北京的流动人口问题，对这个问题的海外研究虽然谈不上热门，但受关注度却是持续不断的。可以从中认识到北京的流动人口即使用西方的眼光来看待，也已然成为北京人口的一大重要组成部分。他们在北京这座中国"最大"的城市中生活打拼，面临着许多困境与机遇，这些困境需要政府和社会以及这些流动人群自己共同努力，才会得到比较好地解决。

（三）对比研究：善用城市间比较的方法

城市研究里常见的一个研究方法——城市对比，在海外博士研究中也得到了大量运用。北京作为中国的首都，在世界众多城市中也有着显著的

---

[1] Li, Qiao, *How Migrant Parents in Beijing Care for Their Children: A Comparison Study on Parenting Strategies Between Poor and Not-so-poor Migrant Parents*, ProQuest Dissertations and Theses Full-text Search Platform, 2015.

位置，就有许多海外学者通过北京与其他城市的对比来探讨北京本身的发展规律或经验。在 21 世纪以来的海外北京学博士论文中，将北京与国际上其他城市进行比较的论文有 23 篇，与国内其他城市进行比较的论文有 19 篇（其中与香港、台湾的对比有 10 篇），内容涉及社会、经济、城市发展、教育、公共设施等诸多方面。

1. 与世界上其他国家城市的对比

在国际对比中，论文研究会更注重北京与其他城市的不同之处，例如，《北京大兴和丹佛国际机场标志的探索性案例研究》《危机中的民族品牌塑造——对北京和伦敦夏季奥运会的分析》[1]《"非贸易相互依存"作为区域经济发展的有用理论——都柏林和北京创新的比较研究》[2]《支离破碎的城市：北京、巴黎和芝加哥的城市保护政治》[3]《北京、东京和波士顿幼儿教师对行为管理的信念》[4]。

2. 与国内其他城市的对比

在国内的城市对比论文中，论文会更注重通过北京与其他城市比较，汲取城市各方面的发展经验以便于未来或其他城市建设的运用，例如，《高铁站对周边城市形态的影响——以北京、天津高铁站建设为例》[5]，观察了北京和天津的高铁站的建设，以了解重建项目是如何规划和建设的，高铁如何连接到市中心的交通网络，以及站区的城市形态是如何变化的，为北京和天津高铁站改造项目的审查和其他城市提供了经验；《中国城市休闲生活方式：杭州、成都、北京、上海、青岛和深圳的案例研究》[6]，这篇论文的特殊之处在于，无论是中国学者还是国际学者，对中国休闲的关

---

[1] Schmitt, Megan, *Nation Branding in Result of a Crisis: An Analysis of the Beijing and London Summer Olympics*, ProQuest Dissertations and Theses Full-text Search Platform, 2014.

[2] Powers, John C., Jr., *"Un-traded Interdependencies" as a Useful Theory of Regional Economic Development: A Comparative Study of Innovation in Dublin and Beijing*, ProQuest Dissertations and Theses Full-text Search Platform, 2013.

[3] Zhang, Yue, *The Fragmented City: Politics of Urban Preservation in Beijing, Paris, and Chicago*, ProQuest Dissertations and Theses Full-text Search Platform, 2008.

[4] Ponte, Iris Chin, *Preschool Teachers' Beliefs about Behavior Management in Beijing, Tokyo and Boston*, ProQuest Dissertations and Theses Full-text Search Platform, 2008.

[5] Ma, Shuai, *The Impact of the High-Speed Rail Station on the Urban Form of Surrounding Areas Take the High-Speed Rail Station Construction in Beijing and Tianjin as Example*, ProQuest Dissertations and Theses Full-text Search Platform, 2011.

[6] Dong, Erwei, *Leisure lifestyles in urban China: A case study in Hangzhou, Chengdu, Beijing, Shanghai, Qingdao, and Shenzhen*, ProQuest Dissertations and Theses Full-text Search Platform, 2006.

注都很少。在这项研究中，作者使用二级数据集来识别和比较中国六个城市（杭州、北京、上海、青岛、成都和深圳）在各种背景下的休闲生活方式、中国休闲类型和休闲限制，基于对现有数据的分析，这项研究首次应用新的系统人种学方法来理解跨文化城市环境中休闲活动和休闲约束的城市内和城市间差异。

比较手法的运用需要学者扎实的学术基础累积和丰富的实地考察经验，在学术研究中合理运用比较手法，能让研究问题的探讨思路更加开阔，摆脱学术研究的片面性和狭隘性，从客观的角度上把握城市的全局与全局的关系、全局与局部的关系，有助于发现城市发展的普遍规律与特殊规律。

四　结语

通过梳理21世纪以来海外北京学的博士论文，可以认识到海外北京学研究的学者群体以海外华人或华裔为主，但也有不少西方学者；研究主题以历史、文化遗产、教育、城市建设为重点内容，也涉及社会生活、特殊人群、环境等众多主题；学术特征整体呈现出"以小见大"的特点，善用西方新文化史学中微观叙事的研究方法。通过这些来自海外眼光的研究讨论，也可以了解到北京现当代在国际上的形象，总体而言，北京是一个历史丰富并且欣欣向荣不断发展的城市。这些海外研究对我们国人而言，是非常重要的资源，通过参考不同视角，也可以帮助我们思考国内北京学研究发展中所取得的成就与存在的问题，同时对北京文化遗产保护、文化建设、文化传播、文化经济发展、城市可持续发展等方面有所启示。

北京作为中国的首都，是中国实现国际化与现代化的领军城市，在世界经济、文化、政治中扮演着非常重要的角色。全球化背景下，海外的北京形象将影响到北京的未来发展，北京的城市建设与发展也将对中国内陆城市发展起到示范效应。面对来自国际社会对北京的观察，做好北京学研究工作，让世界更加了解北京显得尤为重要。

北京学人

探索北京学理论　服务北京城市发展

——访谈北京学研究所原副所长马万昌

王金萍　虞思旦[*]

马万昌，副研究员，北京人。1977年考入北京师范学院（今首都师范大学）中文系。1982年入职北京师范大学一分校（今北京联合大学师范学院）中文系任教，1990年任北京联合大学师范学院教务处副处长，1994年任处长。2000年担任北京联合大学全国职业教育师资培训基地副主任。2002年4月任北京学研究所副所长。2005年1月任书画研究所常务副所长。2008年退休。

2023年11月，马万昌副研究员在北京学研究基地展示室接受了北京学研究基地副主任虞思旦和北京联合大学应用文理学院地理学学科硕士研究生王金萍的采访。

问：可否谈谈您的人生经历？

马万昌：我1948年出生于北京。1968年，跟随着上山下乡的潮流去了内蒙古呼和浩特市北边的武川县插队。

"文化大革命"期间教育领域是重灾区。那时大学虽然停招了，中小学却没有停止招生，年年招生，年年有老教师退休，又没有大学毕业生补充进来，因而出现了师资紧缺现象，教师队伍青黄不接。为了缓解这一燃眉之急，1974年年初，北京市教育局开始从东北、内蒙古的下乡知青中选调部分高中生回来当老师。我赶上了这个机遇，被选调回北京，在门头沟

---

[*] 王金萍，北京联合大学应用文理学院地理学学科硕士研究生，研究方向为人文地理学；虞思旦，通讯作者，北京联合大学北京学研究所副研究员，北京学研究基地副主任，研究方向为文化智库。

区西辛房中学当了四年教师，主要教语文、历史、政治等文科课程。

1977年恢复高考，我考入北京师范学院（今首都师范大学）中文系，开始为期四年的大学学习。1982年年初，我被分配到北京师范大学一分校（今北京联合大学师范学院）中文系做教师。后来北京师范大学一分校和二分校合并，不久随着教育体制改革的深入，加入北京联合大学，更改名称为北京联合大学职业技术师范学院。我先在教师岗位从事教学工作，1990年被调到学院教务处任副处长。1994年，我被任命为学院教务处处长。

2000年年初，北京联合大学成为全国职业教育师资培训基地，我参与筹建这个基地，并担任该基地的副主任。2002年4月起，我担任北京学研究所副所长，其间亲身经历了申报、获批北京学研究基地的整个过程。2005年1月，到学校书画研究所任常务副所长。2008年从书画研究所退休。

问：您是见证北京学研究所发展壮大、首批获得18个北京市哲学社会科学研究基地之一的所领导之一，可否谈一下当时申报的情况？

马万昌：当时申报北京学研究基地是一个很有意思的过程。起初大家考虑以学科名称为基础进行基地的申报，而且其他高校基地也都是这样做的。但是，通过一段时间的思考以及征询专家意见，大家认为基地名称应该能够彰显特色。我当时提出了一个比较独特的建议，就是以"北京学"作为申报基地的名称，不加任何限制定语，这样可以使北京学研究的外延更加广泛。这样以北京学研究所为基础申报基地，可以扩大北京学的影响力，更好地体现其综合性、交叉性的学科特点。我的建议得到了张妙弟校长的认可。很高兴，北京学研究基地获得上级批准，北京学研究所的发展又上升到一个新台阶，使北京学研究所的学术研究可以涵盖更广泛的学科领域。

问：您曾经主持过北京市哲学社会科学"十五"规划重点项目"北京学基础理论框架研究"，能谈谈相关情况吗？

马万昌：2002年正式提出了"北京学基础理论研究"这个概念，并在2002年11月以"北京学基础理论研究与北京城市经营与开发"为主题召开了第四次北京学学术研讨会。2003年6月，北京学研究所还组织召开了"北京学基础理论与北京学建设座谈会"，并邀请校内外专家就北京学基础理论问题进行研讨。2004年北京学研究基地成立之初，延续了北京学研究所的 6 个研究领域，即北京城市、北京历史与文化、北京经济与管理、北京旅游、北京地方文献、北京学理论，并明确设立了 3 个主要研究方向：北京城市的现代化建设与发展、北京历史文化名城的保护与发展、北京历史文化的传承与发展。我主要做北京学理论方面的研究。2004 年 12 月，北京学研究基地申报的北京市哲学社会科学"十五"规划重点项目"北京学基础理论框架研究（04BJDZH056）"获准立项，我是项目负责人。该项研究对北京学的概念、学科定位、研究对象、研究范围、研究方法及特点等学科理论问题进行了探讨和梳理。在全所同志的努力下，该项目得以完成。在研究过程中，我对北京学理论进行了一些初步思考和理论探索，也陆续发表了几篇北京学理论方面的文章。

如：《对北京学基本理论问题的思考》一文中提出了北京学的理论体系应包括理论基础、研究对象、学科特点、研究方法等。其中，北京学理论基础的核心应是社会学、城市学和北京史学；其研究对象可分为宏观、中观和微观三个层面；其学科特点在于其地域性、综合性、预测性（前瞻性）和应用性；其研究方法应包括调查法、文献法、类比法、综合分析归纳法等，关键是要理论联系实际。

《北京学与汉城学》一文对比分析了中国的北京学与韩国的汉城学的相同、相似和差异之处。两者有相同的产生背景，有相近的研究内容和研究方法，同时，也存在一些差异。分析比较两者的异同，学习借鉴，取长补短，对推动北京学研究的深入发展具有积极意义。

《北京学与其发展环境》一文中指出，北京学的问世与其发展离不开特定的环境。全国地方学的蓬勃兴起，世界一些首都城市对自身研究的深入开展，城市化问题日益受到各国政府的关注，是北京学产生的背景；首都北京的建设发展与传统保护，城市功能结构调整与可持续发展等一系列现实问题的提出，既是北京学面对的课题任务，又成为北京学发展的直接动力；专题研究的深入与基本理论研究的开展，成为北京学的现实基础。

《北京学的概念及其学科定位》一文阐明了北京学的含义、北京学研究的时空范围、学科特点、北京学的学科定位。北京学是综合研究和探讨北京历史、地理、人口、经济、文化、城市规划建设、交通等多学科领域的特点、规律，并服务于北京社会经济发展的一门应用型理论学科。它是一门不同于其他学科的多学科、多视角并通过对多学科研究方法的借用而定位的交叉学科。

《北京研究与北京学》一文论述了北京研究的学科发展，从元明清时期尤其自民国以来，北京研究领域逐渐扩大，学科界限大大扩展，突破了早期多从史志、风俗民情等方面研究北京的局限，将社会学、考古学、古人类学、西方都市规划等研究方法和研究手段，引入北京研究领域，使北京研究上了一个新台阶。新中国成立后，北京研究在原有研究领域、学科基础上，有许多新的突破。北京学的学科定位影响着北京学基本理论框架的构建，其构建的基础是理论创新，还需要重视学术史的研究。

问：在您担任北京学研究所副所长期间，同时在北京市民盟担任比较重要的职务。您印象最深刻的事情有哪些？

马万昌：我在北京市民盟的主要工作是广泛联络各阶层人士，征求提案，组织文史方面的调研活动等。这些工作都与北京学的联系非常密切。在我担任北京学研究所副所长以及在民盟任职期间，印象比较深刻的事情主要有以下几件：

第一，旧城改造规划方面的积极建言献策。特别在地安门外改造过程中提出提案，我还参与过东城区玉河小区改造项目、鼓楼东边南锣鼓巷的改造项目、鲜鱼口危房改造项目和北京古文化村落保护项目等。通过提案和项目，努力促进北京城建成一个既具有时代特征又保留传统文化特色的国际大都市。

第二，作为北京学研究所副所长和北京市政协委员、市政协文史专委会和民族专委会成员，与北京学研究所所长张妙弟及所里其他同事一起组织召开北京学学术年会，会议主题围绕北京城市改造提出学术建议。比如，在2002年11月、2003年9月、2004年9月，分别以"北京学基础理论研究与北京城市经营与开发""北京：都城的文脉传承与国际化大都市建设""传承都市文脉与建设国际化大都市"为主题，组织召开北京学第四次、第五次、第六次学术年会，第六次学术年会也是"2004北京学国际学术研讨会"。另外，北京学研究所与北京市民盟市委在北京市政协礼堂还共同举办过大型会议，重点研讨北京城市改造的主题。

第三，为了迎接2008年北京奥运会，我经常组织北京体育学院和北京体育大学等体育界的民盟成员召开有关北京奥运主题的研讨会。比如，我曾就奥运会吉祥物建言选择具有北京特色的北京兔爷，并就奥运会运动标识的选择提过提案。

问：您曾担任过学校书画研究所常务副所长，您对北京传统书画传承与发展的现状和未来发展方向有何见解？

马万昌：我认为，书画艺术是非常有内涵的艺术形式。在我们的研究中，主要涉及国画，国画对我国的书画艺术产生了重要影响。国画艺术和书法艺术有着共同的渊源，通过观察一幅画作、审视落款，我们可以欣赏其中的细节和艺术之美。北京拥有丰富的近现代书画艺术资源。这座城市有着众多的文物古迹和老字号，这本身就蕴含着书画艺术的无价之宝。北京这座城市拥有丰富的艺术资源和传统，对研究书画艺术有着得天独厚的机会和条件，对于书画的传承和发展具有很好的基础。另外，书画艺术不仅仅是一种艺术形式，更是一种修身养性的方式，对提升北京大众的艺术修养有着非常重要的精神价值。总的来说，我认为北京在书画传承方面有着光明的前景。我们应该继续努力，推动书画艺术在北京的传承和发展，让更多的人能够欣赏和参与其中。

问：您作为北京学研究所的前辈，对北京学的未来发展有什么期望？

马万昌：很高兴看到北京学近年来的发展趋势，经常在电视上看到关于北京学研究所同仁在北京研究、规划、发展方面的成果报道和展示，了解到北京学研究取得了很好的成果。作为北京学研究所的一名老兵，我希望北京学研究所能够为北京的发展和文化传承做出更大贡献。我们应该继续深入研究、保护和传承北京的文化精髓，让更多的人了解和认识北京的历史、文化和传统价值。同时，我也希望北京学研究所能够与其他相关机构和学者深入开展合作，共同推动北京学的研究和发展。总的来说，我对北京学的未来充满期待，希望能够在保护传统文化的同时，与时俱进，为北京文化的发展和繁荣做出更大贡献。